V&R

Die Geschichte der Medien

Band 4

Werner Faulstich

Die bürgerliche Mediengesellschaft (1700–1830)

Vandenhoeck & Ruprecht

Die Deutsche Bibliothek – CIP-Einheitsaufnahme

Faulstich, Werner:
Die bürgerliche Mediengesellschaft :
(1700–1830) / Werner Faulstich. –
Göttingen : Vandenhoeck und Ruprecht, 2002
(Die Geschichte der Medien; Bd. 4)
ISBN 3-525-20790-5

Satz: Competext, Heidenrod
Gulde-Druck GmbH, Tübingen
Bindung: Hubert & Co., Göttingen

* * *

Inhalt

Überblick über die Geschichte der Medien als Medienkulturgeschichte

Medien sind institutionalisierte Systeme um organisierte Kommunikationskanäle von spezifischem Leistungsvermögen mit gesellschaftlicher Dominanz (Faulstich 2000b, 27). Seit Beginn der Menschheit regulieren sie als zentrale Steuerungs- und Orientierungsinstanzen den gesellschaftlichen Wandel. Ihre Funktionen im Einzelnen sind vielfältig und in ihren geschichtlichen Formen vielfach noch weitgehend unerforscht, aber numerisch begrenzt: Kommunikation, Information, Speicherung, Unterhaltung und einige andere, mit Folgewirkungen wie Gemeinschaftsbildung, Unterdrückung und Ausbeutung, Werte- und Traditionsbildung, Simulation oder Emanzipation – in der ganzen Bandbreite von »Spiel, Bildung, Macht und Profit« (Faulstich 1988). Nach heutigem Wissensstand lassen sich von den Anfängen der Kulturgeschichte bis ins 21. Jahrhundert mindestens sieben Perioden der Mediengeschichte unterscheiden:

1. Die archaische Periode von den kulturellen Anfängen bis zur Blütezeit der ersten Hochkulturen, ca. 2.500 vor unserer Zeitrechnung: Hier dominierte die Gruppe der Menschmedien, ergänzt durch Gestaltungs- und Schreibmedien. Die wichtigsten Medien der Zeit waren die Frau und das Opferritual. Die Frau war originäres Medium der Kultur- und Menschheitsgeschichte. Sie gewährleistete als lebensspendende Mutter und soziales Organisationsprinzip die Reproduktion der Gattung Mensch. Deshalb fungierte sie zugleich als sakrales Kommunikationsprinzip; in Form der Heiligen Hochzeit, in Fruchtbarkeitskulten, wurde sie als Große Mutter verehrt. Das entstehende Patriarchat gründete sich gegenläufig auf das Opferritual, das erste Herrschafts- und Unterdrückungsmedium der Geschichte. Mit dem Priester als Zeremonienmeister und Sprachrohr zwischen Gottheit und Gläubigen entwickelte sich zugleich das erste Unterhaltungsmedium. Gestaltungsmedien waren beispielsweise Pyramide, Obelisk und Stele, Schreibmedien insbesondere Wand, Tafel und Ostrakon. Medien hatten übergreifend vor allem kultische Funktion.

2. Die multiple hochkulturelle Periode, über griechische Antike und Römisches Reich bis etwa um 800 unserer Zeitrechnung (Faulstich 1997): Immer noch bestimmten die Menschmedien das Bild, jedoch nun stark ausdifferenziert und begleitet vom Verfall der Gestaltungsmedien sowie von einem Aufschwung der Schreibmedien. Das Medium Priester beispielsweise generierte kulturspezifisch Variationen wie den Schamanen, den Zauberer, den Medizinmann, den Propheten oder den Seher. Aus dem Opferritual entwickelte sich über sakrale Feste das antike Theater. Medien wie Sänger und Lehrer fungierten zunehmend im Verbund mit den neuen Schreibmedien, insbesondere Brief, Rolle und Kodex. Die meisten Medien wurden in dieser Periode multifunktional säkularisiert und etablierten sich als profane Kommunikationsmedien.

3. *Die Periode des christlichen Mittelalters, bis ca. 1400 (Faulstich 1996):* Wieder entstanden neue Menschmedien: Neben den Priester traten Prediger und Bettelmönche. Aus dem Zauberer und politischen Ratgeber wurde der Hofnarr, aus dem Rhapsoden der Epen- und Minnesänger, aus dem antiken Lehrer der scholastisch-universitäre Magister. Aber die Menschmedien erlitten in vielfacher Hinsicht einen Funktionsverlust und die Schreibmedien nahmen weiter an Bedeutung zu. Das Buch wurde zu einem Instrument zunächst im kirchlichen Bereich und dann auch auf dem weltlichen Markt, der Brief gewann publizistische Bedeutung als Kampfmedium in der Auseinandersetzung zwischen Kaiser und Papst, dem Blatt kam enorme juristische Relevanz zu. Medien in dieser Zeit fundierten spezifische Teilöffentlichkeiten und erhielten damit primär sozialpublizistische Funktion.

4. *Die Periode der frühen Neuzeit, über Renaissance, Bauernkriege, Reformation und 30-jährigen Krieg, bis ca. 1700 (Faulstich 1998):* Die Krise des Mittelalters war eine Krise der traditionellen Menschmedien, der Aufbruch der Neuzeit ein medialer Neubeginn. Im Verlauf von drei Jahrhunderten vollzog sich ein Umschwung von der Dominanz der Menschmedien zur gesellschaftlichen Dominanz der neuen Druckmedien. Zu den wichtigsten Medien wurden der Brief (erst als handschriftliche Mitteilung, dann als gedruckter Ablassbrief und schließlich als Vorform der Zeitung im wirtschaftlichen Bereich), das Flugblatt (im kulturellen und politischen Bereich), die Flugschrift (im religiösen Bereich), der Kalender (im sozialen Bereich), schließlich – gesamtgesellschaftlich – die Zeitung. In einer fast durchgängig von Kriegen und Auseinandersetzungen geprägten Gesellschaft dominierte insgesamt die agitatorische Funktion der Medien; die Medien dieser Periode waren zuallererst Kampfmedien.

5. *Die Periode der bürgerlichen Mediengesellschaft, bis ca. 1830:* Sie soll im Folgenden ausführlich behandelt werden.

Zukünftig wird die Aufmerksamkeit den beiden weiteren Zeitabschnitten gelten, das sind:

6. *Die Periode des Medienwandels im Industrie- und Massenzeitalter, bis zur Jahrhundertwende um 1900:* Sie bringt die neuen Massenmedien im »Zeitalter der Massen«, der technischen Innovationen auf dem Pressemarkt und der Grundlegung der elektronischen Medien.

7. *Die Periode der jüngsten medialen Weltveränderung des 20. Jahrhunderts bis heute:* Dabei muss noch offen bleiben, ob der Boom von Schallplatte, Radio, Film und Fernsehen als eigene Periode von den mittlerweile neu etablierten digitalen Medien abzugrenzen sein wird.

1. Vom »Geheimen« zum »Privaten«: Der Strukturwandel des Öffentlichen

1.1 Vom Absolutismus zum Bürgertum

Mit dem 18. Jahrhundert begann eine Epoche, die uns in vielfältiger Hinsicht auch heute noch prägt. Deshalb ist sie von unmittelbarem Interesse und auch besser erforscht als frühere kulturelle Zeiträume: Charakteristische Merkmale der entstehenden bürgerlichen Gesellschaft geben uns Aufschluss über die Gegenwart und verdeutlichen zugleich deren Historizität im gesellschaftlichen Wandel. Dabei kann der Strukturwandel des Öffentlichen, wie er hier verstanden wird, als Orientierungsraster und damit als Schlüssel zum Verständnis der sich herausbildenden kompletten bürgerlichen Mediengesellschaft genutzt werden.

Um 1700 gab es nicht »die« Öffentlichkeit, sondern mindestens fünf verschiedene traditionelle Formen der Öffentlichkeit der frühen Neuzeit (vgl. auch Ruppert 1984, 104) – Teilöffentlichkeiten: erstens die höfisch-repräsentative Öffentlichkeit der schmalen Schicht des Adels, zweitens die religiöse oder Glaubensöffentlichkeit der Konfessionen und der Geistlichkeit, drittens die bürgerliche Öffentlichkeit in den Städten, viertens die standesspezifische Öffentlichkeit der verschiedenen Zünfte, und fünftens die regional und lokal abgegrenzte Öffentlichkeit des Dorfes, der ländlichen Ortschaft für bis zu 90% der Bevölkerung, d.h. die des »Pöbels«. Man könnte noch weiter differenzieren – die römisch-katholische Öffentlichkeit von der reformatorisch-protestantischen Öffentlichkeit unterscheiden, die verschiedenen Zunftöffentlichkeiten hierarchisieren, die Öffentlichkeit des »ganzen Hauses« von der dörflichen oder städtischen Öffentlichkeit unterscheiden und das »Haus« noch einmal auffächern etwa in die Teilöffentlichkeiten des Bauern bzw. Bürgers und seiner Frau, der Verwandtschaft und des Gesindes. Das Zentrum der Aufmerksamkeit liegt im Folgenden auf der bürgerlichen Teilöffentlichkeit, weil hier die maßgeblichen Impulse gesellschaftlichen und medienkulturellen Wandels zu verzeichnen sind.

Die Kernthese lautet bekanntlich: Die bürgerliche Teilöffentlichkeit hat sich im 18. Jahrhundert zur gesamtgesellschaftlich dominanten Öffentlichkeit verändert – was als »Strukturwandel der Öffentlichkeit« (Habermas 1961/1990) bezeichnet und inzwischen in zahlreichen Aspekten kritisiert und teils auch widerlegt wurde. Solchen und anderen soziologischen Konzepten (vgl. Hauser 1987, 26ff.), die jeweils die Arbeit zur zentralen Kategorie von Gesellschaft erheben und die Kommunikation bzw. die Medien vergessen (vgl. Faulstich 1997, 16), muss nicht unbedingt gefolgt werden. Vielmehr kann man operational zunächst einmal drei idealtypische Stationen unterscheiden und die Frage nach dem strukturellen Wandel und seinem Movens offen halten.

Die erste Station als Ausgangslage: Noch zu Beginn des 18. Jahrhunderts war die Gesellschaft absolutistisch organisiert. Der Fürst mit seinem Verwaltungsapparat und seinen Machtinstrumenten verkörperte den Staat. Der große Rest der Gesellschaft wurde von den Untertanen gestellt (wobei die Kirchen mit ihrer Geistlichkeit einen besonderen Status innehatten). Die Politik des Staates, auch im aufgeklärten Absolutismus, war Arkanpolitik, d.h. geheim. Was der Fürst und seine Verwaltung den Untertanen verkündete, war öffentlich. Aus dem Strauß der verschiedenen Teilöffentlichkeiten ragte die »repräsentative Öffentlichkeit« als geheime politisch besonders hervor; ihr kam gesamtgesellschaftlich höchste Relevanz zu.

Jede der damaligen Teilöffentlichkeiten charakterisierte sich durch spezifische Leitwerte und Medien (vgl. Faulstich 1998). Was heißt das für die bürgerliche Teilöffentlichkeit? Dazu muss geklärt werden, was mit »bürgerlich« überhaupt gemeint ist. Vom Wort her meint »Bürger« den Bewohner der Stadt, der das »Bürgerrecht« besaß; seine soziale Stellung war zwischen den Standespersonen nach oben und den Bauern und Landleuten nach unten definiert. Innerhalb dieser mittleren Schichtung spielten die Kaufleute, Verleger, Unternehmer noch einmal eine besondere Rolle, weil sie nicht in gleichem Ausmaß in Regelsysteme eingebunden waren wie etwa die Beamten, Offiziere, Geistlichen, ganz zu schweigen von den Handwerkern und den Dienstboten, die allerdings auch keine Bürgerrechte besaßen. Der selbstständige Kaufmann oder Handelspatron war »frei«, Geschäfte abzuschließen, Manufakturbetriebe zu betreiben, Buchhalter, Kontorbedienstete, Schiffer, Handwerker für sich arbeiten zu lassen und sich eigenes Vermögen zu erwerben. Diese städtische Privatwirtschaft, die ein vielfältiges Netzwerk persönlich-geschäftlicher Beziehungen zu anderen Städten, Regionen und Ländern unterhielt, stand an der Spitze der Veränderungen, denn die Obrigkeit setzte kameralistisch zwar die Rahmenbedingungen für den Handel fest, förderte und schützte den Handel in diversen Formen, handelte selbst aber nicht. Das freie Individuum war dem Herrschaftsprinzip des Staates gegenüber seinen Untertanen aufgrund seiner Eigenschaft als Warenbesitzer partiell entzogen.

Es gab also nicht »das« städtische Bürgertum, sondern »scharf auseinanderzuhalten« sind zum ersten Großkaufleute, Fernhändler, Bankiers, Manufakturunternehmer, d.h. die Kaufmannschaft im weitesten Sinn, zum zweiten Verwaltungsbeamte, Juristen, Lehrer, Professoren, Richter, Notare, Ärzte und Apotheker, Ingenieure und Journalisten, eben die Gelehrten und Bildungsbürger, nicht zuletzt gesellschaftliche Außenseiter, denen die Zunftzugehörigkeit verwehrt wurde, kurzum: die »Aufsteigerschicht«, zum dritten die klassischen städtischen Bürger, gekennzeichnet von Unbeweglichkeit, einem begrenzten Horizont, Traditionalismus, »auf vergangene Herrlichkeit nostalgisch fixiert«, und viertens die Kleinbürger, die es schon damals gegeben hat (vgl. Wehler 1989, 202ff.; Möller 1969).

1.2 Die Träger des Wandels

Kaufmannschaft und aufstrebende Bildungsbürger als die zwei dominanten Gruppen prägten das Bild »des« neuen Bürgers. Sie gilt es genauer auszuzeichnen. Bei den Kaufleuten waren die zentralen Werte und Moralvorstellungen, wenn auch auf den ersten Blick integriert in ein geschlossen christliches Wertesystem, jene des aufblühenden Handelskapitals: Nützlichkeit, Vernunftorientiertheit, »Arbeitsamkeit«, mündige Selbstbestimmung, neue Sittlichkeit. Der Bürger erhielt nicht durch Geburt oder kraft Grundbesitz sein soziales Prestige und sein Selbstwertgefühl, sondern durch die eigene Leistung. Dabei ging es nicht um die Nützlichkeit für *andere*, schon gar nicht um die Nützlichkeit für *alle*, es ging vielmehr ausschließlich um den *eigenen* Nutzen. Aus der traditionellen Hauswirtschaft hatte sich in der frühen Neuzeit die Markt-, Waren-, Kapitalwirtschaft gebildet, die alles dem Gewinnstreben und der individuellen Aneignung des Gewinns unterwarf. Vernünftigkeit galt der eigenen rationalen Lebensführung, der Orientierung an Markt, Absatz und Gewinn. Reflektiertheit und nüchterne Zielbestimmung gehörten dazu. »Die Vernunft bekam lebensgestaltende Qualität.« (Ruppert 1984, 47) An die Stelle überlieferter Handlungsmuster trat die nüchterne Prüfung von Ursache und Wirkung. Das neue Arbeitsethos meinte das Bestreben, sein Glück durch wirtschaftende, unternehmende Tätigkeit selbst in die Hände zu nehmen; es implizierte Entscheidungskompetenz auf der Basis fachlicher Kenntnisse, das Streben nach Verbesserung. Dabei ging es nicht um gelehrtes Wissen, sondern um nützliches, praxisorientiertes Lernen. Arbeit und Disziplin waren hohe Erziehungswerte, verbunden mit der Abwehr von »Lastern« wie Müßiggang und Verschwendung. Selbstbestimmung war die Freiheit von ständischen Zuordnungen. Der Kaufmann wählte seine Stellung in der Arbeitswelt selbst, abhängig von persönlichen Neigungen und Fähigkeiten, und verlangte die Garantie für den Nutzen seines Eigentums. Die Sittsamkeit schließlich bestand in der Verwirklichung eines neuen Persönlichkeitsideals, dessen Harmonisierung und Einheitlichkeit über ein spezielles Bildungskonzept gewährleistet wurde. Die »Sittenlehre« verband Gottesfurcht, Gerechtigkeit und kluge Lebensführung und fungierte letztlich als Legitimierung der »richtigen« Entscheidungen. Diese bürgerlichen Individualwerte wurden als Grundlage einer gerechten Gemeinschaft ausgegeben, erhielten Allgemeingültigkeit – ein fundamentaler Mentalitätswandel.

Die wirtschaftlichen Aktivitäten der Bürger waren aus der traditionellen Öffentlichkeit ausgegrenzt. Sie unterliefen gewissermaßen die Dualität von geheim und öffentlich und definierten sich als neue Privatsphäre. Diese neue Bedeutung von »öffentlich« war semantisch durchaus kontrapunktisch und kritisch zum absolutistischen »geheim« gefasst: Das zunächst positiv besetzte, auratische »Geheimnis« wurde zur »Geheimniskrämerei« und schließlich zur »Verheimlichung«, d.h. spätestens seit 1820 wurde der Begriff Öffentlichkeit »zur historischen Feindbestimmung genutzt« (Hölscher 1979, 124ff.; Gestrich 1994, 34ff.). Öffentlichkeit erwies sich nun anti-absolutistisch ganz neu als Sphäre des Austauschs von Waren: als kapitalistische Öffentlichkeit. Damit ist die zweite Station markiert, am Ende dieser Periode: Von den immer noch bestehenden verschiedenen Teilöffentlichkeiten hatten Arkanpolitik und repräsentative Öffentlichkeit erheblich an Gewicht verloren, während nunmehr der »bürgerlichen Öffentlichkeit« gesamtgesellschaftlich höchste Relevanz zukam. Bevor dieser Wandel erklärt werden kann, muss er ausführlicher beschrieben werden.

Die merkantilen Werte der Kaufmannschaft wurden von der Gruppe der bürgerlichen Aufsteiger übernommen und mangels Kapital umgedeutet: An die Stelle von Warenbesitz und wirtschaftlichem Streben wurde Bildung gesetzt. Der Bildungsbürger orientierte sich an humanistischen Idealen und erhob die volle Entfaltung der menschlichen Persönlichkeit zum obersten Ziel: »Bildung als Ausformung vorgegebener Anlagen« (Weil 1967, 42ff.). Im Unterschied zum Kaufmann wurde der angestrebte Nutzen hier für *alle* Menschen angesetzt und als »Gemeinwohl« veredelt. Im Zuge einer voranschreitenden Säkularisierung konnte deshalb Bildung durchaus auch zum Religions- und Glaubensersatz werden (z.B. Weil 1967, 171f.). Unübersehbar war Bildung in jedem Fall Kampfbegriff einerseits gegen Geburtsaristokratie und Besitzreichtum: ein Funktionsäquivalent, Ausweis für eine neue »Geistesaristokratie«, andererseits aber auch sozialer Abwehrmechanismus gegen die unteren Schichten (Handwerker, Kleinbürger, Bauern, Bedienstete). Die Gebildeten empfanden sich als »geistige Elite und geistige Aristokratie«; an die Stelle der »Titulierten« traten nun die »Kultivierten« (Weil 1967, 150ff., 234). Das Bildungsbürgertum lässt sich zum ausgehenden 18. Jahrhundert definieren als »sozialprivilegierte Diskursgemeinschaft ohne gesellschaftsständische Geschlossenheit«; der Bildungsbürger war nicht mehr nur »gelehrt«, sondern »studiert« und »gesittet« (Engelhardt 1986, 66ff.). Hans Weil fasst das unter den Begriff »Bildungsethik« (Weil 1967, 258). Damit wurde die vormals bürgerliche Teilöffentlichkeit zur integrativen Klammer einer sich sprunghaft ausdifferenzierenden Gesellschaft: »die Aufhebung des Besonderen im Allgemeinen« (Luhmann 1979, 45). Bürgerliche Öffentlichkeit – des Kaufmanns wie des Bildungsbürgers – übernahm tendenziell die Legitimierung von Herrschaft.

1.3 Bildung und Ausbildung im Bürgertum

Was gehörte damals beim städtischen Bürgertum zur Bildung (ausführlich z.B. Lichtenstein 1982)? Das Stichwort »Reisen« kann das konkretisieren. Klaus Beyrer bilanziert: »Bezeichnend für das 18. Jahrhundert: das Reisen selbst wird zur Manie, nimmt zuvor nie gekannte Formen an (...). Bereits im Zeitalter der Aufklärung, vor allem aber nach der Mitte des 18. Jahrhunderts, läßt sich eine gesteigerte Reisetätigkeit verfolgen (...). Die materielle Basis für diese neue Dimension des Reisens schafft die Post.« (Beyrer 1986, 50) Adlige nutzten ihre Privatkutschen, um den gesellschaftlichen Austausch an den fremden Höfen zu pflegen. Gelehrte bedienten sich der fahrplanmäßigen Postkutschen, um ihren Wissenshorizont zu erweitern, neue Länder und Kulturen kennen zu lernen oder andere Bibliotheken zu besuchen bzw. Kollegen im In- und Ausland zu kontaktieren. Kaufleute gingen auf Geschäftsreisen, Pastoren und Schriftsteller machten Besuchsreisen, Beamte machten Dienstreisen als Experten, Lehrer reisten mit ihren »Zöglingen« auf Schulreisen – »es entstand ein neuer Typus von Reisen, die Reisen im eigenen Land« (Bödeker 1986, 98).

Reisen entwickelte sich zu einem ganz selbstverständlichen Teil der bürgerlich-städtischen Ausbildung und Erziehung. »Weltkenntnis zu erwerben, war eines der Haupterfordernisse für die bürgerlichen Gebildeten in der noch aristokratisch bestimmten Welt (...). Reisen wurden von den Aufklärern als ein wichtiges (...) Mittel angesehen, den traditionell vorgegebenen Erfahrungsraum und damit den Erwartungshorizont zu erweitern. (...) Reisen war für die Gebildeten das Mittel der Aufklärung schlechthin.« (Bödeler 1986, 94f.; vgl. auch Robel 1980; Griep/Jäger 1983; Griep/Jäger 1986; Teuteberg 1989). Das damalige Verkehrswesen war gegenüber dem Mittelalter auch erheblich verbessert. Speziell die Post-Karten zeigen ein differenziertes Straßensystem für ganz Deutschland – wie ein Beispiel aus dem Jahr 1769, gestochen und verlegt von Tobias Conrad Lotter in Augsburg, erkennen lässt (Abb. 1).

Bei der Mehrzahl der Bürger wurden entsprechende Reisehandbücher beliebt, beispielsweise Peter Ambrosius Lehmanns Buch »Die Vornehmst. Europäischen Reisen / wie solche durch Teutschland / Frankreich / Italien / Dännemarck u. Schweden ...« (1703, 11. Ausgabe 1755) oder Gottlob Friedrich Krebels Buch »Die vornehmsten europäischen Reisen...« (1767, 16. Ausgabe 1801). Hans Ulrich Bödeker hebt hervor, »dass nicht nur das Reisen selbst, sondern insbesondere auch die Reiseliteratur zu einem Bildungserlebnis geworden war. Gerade das große Interesse an der Reiseliteratur legt den Schluss nahe, dass das subjektive Reiseverlangen bei den meisten Lesern weitaus größer gewesen sein muss als die Möglichkeit zu reisen (...), schon aus finanziellen Gründen« (Bödeker 1986, 92). Bildung durch Reisen beruhte also nur zu einem kleinen Teil auf eigenen Reiseerfahrungen; in der Hauptsache war sie intellektuell, d.h. Aneignung

Abb. 1: Ausschnitt einer Postkarte für ganz Deutschland, Augsburg 1769.

literarischer Berichte anderer mit der Suggestion der Teilhabe.»Die Autoren der Reisebeschreibungen gewannen und vermittelten das Gefühl, einer größeren Gesellschaft anzugehören, in ein sich verdichtendes Gewebe persönlicher Beziehungen integriert zu sein. (...) Es entstand (...), selbst über konfessionelle Grenzen hinweg, eine Gemeinsamkeit der Bildungsinteressen, der literarischen Kenntnis, der gesellschaftlichen Ziele und es entstand ein Publikum durch persönliche und briefliche Kontakte, deren Linien sich über das ganze deutsche Sprachgebiet von Hamburg bis nach Bern, von Straßburg bis nach Riga erstreckten. (...) Die meisten Gebildeten begriffen ihre Reisen als Fortsetzung eines Gesprächs« (Bödeker 1986, 104f.). Hans-Jürgen Teuteberg bilanziert:»Der Wert der Reiseberichte für die Entwicklung der Kommunikation (...) kann nicht hoch genug angesetzt werden.« (1989, 245)

Nicht nur Reisebücher, sondern Literatur generell stand im Zentrum des Bildungsideals der Aufklärung. Entsprechende kulturelle Zentren lassen sich benennen (Leipzig, Hamburg, Berlin, Mainz, Weimar, Jena u.a.). Aufklärung war zuallererst eine intellektuelle Mobilität: Selbstständiges Denken und mündiges Handeln wurden propagiert; Gleichheit, Freiheit, Individualität und Toleranz waren die zentralen Werte. In welchem Maße sie nicht nur den Einzelnen angingen, sondern die gesamte Gesellschaft, in welchem Maße also sie politische Bedeutung hatten, ist umstritten (z.B. Vierhaus 1988). Zweifellos formierten sie, in scheinbarer Übereinstimmung mit den ökonomischen Werten der Kaufmannschaft, so etwas wie eine öffentliche Meinung. Diese scheint freilich erst mit der Institutionalisierung von Öffentlichkeit im weiteren Verlauf des 19. Jahrhunderts politische Wirksamkeit herausgebildet zu haben. Vor 1800 stellte jedenfalls in Deutschland kein»Kollektivsubjekt« in der gesellschaftlichen Realität etwa die politische Forderung nach Abschaffung absolutistischer Herrschaft zugunsten eines parlamentarischen Staates (vgl. auch Würgler 1995).

Der Begriff der Aufklärung – soweit er nicht als Metapher für»dialektische« Philosophiefragmente herhalten muss (z.B. Horkheimer / Adorno 1944 / 1969) – hat inzwischen als ideengeschichtliches Konstrukt eine große Selbstverständlichkeit, eine Art Eigenleben erhalten und ist seiner historischen Funktionalität weitgehend beraubt (z.B. Kopitzsch 1976). Man muss deshalb heute vielleicht wieder jene zwei Varianten unterscheiden, in denen Aufklärung damals manifest wurde: eine eher idealistische und eine eher praktische Aufklärung. Als eine geistig-idealistische Bewegung der literarischen Intelligenz, mit den Professoren Christian Thomasius, Christian Wolff und Immanuel Kant an der Spitze, war Aufklärung nicht etwas, was das ganze Volk, die gesamte Gesellschaft anging – die sozialen Unterschichten und die Bauern sowie insbesondere auch die Frauen waren davon grundsätzlich ausgeschlossen. Aufklärung dieser politischen Art wurde, wie beispielsweise eine regionale Tiefenuntersuchung zu Hessen-Kassel 1770–1806 detailliert aufzeigt, getragen von der Schicht der bürgerlichen Beamten. Solche Aufklärung sollte »innerhalb der bestehenden Ordnung« realisiert werden (Meidenbauer 1991, 463). Sie war staatsnah und wurde von oben durchaus gern gesehen (soweit damit keine finanziellen Forderungen verbunden waren). In Freimaurerlogen und Rosenkreuzerzirkeln »wurde ›Öffentlichkeit‹ im internen Diskurs kleiner Führungszirkel aus bürgerlichen Beamten, zu denen adelige Kollegen traten (Geschäftsleute fehlten hingegen weitgehend), eingeübt.« (Meidenbauer 1991, 465) Aufklärung nahm teilweise sogar die Form von Ratschlägen an die Obrigkeit an. In dieser Gestalt lässt sie sich durchaus als geistigen Überbau der neuen kapitalistischen Wirtschaftsordnung der Gesellschaft begreifen.

Aufklärung im Sinne von auf praktischen Nutzen ausgerichteten Wertsetzungen dagegen war durchaus Sache auch der Unterschichten und der Bauern auf dem Lande. Nur war Bildung dieser Art nicht etwa an Reisen oder Bücher und Literatur geknüpft, sondern in erster Linie an Alltagspraxis. Aufklärung als Kampf gegen Aberglaube und Vorurteil, also als »Emanzipationsprozeß«, als die Freisetzung aus fremdbestimmten Bindungen (Vierhaus 1988a), zeigt sich auch hier.

Der von der Aufklärung beider Formen angestrebte Wandel zielte in der gesellschaftlichen Realität auf ein und dasselbe: eine kapitalkonforme Kultur. Die städtische Theorie von der naturrechtlichen Gleichheit der Menschen ebenso wie die ländliche Praxis von Alltagsnützlichkeit – *zusammen* »die« Aufklärung – fungierten de facto als die Legitimation des autonomen Subjekts als ökonomischem Egoisten. Bildung wurde als Kulturtechnik in den Dienst wirtschaftlicher Interessen gestellt. *Bürgerliche* Tugend wurde im Kern zur *merkantilen* Tugend. – Das muss man so deutlich herausstellen, um die Bedeutung sichtbar zu machen, die der urbane Frühkapitalismus für den aufstiegsorientierten Bildungsbürger und sein geistiges Konzept der Aufklärung einerseits und die breite Masse des Volkes auf dem Land andererseits innehatte, und um die ausschlaggebende Führungsrolle der beiden Gruppen des städtischen Bürgertums für den gesellschaftlichen Wandel zu begreifen.

Aufklärung hat sich selbst als einen »Kommunikationsprozess« verstanden. Von Hans Erich Bödeker wurde das präzise herausgestellt: »Mit der Auslegung und Befestigung des neuen kulturellen Ideals des Gebildeten wurde Kommunikation eine Art Leitvorstellung der Zeit. Bildung verlangte Mitteilung, Gedankenaustausch und auch eine bestimmte Form der Mitteilung.« (Bödeker 1988, 92) Aufklärung schuf eine Öffentlichkeit, die man auch als »Publikum« umschrieb. Das lateinische »publicum«, das englische »public« und das französische »le public« machen dabei deutlicher als der deutsche Begriff, dass die engere Auffassung von Publikum als Leserschaft einer Zeitschrift, eines Buchs, der Zuschauer eines Theaterstücks, der Zuhörer eines Redners etc. auch die Bedeutungsvariante von sozialer Schicht von Gebildeten besaß, die sich nicht zufällig versam-

Abb. 2: Gesellschaft im Kaffeehaus (Kupferstich, um 1700).

melten, sondern untereinander in einem beständigen Kommunikationsprozess standen. Dieses Publikum war nicht dasselbe wie das Volk, sondern zeichnete sich durch Homogenität und ein selbstständiges Urteil aus
(Hölscher 1979, 84ff.)

Bildung als Geselligkeit und Diskurs bedeutete »Conversation«: Kommunikation und Interaktion. Die entscheidenden Umschlagplätze dafür
waren neben Reisen und Literatur die Salons (z.B. Gaus 1998) und Vereinigungen (z.B. im Hof 1982), die Universitäten (z.B. Hammerstein 1995)
und Bibliotheken, die Leihbüchereien und Lesegesellschaften, die Kaffeehäuser (z.B. Bödeker 1986), Börsen und Messen. Aber die immer wieder
behauptete »literarische Öffentlichkeit« (Habermas 1962/1990) hat es nie
gegeben (vgl. z.B. Hölscher 1979, 91ff.; Bürger et al. 1980; Schneider 1992
u.v.a.), sondern nur neue Formen personaler Öffentlichkeit sowie eine neue
Medienöffentlichkeit. Der Begriff des »literarischen Marktes« wird leider
häufig fälschlicherweise mit dem Öffentlichkeitsbegriff verwechselt.

19

Geselligkeit ist ein Schlüsselbegriff (vgl. auch Gaus 1998, 51ff.) für das Verständnis neuer Formen personaler Öffentlichkeit. »Der Konflikt der bürgerlichen Individualität zwischen dem Bedürfnis nach Geborgenheit in der Gesellschaft anderer Menschen und andererseits dem Autonomiebedürfnis des Individuums bedurfte des Ausgleichs.« (Ruppert 1984, 114) Versteht man Geselligkeit – wofür vieles spricht – als anthropologische Konstante, so gilt es, die Organisationsformen, Strukturen und Funktionen offen zu legen, die sie historisch je gefunden haben. In der Epoche der sich herausbildenden dominant bürgerlichen Kultur wurden »vernünftige Konversation« und »nützlicher Diskurs« nach englischem und französischem Vorbild (z.B. Gersmann 1993, 95ff.) zunächst einmal in den Kaffeehäusern gepflegt. Kaffeetrinken, häufig in Verbindung mit dem Pfeiferauchen, wurde in Deutschland Ende des 17. Jahrhunderts verbreitet und hatte nachweislich einen enormen kulturellen Einfluss, den man sich heute, wo Kaffee (neben Tee und Schokolade) selbstverständlich und alltäglich geworden ist, kaum noch vorstellen kann: »Das Kaffeehaus brach die Vorherrschaft der Trinkstube.« (Schiedlausky 1961, 12) Zugleich wurden Standesunterschiede nivelliert. Kaffeehausordnungen wie etwa die des Großen Kaffeehauses in Braunschweig 1717 setzten für die Zeit des Aufenthaltes »die sonst überall gewährten und geforderten Vorteile des höheren Standes hintan, alle Gäste sollten im Hinblick auf ihren Aufenthalt im Kaffeehaus gleichgestellt sein« (Albrecht 1980, 18). An Verkehrsknotenpunkten und in größeren Städten verbreitet, wurden hier entsprechende Gespräche geführt, natürlich Zeitungen gelesen und die neuesten Avisen ausgetauscht (Abb. 2). »Die Verkehrszentren, die Handels- und Residenzstädte (hatten) Zentralisationsfunktion für diese kulturelle Innovation (...). Die Entstehung des Kaffeehauses als Typus eines sozialen Ortes, in dem sich Privatleute treffen konnten, ohne die spezifischen Sozialformen der ständischen Hierarchie beachten zu müssen, in dessen Subkultur stattdessen die innovative Lektüre und das reflektierende Gespräch verankert waren, hatte grundsätzliche Bedeutung.« (Ruppert 1984, 116f.)

Zu den Organisationen für den neuen bürgerlichen Austausch müssen sodann auch die »deutschen Gesellschaften« oder Sozietäten mit ihrer Blütezeit zwischen 1720 und 1760 gezählt werden: die Freimaurerlogen, die landwirtschaftlichen und ökonomischen Gesellschaften, die Patriotischen Gesellschaften, auch die wissenschaftlichen Akademien und gelehrten Gesellschaften (ausführlich im Hof 1982, 105ff.; Peter 1999). Wesentlich für die Herausbildung einer bürgerlichen Kultur war die Entstehung neuer Sozialorganisationen, die an die Stelle ständischer Sozialbindung den freiwilligen Zusammenschluss von Individuen zu einem spezifischen Zweck rückten. Hier trafen Gleichgesinnte aufeinander und tauschten sich aus.

Diese Foren stellten personale Teilöffentlichkeiten dar, zufallsbedingt oder interessengesteuert und mehr oder weniger organisiert und institutionalisiert. Wäre es freilich dabei geblieben, so wäre die Wirkmächtigkeit kaum mehr als randständig gewesen. Die Themen dieses Diskurses wären nicht als öffentliche Meinung wirksam geworden. Die Durchdringung der gesamten Gesellschaft durch das städtische Bürgertum, die Konsolidierung der bürgerlichen Gesellschaft war erst möglich durch die konsequente Instrumentalisierung aller bereits bestehenden sowie durch die Herausbildung ganz neuer Kommunikationsmedien (vgl. auch Gestrich 1994, 135ff.). Es waren diese Medien, die als jenes Forum fungierten, auf dem der Austausch und die Verständigung auf die zentralen bürgerlichen Werte für die allermeisten Bürger vonstatten ging, überregional in Form von Lektüre. Erst die Medien vermochten jene Integration zu leisten, welcher die neue urbane Klasse bedurfte, um die Beschränkungen des Handels hin zum national übergreifend vernetzten Waren- und Informationsverkehr, um die territoriale Zersplitterung hin zur deutschen Hochsprache, zur deutschen Nationalkultur, zur »deutschen Nation« zu überwinden. Die neue Identität des »Bürgers« war Resultat einer neuen Medienkultur. Erst als Mediengesellschaft wurde die Gesellschaft im 18. Jahrhundert zur bürgerlichen. Diese Hauptthese steht im Zentrum der folgenden Darstellungen. Dem Strukturwandel des Öffentlichen lag im Kern ein Medienwandel zugrunde und nur so lässt er sich zureichend begreifen.

1.4 Frauen an der Schnittstelle von öffentlichem und privatem Leben

Spätestens um die Wende zum 19. Jahrhundert war die bürgerliche Teilöffentlichkeit gegenüber anderen Teilöffentlichkeiten dominant – europaweit (z.B. Habermas 1962/1990; Jäger 1997 u.v.a.). Allerdings unterlag diese neue bürgerliche Sphäre ebenfalls einem Wandel und damit sind wir bei einer dritten Station angelangt. Nach dem Ausgangspunkt, der ursprünglichen Dominanz der Arkanpolitik des Staates und seiner repräsentativen Öffentlichkeit am Anfang des Jahrhunderts, hat sich bis zur zweiten Station, der Dominanz der neuen bürgerlichen Öffentlichkeit am Jahrhundertende, eine weitere Sphäre herausgebildet. Das bürgerliche »ganze Haus« war ursprünglich eine patriarchalisch geordnete Sozialgemeinschaft mit klar definierten sozialen Rollen gewesen, die jeweils die Gesamtheit der Lebensführung einschlossen (Ruppert 1984, 80f.): mit Hausvater, Hausmutter, Kindern, dem Gesinde (im städtischen Haushalt etwa Magd, Köchin, Dienstboten, Kutscher oder Beschließerin), Lehrjungen, teils auch befristet angestellten Personen wie dem Hauslehrer. Dieses Haus wurde allmählich aufgelöst – Betrieb und Haushalt wurden getrennt und bildeten damit zwei Schwerpunkte heraus. Die ursprünglich »private« bzw. privatwirtschaftliche Sphäre verlor ihren Privatcharakter und erhielt übergreifend öffentliche Relevanz als Marktöffentlichkeit. Zugleich entstand als ein neuer nicht öffentlicher Bereich die bürgerliche Kleinfamilie. Der Arkancharakter des Staates bzw. die repräsentative Öffentlichkeit wurde also überlagert von der neuen bürgerlichen Öffentlichkeit, die als Gegenpol ihrerseits eine neue bürgerliche Privatheit hervorbrachte. Der Strukturwandel des Öffentlichen, wie er hier als Ausgangspunkt gefasst wird, verläuft demnach nicht vom Repräsentativen zum Bürgerlichen, sondern quasi vom »Geheimen« zum »Privaten«. Man hat diese neue Privatsphäre auch als Frauen- oder Familienöffentlichkeit bezeichnet. Sie fundierte die Isolation von Familie als programmatische Abgrenzung von der ökonomisch bestimmten neuen Öffentlichkeit. Diese neue Handels- und Kommerzöffentlichkeit funktionalisierte also die Kleinfamilie als Hort der Regeneration, als freizeitlichen Fluchtpunkt, in dem das alles beherrschende Prinzip von Gewinnmaximierung und Eigennutz ausgesetzt war.

Damit entstand die Freizeit in unserem heutigen Sinn (vgl. Nahrstedt 1972/1988, 283ff.). Für den Prozess des Übergangs steht anschaulich der Salon: »Schnittpunkt von Öffentlichkeit und Privatheit« (Tanzer 1992, 200), »Situierung in einem Zwischenbereich von öffentlicher und privater Sphäre« (Seibert 1993, 4). »Der ›Kaffeebesuch‹ der Hausfrau und das abgegrenzte ›Besuchszimmer‹ entsprachen (...) der grundlegenden Tendenz der neuen Arbeitsteilung in der Familie und der Umstrukturierung des ganzen Hauses zur abgegrenzten Rollenverteilung der Kleinfamilie.« (Ruppert 1984, 117) Die gesamtgesellschaftliche Rolle des Salons ist häufig überschätzt worden; schon rein quantitativ kommt ihm nur eine geringe Relevanz zu. Ihn als Teil des damaligen Literaturdistributionssystems zu bezeichnen (Seibert 1993, 347ff.), gilt trotz einiger Autorenlesungen und dem Austausch von Journalen nur sehr eingeschränkt. Seine Bedeutung liegt vielmehr in seinem exemplarischen Charakter für den gesellschaftlichen Wandel; der Salon gilt der Forschung als Prototyp der neuen bürgerlichen Kultur. Hier kamen – wie vormals im Kaffeehaus – die Gebildeten zum Diskurs zusammen: zum »Gespräch als herrschaftsfreiem Dialog auf der Grundlage der situativen Suspension salonexterner Privilegien« (Seibert 1993, 4ff.). »Die offenen Häuser waren Knotenpunkte in ihrem Beziehungsnetz: Um einen Kern Ortsansässiger versammelten sich durchreisende Freunde und Bekannte sowie mit Empfehlungen ausgestattete Fremde, teils unangemeldet, teils regelmäßig am jour fixe, zum geselligen Beisammensein.« (Tolkemitt 1998, 170ff.) Man orientierte sich hier an aristokratischen Vorbildern – der Salon der Gräfin d'Agoult (1805–1876) als Vorzimmer für politische Karrieren und Freiraum für Informationsaustausch und Diskussion (Abb. 3) ist dafür ein gutes Beispiel.

Man setzte sich aber, durchaus normativ, vom Luxus und Zeremoniell der Hofgesellschaften dezidiert ab, ebenso wie von der Üppigkeit des kaufmännischen Lebensstils, und natürlich auch von der Wirtshausgeselligkeit der Handwerker und »gemeinen« Leute. Im Vordergrund standen Gastlichkeit, Bildung, niveauvolle Gespräche, Weltoffenheit und eine

*Abb. 3: Der Salon der Gräfin d'Agoult als aristokratisches Vorbild
für das Großbürgertum.*

ungezwungene, freundschaftliche Atmosphäre: »einfach, aber geistreich«, lautete die Formel.

Meist übernahm hier die Frau die Rolle der Gastgeberin, die aber nicht nur für die Bewirtung zuständig war, sondern auch Gespräche initiierte und sich durchaus an den kulturellen Diskursen selbst beteiligte. Mary W. Montagu (1698–1762) in England, Madame de Stael (1766–1817) in Frankreich oder Henriette Herz (1764–1847), Rahel Levin-Varnhagen (1771–1833) und Dorothea Schlegel (1763–1839) in Deutschland sind Namen, die hier immer wieder genannt werden (z.B. von der Heyden-Rynsch 1995, 98ff.; Gaus 1998, 115ff.; Feilchenfeldt 1988 u.a.). Der Salon war eine Selbst-Repräsentation und -Inszenierung der neuen bürgerlichen Kultur. Hier konnten gebildete Frauen Interessen verfolgen, die sich nicht in der Rolle der Hausfrau, Mutter oder Erzieherin erschöpften. Die Notwendigkeit von Bildung für die Frau war im letzten Viertel des Jahrhunderts zumindest partiell akzeptiert, Mädchenerziehung tendenziell auch bereits institutionalisiert worden (z.B. Blochmann 1966). Der Salon war »eine zweckfreie, zwanglose Geselligkeitsform, deren Kristallisationspunkt eine Frau bildete«, ein »Höhepunkt einer versunkenen weiblichen Kultur« (von der Heyden-Rynsch 1995, 16).

So weit die Utopie. Real galt das nur für einige wenige Frauen und nur für eine sehr begrenzte Zeitspanne, bis in den aufstrebenden bürgerlichen

Abb. 4: Das bürgerliche Ideal der privaten Sphäre: die Kleinfamilie.

Schichten alte »Geschlechtscharaktere« wieder neu durchgesetzt waren: normative Aussagen über Mann und Frau, die sogar noch bis heute in großen Teilen der Bevölkerung Gültigkeit haben. Sie lassen sich auf eine einfache Formel bringen. Im Zuge einer geschlechtsspezifischen Arbeitsteilung fungierte die Frau als zentrales Organisations- und Funktionselement im verkleinerten bürgerlichen »Haus«: Das Erwerbsleben war dem Mann zugeordnet, das Familienleben der Frau (Hausen 1976; ergänzend Rang 1986). Im »Conversations-Lexikon oder Handwörterbuch für die gebildeten Stände« des Jahres 1815 hieß es sehr bezeichnend u.a. (zit. bei Hausen 1976, 366): »Aus dem Mann strömt die laute Begierde; in dem Weibe siedelt sich die stille Sehnsucht an. (...) Der Mann muss erwerben, das Weib sucht zu erhalten; der Mann mit Gewalt, das Weib mit Güte oder List. Jener gehört dem geräuschvollen öffentlichen Leben, dieses dem stillen häuslichen Circel.« Dem Mann wurden zugeordnet: Individualität, Selbstständigkeit, Kraft, Denken, Aktivität; der Frau dagegen: Universalität, Abhängigkeit, Hingebung, Fühlen, Passivität. Der Mann sei auf die gesellschaftliche Produktion draußen in der Öffentlichkeit verwiesen, die Frau drinnen im häuslichen Leben auf die private Reproduktion. Die Frau erhielt damit erstmals in der Kulturgeschichte seit dem frühen Matriarchat (vgl. Faulstich 1997, 35ff.) wieder einen eigenen Handlungsbereich – allerdings um den Preis, auf die neue Intimität und Privatheit festgelegt und aus der neuen bürgerlichen Öffentlichkeit ausgegrenzt zu sein.

Das gebildete Bürgertum, soweit es am Diskurs der Aufklärung beteiligt war, hätte wohl aus dieser Dichotomie ausbrechen können, bekräftigte aber die alte Geschlechterordnung und verankerte sie erneut als »naturhaft«. Das war die Geburt der Kleinfamilie, wie wir sie heute noch kennen. Die damit verbundene Umdeutung wird anschaulich durch ein Aquarell des deutschen Malers Johann Anton de Peters (Abb. 4), der sein Werk »Die Nähreltern« 1779 in Paris ausstellte und mit dem Text versah: »Eine Säugamme, gekleidet in der Tracht der Hebammen, hält auf ihren Knien ein Nährkind. Es hält eine Perlenkette, die der Nährvater bewegt, um mit ihm zu spielen.« Im Jahr 1782 wurde das Werk erneut ausgestellt, in Deutschland, wo es auch in Kopien und als Kupferstich Verbreitung fand, von nun an aber mit dem Titel »Ehepaar mit Kind« (Schmidt-Linsenhoff 1989, 515).

Die Ideale von Natürlichkeit, Intimität, Mutterliebe und Glückserfahrung wurden klar der Kleinfamilie zugeschlagen. Karin Hausen schreibt: »Für die Binnenstruktur der Familie kann die Bedeutung der realen und zugleich ideologischen Polarisierung der Geschlechter nicht hoch genug veranschlagt werden. Was das Verhältnis der Gatten zueinander anbelangt, so ist entscheidend, dass die Ehe nicht mehr durch gemeinsame Wirtschaft, sondern durch Liebe konstituiert gedacht wird«. (Hausen 1976, 391) Für die Frau war Öffentlichkeit reduziert auf die Privatsphäre und ihre Existenz fast nur als Eheexistenz denkbar, d.h. der Strukturwandel des Öffentlichen war auch geschlechtsspezifisch (vgl. Hausen 1990, 279; Hausen 1992). Dass das Konzept von »Liebe« im 18. Jahrhundert für diese »Frauenöffentlichkeit« (Hausfrau, Gattin, Mutter) eine besondere Rolle spielte und deshalb auch besonderer Aufmerksamkeit verdient (Kap. 6), lässt sich hier schon erahnen.

1.5 Medien in der bürgerlichen Gesellschaft

Der Strukturwandel des Öffentlichen bzw. die Entstehung der bürgerlichen Gesellschaft wurde historisch ganz unterschiedlich eingegrenzt, je nachdem ob politikgeschichtliche, wirtschaftsgeschichtliche, sozialgeschichtliche oder spezialisierte Perspektiven wie z.b. rechtsgeschichtliche oder literaturgeschichtliche Aspekte maßgeblich waren. Aus medienhistorischer Sicht liegt die erste Zäsur für die Verortung der bürgerlichen Mediengesellschaft in der Zeit um 1700, weil hier eine völlig neue Medienkultur begann. Dem hat die Forschung bislang nur teilweise Rechnung getragen. So erwähnte beispielsweise Richard van Dülmen in seiner dreibändigen Darstellung von »Kultur und Alltag in der Frühen Neuzeit«, vom 16. bis zum 18. Jahrhundert, nur einige wenige Medien (Brief, Buch und Zeitschrift), und diese auch noch derart verkürzt, dass sie eher randständig erscheinen (van Dülmen 1990, 1992, 1994, 226ff.). Andreas Gestrich dagegen lieferte einen explizit und übergreifend medienkulturhistorischen Beitrag zum 18. Jahrhundert, der zumindest einige der zeitgenössischen Medien (Zeitung, Zeitschrift und Flugblatt) als ausschlaggebende Faktoren gesellschaftlichen Wandels sichtbar macht (1994, 168ff.).

Welche Medien insgesamt lassen die bürgerliche Gesellschaft als »Mediengesellschaft« erkennen? Die Konkurrenz von Mensch- und Gestaltungsmedien einerseits und den neuen Druckmedien andererseits in einer Phase des Übergangs, von 1400 bis 1700 (Faulstich 1998), war weitgehend beendet: Die Druckmedienkultur sollte nun ihre gesellschaftliche Blüte und Hochzeit erreichen. Um keine Missverständnise aufkommen zu lassen: Das bedeutete nicht etwa das Ende der oralen Kultur. Face-to-face-Kommunikation, Vorlesen, Predigen, Erzählen usw. spielten nach wie vor, gesamtgesellschaftlich gesehen, eine wichtige Rolle (vgl. auch Gestrich 1994, 135ff.). Aber der Mediencharakter dieser Instanzen war reduziert; sie hatten tendenziell nur noch mediale Funktionen (vgl. Faulstich 1996, 31ff.). Stattdessen entstand mit der Zeitschrift ein ganz neues Medium. Bereits etablierte Medien wie die Zeitung verbreiteten sich und nahmen an gesellschaftlicher Prägekraft zu. Wieder andere wie der Brief unterlagen einem rigiden Gestaltungs- und Funktionswandel. Die Organisationsformen und Binnenstrukturen einzelner Medien und ihrer Instanzen veränderten sich – wie beispielsweise beim Medium Buch – fundamental. Und nicht zuletzt war die zentrale agitatorische Funktion der Medien in den gesellschaftlichen Umbrüchen von 1400 bis 1700 erschöpft – was Raum für eine neue Schlüsselfunktion der neuen Medienkultur eröffnete.

Im Folgenden soll zunächst die Ausbreitung der Zeitung dargestellt werden, des im 18. Jahrhundert zentralen Informationsmediums sowohl im wirtschaftlichen als auch im politischen System (Kap. 2). Auch die Medien Wand und Plakat weisen diese zweifache Bedeutung auf: im Sinne politischer Verlautbarung und kommerzieller Werbung (Kap. 3). Dagegen wurden die traditionellen Menschmedien – das Fest, der Tanz, der Ausrufer, der Prediger, der Sänger, der Lehrer und Magister bis hin zur klassischen Erzählerin – von der bürgerlichen Kultur aufgesogen und usurpiert (Kap. 4). Anders der Privatbrief, der im »Jahrhundert des Briefs« einen ungeheuren Aufschwung nahm (Kap. 5). Diese Akzentverlagerung vom Oral-Präsentativen-Live-Charakter zum Literal-Diskursiv-Abstrakten eröffnet eine ganz andere Dimension der bürgerlichen Mediengesellschaft, die von den *Kommunikations*medien auf ein neues symbolisch generalisiertes *Handlungs*medium verweist: auf die Liebe als Schlüsselmedium im sich herausbildenden kulturellen System. Ein Exkurs (Kap. 6) über das »Jahrhundert der Liebe« soll diesen Aspekt, der die bürgerliche Kommunikationskultur in einem ganz anderen Licht erscheinen lässt, in begrenztem Umfang ausführen. Sodann muss der Funktionenwandel von Tanz-, Musik- und Sprechtheater eingeholt werden, parallelisiert von den Vorformen der späteren Medien Fotografie, Film und Fernsehen (Kap. 7). Zu verzeichnen ist schließlich auch der Niedergang des Kalenders als Medium des »Volkes« und der zeitlich eng begrenzte Aufstieg des Almanachs (Kap. 8).

Eine wesentliche Zwischenzäsur ist dabei bereits absehbar: Die Bevölkerung in Europa von ca. 115 Millionen Menschen um 1700 nahm bis zur Mitte des 18. Jahrhunderts nur sehr geringfügig zu, um sich dann auf ca. 190 Millionen um 1800 fast zu verdoppeln. In Deutschland wuchs die Bevölkerung entsprechend von ca. 16 Millionen auf ca. 24 Millionen und weiter auf über 25 Millionen um 1820 (z.B. Wehler 1989, 69; Hinrichs 1980, 16+144; Weis 1976, 221f.). Dieses Wachstum in der zweiten Jahrhunderthälfte korrespondiert – wie auch schon in früheren Epochen der Medienkulturgeschichte (vgl. Faulstich 1996, 18ff.; Faulstich 1998, 13ff.) – wieder mit einem besonderen Schub in der Medienentwicklung, d.h. vor allem in der zweiten Jahrhunderthälfte werden wesentliche Neuerungen der Medienkultur zu erwarten sein. Das gilt insbesondere für die neue Rolle von Flugblatt und Flugschrift im politischen System (Kap. 9) sowie den Aufstieg des Literaturbetriebs zum Markt im »Jahrhundert der Buchkultur« (Kap. 10). Letztendlich wird sich aber erst die Zeitschrift als Schlüsselmedium der bürgerlichen Gesellschaft erweisen (Kap. 11). Zum Abschluss soll versucht werden, die wesentlichen Merkmale der bürgerlichen Medienkultur von 1700 bis 1830 zusammenzufassen (Kap. 12). Die Antwort auf die einleitend gestellte Frage nach dem Movens des strukturellen Wandels des Öffentlichen, vom »Geheimen« zum »Privaten«, wird lauten: die Medien. Erneut wird sich Medienkulturgeschichte als ein Herzstück von Gesellschafts-, Wirtschafts-, Politik- und Sozialgeschichte ausweisen.

Um 1830 ist dann die nächste Zäsur zu verzeichnen, d.h. wenn hier vom 18. Jahrhundert die Rede ist, ist stets die Zeit von 1700 bis 1830 gemeint: Um diese Zeit ging die bürgerliche Mediengesellschaft ihrem Ende entgegen und das Zeitalter der »Massen« und der »Massenmedien« kündigte sich an. Neue technische Erfindungen wie Dampfpresse, Papiermaschine, Heftmaschine sollten den Pressemarkt revolutionieren. Und der Rückschlag des Pendels zu einer neuen Sinnlichkeit zeichnete sich ab; die entsprechenden Stichworte lauten: Fotografie und Illustrierte, Telegraph und Telefon, neue Plakattechniken und Litfaßsäulen, Tonschreiber und Schallplatte, die Lochkartenmaschine als Vorläufer des Computers, das elektronische Teleskop und der Bildabtaster als Vorläufer des Fernsehens, schließlich der Kinematograph und der Film. Der Medienwandel im Industriezeitalter (1830–1900) – die 6. Periode medienkulturellen Wandels – wird, als Phase eines erneuten Übergangs, wieder akustische und optische Akzente setzen, freilich in ganz anderem Sinn als die früheren Mensch- und Gestaltungsmedien mit ihrem Face-to-face- und Live-Charakter.

2. Die Zeitung zwischen bürgerlichen und absolutistischen Interessen

Die Positionierung des Mediums Zeitung in der bürgerlichen Medien-kultur des 18. Jahrhunderts orientiert sich an quantitativen, inhaltlichen und funktionalen Gesichtspunkten. Formal veränderten sich die Zeitun-gen nur sehr allmählich. Nach wie vor wurden eingehende Nachrichten unter Angabe von Ort und Datum aneinandergereiht, ohne Überschrif-ten, Schlagzeilen, Gruppierung oder sonstige redaktionelle Gestaltung. Der Stil war insgesamt eher faktographisch und neutral, die Linie unpar-teiisch, kaum persönlich wertend (und gerade darin politisch, vgl. Berns 1976, 228). Das Oktavformat ging leicht zurück und der Umfang von üb-licherweise vier Seiten wuchs auf schließlich bis zu acht Seiten – aller-dings weniger durch reguläre Seiten als durch Beilagen zu besonderen Anlässen (Wilke 1999, 392). Die Erscheinungsweise steigerte sich lang-sam von zweimal auf viermal wöchentlich, was die Kontinuität der Be-richterstattung erheblich verstärkte. Nach dem Stand der Technik konnte eine Presse Ende des 18. Jahrhunderts täglich aber nur maximal 5.000 Zeitungsexemplare drucken. Gekennzeichnet war die Entwicklung ins-gesamt quantitativ von Expansion und qualitativ von Diversifikation.

Die Ausdifferenzierung der Zeitung erbrachte grundsätzlich drei vor-herrschende Typen: die politische Zeitung im engeren Sinn (Kap. 2.1), die neuen Anzeigenblätter (Kap. 2.2) sowie die Wochenzeitung wie etwa die »Bauernzeitungen« (Kap. 2.3). Obwohl die Forschungslage nach wie vor defizitär ist, lassen sich doch zahlreiche Befunde als gesichert annehmen. »Ende des 17. Jahrhunderts gab es schon mehr als 50 Zeitungsunter-nehmen, die mit ihren Ausgaben 300.000 Leser erreicht haben dürften.« (Wilke 1999, 388; Welke 1977, 79) Hundert Jahre später waren es rund zehn-mal so viele Zeitungen.

2.1 Die politischen Zeitungen

Jürgen Wilke hat den Anstieg zunächst bei den politischen Zeitungen vi-sualisiert (2000, 79; Abb. 5).

Speziell in der zweiten Jahrhunderthälfte verstärkte sich dabei auch die Zeitungsdichte. Neben Residenz-, Handels- und Universitätsstädte tra-ten nun kleinere Städte wie Arnstadt, Ellwangen oder Riedlingen, d.h. politische Zeitungen gab es nicht mehr nur an 50, sondern an über 200

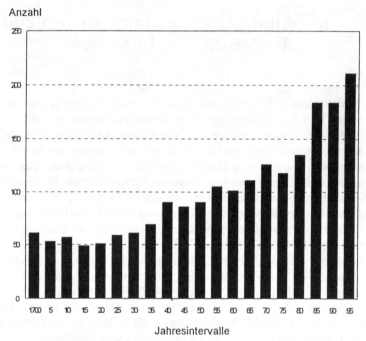

Abb. 5: Anzahl der politischen Zeitungen des 18. Jahrhunderts in 5-Jahres-Intervallen (nach Jürgen Wilke).

Orten. Andere sprechen gar von 300 politischen Zeitungen an der Wende zum 19. Jahrhundert (vgl. Welke 1977, 78). In den deutschen Hauptstädten begann außerdem die Konkurrenz auf dem Zeitungsmarkt (insbesondere in Hamburg, Köln, Nürnberg und Frankfurt am Main, aber auch in Wien).

Die Zahlen der Zeitungstitel allein sagen noch wenig über die gesellschaftliche Bedeutung des Mediums aus. Zeitungen sollen im Durchschnitt pro Woche insgesamt in mehr als 300.000 Exemplaren verkauft worden sein, wobei allerdings die Unterschiede enorm sind. Spitzenreiter war der »Hamburgische unpartheyische Correspondent«, mit 13.000 Exemplaren (1789) und später bis zu 27.000 Exemplaren. Die Forschung setzt durchschnittlich etwa zehn Leser pro Exemplar an; damit sind Distributionsaspekte wie Kollektivabonnements und Lesegesellschaften, Auslagen in Kaffeehäusern und Gasthöfen, Nutzung in Schulen und Universitäten und auch Vorlesen und Vorsingen einbezogen (Welke 1977, 80ff.). Jürgen Wilke bilanziert für diesen Zeitungstypus (1999, 397): Demnach »ist im späten 18. Jahrhundert davon auszugehen, daß gut drei Millionen Menschen von den deutschen Zeitungen erreicht wurden. Binnen eines Jahrhunderts bedeutete dies mehr als eine Verzehnfachung der Reichweite. Ein beträchtlicher Teil der Bevölkerung, die als Nutzer politischer Information überhaupt in Frage kam (schätzungsweise sechs Millionen), hatte somit durch die Zeitung Zugang zu ihr.« Das schließt allerdings Frauen und einen großen Teil des analphabetischen Volks weitestgehend aus.

Die Inhalte der politischen Zeitungen sind bislang kaum systematisch untersucht worden. Nach derzeitigem Stand der Erkenntnisse dominierten militärisch-politische Ereignisse, d.h. das Sachgebiet der Politik. Ansonsten gab es Berichte über Reisen, über diplomatische Verhandlungen und allgemein über die Gesellschaft (ausführlich Wilke 2000, 84ff.). »Auffallend ist, daß überwiegend aus dem Ausland berichtet wurde«, stellte Wilke anhand von Querschnittuntersuchungen 1736 und 1796 beim »Hamburgischen unpartheyischen Correspondent« fest (Wilke 1999, 398); knapp drei Viertel waren internationale Nachrichten, der Rest Nachrichten aus dem Deutschen Reich; lokales Geschehen kam anfangs praktisch gar nicht vor. Durch bestimmte Ereignisse wie etwa den Siebenjährigen Krieg (1756–1763) und die Französische Revolution dominierten zu bestimmten Zeiten Nachrichten aus diesen Ländern (vgl. Welke 1989; Böning 1992 u.a.). Die Angst vor den Auswirkungen solcher »ausländischer« Nachrichten auf die politischen Verhältnisse im eigenen Land führte dann jedoch zur Lockerung der Zensur und es wurde von den Obrigkeiten geradezu angeregt, verstärkt auch über örtlich Naheliegendes zu berichten – wohl um von solchen epochemachenden Ereignissen abzulenken. Dass in Deutschland »seit 1789 die Lokalnachrichten ihren festen Platz in der Tagespresse« haben (Bialowons 1975, 221), hat also wesentlich mit den Ängsten der Fürsten vor Umsturzplänen ihrer Untertanen zu tun.

Bis dahin aber waren die politischen Nachrichten nüchtern, objektiv, wertfrei, unparteilich, bevorzugt über den militärisch-politischen Komplex im Ausland. Was war daran interessant für das aufstrebende Bürgertum? Johannes Weber nannte es die »Säkularisation des Politischen«: »Die sukzessive, detaillierte Berichterstattung über politisch-militärische Vorgänge legte die Winkelzüge, die Wechselhaftigkeit und die Grenzen von Herrschaftshandeln bloß. Die Aktionen der Mächtigen verloren dadurch allmählich die Aura höherer Lenkung und erschienen schließlich als mühevolles, menschliches Alltagsgeschäft wie jedes andere. Damit rückte Politik in die Reichweite gewöhnlichen Verstandes; sie wurde zu einem Gegenstand, der auch von solchen diskutiert werden konnte, die nicht zur Herrschaft berufen waren. Die regelmäßige politische Zeitungspresse ist also in ihrer langfristigen mentalitätsgeschichtlichen Wirkung (...) kaum zu überschätzen.« (Weber 1997, 145) Die Zeitung offenbart sich hier als eine wichtige Voraussetzung für die Herausbildung des bürgerlichen

Selbst-Bewusstseins – doch vollzogen wurde diese erst mit der Entwicklung des Mediums Zeitschrift (vgl. Kap. 12) im Verbund der gesamten bürgerlichen Medienkultur.

Eine Ausnahme zur faktographischen Berichterstattung der meisten Zeitungen bildete der »Gelehrte Artikel« (ab 1731), der teils Buchbesprechungen enthielt, teils wissenschaftliche Nachrichten und der für eine vernunftgemäße Ethik und praktische Verbesserungen eintrat – »eine Plattform bürgerlicher Aufklärung« (Wilke 2000, 87; vgl. auch Böning 1997, 155, u.v.a. zurück bis zu Groth 1928, 619ff.). Für einzelne Zeitungen wie vor allem für den »Hamburgischen unpartheyischen Correspondent« (seit 1731), um die Jahrhundertwende extrem erfolgreich und anerkannt, konnte diese Funktion konkret nachgewiesen werden (Tolkemitt 1995). Man spricht hier auch vom Anfang des Kulturressorts. Vereinzelt kamen Zeitungen heraus, die dem Leser Wertungen vorgaben: z.B. schrieb Gotthold Ephraim Lessing zwischen 1751 und 1755 als Redakteur in der Rubrik »Von Gelehrten Sachen« und in der Beilage »Das Neueste aus dem Reiche des Witzes« der »Berlinischen Privilegierten Zeitung«, der späteren »Vossischen Zeitung«. Es entstand die »Deutsche Chronik« (1774–1777), herausgegeben von Christian Friedrich Daniel Schubart. Allerdings wurde dabei die Grenze zur Zeitschrift bereits deutlich überschritten, weil verstärkt auch literarische Beiträge, Anekdoten, Fabeln, Gedichte, sogar musikalische Beilagen enthalten waren. Immerhin begriff sich der Journalist hier nicht nur als Korrespondent, sondern als »Spion des Publikums, Sittenrichter und Advokat der Menschheit«, wie es auch dem Journalisten Wilhelm Ludwig Wekhrlin (1739–1792) nachgesagt wurde (Wilke 1993). Ab 1820 tauchte denn auch häufiger der Begriff »Beobachter« im Zeitungstitel auf, womit Kontrollaufgaben der späteren demokratischen Presse gegenüber politischer Herrschaft angedeutet sind.

2.2 Die Intelligenzblätter

Den zweiten Zeitungstypus stellten die Intelligenzblätter dar (»intellegere« = Einsicht nehmen). Manche halten sie neben Zeitung und Zeitschrift irrtümlicherweise für ein eigenständiges Medium. Anzeigen in Zeitungen hatte es nach französischem Vorbild bereits im 17. Jahrhundert gegeben: Suchanzeigen, Auktionsanzeigen, Stellenanzeigen, Anzeigen für Arzneimittel, Werbeanzeigen für Gasthäuser und Privatlehrer usw., Anfang des 18. Jahrhunderts auch in Wien. Aber erst 1722 erschien mit den »Wochentlichen Frag- und Anzeigungs-Nachrichten« das erste deutsche Intelligenzblatt (Böning 1999, 90; vgl. Lindemann 1969/1988, 250ff.). Das Intelligenzblatt hatte eine zweifache Funktion: Erstens war es »ein Mittel zur Ankurbelung von Warenverkehr und Arbeitsmarkt« (Wilke 2000, 118), zweitens aber nutzten die Behörden diese Zeitungen auch als ein »Instrument der Kameralistik« (Petrat 1999, 924), um die Macht der Gilden und Zünfte zu brechen und um amtliche Nachrichten bekannt zu machen – in durchaus juristischer Bedeutung. Bestimmte Berufsgruppen wie Beamte, Rechtsanwälte, Pfarrer, Magistrate, die Zünfte etc. waren deshalb zum Bezug verpflichtet. Dieser »Doppelcharakter der bürgerlichen Presse, nämlich Beeinflussungsinstrument und Gewinnquelle zu sein«, war stark vom Merkantilismus geprägt. Nach dieser Wirtschaftsdoktrin stand die Förderung des Handels und der Industrie im eigenen Land im Mittelpunkt, damit der absolutistische Staat aus der Wirtschaft möglichst viel an eigenen Einnahmen in Form von Steuern abzweigen konnte. »Ein wichtiges Instrument zur Förderung der Warenzirkulation schien ihm die Zeitungsanzeige. Er überließ sie jedoch nicht der privaten Initiative, sondern bemächtigte sich ihrer und schuf daraus ein Monopol. Das war die Entstehung des Intelligenzblattes.« (Bialowons 1975, 122ff.) Der Monopolcharakter der Intelligenzblätter wurde dadurch sichergestellt, dass man den anderen Zeitungen verbot, Anzeigen jedweder Art aufzunehmen (mit Ausnahme der Hamburger Zeitungen). Erstmals 1811 und endgültig erst 1850 wurde der »Intelligenzzwang« dann aufgehoben und das Anzeigenwesen freigegeben.

Intelligenzblätter, aus denen sich später der »Generalanzeiger« entwickkelte, waren wie die politischen Zeitungen weit verbreitet, es sollen mehr als 220 allein zur Zeit der Aufklärung erschienen sein, meist aus privater Initiative (Böning 1999, 91). Anfangs wurden sie einmal pro Woche publiziert, später dreimal wöchentlich und teils sogar täglich. Typisch für die Erscheinungsdauer sind etwa die »Hannoverschen Anzeigen«, die seit ihrer Gründung 1732 mehr als ein Jahrhundert ununterbrochen erschienen (Böning 1999, 93). Die Intelligenzblätter hatten meist ebenfalls einen Umfang von vier Seiten und steigerten sich in der Anzeigenzahl (z.B. von 1427 Anzeigen im Jahr 1730 bis auf 2.451 Anzeigen im Jahr 1780). Die Anzeigen waren nach Rubriken geordnet und hatten enorme Bedeutung für das (regionale bzw. lokale) Wirtschafts- und Verkehrsleben. Günter Bialowons hebt insbesondere die Aufgabe hervor, »das Publikum von den Nachrichtenzeitungen abzulenken und sein Interesse auf die reinen Inseratenblätter zu richten«, um »von den Nachrichten abzulenken« (Bialowons 1975, 125). Es kamen Privatanzeigen von Verlobungen und Eheschließungen (ab 1738), Todesfällen (ab 1783) und Geburten (ab 1793) hinzu, neben Edikten und Verordnungen auch Steckbriefe und Gerichtstermine, Informationen über Beförderungen, Versetzungen und Begnadigungen, schließlich sogar Einladungen zu Bällen und Soireen sowie »Torzettel«, d.h. Informationen über Zugereiste und Durchgangsreisende (z.B. Bialowons 1975; Straßner 1997, 86f.). Die Illustration der Anzeigen ist ab 1827 verbürgt.

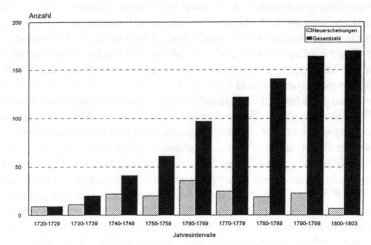

Abb. 6: Intelligenzblätter in Deutschland 1722–1803 (nach Jürgen Wilke).

Um die Attraktivität der Intelligenzblätter zu befördern, wurden auch Gelehrte und Professoren verpflichtet, redaktionelle Beiträge und geistvolle und wissenschaftliche Artikel für sie zu verfassen. Später gab es darin gemeinnützige Beiträge aller Art – gewissermaßen als Servicefunktion im Sinne einer breiten Volksaufklärung, z.b. bei den »Westphälischen Beyträgen zum Nutzen und Vergnügen« von 1773 bis 1810 (Wilke 2000, 124). Auflockernde unterhaltsame redaktionelle Beiträge, auch Rätsel und Preisausschreiben, schließlich eine »betont didaktische Textgestaltung« bis hin zum Vorschlag, diese Zeitungen in den Schulen als Pflichtlektüre einzuführen (Petrat 1999, 925), sicherten das Interesse einer ganz heterogenen Leserschaft: Intelligenzblätter waren stärker schichtenübergreifend als die politischen Zeitungen im engeren Sinn. Beim »Öffentlichen deutschen Reichs-Anzeiger« (ab 1792) in Gotha, in den jedes Mitglied der deutschen Nation kostenlos einrücken durfte, was es zur Belehrung des Publikums als hilfreich erachtete, wurde die sozialintegrative Funktion dieses Zeitungstyps geradezu programmatisch.

Der deutliche quantitative Anstieg der Intelligenzblätter von knapp zehn in den 20er Jahren bis zu rund 170 Titeln zur Jahrhundertwende lässt sich trotz der enormen Forschungsdesiderate zumindest andeuten (Wilke 2000, 120; vgl. Abb. 6).

Interessanterweise entstanden Intelligenzblätter häufig auch an Orten, an denen es keine politischen Blätter gab, z.B. in der ländlichen Provinz. Gelegentlich bestand aber auch eine Komplementärbeziehung zwischen einer politischen und einer Intelligenzzeitung, die beide beim selben Verleger erschienen. Finanziert wurden die Intelligenzblätter teils durch Bezugsgebühren, teils durch die Anzeigen – ein duales Prinzip, das auch heute noch für die Zeitung Standard ist. Die Auflagen differierten hier stark zwischen einigen hundert und 3.000; im Durchschnitt nimmt man heute 300 Exemplare pro Titel an, d.h. es gab um 1800 Intelligenzblätter mit zusammen rund 50.000 Exemplaren. Aufgrund anderer Nutzungsweisen und schichtenübergreifender Lesergruppen projektiert man hier pro Exemplar 20 Leser, d.h. es wurden rund 1 Million Leser erreicht, darunter ausdrücklich auch »das schöne Geschlecht«. Das Medium Zeitung war also auch mit diesem Typus, zumindest in gewisser Hinsicht, durchaus ein Medium der Aufklärung (vgl. auch Welke 1977, 86f). Holger Böning unterstreicht: »In den Intelligenzblättern wird Erfahrung als zentrale Kategorie der Aufklärung sichtbar; indem das gemeine Leben wichtigstes Thema der Intelligenzblätter ist, spiegeln sie ein ganz neues Selbstverständnis der Gelehrten und Gebildeten.« Am Beispiel des »Wittenbergschen Wochenblatts«, einem dezidiert gemeinnützig-ökonomischen und darin repräsentativen Intelligenzblatt, zeigt sich Aufklärung fast ausschließlich als Praxis: »Das seit den fünfziger Jahren allenthalben beobachtbare Bestreben, Verbesserungen in der Volkswirtschaft und zuerst in der Landwirtschaft durchzusetzen, die neuen Erkenntnisse der Naturwissenschaft praktischem Nutzen zuzuführen und aufklärerisches Gedankengut über den engen Kreis der aufklärerisch denkenden Gebildeten hinaus zu den arbeitenden Ständen zu tragen, hat sich unter Zuhilfenahme der alten Form des Intelligenzblattes ein Forum geschaffen, das dem Erfahrungsaustausch ebenso dient wie der Propagierung des neuen Engagements. Für das Entstehen einer bürgerlichen Öffentlichkeit und Selbstverständigung sind gerade diese Zeitungen von größter Bedeutung.« (Böning 1987, 109f., 121)

Es lassen sich demnach idealtypisch vier Stufen der Entwicklung unterscheiden (Böning 1999, 93ff.): Anfangs waren es reine Anzeigenblätter, dann wurde das Intelligenzblatt zum Organ gemeinnützig-ökonomischer Aufklärung, wandelte sich zur literarisch-moralischen Anstalt und übernahm schließlich auch teilweise die politische Berichterstattung.

2.3 Die Wochenblätter

Im späteren Verlauf des 18. Jahrhunderts entstanden zunehmend auch Zeitungen, die sich nicht an die gebildeten Schichten wandten, sondern an Unterschichten und das breite Volk speziell auf dem Land. Solche »Bauernzeitungen« waren häufig Wochenblätter. Ein gutes Beispiel dafür wäre die »Zeitung für Städte, Flecken, Dörfer, insbesondere für die lieben

Landleute alt und jung« (ab 1786), herausgegeben von Pfarrer Hermann Werner Dietrich Braess in Wolfenbüttel. Andere Beispiele wie etwa die »Deutsche Zeitung« in Gotha lagen näher bei den Moralischen Wochenschriften (Kap. 11), d.h. waren weniger aktuell als retrospektiv und vor allem stärker auf moralische Bewertung aus (vgl. auch Böning 1992a). Hier gab es bereits Leserbriefe, die der Leserbindung dienten. Erich Grathoff hielt in seiner Dissertation über »Deutsche Bauern- und Dorfzeitungen des 18. Jahrhunderts« die Unterscheidung zwischen Zeitung und Zeitschrift auf dem Land »für zwecklos und unfruchtbar«, trennte aber diese Publikationsform von der »gesprochenen Dorfzeitung«, von Flugblatt, Flugschrift und Kalender (1937, 11f.). Um die in der Tat hier bestehende Funktionenüberschneidung zu verdeutlichen, seien exemplarisch wesentliche Befunde in Erinnerung gerufen. Bauern- und Dorfzeitungen lassen sich demnach in drei Gruppen einteilen: belehrend-unterhaltende, politische und wissenschaftlich-landwirtschaftliche, die sich allerdings teilweise überlappen:

– In ihren belehrend-unterhaltenden Beispielen kommen sie den moralischen Wochenschriften nahe, unterscheiden sich aber durch ihre explizite Zuwendung zu den unteren Volksschichten. So bot zum Beispiel der »Baurenfreund« belehrende Artikel u.a. zur Kinderzucht, zu Gesundheits- und Krankheitsregeln, zur Glückseligkeit des Landmannes, den Brief eines Bauernsohnes über seine Eltern, Artikel über den Vorteil des Fleißes und über den landwirtschaftlichen Haushalt. Andere Titel waren »Der Wirth und die Wirthin«, »Das räsonnirende Dorfkonvent« (ein erstes volksaufklärerisches Periodikum mit regelmäßigen Zeitungsnachrichten, vgl. Böning 1992a, 476ff.), »Der Bote aus Thüringen« oder »Das Allgemeine Zittausche Wochenblatt«.

– Politische Bauernzeitungen boten in volkstümlicher Sprache (Formelhaftigkeit, Dialekt) politische Nachrichten oft in Form von Gesprächen, z.B. »Gespräch eines sächsischen Bauern und Soldaten« in Merseburg oder »Bote aus dem Vogtlande im Gespräch mit einem almrischen Bauer von Kriegs- und Welthändel« in Neustadt a. d. Orla, wo sich neben politischen Nachrichten, oft nach Städten und Ländern geordnet, auch Rätsel, lokale Anzeigen und »Getreidepreise in Braunschweig« fanden. Andere Titel waren die »Braunschweigische Zeitung«, die »Hessen-Darmstädtische Zeitung« oder die »Bauernzeitung von Gräz«, die von der Zensur sofort wieder vom Markt gefegt wurde.

– Die wissenschaftlich-landwirtschaftlichen Bauern- und Dorfzeitungen schließlich gingen besonders auf die Landwirtschaft ein. Das »Magazin für den Landmann« beispielsweise bot neben »nützlichen« inner- und außereuropäischen Nachrichten und Gesprächen etwa zwischen einem Pfarrer und einem Bauern sowie Buchrezensionen vor allem Abhandlungen über Ackerverbesserung, Schweinehaltung, Naturlehre, allgemeine Ökonomie oder das Bierbrauen, ergänzt durch aktuelle lokale Nachrichten, etwa dass eine Feuerspritze zu verkaufen sei, oder durch amtliche Bekanntmachungen, etwa die Ausschreibung einer Pacht. Andere Titel wären der »Physikalische und ökonomische Patriot«, die »Schlesische Volkszeitung« (vgl. auch Böning 1992a, 502ff.) oder der »Bayerisch-ökonomische Hausvater«.

Die meisten Bauernzeitungen waren lokal und nur von sehr begrenzter Erscheinungsdauer. Es soll im 18. Jahrhundert insgesamt rund 100 Titel gegeben haben.

Auf weitere, eher spezielle Aspekte von Wochenzeitungen kann hier nur pauschal verwiesen werden. So wurden – um nur ein Beispiel zu nennen – einzelne Zeitungen im Deutschen Reich teilweise auch in englischer, französischer und sogar lateinischer Sprache herausgebracht. Frankophone Periodika, ebenfalls Mischprodukte aus Zeitung und Zeitschrift, waren insbesondere nahe der deutschen Westgrenze und zur Zeit der Französischen Revolution verbreitet.

2.4 Der Aufstieg zum gesamtgesellschaftlichen Medium

Man kann bei den im 18. Jahrhundert vorherrschenden Zeitungstypen mindestens drei dominante Funktionen benennen, erstens und vor allem das Informieren: wer, was, wann, wo, warum, wie – vornehmlich politisch, auch alltagsbezogen; zweitens das interessengebundene Werben: vornehmlich ökonomisch, aber erneut mit deutlicher sozialer Bedeutung; drittens das Meinungsbilden: als ein Forum der bürgerlichen Willensbildung. »Vor allem in den Intelligenzblättern werden sittlich-moralische, theologische, kulturelle Fragen und solche der gesellschaftlichen Weiterentwicklung erörtert.« (Straßner 1999, 843) Karl Philipp Moritz, Professor an einem Gymnasium in Berlin und Redakteur der »Vossischen Zeitung«, betonte in seiner programmatischen Schrift »Ideal einer vollkommenen Zeitung« (1784) auch für die politischen Zeitungen weniger die Information als diese Meinungsbildung im Sinne einer Kritik an bestehenden Zuständen und als Mittel zur Erziehung und Bildung der Leser (z.B. Lindemann 1969/1988, 142f.). Übergeordnet zur Informations-, Werbe- und Bildungsfunktion muss damals für das gesamte Medium Zeitung als Schlüsselbegriff »Horizonterweiterung« gelten: »In dieser pädagogischen Funktion (...) ist die Zeitung bei weitem nicht gebührend gewürdigt worden« (Welke 1977, 83ff.) – auch wenn die Nachrichtenrezeption bei manchen Gruppen der Bevölkerung bevorzugt noch der defensiven Orientierung gedient haben mag (Weber 1997, 144f.). Die Zeitung war wesentlich daran beteiligt, traditionell begrenzende Raumvorstellungen bei einem breiten Publikum zu destruieren.

Wolfgang Kaschuba hat das am Beispiel der deutschen Wahrnehmung der Französischen Revolution verdeutlicht: Die Revolution war für Deutsche primär ein Medienereignis; Weltgeschichte wurde in der Zeitung, quasi als einem publizistischen »Bildschirm«, reportagehaft dynamisiert. Der Leser war Zaungast mit der reizvollen Perspektive »eines Blickes aus der Distanz, der gleichwohl Nähe und Teilnahme ermöglicht, der zur Sympathie oder Ablehnung förmlich herausfordert, auch zu selektiver Wahrnehmung und subjektiver Deutung« (1992, 382) Damit wurde ein gewaltiger Spiegel aufgerichtet, in den zu sehen die eigene Identitätssuche zu einer Herausforderung des Bildungsbürgers werden ließ. Das »Fremde« verwies auf das »Eigene«. Die Zeitungen provozierten – gerade mit ihrer Aussparung der Nachrichten und Verhältnisse »zu Hause« – die Übertragung auf die deutsche politische Situation im Diskurs. Die Berichterstattung in den Zeitungen hatte Steigbügelhalterfunktion für die Meinungsbildung und damit für die Identitätsfindung der aufstrebenden Bürger, aber auch der einfachen Landbevölkerung. Der Wettstreit um die öffentliche Meinung, zwischen den revolutionsfreundlich gesonnenen Journalisten und den traditionsorientierten Stimmen, umfasst im Prinzip freilich auch viele andere Medien der Zeit, das Flugblatt, das Theater, den Almanach, das Buch, die Zeitschrift (Jäger 1992).

Martin Welke hebt hervor, man könne davon ausgehen, »daß die Zeitung erstens schon ein wirkliches Massenpublikum erreichte und zweitens die Leser veranlaßte, politische Inhalte zu diskutieren« (1977, 88). Von der Forschung werden dazu immer wieder dieselben wichtigen Zeitungen des 18. Jahrhunderts genannt: die »Berlinische Privilegierte Zeitung« (seit 1721), die seit 1785 »Vossische Zeitung« hieß, die »Wöchentliche Berlinische Frag- und Anzeigungs-Nachrichten«, später umgetauft in »Berlinische Nachrichten von Staats- und Gelehrten-Sachen« (1727–1873); der Gothaer »Öffentliche deutsche Reichs-Anzeiger« (ab 1792); der »Hamburgische unparteyische Correspondent« (z.B. Schwarzkopf 1795 / 1993, 20ff.; Salomon 1900 / 1973, 118ff.; Diez 1910, 22f.; Böhme 1922, 18; Lindemann 1969 / 1988, 157ff.; Willke 2000, u.v.a.), zu ergänzen freilich um je weitere Beispiele, die bislang noch weniger intensiv untersucht wurden.

Die Zahl aller Zeitungen im 18. Jahrhundert (politische Zeitungen, Intelligenzblätter, Bauernzeitungen) belief sich insgesamt auf rund 500 Titel. Das klingt quantitativ beeindruckend, aber Vergleiche relativieren das. Allein in London gab es in den 70er Jahren 35 Zeitungen mit einer Gesamtauflage von 300.000 Exemplaren, allein in Paris 64 Zeitungen, in ganz Frankreich nicht weniger als 1.000 Zeitungen (Koszyk 1999, 900). Ob dort auch das Distributionssystem weiter entwickelt war als im Deutschen Reich, muss offen bleiben. Sicherlich war ein Zeitungsverkauf auf der Straße wie im Zentrum Paris 1791 (Abb. 7) in den deutschen Provinzen zur gleichen Zeit noch eher unwahrscheinlich.

So deutlich die Zeitung im Deutschen Reich im 17. Jahrhundert den Maßstab für die internationale Geschichte dieses Einzelmediums dargestellt hatte (vgl. Faulstich 1998, 226ff.), so deutlich hinkte sie im 18. Jahr-

Abb. 7: Zeitungsverkauf auf der Straße in Paris 1791 (von Louis Debucourt).

hundert der europäischen Entwicklung hinterher. Im Vergleich mit anderen Druckmedien, speziell der Zeitschrift, ließe sich die These:»Die Zeitung wird im Laufe des 18. Jahrhunderts zum bedeutendsten Lesestoff« (Straßner 1999, 842), allenfalls im Hinblick auf die Zeitung als ein stände-, schichten-, gruppen- und teilöffentlichkeitsübergreifendes Medium vertreten.

Der Entwicklungsrückstand im territorial zersplitterten absolutistischen Deutschen Reich war politisch bedingt. Dass das 18. Jahrhundert auch »ein Jahrhundert der Zensur« genannt wurde, lag nicht nur an der Zensur der Bücher (Kap. 10.5.1) und der Zeitschriften (Kap. 11), sondern auch an der Zeitungszensur (vgl. zusammenfassend Wilke 2000, 127ff.). Die deutsche Presse war damals *grundsätzlich* zensiert – teils mehr, teils weniger, je nach Land und Zeitumständen. Charakteristisch für Deutschland waren die Bemühungen der feudalabsolutistischen Pressepolitik, sich der Macht der Zeitungen zu bedienen, etwa in Form von Privilegien und Konzessionen, einzelne Blätter zu instrumentalisieren oder zu amtlichen Organen der Landesherren umzufunktionieren (ausführlich z.B. Bialowons 1975, 118ff.). Wesentliche Stufen waren dabei das Edikt Kaiser Karls VI. vom 18.7.1715, das Patent Kaiser Franz I. vom 10.2.1746, erneuert durch Joseph II. 1775, und die Zensurpraxis in Österreich, Bayern und Preußen (vgl. auch Lindemann 1969/1988, 112ff.).

Der Kampf um die »Pressfreyheit« setzte im Deutschen Reich sehr verspätet ein – der Begriff selbst ist erst ab 1774 nachgewiesen. Dass Pressefreiheit zu den Bürgerrechten gehört, wurde hierzulande erst mit der Französischen Revolution bekannt und entscheidende Fortschritte gab es in Deutschland erst im 19. Jahrhundert. Napoleon, der 1799 durch einen Staatsstreich an die Macht gekommen war, hatte die deutschen Presseverhältnisse zunächst sehr negativ beeinflusst. Zensurmaßnahmen wurden extrem verschärft, sofern die Zeitungen nicht gleich völlig verboten waren (ausführlich Lindemann 1969/1988, 256ff.). Am Beispiel der »Allgemeinen Zeitung« von Johann Friedrich Cotta ist die wechselhafte Entwicklung von Zensur und Pressefreiheit bereits ausführlich dokumentiert worden (siehe Wilke 2000, 169; Lindemann 1969/1988, 175ff.; vgl. auch Kap. 10.3). Erst zur Zeit der Befreiungskriege trat 1814 der »Rheinische Merkur« von Joseph Görres den Kampf gegen Napoleon an. Aber bereits 1819 wurden die Karlsbader Beschlüsse gefasst und damit kam wieder »die schärfste Überwachung und Kneblung der Presse. Jede Besprechung der deutschen Angelegenheiten war ausgeschlossen.« (Groth 1928, 652; Schütz 1990, 115ff.). Die deutsche Presse war im 18. und frühen 19. Jahrhundert also zu keinem Zeitpunkt ein »Kampfmedium«, ein »Instrument der Revolution« (Stadler 1951), und aus medienhistorischer Sicht muss man konzedieren, dass die Zeitung – im Unterschied zu anderen Medien – auch später niemals eine solche Funktion übernommen hat.

Im Zuge der »Verdichtung von Kommunikation« entwickelte sich übergreifend zu den verschiedenen Medien der Journalismus vielmehr als ein gesellschaftliches Teilsystem (z.B. Blöbaum 1994; vgl. auch Baumert 1928 und zahlreiche alternative Positionen). Die Zeitung selbst ließ bereits zur Jahrhundertwende die zukünftige Unterteilung in Ressorts und damit die Herausbildung und Spezialisierung von »Redakteuren« erkennen: politische Nachrichten aus dem Ausland, Feuilleton und Buch- und Theaterkritik, Lokalberichterstattung, ein (zunächst heimischer und dann überregionaler) Wirtschaftsteil bis hin zur Wirtschaftspresse (vgl. auch Engeleit 1992), kommerzielle und private Anzeigen, Leserbriefe. Der Zeitungsroman sollte erst in den 30er Jahren des 19. Jahrhunderts folgen, noch sehr viel später die Rubrik der Sportnachrichten.

Wer waren Ende des 18. Jahrhunderts die klassischen Zeitungsleser? Im Prinzip alle Menschen, d.h. die Zeitung war kein spezifisch bürgerliches Medium. Dass sie über Kollektivabonnements etc. so kostengünstig war, macht ohne Zweifel einen der wichtigsten Gründe für ihren gesamtgesellschaftlichen Erfolg aus (übergreifend z.B. Jentsch 1937; Gestrich 1994, 171f.). Die Verspottung der angeblich dilettantischen Rezeption der Zeitung durch Handwerker und Angehörige des gemeinen Volkes unter Stichworten wie »Lesewut«, »Zeitungssucht«, »Zeitungsnarr« oder »Zeitungswuth« sagt mehr aus über die Abgrenzungsbemühungen der aufstrebenden Bürger nach unten als über das Volk selbst. Nach zahlreichen Vorbildern bereits Mitte des 18. Jahrhunderts (z.B. Beyrer/Dollmeier 1994, 124) entstand im Jahr 1818 beispielsweise die kolorierte Radierung »Zeitungswuth« von Joseph Stöber in Wien (Abb. 8).

Die Zunahme des Lesens, speziell des Zeitungslesens, indiziert freilich keinerlei Sucht, sondern eine Zunahme allgemeiner Medienkompetenz auch nicht bürgerlicher Schichten der Gesellschaft. In den Posthäusern und Avisenbuden warteten Vertreter der unterschiedlichsten Schichten oft ungeduldig auf das Eintreffen der neuesten Zeitungen (Welke 1981, 40). »Die Geschichte des Zeitungslesens ist von Anfang an eine Geschichte gemeinsamer Lektüre«, formulierte Martin Welke (1981, 30; vgl. auch Gestrich 1994, 172f.). Das gilt auch für die Zeitungslektüre in den Kanzleien und Magistraten, in den Kaffeehäusern und Wirtsstuben, in den Gasthöfen und Schenken, in den Schulen und Universitäten, in den Abonnementgemeinschaften, auch in den bürgerlichen Familien, ganz besonders auch auf dem Land, wo etwa der Pastor einem größeren oder kleineren Publikum die neuesten Nachrichten aus der Zeitung vorlas. Letzteres hat etwa Johann Baptist Pflug, intensiver Beobachter des oberschwäbischen Volkslebens, um 1830 in einem Bild festgehalten (Abb. 9): Ein schwarz gekleideter katholischer Pfarrer sitzt lässig auf einem Tisch, an beiden Seiten umgeben von je zwei Männern, die ihm aufmerksam zuhören, im Hintergrund eine Magd. Dazu gibt es übrigens eine Bildvariante desselben Malers mit einem protestantischen Pastor, unter dessen Zuhörern sich auch Frauen befinden.

»Das gleichzeitige Konsumieren der Zeitung durch Vorlesen in der Beziehergruppe, das die bloße Umlaufgesellschaft verdrängte, befähigt auch den Leseungeübten, ja selbst den Analphabeten zur Teilnahme und erweitert so den Kreis der Rezeptionsfähigen. (...) Im Gegensatz zu den Lesegesellschaften bildete die Zeitung in den organisatorisch nicht durchgebildeten Lektüregemeinschaften meist den alleinigen Lesestoff.« (Welke 1081, 41f.) Bei Hof, in den Städten und auf dem Dorf ist das öffentliche Vorlesen von Nachrichten, teils gegen Entgelt, noch Ende des 18. Jahrhunderts verbürgt (Gestrich 1994, 131). Zeitungslektüre war auch »Volkslektüre« – Rolf Engelsing ermittelte beispielsweise für die politische »Stralsunder Zeitung« (1763–1765) 352 Abonnenten, darunter 65 Handwerksmeister, 13 Kleinhändler und 5 Soldaten. Von den 230 bis 300 Abonnenten der »Braunschweigischen Zeitung« (1786–1788) waren 8% Landleute, 10% Handwerker, 2% Soldaten, 1% Gastwirte, 20% ohne Beruf, der Rest Angehörige der höheren Stände (Engelsing 1973, 60; vgl. auch Jentsch 1937). Abgesehen von den Abonnementgemeinschaften haben bei der Entwicklung des Zeitunglesens auch die Lesegesellschaften (vgl. Kap. 10.6) – Martin Welke spricht von »rund 1000 nebeneinander existierenden Lesegesellschaften« mit jeweils durchschnittlich 50 aktiven Mitgliedern (Welke 1981, 45) – eine wichtige Rolle als Distributionsfaktor gespielt. Die Mainzer Lesegesellschaft beispielsweise hielt neben Büchern und einer Viel-

Abb. 8: Verspottung der angeblichen »Zeitungssucht« im breiten Volk (1818).

Abb. 9: Der Pfarrer auf dem Dorf liest die Zeitung vor (um 1830).

zahl von Fachzeitschriften nicht weniger als 24 politische Zeitungen und weitere 23 gelehrte Zeitungen bzw. Zeitschriften für ihre Mitglieder bereit, darunter lokale Blätter wie die »Mainzer Zeitung« und das »Mainzer Intelligenzblatt« ebenso wie überregionale Blätter, etwa den »Hamburgischen unparteyischen Correspondent« und die »Erlanger Real-Zeitung« (Willke 2000, 140; vgl. auch Jentsch 1937, 162).

Seit dem 17. Jahrhundert hatten sich kollektive Rezeptionsformen entwickelt, die bei der Stetigkeit einer quantitativ kontinuierlich expandierenden und qualitativ diversifizierenden Zeitungsproduktion im 18. Jahrhundert grundsätzlich von einem Umschwung im Leseverhalten sprechen lassen. »Gibt es eine Leserevolution am Ende des 18. Jahrhunderts?« fragt Reinhard Wittmann und bejaht (Wittmann, 1999, 453). Berücksichtigt man auch die Plakate und Handzettel der Marktschreier, die Medien Flugblatt, Heft, Buch, Brief, Zeitschrift und Kalender sowie Almanach, dann ist die Feststellung einer enormen Zunahme des Lesens zutreffend, primär aber nicht auf das Medium Buch zurückzuführen (vgl. auch Kap. 10.6.2). Vielmehr gilt: Für die *Gesamt*gesellschaft ist die Leserevolution neben anderen Druckmedien vor allem auf die Zeitung zurückzuführen, für die *bürgerliche* Mediengesellschaft aber primär auf das Medium Zeitschrift (Kap. 11). Die Zeitung als Periodikum mit den höchsten Auflagen sprach spätestens an der Wende zum 19. Jahrhundert die breitesten Bevölkerungskreise an und erreichte auch die unteren Stände (z.B. Möllney 1992, 151), d.h. stimulierte die Entwicklung zu einer *gesamtgesellschaftlichen* Öffentlichkeit. Holger Böning hat deutlich gemacht, dass nach der Französischen Revolution in Deutschland gerade durch die Zeitung »alle Teile der Bevölkerung in die politische Willensbildung« einbezogen wurden und dabei die im Verlauf des 18. Jahrhunderts zunächst entstandene Kluft zwischen Gebildeten und Volk, zwischen Schriftlichkeit und Mündlichkeit wieder überbrückt wurde. Damit wird die Zeitung bereits als Fundament einer Medienöffentlichkeit im heutigen Sinn erkennbar (Böning 1992a, 514f.).

3. Politische Verlautbarung und kommerzielle Werbung

An der schlechten Forschungslage zu den Medien Wand und Plakat hat sich bis heute nichts geändert. Die Wand als Kommunikationsmedium – beispielsweise für handschriftliche politische Slogans im Kontext aktueller Unruhen, für Hinweise etwa von Einbrecherbanden, dass in diesem Haus viel bzw. nichts zu holen sei, oder auch für die Veröffentlichung individueller privater Wünsche etwa sexueller Art – ist noch weitestgehend wissenschaftliches Neuland. Dies mutet unverständlich an angesichts der langen Geschichte der Wand als Schreib- und Gestaltungsmedium – von den Inzisionen und Bildern auf den steinzeitlichen Höhlenwänden (Faulstich 1997, 109ff.) über die mittelalterlichen Glasfenster (Faulstich 1996, 168ff.) und die frühneuzeitlichen Fassadenbilder als Instrumentalisierung von Wand zur Überhöhung von Herrschaft (Faulstich 1998, 240ff.) bis zu den heutigen Graffiti auf Toilettenwänden und an öffentlichen Gebäuden oder Zügen, den Werbereitern in den großen Fußballstadien oder den Werbereitern, mit denen für Vorstellungen des durchreisenden Zirkus oder für Politiker und Parteien bei Wahlen geworben wird.

Kaum besser sieht es beim Plakat aus. Noch der jüngste Lexikonbeitrag zur »Geschichte des Plakats« konstatiert für das 18. Jahrhundert zwar die Einsicht, dass »die Verbreitung des Mediums Plakat kontinuierlich zunahm«, erschöpft sich aber in ganz wenigen Zeilen (Denscher 1999, 1012), während das 18. Jahrhundert in der »Geschichte des Werbeplakats« praktisch gar nicht vorkommt (Müller 1999). Fachmonographien speziell für unseren Zeitraum scheinen auch hier vollständig zu fehlen. Die folgende Darstellung kommt also über sehr bescheidene Andeutungen nicht hinaus.

3.1 Zur Bedeutung der Wand

Zunächst muss man festhalten, dass die seit dem 16. Jahrhundert kontinuierliche Bedeutung der Decken- und Wandmalerei auch zumindest die erste Hälfte des 18. Jahrhunderts geprägt hat. Barocke Fresken wie »Die Vision des hl. Benedikt« (1719) von Cosmas Damian Asam, »Die Wundertaten des hl. Antonius« (1739) von Johann Evangelist Holzer oder »Judith und Holfernes« (1745) von Matthäus Günther sind dafür einige willkürlich herausgegriffene Belege. Das gilt auch für die profane Fassadenmalerei

– wie zahlreiche Privathäuser etwa in Augsburg und Nürnberg oder das Bamberger Rathaus und die Münchener Residenz veranschaulichen. Beides geht im Verlauf des Jahrhunderts aber zurück zugunsten der Gestaltung der inneren Wandflächen: Landschaften, Historienbilder, perspektivische Durchblicke, vor allem farbig gestaltet. Allerdings gab es nach wie vor Fensterinschriften, Karikaturen und Sprüche an Häusergiebeln als Motto oder religiösen Sinnspruch, dem sich die Bewohner verpflichtet fühlten. In den Zeitschriften der damaligen Zeit wurde die »Ornamentik« kritisiert und als Untergang der Kunst beklagt (vgl. Lüttichau 1983; Uhle-Wettler 1994, 147ff.). »Das Ende dieser Gemälde ist (...) in der zweiten Hälfte des 18. Jahrhunderts gekommen; zu einem Zeitpunkt, als die entscheidende, bürgerliche Auftraggeberschicht die bis dahin gültigen ›hohen‹ Architekturformen auch für sich reklamiert und sich von der eigenen Architektur- und Bildtradition abkehrt« (Schütte 1992, 129). »Das bürgerliche Zeitalter hat kein ausgesprochenes Interesse an repräsentativen Bauten und deren Ausgestaltung.« (Herberts 1953, 419; vgl. auch Baur-Heinhold 1975)

Warum das so gewesen ist, wird eigentlich nicht näher begründet. Was für Graffiti des 20. Jahrhunderts schon vor längerem vorgelegt wurde – eine funktionale Typologie ausdifferenziert nach soziologischen und psychologischen Kriterien (z.B. Abel/Buckley 1977; Stahl 1990) –, ist für die Wand im 18. Jahrhundert nicht einmal absehbar. Die Kunstgeschichte hat die Wand auch erst in Ansätzen als wichtiges Medium begriffen (z.B. Deichmann 1966; Waibl 1979). Möglicherweise ließen sich aber Zäsuren wie beispielsweise das Ende des Barock statt aus geisteshistorischen Überlegungen (z.B. Philippot 1972, 137f.) plausibler medienhistorisch erklären. Vielleicht wäre, was hier als blanke Vermutung geäußert wird, einer genaueren Untersuchung wert: ob das Ende des Barock nicht mit dem rapiden Bedeutungsrückgang des Mediums Wand um die Mitte des Jahrhunderts zusammenhängt – eines Mediums, dessen zentrale Funktionen just ab diesem Zeitpunkt von anderen Medien wie insbesondere dem boomenden Medium Plakat übernommen wurden.

Die Wand wurde ab der zweiten Hälfte des 18. Jahrhunderts am ehesten noch indirekt thematisiert in Verbindung mit dem Plakat. Im Deutschen Reich war die Entwicklung des Plakats gegenüber dem Ausland freilich wie bei der Zeitung eher rückständig. In England beispielsweise wurde die seit archaischen Zeiten bekannte Veröffentlichung von Informationen durch Menschmedien in der Gestalt mobiler Werbeflächen genutzt. Das waren die sogenannten »Sandwichmen«, die für eine aktuelle Ausstellung, ein kulturelles Ereignis, ein Theaterstück oder auch für kommerzielle Produkte Werbung betrieben – beispielsweise für »The Cheapest House in London for Ready Made Boots« (Abb. 10).

Diese Instrumentalisierung der Armen ist aus heutiger Sicht erniedrigend, zumal die Träger oft aufs Lächerlichste bekleidet waren, etwa mit

Abb. 10: Der Sandwichman als mobile Werbewand in London
(2. Hälfte des 18. Jahrhunderts).

monströsen Hüten und Zylindern, um Aufmerksamkeit auf sich und ihre Message zu ziehen. »Der Poster-Mann war Symbol einer Ära, in der dem kleinen Mann wenig Wert zugesprochen wurde.« (Gallo 1989, 17) Gelegentlich benutzte man auch Tiere als derartige Reklameträger, die dann mit den Plakatwänden durch die Straßen geführt wurden (z.B. »Sandwich-Pferd«). Andernorts ließ man ein hübsches Paar durch die Stadt gehen mit der umgehängten Plakat-Message: »Dieses Paar wurde durch die Heiratsvermittlung XY zusammengeführt«. Gelegentlich findet sich der Sandwich-Mann aber auch noch heute, wenn z.B. Studenten gegen Entgelt in Fußgängerzonen in dieser Weise auf besondere Ereignisse hinweisen. Als Verbindung von Wand und Menschmedium steht er in einer historischen Verweiskette, mit dem Ausrufer als dem unmittelbaren Vorläufer. »Aus den Sandwichmännern entwickelten sich dann die verschiedensten Formen, insbesondere die Standartenträger, welche an einer hohen Stange befestigte Plakate tragen.« (Paneth 1926, 22) Für den deutschen Sprachraum sind solche mobilen Werbewände vor 1800 jedoch noch nicht nachgewiesen.

Bekannt und verbreitet war seit dem 17. Jahrhundert vielmehr die feste Wand als Anklebefläche für Plakate, das erste symbiotische Medium der Geschichte (Faulstich 1998, 248). Die aus seiner Alltagspräsenz entstandene Selbstverständlichkeit kommt in Karikaturen gut zum Ausdruck – etwa mit einem Plakatkleber, der einem monströsen Passanten, mühsam mit dem Entziffern der Plakattexte befasst, einfach ein Plakat auf den Rücken klebt (Abb. 11).

Ebenso wie die Neugierde und angebliche »Sucht« der Zeitungsleser Zielscheibe des Spotts der Zeitgenossen war (vgl. oben Abb. 7), machte man sich auch über die Begeisterung für Plakatwände lustig.

In welchem Ausmaß solche Plakatwände im Deutschen Reich verbreitet waren, ist noch völlig unerforscht. Man kann jedoch annehmen, dass mindestens in jeder Stadt mehrere solcher Wände zur Verfügung standen, meist an zentralen Plätzen oder auch an den Stadttoren, während in den kleineren Orten auf dem Land mutmaßlich die Türen oder Wände von Rathäusern, Feuerwehrhäusern, Kirchen und sonstigen öffentlichen Gebäuden, vielleicht auch die Dorflinde, für »plakative« Bekanntmachungen mindestens der Obrigkeiten zur Verfügung standen.

Spezielle Plakatkünstler sind allenfalls für Frankreich bekannt, z.B. Jean Antoine Watteau (1684–1721). (Ahrlé 1990, 16ff.) Plakatkleber in Paris waren durch einen Erlass vom 13.9.1722 streng reglementiert; sie mussten lesen und schreiben können, waren verantwortlich für eingeholte Genehmigungen bzw. haftbar für ihre Plakate, und ihre Zahl wurde auf vierzig begrenzt. Alain Weill charakterisiert in Anlehnung an die Verspottung durch den Zeitgenossen Sebastian Mercier: »Ein Plakatkleber ist das Symbol der Gleichgültigkeit. Er klebt mit unveränderter Miene das Profane, das Heilige, das Rechtswesen, das Todesurteil oder den verlorenen Hund; auf den Papieren, die er auf die Wände klebt, liest er nur die Erlaubnis des Verwaltungsbeamten. Sobald er diesen Sichtvermerk gesehen hat, würde er auch seine eigene Verurteilung ankleben.« (Weill 1985, 14; vgl. Schindler 1972, 22) Im Jahr 1772 wurde in Paris der »Plakatkleberbund« gegründet und das Medium damit um ein weiteres institutionalisiert. In England galt der Plakatkleber ebenfalls als anerkannter Beruf. Ab 1824 wurden in London Plakatflächen gewerbsmäßig vermietet.

Den Charakter des Mediums Wand haben auch öffentliche Hinweisschilder jeglicher Art, wie sie in England und Frankreich ebenso wie im Deutschen Reich Verwendung fanden: Ortsschilder, Hinweistafeln auf

Abb. 11: Karikatur eines Plakatklebers in Frankreich, um 1820.

Landesgrenzen, Verbotsschilder, Wegzeichen, Warnungsschilder usw.
Selbst Gasthausschilder, Reklame- und Ladenschilder mit offensichtlich
wirtschaftlichem Werbehintergrund, haben hier eine juristische Bedeutung,
d.h. waren teilweise gesetzlich reglementiert. Die soziale, manchmal auch
politische und in jedem Fall rechtliche Bedeutung solcher öffentlichen
Macht- und Kompetenzbelege kann kaum überschätzt werden: die Sicherung legaler Ansprüche und die Durchsetzung von Herrschaft. In den 90er

Abb. 12: Londoner Lotteriereklame auf einem Wagen (1826).

Jahren kristallisierten sich bei solchen Schildern und Tafeln der Fettdruck und bestimmte Schrifttypen als öffentlichkeitsspezifisch heraus, und von daher entfalteten sie auch ihre autoritative Wirkungsmächtigkeit (z.B. Richards 1973, 7). In gewisser Weise stellen diese Tafeln eine Symbiose aus den Gestaltungs- und den Druckmedien dar, prinzipiell eingeschlossen die Schreibfunktion. Denn zugleich gab es auch die Nutzung der Wand aus der Perspektive der Beherrschten – denkt man nur an Namens-Eingravierungen als Folge des zunehmenden Reisens (»Namens-Graffiti«) oder an entsprechende »Verewigungen« an den Wänden von Gefängniszellen, gelegentlich sogar in Fensterscheiben geritzt: Provokationen des dominanten Geschmacks bzw. der herrschenden Ordnung.

Der Zusammenhang von Kommunikations- und Handlungsmedien (vgl. Kap. 6) wird hier wieder deutlich. Welche umfassende Bedeutung dem Medium Wand als Kommunikations- und zugleich als Austauschmedium einer Gesellschaft grundsätzlich zukommt, lassen die Studien zu den Graffiti, Plakaten und Wandgemälden von Pompeji erahnen (z.B. Tanzer 1939; Geist 1960; D'Avino 1964; Lindsay 1960) – »ein wohlausgebildetes Ankündigungswesen« (Paneth 1926, 61), mit alltagspraktisch-sozialen, künstlerischen, politischen, ökonomischen und kulturellen Dimensionen je in großer Breite.

In England war die Entwicklung schon weiter vorangeschritten. »Am 21. Oktober 1824 reichte der Kaufmann (George Samuel) Harris in London ein Patent bezüglich einer drehbaren, beleuchteten Plakatsäule ein« (Paneth 1926, 80): Es handelte sich um eine drehbare Säule, die von innen mit Kerzen oder Lampen erleuchtet wurde, auf einem von Pferden gezogenen Wagen (Abb. 12).

Damit sollte die Entstellung von Häusern und öffentlichen Wänden durch wildes Plakatieren vermieden werden. In Deutschland wurde diese Idee erst am 1.7.1855 umgesetzt, als die erste feste Plakatsäule des Druckers Ernst Litfaß in Berlin in Betrieb genommen wurde. Die kommerziellen Interessen der Betreiber harmonierten hier mit den Überwachungs- und Zensurinteressen der lokalen Obrigkeiten, die den Anschlag nur noch an diesen Säulen zuließen (Paneth 1926, 79f.; Kamps 1999, 977). Erst mit der Erfindung der Lithographie durch Aloys Senefelder 1796 und ihrer Weiterentwicklung durch die Farblithographie ab 1837 wurden dann wieder von Deutschland aus neue Impulse für die Verbreitung des Mediums Plakat gegeben.

Plakate des 18. Jahrhunderts waren überwiegend Schriftplakate in kleineren Formaten. Das lag an den Gestaltungstechniken, die damals zur Verfügung standen (bevorzugt der Holzschnitt, nur selten der teure Kupferstich, später auch die Radierung). Man kann für das 18. Jahrhundert mindestens zwei grundsätzlich voneinander zu unterscheidende Themenkomplexe bzw. Funktionen der Plakate benennen: im politischen System und im wirtschaftlichen System, d.h. politische Verlautbarungen speziell seitens der Herrschenden und kommerzielle Werbung der Kaufmannschaft und Händler. Das Plakat dürfte demnach auch durchaus geeignet sein, den Übergang von einer staatlich-repräsentativen Öffentlichkeit zur neuen bürgerlich-privaten Öffentlichkeit zu verdeutlichen.

3.2 Das politische Plakat

Der autoritative Charakter des Plakats im Deutschen Reich war zunächst politisch getönt. Plakate stellten normativ Öffentlichkeit her. Die Titelseite einer Druckschrift aus dem Jahr 1780 spricht vom »Placat, wodurch die Einfuhr des fremden Porcelajns in den Herzogthymern Schleswig und Holstein nebst der Herrschaft Pinneberg und Grafschaft Ranzau verboten wird« (Abb. 13).

Bereits seit dem frühen 18. Jahrhundert sind übrigens Klagen darüber bekannt, dass Plakate mutwillig beschädigt oder abgerissen wurden. Zur Stabilisierung der herrschenden Ordnung gab deshalb beispielsweise der Stadtrat von Nürnberg am 28.11.1736 eine Verordnung heraus, die solches Tun verbot und unter Strafe stellte.

Die Themenvielfalt des politischen Plakats war breit gefächert: Verbrecher-Steckbriefe, Proklamationen, Gesetzesverkündigungen und Erlasse aller Art, Verhaltenskodices und Arbeitsregeln für Zünfte (z.b. Bäcker), nicht zuletzt Versuche zur Anwerbung von Soldaten. »Bekanntlich ergänzten sich die stehenden Heere des 17. und 18. Jahrhunderts vorzugsweise durch die Anwerbung Freiwilliger. Das Geschäft der Werbeoffiziere war keineswegs leicht. Der harte Dienst, die geringe gesellschaftliche Achtung des Soldaten, die hohen Verlustziffern im Kriege und die unzureichende Versorgung für die Invaliden schreckten viele junge Leute ab, die sonst durch kriegerische Neigungen und die Lust an Gefahr und Abenteuer auf den Soldatenberuf hingewiesen wurden. So mußten sich die Werber zahlloser Kunstgriffe bedienten, um ihren Auftraggebern Rekruten zuführen zu können.« (von Zur Westen 1925, 118) Alkohol, Musik, Werbegeld, schöne Uniformen und Plakate wurden eingesetzt. In Frankreich datiert das erste entsprechende Plakat aus dem Jahre 1702.

Auch in Deutschland gab es Plakate zur Soldatenwerbung (z.b. Müller-Brockmann 1971, 28), etwa ein Werbeplakat des Infanterie-Regiments Anhalt-Zerbst mit der Darstellung zweier Soldaten, Mitte des 18. Jahrhunderts (Abb. 14).

Der hier fehlende Text war knapp und sachlich gehalten und versprach lediglich das Handgeld. »Die französische Revolution machte dem alten Werbesystem und damit auch dem Werbeplakat ein Ende; auch in Deutschland war seit Einführung der allgemeinen Wehrpflicht dafür kein Raum.« (von Zur Westen 1925, 122).

Der deutsche Reformpädagoge Joachim Heinrich Campe schrieb 1789 aus Paris: »Diese Affichen oder Bekanntmachungszettel sieht man in allen Straßen, besonders an den beiden Seitenwänden aller Eckhäuser und an dem ganzen Gemäuer aller öffentlichen Gebäude auf den Quais und sonstigen freien Plätzen, eine so unzählbare Menge, daß ein rüstiger Fußgänger und geübter Schnelleser den ganzen Tag, vom Morgen bis an den

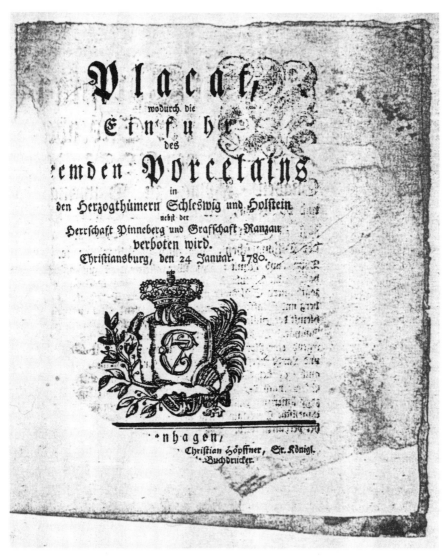

Abb. 13: Titelseite einer Druckschrift aus dem Jahr 1780.

Abend, herumlaufen und lesen könnte, ohne nur mit denjenigen fertig zu werden, welche man an jedem Tag von neuem ankleben sieht. (...) Vor jedem, mit dergleichen Zetteln, die in großen Bogen mit großer Schrift bedruckt bestehn, beklebten Hause, sieht man ein unendlich buntes und

Abb. 14: Deutsche Soldatenwerbung Mitte des 18. Jahrhundert (anonymer Holzschnitt).

vermischtes Publikum von Lastträgern und feinen Herrn, von Fisch-
weibern und artigen Damen, von Soldaten und Priestern, in dicken, aber
immer friedlichen und fast vertraulichen Haufen versammelt, alle mit
emporgerichteten Häuptern, alle mit gierigen Blicken den Inhalt der Zettel verschlingend, bald leise, bald mit lauter Stimme lesend, darüber ur-
teilend und debattierend.« (zit. bei Herding/Reichardt 1989, 7) Das betraf
nicht nur Texte, sondern auch Spottbilder und drastische antikatholische,
antifeudale, antimonarchische visuelle Botschaften.

Das Plakat als politische Meinungsäußerung von unten erlebte mit der
Propaganda zur Französischen Revolution einen großen Aufschwung; eine
wahre »Plakatflut« war die Folge. Man könnte wohl die Behauptung als
übertrieben empfinden, ohne das Medium Plakat hätte die Französische
Revolution nicht stattgefunden. Bis heute völlig ungeklärt ist aber der Stellenwert des Plakats und generell der zeitgenössischen Medienkultur für
diese gewaltige gesellschaftliche Umwälzung. Ohne Zweifel gilt, dass das
Plakat hier eine »aktive Rolle« gespielt hat: »Zur Zeit der französischen
Revolution erwachten die Mauern der Stadt zum Leben; sie wurden be-
lebt durch Plakate. Einige forderten die Versammlung aller Bürger, andere den Aufstand. (...) Die Rufe der Strassenverkäufer, die Texte populärer
Lieder und die Plakate steigerten gegenseitig ihre Wirkung. (...) Plakate
verkündeten, dass die herkömmlichen Vorstellungen vom normalen Verhalten ihre Gültigkeit verloren hätten, weil der Kampf um »Freiheit oder
Tod« ginge, und daß es keine »Freiheit für die Feinde der Freiheit« geben
könnte. Die Plakate waren primitiv, der Text deutlich, denn in Zeiten der
Revolution kann das Plakat nicht subtil sein. Es dirigiert oder fordert, lädt
zu Denunziation oder Teilnahme ein, es nennt Verdächtige und stachelt
Hass an.« (Gallo 1975, 17) Und zuallererst diente es der Information. Hier
bestand ein deutlicher Zusammenhang mit dem Medium Zeitung, vorre-
volutionär speziell den Intelligenzblättern, nachrevolutionär den politischen Zeitungen, durchaus im Sinne von »Bildzeitungen« (Herding/
Reichardt 1989, 73ff.; vgl. Kap. 2.2). Allerdings gab es auch die Nähe zum
Flugblatt und seiner agitatorischen, propagandistischen Funktion, wie sie
seit Reformation und Bauernkriegen wohl bekannt war (vgl. Faulstich 1998,
143ff.).

Nach der Revolution, als die Bürger wieder zu Zuschauern geworden
waren, rückte das neue Bürgertum an die Stelle der absolutistischen Gesellschaftsordnung. »Natürlich zählte Geld auch vor dem Sturm auf die
Bastille, aber seine überragende Bedeutung wurde erst nach der Revolution erkannt. (...) Geld, Profit und Umsatz, diese charakteristischen Merkmale des kapitalistischen Systems, beherrschten nun das Leben. Verkaufen war das Wesentliche, und um zu verkaufen, verwendete man in zunehmendem Masse Plakate und Anzeigen. Mehr und Mehr wurde die
kommerzielle und wirtschaftliche Funktion der Plakate sichtbar.« (Gallo
1975, 24f.) Allerdings blühte das kommerzielle Plakat erst im 19. Jahrhun-

dert voll auf, bedingt durch die Zunahme der wirtschaftlichen Produktivität bzw. der merkantilen Konkurrenz und den Abbau von Handelsschranken im staatlich zersplitterten Deutschland.

3.3 Das Werbeplakat

In vielen Geschichten der Werbung wird der Beginn des Werbeplakats irrtümlicherweise in die zweite Hälfte des 19. Jahrhunderts verlagert. Fritz Redlich beispielsweise schreibt zur Geschichte des Plakats: »Es ist aus drei Wurzeln entstanden. Erstens aus den amtlichen Affichen (besonders in Frankreich), zweitens aus den Buchhändler- und drittens aus den meist illustrierten Plakaten der Schausteller, Artisten usw.« »August Zang (1807–1888) ist (...) derjenige gewesen, der das in Frankreich entwickelte System der Textreklame in die deutschsprachige Presse eingeführt hat. (...) Die Entstehung des deutschen Reklameunternehmertums im engeren Sinne kann man auf das Jahr 1855 datieren. Ernst Litfaß ist neben Ferdinand Haasenstein der Begründer.« (1935, 46f.+90; vgl. auch Reinhardt 1991, 235ff.) Das Plakat als Medium im Sinne von Medien*system* hat lange vor der Entstehung einer Plakat- und Werbe*industrie* bestanden (vgl. etwa von Zur Westen 1925; Buchli 1962). Hellmut Rademacher fasst für Deutschland zusammen: »Bereits aus dem 15. und 16. Jahrhundert stammen die ersten plakatähnlichen Blätter für den öffentlichen Aushang zur Ankündigung von Theaterstücken, Menagerien, Verlosungen, Schützenfesten, reisenden Künstlern, Scharlatanen, Ärzten, Kurpfuschern, aus dem 18. Jahrhundert auch für die Anwerbung von Soldaten. Sie unterschieden sich jedoch nur durch ihr größeres Format und den einseitigen Druck von den zeitgenössischen Flugblättern. Ihr Text war umfangreich, die bildliche Darstellung, wenn nicht überhaupt auf sie verzichtet wurde, unübersichtlich, von Details und illustrierenden Einzeldarstellungen überladen, ohne jede plakative Wirkung.« (Rademacher 1965, 12)

Aus England dagegen sind kommerzielle Werbeplakate schon früh bekannt, durchaus auch als Verbundwerbung wie beim Beispiel des Musikladens in London, mit Vertretungen in Hay Market und der Bishopsgate Street, und den Apollo Circulating Libraries (Abb. 15).

Unterhaltung war auch im 18. Jahrhundert eine wichtige Kategorie. In der Artisten- und Zirkusgeschichte waren Plakate gang und gäbe (z.B. Westheim 1906; Eichholz 1968; Marschieß-van-Trix/Nowak 1975, 13ff.). Das waren vor allem Tierschauplakate, Plakate für Schaustellungen menschlicher Abnormitäten und Artisten- und Kunstreiterplakate (von Zur Westen 1925, 71ff.). Ein immer wieder abgebildetes Beispiel dafür ist der »Hanswurst auf dem Seil« aus dem Jahre 1758 (Abb. 16), gelegentlich auch als »Seiltänzer« oder »Schausteller« bezeichnet.

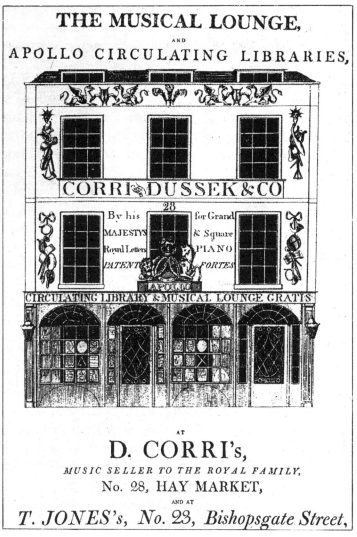

Abb. 15: Plakat für einen Musikladen in London, frühes 18. Jahrhundert.

Diese Plakate waren so gehalten, dass zur feststehenden Visualisierung bei jedem neuen Aufführungsort der entsprechend variierte Text neu eingefügt bzw. aufgedruckt werden konnte, je nach dem anzukündigenden Stück und Programm und je nach der gnädigst bewilligenden lokalen Obrigkeit.

Mit gnädigster Bewilligung

Wird der von Jhro Röm. Kayserl. Königl Majestät ꝛc. ꝛc. allergnädigst privilegirte Seiltänzer, Balancier- und Voltsierer, wie auch Holländischer Tablet-Künstler die Ehre haben, seine Schaubühne zu eröffnen, und auf derselbigen mit unterschiedenen Exercitien folgendes Vergnügen schaffen·

1) Wird unser kleine Hanns Wurst sein Meisterstück zeigen, und mit ein paar Stelzen, so unten rund sind wie ein Apfel, und an den Füßen angebunden, auf dem Seile tanzen, und damit unterschied-liche Sprünge und Veränderungen machen, dergleichen noch wenig gesehen worden sind.

2) Werden auch unsere kleine Mademoiselen auf dem Tanz-Seile mit unterschiedlichen Kunststücken ihre Aufwartung machen.

Den Beschluß macht eine lustige Bourlesque,

Betitule:

Hanns Wurst/ der geplagte Schuldner/ zu bezahlen.

Wobey
Einige musicalische Arien, gesungen werden.

Abb. 16: Schausteller-Plakat aus dem Jahre 1758 (Holzschnitt und Satz).

Eine wesentliche Station bei der Ausbreitung von den politischen zu den kommerziellen Plakaten stellten die Theaterplakate dar. Hellmut Rademacher fasst die kommunikative Bedeutung des Plakats unter Bezugnahme auf »Theaterplakate« wie folgt zusammen (Rademacher 1989, 13f.): »Im 18. Jahrhundert verlangte das Publikum offensichtlich immer weitere Informationen, Angaben über Personen und Inhalt des Stückes, die Bekanntgabe von Ort und Zeit der Vorstellung. Bald genügte auch das nicht mehr. Wandernde Theatergesellschaften hatten zumindest an größeren Orten mit gegenseitiger Konkurrenz oder mit der andersartiger Veranstaltungen zu rechnen. Ihnen gegenüber galt es sich durch eine mehr oder weniger zielgerichtete Werbung zu behaupten. Die sachlich notwendigen Informationen ergänzte eine bombastische und prahlerische Anpreisung der Einzigartigkeit der angekündigten Truppe. Ihre überwältigenden Erfolge an anderen Orten, ihr Ansehen bei der Obrigkeit, die von einem großmächtigen gnädigen Herrn bewiesene Huld wurden gebührend hervorgehoben, besonderes Augenmerk war auf die unerhörte und auf unübertreffliche Weise dargestellte Geschichte gerichtet. Es folgten Hinweise auf die schönen Kulissen, die wunderbaren Kostüme, die überraschenden Effekte und Neuartigkeiten, die von der Truppe geboten wurden. Dazu kamen dann noch mehr oder weniger devote Huldigungen an die gebietenden Herrschaften, in deren Bereich die Aufführung stattfand, an die Fürsten, Magistrate und wer auch immer sonst in Betracht kommen mochte. Aus der ursprünglichen bloßen Ankündigung einer Vorstellung war so in der zweiten Hälfte des 18. Jahrhunderts eine richtige Werbung, war Propaganda für das Theater und seine Aufführungen geworden.«

Der »Triumph des Bürgertums« in der Geschichte des Plakats darf also nicht erst auf die zweite Hälfte des 19. Jahrhunderts verlegt werden (Gallo 1972, 41ff.). Allerdings befand sich Plakatwerbung im 18. Jahrhundert bestenfalls erst »near to perfection« (Turner 1953, 31ff.). Beim Werbeplakat bestand ein enger Zusammenhang nicht nur mit dem Medium Theater (vgl. Kap. 7), sondern auch – wie schon beim politischen Plakat der Französischen Revolution – mit dem Medium Blatt als Werbeblatt oder Flugblatt (vgl. Kap. 9). Es betraf nicht nur Hinweise auf Konzerte und Theateraufführungen, sondern auch private Such- und Verlustanzeigen in der Sphäre des lokalen Alltags.

Insbesondere der Tourismus stand bei der Branchenwerbung zumal überregionaler Art an vorderster Stelle. Wirtshäuser, Unterkünfte, Restaurants, Kaffeehäuser (z.B. von Zur Westen 1925, 134) und Hotels begnügten sich nicht mehr mit Aushängeschildern, sondern bedienten sich für elaboriertere Werbemaßnahmen des Mediums Plakat. Ein gutes Beispiel dafür ist die Plakatwerbung des Gasthauses »Zum grünen Hof« in Augsburg, mit der um 1790 gleich in drei Sprachen und mit einer properen Darstellung des Gebäudes deutsche, italienische und französische Gäste eingeladen wurden (Abb. 17).

Abb. 17: Plakatwerbung eines Gasthauses in Augsburg, um 1790.

Die Zusammenhänge zwischen der Entwicklung der Medienkultur und speziell dem Tourismusgewerbe sind heute, im Internet-Zeitalter, wohlbekannt; für das 18. Jahrhundert scheinen dazu aber noch keine umfangreicheren Studien vorzuliegen. Dass sich im Zeitalter des Reisens »Weltläufigkeit« und »Horizonterweiterung« (Kap. 1.2, 2.4) durch eine progressive Mediennutzung ausdrückte, kann kaum verwundern. Bildung und Medienkompetenz waren auch damals schon eng miteinander verzahnt.

4. Bürgerliche Usurpation der Menschmedien

Was geschah mit den traditionellen Menschmedien im 18. Jahrhundert? Bereits für die frühe Neuzeit wurde ihr allgemeiner Niedergang festgestellt: Die Menschmedien waren in der Konkurrenz mit den damals neuen Druckmedien unterlegen und hatten sich vielfach auf bloße Berufsrollen reduziert. Nunmehr sollten auch ihre verbliebenen Restformen von der bürgerlichen Kultur usurpiert und sie dabei als eigenständige Medien vollends eliminiert werden. Was für den Historiographen und die höfischen Rollen in der christlichen Kultur des Mittelalters festgestellt wurde, die Umwandlung traditioneller Medien in bloße Instrumente, bloße mediale Funktionen (Faulstich 1996, 31ff.), lässt sich seit 1700 auch für das Fest, den Tanz, den Prediger, den Sänger, den Lehrer, die Erzählerin konstatieren: ein tiefgreifender Verlust an gesellschaftlicher Bedeutung.

4.1 Das Fest

Das Fest im 18. Jahrhundert bietet auf den ersten Blick ein uneinheitliches Bild; man hat dafür den Begriff »Festpluralismus« geprägt (Simm 1981, 133). Andere sprechen von der »festfeindlichen Aufklärung« (Gebhardt 1987, 103). Tatsächlich vollzog sich aber ein deutlicher Wandel vom absolutistischen Fest, wie es bereits in der frühen Neuzeit zelebriert worden war (Faulstich 1998, 204ff.), und seinen städtischen und ländlichen Varianten, ihrerseits Reste kultischer, sakraler Festkonzepte (Faulstich 1997, 76ff.), hin erstens zum staatlichen Fest und zweitens zum privaten Fest. Das entspricht präzise dem Strukturwandel des Öffentlichen, wie er einleitend als Ausgangspunkt skizziert wurde (Kap. 1). Im Folgenden sollen demnach zunächst die höfische Festkultur sowie die städtischen Feste der Zeit kurz beschrieben werden, bevor dann auf die neuen politischen »Feste der Revolutionen« und die neuen Privatfeste abgehoben wird.

4.1.1 Die höfische Festkultur (z.B. Alewyn 1985) scheint sich als Teilöffentlichkeit allmählich von anderen Teilöffentlichkeiten stärker abgeschlossen zu haben. Die Kaiserhochzeiten 1719 in Dresden und 1722 in München (Braunfels 1988) oder die Kaiserkrönung 1763 in Frankfurt am Main (Wuthenow 1988) zeigten eine unmäßige Entfaltung absolutistischer Pracht zu Lasten der Bauern und Bürger, die nur noch symbolisch an dem auf dem Marktplatz gebratenen Ochsen und einigen verteilten Krönungsmünzen partizipierten (Gestrich 1994, 123ff.), ansonsten aber unbeteiligte Zuschauer blieben: Kulisse. Solche aristokratischen Feste hatten wie bereits in der frühen Neuzeit die Funktion, die Machtbalance im Verhältnis von Obrigkeit und Volk, von Landesfürst und Stadt regulieren zu helfen (vgl. Faulstich 1998, 105). In der frühen Aufklärung wurde insbesondere ihre didaktisch-erzieherische Wirkung auf den gemeinen Mann, den »Pöbel« hervorgehoben. Die präzise Inszenierung von Huldigungszeremonien, vom Umritt über den Einzug und die Huldigungspredigt bis zum Bankett mit anschließendem Feuerwerk, führte jedoch immer stärker zur Kritik am schönen Schein, speziell in den Moralischen Wochenschriften (vgl. Kap. 11). »Bürgerliche Innerlichkeit kehrte sich hier gegen die Äußerlichkeiten (...). Das äußerliche Gepränge wurde als Deckmantel für intrigante Schmeicheleien, für unredliche Vorstellung im Interesse egoistischer Selbstbehauptung kritisiert« – es widersprach ökonomischer Vernünftigkeit und dem bürgerlichen Wertekanon von Tugend, Fleiß und Gemeinnützigkeit (ausführlich Holenstein 1992, z.B. 39). André Holenstein fasst die Entwicklung Ende des Jahrhunderts in die Formel: »Traditionelle Herrschaftsakte wie die Huldigung oder die Krönung büßten vor dem kritischen Blick der Vernunft ihre repräsentative auratische Dimension ein und wurden als hohle, substanzlose Form demaskiert.« (1992, 22)

4.1.2 Die Feste auf dem Land scheinen sich gegenüber der frühen Neuzeit dagegen kaum verändert zu haben. Die hohen kirchlichen Feste wie Weihnachten und Ostern, dann insbesondere Kirchweih, Taufen, Hochzeiten und Leichenbegängnisse, aber auch Erntedankfest, Weinlese und andere arbeitsbezogenen Feste und berufsständische Geselligkeiten standen nach wie vor im Mittelpunkt der »kleinen Leute«, speziell im katholischen Süden, der ohnehin von den Aufklärungsidealen weniger deutlich geprägt war als der protestantische Norden (vgl. Blessing 1984, 354ff.).

Auch die städtischen Feste haben zunächst nur wenige neue Akzente gesetzt: Zur Vollstreckung von Gerichtsurteilen beispielsweise, insbesondere Hinrichtungen, kam das Volk als Publikum gern, oft durchaus in positiver Beziehung zum Delinquenten. »Die unbeschreibliche Attraktion, die Hinrichtungen auf alle Schichten der Gesellschaft des Ancien régime ausübten, lag wohl mehr in deren magisch-religiöser Bedeutung. Allerdings konnte sich diese magisch-religiöse Ebene leicht mit der politisch-rechtlichen vermischen und zu Aufruhr und Empörung führen.« (Gestrich 1994, 123) Dagegen wurde der städtische Karneval, die Fastnacht, »das Fest aller Feste«, immer stärker verbürgerlicht und »ein gezähmtes Fest«. »Auch wurde die Fastnacht immer weniger eine gemeinsame Veranstaltung aller Stände. Feierten noch im 16. Jahrhundert alle Stände bunt gemischt auf den Straßen, so begannen nach und nach die verschiedenen sozialen Gruppen getrennt zu feiern.« (van Dulmen 1992, 151+157; vgl. auch Faulstich 1998, 106ff.)

4.1.3 Das Fest ist von Natur aus öffentlich. In zweifacher Hinsicht wurde es im 18. Jahrhundert von dem bürgerlichen Wandel direkt betroffen, und beide Varianten lassen sich mit demselben Begriff »Gesellschaft« abdecken: einmal die politische »Gesellschaft« im Sinne des Staates, der uns anspricht, und dann die »Gesellschaft«, die jeder für sich privat zu Hause gibt.

Mit Ersterem ist zunächst die neu entstehende Festkultur der Revolutionen gemeint, allen voran selbstverständlich die Französische Revolution 1789 (ausführlich Baxmann 1989). Als Hintergrund und Voraussetzung muss man sich die Aufhebung der ständischen Gesellschaftsordnung mit ihren festen sozialen Bindungen und Verpflichtungen sowie die Säkularisation mit der Aufhebung der kirchlich-religiösen Bindungen und Konventionen vergegenwärtigen, die vom freien Zusammenschluss der Menschen nach dem Assoziationsprinzip abgelöst wurden (Gebhardt 1987, 98ff.). Die revolutionären Feste hatten abstrakte Inhalte und spiegelten die Vorstellungen des aufgeklärten Bewusstseins: das Fest des Volkes, das Fest der Freiheit, das Fest der Landwirtschaft, das Fest der Vernunft usw. Nach Michel Vovelle kann man in Frankreich zwei Phasen unterscheiden: Erstens von 1789 bis 1792 die großen Massenfeste unter freiem Himmel, Feiern alten Stils verbunden mit der Suche nach neuen Ausdrucksformen, die auf der Oberfläche die Einigkeit des Volkes über alle Interessengruppen hinweg demonstrierten, und zweitens die von Robespierre verordneten Feste mit neuen Ritualen und der Tendenz zur Verfestigung als System, bei dem das Volk bereits wieder in die Rolle von gaffenden Bewunderern gezwängt war und nur noch Massenloyalität geschaffen werden sollte (Ziebura 1988; Baxmann 1989, 10). Die Nationalversammlung führte am 24.11.1793 dieses ganz neue Festsystem ein. Die Werte und Institutionen der Revolution sollten im Volk lebendig bleiben. Diese Feste der Revolution waren im Grunde verordnete Feiern, »Mittel der Regierungskunst« zugunsten der »Nation« (Gebhardt 1987, 108ff.). Inge Baxmann fasste sie treffend unter die Formel »Inszenierung von Gesellschaft als Natur« (1989, 10).

Der Abstraktheit der Inhalte entsprach dabei die Künstlichkeit der Formen. Da wurden Orden verliehen, Geräte ausgestellt, inhaltsschwere Ansprachen gehalten, Hymnen zelebriert (z.B. Stierle 1989, 489ff.) usw. Die Feste der Revolution rekurrierten fatal auf den revolutionären Opfertod (von Graevenitz 1989, 541ff., 552ff.), der schon einmal, zu archaischen Zeiten, ein Medium zutiefst verändert und entwertet hatte, nämlich das Medium Frau (Faulstich 1987, 66ff.). Nicht zufällig wurde das Bild »La Liberté guidant le peuple« (1830) von Eugène Delacroix zu einer Art Schlüsselsymbol (Abb. 18): Die barbusige Frau mit der Freiheitsfahne in der Hand führt die tötenden Männer siegreich über die Barrikade, um dann selbst domestiziert zu werden. Nur wird hier nicht mehr das Medium Frau vom neuen Medium Opferritual überholt, sondern das dar-

Abb. 18: Eugène Delacroix: »La Liberté guidant le peuple« (1830).

aus erwachsene Fest auch noch seiner letzten originalen Funktionen beraubt.

Winfried Gebhardt stellt heraus: »Das charakteristische Merkmal des aufgeklärten Festes, das eigentlich Neue und Zukunftsträchtige an ihm, ist jedoch das pragmatische und das pädagogische Element, das mit ihm in die Welt des Festlichen einzieht. Jetzt – nach der Befreiung des Menschen aus seiner ›selbst verschuldeten Unmündigkeit‹ – sind Feste und Feiern zu einem Mittel geworden, und da es der Aufklärung im Grunde ihres Wesens um die vernunftgemäße Einrichtung der gesellschaftlichen Verhältnisse geht, ist dieses Mittel ein ausnahmslos politisches.« (Gebhardt 1987, 106)

Die öffentlichen Feste konstituierten auch für das deutsche fortgeschrittene Bürgertum eine Versammlungsöffentlichkeit mit politischer Bedeutung. Politische Feste in diesem Sinn waren etwa das deutsche Nationalfest 1814 (Düding 1988a), das studentische Wartburgfest 1817 (Brandt 1988), das Hambacher Fest 1932 (Willms 1988; Foerster 1988) und zahlreiche weitere Feste bis heute: der »Tag der Arbeit«, der »Tag der Wiedervereinigung«, der »Tag der Jugendweihe« oder der »Unabhängigkeitstag« so gut wie der »Muttertag« und der »Vatertag«, der »Weltfrauentag«, der »Tag des Friedens« oder der »Welttiertag«. Solche »gesetzlichen« Feiertage sind im Grunde arbiträr und verraten höchstens etwas über die gerade herrschende politische Doktrin.

4.1.4 Dieter Düding fasst zusammen: »Die Ausbildung eines umfassenden politisch-öffentlichen Festwesens durch bürgerliche Kreise war eine hervorstechende gesellschaftliche Erscheinung im Deutschland des 19. Jahrhunderts. Der Drang des deutschen Bürgertums in die Öffentlichkeit ging jedoch einher mit einem auffälligen gegenläufigen Trend. Das Bürgertum begann, seinen privaten Lebensbereich – den es von der Öffentlichkeitssphäre zu trennen bemüht war – intensiver zu gestalten. Diese Tendenz zur Intensivierung der privaten Lebensverhältnisse dokumentiert sich in der Entstehung eines ausgeprägten familiaren Festwesens.« (Düding 1988, 19) Inge Baxmann hat am Paradigma Weiblichkeit gezeigt, dass das patriarchalische Familienmodell, der Rekurs auf die private Sphäre, bereits in den Festen der Französischen Revolution angelegt war (1989).

Private Sphäre hieß prinzipiell: frei gestaltbare Sphäre – freie Sphäre. Die im Zuge der neuen kapitalistischen Gesellschaftsordnung aus dem Freiheitsgedanken der Aufklärung entstandene Freizeit (ausführlich Nahrstedt 1972/1988) wurde bereits in den 60er Jahren des 18. Jahrhunderts in dem Maße als Regenerationszeit komplementär auf die Arbeit bezogen, in dem Tradition keine Richtschnur mehr war. »Aus Festen der Sittenlosigkeit, Verschwendung und Unordnung, Qualitäten, die man dem traditionellen Fest gewöhnlich unterstellte, sollten Feste der Moralität, der Ökonomie und Ordnung werden. Diesen tiefgreifenden Wandel der Festkultur projektierte man auf allen Ebenen.« (Münch 1988, 35) Das Fest wurde ein Event mit einem klaren Impetus: Aufhebung des Alltags, Feiern als Außeralltägliches; es wurde damit im Rahmen der Dialektik von Arbeit und Freizeit verankert: das Fest »als Kompensation« (Assmann 1989, 241ff.), das Fest als Nicht-Arbeit – man machte sich einen guten Tag. Auch das öffentliche Volksfest zelebriert nichts weiter als das Amüsement des Einzelnen in der Masse. Am Beispiel etwa des Münchener Oktoberfestes lässt sich das verdeutlichen: Es mutierte vom aufklärerischen Landwirtschaftsfest mit Preisschießen bei seiner Gründung 1810 über die politische Instrumentalisierung zum bayerischen Nationalfest mit einer sprunghaften Zunahme der Wandergewerbetreibenden und Schausteller um 1870 bis zur industriellen Kommerzialisierung durch marktführende Brauereien heutzutage (vgl. Möhler 1980). Das Fest tendierte »von der Mußekultur zur Freizeitkultur« (Assmann 1989, 234ff.), wurde Teil der Freizeit und sollte schließlich in ihr aufgehen; die Festindustrie sollte sich zur Freizeitindustrie entwickeln.

Man hat das als »Nivellierung des Festkreislaufs« bezeichnet (Tanzer 1992, 93ff.): Der ursprünglich heilige Sonntag mutierte zur Erholungs- und Vergnügungszeit (was mit dem Bier nach dem Gottesdienst und dem sonntäglichen Spaziergang begann und der Aufhebung des Arbeitsverbots für bestimmte Berufsgruppen, bereits im 18. Jahrhundert, endete). Der traditionelle Festrhythmus wurde allmählich quantifiziert und zeitlich geblockt (Schulferien, Urlaub der Staatsdiener und Verwaltungsbeamten). Dabei machte das Bürgertum das Fest immer stärker zum privaten Ereignis. Aus den »Gesellschaften« wurden »Vereine« vielfältigster Art. Vereine wurden »die wichtigsten Träger organisierter Freizeit«, Ausdruck bürgerlicher Selbstdarstellung (Blessing 1984, 365f.). Dabei blieb es freilich nicht. Das Fest verlor seinen Charakter als Kollektiverlebnis und reduzierte sich zur Geselligkeit im kleinen Kreis, d.h. begrenzt auf das eigene Haus, auf die eigene Familie, bestenfalls mit einigen Bekannten, Nachbarn, Freunden, begrenzt auch auf einen Abend oder einen Tag. Exemplarisch lässt sich das am Hochzeitsfest verdeutlichen – ursprünglich ein öffentliches Fest unter Beteiligung prinzipiell der gesamten Gemeinschaft, jedenfalls vieler Menschen, im öffentlichen Raum zelebriert, dann verstärkt auf das Gasthaus oder Wirtshaus reduziert und schließlich familiär »verhäuslicht«. Die Trauung wurde zur privaten Zeremonie. Diese Festkultur verwies »in einen Raum, in dem Individualität respektiert und sogar bis zu einem gewissen Grad gehätschelt wurde.« Das Fest diente nur noch der »Ästhetisierung der Lebenswelt« (Bubner 1989, 657ff.). Ganz neue Festtypen entstanden dabei, z.B. das Geburtstagsfest, das sich im 18. Jahrhundert vom Großbürgertum über kleinbürgerliche bis in bäuerliche Schichten verbreitete. Und auch vormals öffentliche Feste wie Weihnachten und Ostern »wurden im Lauf des 19. Jahrhunderts in erster Linie zu Familienfesten« (Bausinger 1988, 396ff.).

4.1.5 Zusammengefasst: Das Fest fand nicht mehr in den Kirchen statt, nicht mehr in den Schlössern, Palästen und Zelten, nicht mehr auf dem Marktplatz noch im Freien auf dem Lande, sondern es wurde im Zuge der voranschreitenden Säkularisation ebenfalls profanisiert und vom Bürgertum usurpiert. Zwei prototypische Varianten bildeten sich neu heraus: das staatlich-politische und das individuell-private Fest. Und die Restbestände und Erinnerungen an früher kultische, früher sakrale Feste verkümmerten zum im Grunde sinnentleerten Klamauk wie im jährlichen Karneval, zum bedeutungsschwachen Weihnachten – Ostern – Pfingsten oder zur gewohnheitsmäßigen Außeralltäglichkeit der zur Arbeit mehr oder weniger konträren Freizeit. In letzter Konsequenz reduzierte sich das bürgerliche Fest als staatlich-politisches wie als Geburtstagsfest, als Vereinsfest wie als Familienfest oder Gartenfest auf die funktionale Ästhetisierung in kleinen Teilöffentlichkeiten und verlor auch den eigentlichen Festcharakter. Die bürgerlich-kapitalistische Mediengesellschaft des 18.

Abb. 19: Studenten beim Maskenball in Halle um 1750.

Jahrhunderts hatte für das Fest als »Zustimmung zur Welt« im Sinne »kultischer Preisung« (z.B. Pieper 1963), als Bejahung einer übergreifenden Einheit, geprägt von Muße, von Verschwendung an den andern, von Ekstase, von einem Sinn in sich selbst, keinen Platz mehr.

4.2 Der Tanz

Das archaische Medium *Tanz* diente, sofern nicht zur Kunst deklariert (vgl. Kap. 7.1), nur noch den Unterhaltungsinteressen der Menschen (vgl. Faulstich 1997, 96ff.) oder wurde dem Leistungsprinzip subsumiert. Der Tanz wurde zum paarweisen Gesellschaftstanz oder zum individuellen Sport für den Wettkampf mit Konkurrenten. Geht man vom elementaren Vorgang des Schreitens als grundlegendem Bestandteil des europäischen Tanzes aus, dann umfassen Tanzsportarten im weitesten Sinne auch Figurenreiten, Fechten, Voltigieren, Exerzieren, Turnen und Gymnastik (vgl. Eichberg 1978). Das Bewegungsverhalten hier ist deutlich ebenso raumbezogen wie beim höfischen Tanz des 17. Jahrhunderts (Faulstich 1998, 197ff.). Von dem grundsätzlichen Wandel ausgenommen war der Tanz wieder auf dem Lande. Er blieb relativ unverändert und war teilweise eng mit der Arbeit verknüpft (Salmen 1988, 100). Als dörfliche Festtänze waren etwa die folgenden nach wie vor verbreitet: Maitanz, Pfingsttanz, Siebensprung, Johannistanz, Kronentanz, Ernte- und Schnittertanz, Haartanz, Huttanz, Hahnentanz, Kirmestanz, Hochzeitstanz usw. (Böhme 1886/1980, 150ff.; vgl. die zahlreichen Abbildungen bei Salmen 1988). Die Volkstänze waren regelungebundener, eher uneinheitlich und meist gekennzeichnet durch heftige Sprünge sowie das ansonsten verpönte Umfassen der Paare (Eichberg 1978, 180).

Henning Eichberg fasst zum frühen 18. Jahrhundert zusammen: »Die Bürger setzten sich nicht prinzipiell vom ländlichen oder höfischen Tanzverhalten ab. Sie entwickelten zwar einzelne eigene Tänze, aber keinen eigenen Tanzstil. Vielmehr spalteten sie sich in der Rezeption je nachdem, ob mehr der höfische oder mehr der ländliche Stil übernommen wurde. Diese Spaltung scheint ziemlich genau entlang der soziologischen Grenze zwischen Klein- und Großbürgertum gelaufen zu sein. Die Tänze der Handwerker und der unterständischen Schichten waren dem bäuerlichen Tanz nahe. Die Geschlechtertänze der Handelsherren hingegen lehnten sich stark an den höfischen Tanz an; hier beschränkte man sich auf getretene – statt der gesprungenen – Tänze und lehnte das Umfassen der Tänzerin ab. Das Repertoire der einzelnen Tänze bezogen die Patrizier ebenfalls von der jeweiligen höfischen Mode.« (Eichberg 1978, 180f.) Gabriele Klein interpretierte diese Anpassung des gehobenen Bürgertums an die Tanzformen des Adels als »zunehmende Disziplinierung des Körpers« (Klein 1992, 97). Das »Zeitalter des Menuetts« in der Geschichte des europäischen, und das heißt: des französischen, Tanzes wird etwa bis 1750 angesetzt (z.B. Sachs 1933/1976, 264ff., 288ff.).

Franz M. Böhme brachte den Wandel bereits 1886 auf die folgende Formel: »der Deutsche war das ganze Jahrhundert der Affe der Franzosen. (...) Der Lieblingstanz der bürgerlichen Gesellschaft im 18. Jahrhundert war die Menuett. Neben ihr erfreute sich der zu Ende dieses Jahrhunderts entstandene Walzer als deutscher Tanz großer Beliebtheit.« (1886/1980, 145; vgl. auch Gurlitt 1892/93) Dieser »epochale Einschnitt« bei der Entwicklung des Tanzes, vom höfischen Menuett zum bürgerlichen Walzer, liegt zwischen 1770 und 1820 (Eichberg 1978, 169). Die höfische Tanzfiguration akzentuierte noch, ebenfalls raumbezogen, den feierlichen Aufzug und den geometrisch geordneten Gruppentanz mit reigenähnlichen Formationen. Das hier geltende Prinzip einer repräsentativen Teilöffentlichkeit wurde vom städtischen Bürgertum aufgegriffen und z.B. in einer verharmlosenden Form des Charivari oder Mummenschanzes gleichsam domestiziert – wenn etwa Studenten sich im Ratskeller in Halle um 1750 tanzend beim Maskenball vergnügten, begleitet von den Stadtpfeifern auf der Galerie (Abb. 19). Solch geselliges Treiben wurde durchaus mit moralinem Misstrauen und pekuniären Erwägungen betrachtet (Salmen 1988, 136). Dieser Tanz war bereits bürgerliches Tanztheater, nicht als Kunst,

Abb. 20: Der Hausball der besseren Gesellschaft, französische Lithographie 1819.

sondern als Amüsement für den Alltag, nicht als Darbietung auf der Bühne, sondern primär zum Spaß der Tanzenden selbst: profanes Spiel.

Ab den 1770er Jahren wurde das bislang eher raumbezogene Bewegungsmodell des Tanzens von einem neuen, eher zeitbezogenen Konzept abgelöst. Insbesondere verbreitete sich, mit den bäuerlichen Springtänzen als Vorläufern, der neue Bewegungstanz Walzer. »Unter seinem Druck brach die höfische Choreographie zusammen. Die ihm folgenden Modetänze, Galopp, Polka und Marsch, folgten dem neuen Bewegungsverhalten. (...) Von Bayern und Wien aus tauchte er auf den öffentlichen Tanzböden auf und wurde hier – als ›deutscher Tanz‹ – mit Contretänzen gekoppelt (...). Während der napoleonischen Kriege wurde er um 1800 in Paris Mode. Um 1810 kam er nach England, wo er publizistische Kontroversen auslöste.« (Eichberg 1978, 188ff.) Der Walzer überschritt die Ständegrenzen, war egalitär, wurde zur Musik von Johann Strauß (1804–1849) und seinen Söhnen in den Wiener Tanzlokalen und Biergärten so gut getanzt wie an den Höfen. »Dem Walzer hing ein ›demokratischer Charakter‹ an«: An die Stelle von Gesamtfigurationen trat die freie Bewegung der Paare; es gab keine

Tanzfiguren mehr, keine Choreographie, Figur, Geometrie, sondern nur eine wirbelnde Fortbewegung des sich umarmenden Einzelpaars, Geschwindigkeit, Fortbewegung, Dynamik. Damit fiel beim bürgerlichen Tanz jegliche Hierarchie, etwa in Gestalt eines königlichen oder fürstlichen Vortänzers, die Paare waren gleichgestellt. Damit fiel auch die Trennung zwischen Tänzern und Zuschauern, das Tanzen war Geselligkeit für alle. »Der Walzer war der bürgerliche gegen den aristokratischen, der städtische gegen den bäuerlichen Tanz, der Einbruch der Vorstadt in die Welt der feinen Leute. Das Lebensgefühl einer neuen Klasse warf die komplizierten Tänze eines aristokratisch-höfischen Ordnungsprinzips über den Haufen und sprengte den Kollektivismus ländlicher Reigentänze.« (Ernst Fischer 1963, 117, zit. bei Eichberg 1978, 241) Der Walzer wird geradezu als »der Inbegriff der Revolution« charakterisiert (Klein 1992, 105; Sorell 1985, 196f.).

Mit dem Walzer fiel auch die alte normgebende Öffentlichkeit. Der Tanz war nicht mehr reglementiert, sondern wurde von Mann und Frau als »Privatleuten« getanzt. Der Tanz erhielt den Charakter des Intimen. Das betraf die öffentlichen Bälle so gut wie die geschlossenen Gesellschaften. Man vergnügte sich in Tanzsälen – allein in Wien beispielsweise gab es 1780 nicht weniger als 21 solcher vorwiegend von Bürgern frequentierter Tanzsäle (Tanzer 1992, 232f.). Der Walzer galt als »lustvoller Taumel«, als »die ausdrucksvollste Geste menschlicher Leidenschaft« (Sorell 1985, 197), aber die Triebhaftigkeit und Sinnlichkeit, die er repräsentierte, darf nicht mit dem archaischen Rausch, der göttlichen Ekstase des heiligen oder religiösen Tanzes frühester Zeiten verwechselt werden (Faulstich 1997, 83ff.). Der Walzer war gebremst und kontrolliert, und das patriarchale Geschlechterverhältnis wurde mit ihm neu etabliert: Es war wieder der Mann, der »führte«, während die Frau zur Passivität verdammt war und darauf warten musste, aufgefordert zu werden. In den »besseren Kreisen« vollzog sich die Privatisierung bzw. kontrollierte Sinnlichkeit des Tanzens – analog zum »literarischen Salon« (Kap. 1.4) – im »Hausball« (Abb. 20). Der Tanz war nicht nur individualisiert, egalisiert und dynamisiert, sondern auch privatisiert.

4.3 Der Herold

Dem traditionellen Herold und *Ausrufer* der frühen Neuzeit (vgl. Faulstich 1998, 69ff.) wurde bis heute immer noch keine grundlegende Studie gewidmet. Dennoch sei an der Vermutung festgehalten, dass er in der bürgerlichen Medienkultur des 18. Jahrhunderts eine nicht unwesentliche Rolle gespielt haben muss – selbst wenn seine Funktion als »Reklameschreier« teilweise auf die neuen Intelligenzblätter (Kap. 2.2) und seine Funktion als Sprachrohr der Obrigkeit teilweise offenbar auf den Predi-

Abb. 21: »Reklameschreier« auf der Straße, in Göttingen um 1740.

ger übertragen wurde. Georg Daniel Heumann – um nur ein einziges Beispiel zu nennen – präsentierte um 1740 nicht weniger als 24 Darstellungen von »in Göttingen herum schriende Lühe«: Scherenschleifer, Stuhlverkäufer, Strumpfhändler, Besenhändlerin, Vogelhändler oder Lumpensammler bis hin zum Bilderverkäufer (Abb. 21).

Speziell für Druckwerke war der mobile Straßenhandel in Form lokaler Netzwerke (z.B. Ferdinand 1990) und Kolporteure eine Alltagserscheinung (vgl. auch Kap. 8.1+10.4).

4.4 Der Prediger

Der traditionelle *Prediger*, als herausragendes Medium der Reformation in der frühen Neuzeit noch einmal zu Ehren gekommen (Faulstich 1998, 144ff.), sah sich in der Aufklärung vor ganz neue Herausforderungen gestellt. »Angesichts des säkularisierten Geisteslebens, der von der Kirche emanzipierten Kultur und der ihre Probleme autonom zu lösen sich anschickenden Gesellschaft war die Kirche genötigt, die Verkündigung der christlichen Botschaft neu zu durchdenken.« (Wintzer 1965, 86) Der Prediger verlor in dem Maße seine gesellschaftliche Bedeutung, in dem er gezwungen war, sich anzupassen: »Akkomodation – das homiletische Programm der Aufklärung« (Schott 1981). Die »Krise« der Predigt im 18. Jahrhundert war Ausdruck für den Relevanzverlust des Predigers selbst.

Die mediale Funktion gerade des Predigers war und ist bis heute unbestritten. Dass die praktische Homiletik etwa der christlichen Kirchen die Predigt heute als »Kommunikation« begreift (Wölber 1958; Altmann 1963; Roloff 1972; Klaus 1979 u.a.), rezipientenorientiert (z.B. Oelker 1964; Breit 1972), mit einer elaborierten Typologie (die Predigt als Erzählung, als Verheißung, als Meditation, als Lehrpredigt, Politische Predigt, Freie Festrede, als Kasualpredigt usw.), geht auf die Neukonzeption des Predigers im 18. Jahrhundert etwa durch Johann Lorenz von Mosheim (1694–1755) in Göttingen oder auch Friedrich Schleiermacher (1768–1834) in Halle zurück. Der Prediger erschien als eine zentrale Vermittlungsinstanz für bestimmte Zielgruppen (Schüler, Studenten, Frauen, Landleute, Dienstboten usw.), denen er die Aussagen der Bibel bzw. der Kirche als im Einklang stehend mit der herrschenden Philosophie der Aufklärung eines Christian Wolff (1679–1754) nahebringen musste (z.B. Schott 1986, 71f.). Predigtkonzepte wie von Johann Joachim Spalding (1714–1804), Franz Volkmar Reinhard (1752–1812) und vielen anderen zielten auf Harmonisierung mit den konkurrierenden vernunft- und fortschrittsbetonten Idealen der Aufklärung, denn »gleichzeitig leerten sich die Kirchen« (Schott 1981, 56ff.). Und wer dem sozialen Zwang zum Gottesdienstbesuch nicht zu entfliehen vermochte, schwatzte während der Predigt mit dem Nachbarn oder hielt den berühmten »Predigtschlaf« – William Hogarth hat ihm um 1728 eine prägnante Darstellung gewidmet (Abb. 22).

Gleichwohl fungierte der Pfarrer auf dem Lande immer noch als wichtiger Träger der »Volksaufklärung« (Siegert 1994, 114ff.). Immerhin wird verständlich, warum pietistische Erbauung nicht mehr gefragt war und die Prediger zunehmend im Sinne praktisch-vernünftiger Moral predig-

Abb. 22: »Die schlafende Gemeinde« von William Hogarth, um 1728.

ten, z.B. »Über den unaussprechlichen Segen des Kartoffelbaues«, »Über die Kuhpockenimpfung«, »Über die Naturgesetze« oder auch »Über die Freiheit und Gleichheit und über einige wichtige Gegenstände des häuslichen und bürgerlichen Lebens«, »Über einige Landesgesetze« oder auch ökonomische Predigten wie über Schulden und Schuldenmachen, Sparsamkeit oder die wirtschaftliche Entwicklung (z.B. Schütz 1972, 168ff.). Sogar Intelligenzblätter sollen vorgelesen worden sein (Wittmann 1982, 34). »Die Pfarrer hatten eine zentrale Funktion für die Formierung der politischen Öffentlichkeit des Ancien régime. Sie mussten die obrigkeitlichen Erlasse verkündigen und erläutern und waren bei der Bevölkerung als gebildete Vorleser der Tageszeitungen gefragt. Sie versorgten die Gemeinden mit politischer Information und besprachen diese mit den Interessenten. Dazu kam noch das Predigeramt. Dieses wurde besonders in Krisenzeiten zu einer wichtigen Instanz für die Interpretation des politischen Geschehens.« (Gestrich 1994, 151; vgl. oben Abb. 9)

Die Kanzel fungierte demnach nun als Katheder für Informationen, praktische Bildung und Lebensberatung (z.B. Wintzer 1965, 88; vgl. auch Wehrle 1975, 181), teilweise auch als »Spielraum für freie Meinungsäußerung« (Gestrich 1994, 156). Mit anderen Worten: Nach dem geistig-moralischen Erwachsenwerden des aufgeklärten Menschen erschien der christliche Glaube, erschien letztlich auch Gott tendenziell obsolet. Lessings Toleranz etablierte – im Kontext etwa von Gottscheds Sprachkunst, Gellerts Natürlichkeit und Goethes Humanität – ein den geschichtlichen Religionen übergeordnetes Wertesystem. Als Bestandteil der aufgeklärten Weltanschauung mit seiner »natürlichen« Religion war das Christentum gleichsam überholt worden, die irdische Glückseligkeit der Gegenwart allemal attraktiver als die zukünftige im Himmel.

Für die medialen Funktionen des Predigers wirkte sich dabei die Konkurrenz zum neu entstehenden Medium Zeitschrift entscheidend negativ aus (Kap. 11). Insbesondere die Moralischen Wochenschriften übernahmen die traditionellen Steuerungs- und Orientierungsfunktionen des früheren Mediums Prediger (z.B. Krause 1965) und setzten an die Stelle von Autorität und Hierarchie die freie Selbstbestimmung. Der Live-Prediger auf der Kanzel reduzierte sich auf einen Kleriker und Amtsträger, dessen Parteilichkeit, Rhetorik und »Betroffenheit« eher rückständig erschienen, ja teilweise – charakteristischerweise im Medium Zeitschrift, etwa den »Wöchentlichen Wahrheiten für und über die Prediger in Wien« 1782–1784 (Hoppe 1989) – kritisch reflektiert und begleitet wurde, als eine Art Pendant zur Zensur der Schriftsteller. Die früheren *Hörer* wurden tendenziell durch die neuen *Leser* ersetzt, wobei ein Druckmedium wie die Zeitschrift auch noch eine ganz andere Reichweite besaß als ein Menschmedium wie der Prediger. Im Gefolge der Medienkonkurrenz zur Zeitschrift trugen also auch hier, wie beim Tanz, Egalisierung, Privatisierung und deren Popularisierung zur Auflösung des Mediums Prediger bei. Wenn zukünftig einmal die *Predigt*geschichte als ein Stück Mediengeschichte erkannt und als *Prediger*geschichte umgeschrieben sein wird, könnten weitere Ursachen und Umstände für den Niedergang des Predigers im 18. Jahrhundert zutage treten. Die Konkurrenz von Prediger und Zeitschrift als Medienkonkurrenz bewirkte nichts weniger als ein Auseinanderklaffen konträrer Teilöffentlichkeiten und demzufolge die Anpassungsbemühungen einer immer noch oralen, emotional bestimmten Religionskultur an die neue literale, rational bestimmte Bürgerkultur. Auch hier endete der Strukturwandel mit einer Marginalisierung des vormals Dominanten.

4.5 Der Sänger

Der *Sänger*, als Zeitungssänger, wurde in seinen wichtigsten Funktionen weitgehend von der Zeitung überholt (vgl. Kap. 2). Lediglich für den Beginn des 18. Jahrhunderts gilt er noch als wichtiges Glied im gesellschaftlichen Medienverbund, über das kritische, in den Zeitungen selbst zensierte Nachrichten in Umlauf gebracht wurden. Zeitungssänger »schildern die Unterdrückung der Bauern, den Verlauf von Widerstandsaktionen, rufen zur Solidarität auf oder machen einfach die Obrigkeit und ihre Vertreter lächerlich.« (Gestrich 1994, 142ff.)

Sofern der Sänger ansonsten nicht im Beruf des Opernsängers aufging (vgl. Kap. 7.2), fungierte er zunehmend als »stilistisches Mittel« (Petzoldt 1974, 95) wie etwa in der Romanze »Marianne« (1756) von J.W. Ludwig Gleim (1719–1803), d.h. er wurde ästhetisiert. Bänkelsängerische Formen und Moritaten-Stoffe wurden in die deutsche Hochliteratur aufgenommen, der Bänkelsang wurde zur Kunstballade. Friedrich Schillers »Kindsmörderin« (1782) ist da nur ein Beispiel. Leidenschaft, Pathos, Schauer, Theatralik, Grausamkeit und »Herzeleid« des Bänkelsängers erlebten insbesondere in den Balladen und Dramen des Sturm und Drang ihre literarische Sublimierung, um schließlich parodiert zu werden. Friedrich Theodor Vischer (1807–1887) etwa etablierte einen fiktiven Bänkelsänger namens Schartenmayer, um ihn in »Allotria« (1817) und den sog. »Schartenmayergesängen« als komische Figur bloßzustellen und dem Gelächter des gebildeten bürgerlichen Publikums auszusetzen (vgl. Petzoldt 1974, 99ff.). »Der Bänkelsang hat so im gewissen Sinn die komische Literatur bereichert. (...) Eine gerade Linie führt vom Kunstromanzensang über das komische Epos bis zu den Bildergeschichten Wilhelm Buschs.« Der ursprüngliche Bänkelsänger aber »wollte nie belustigen. Er wollte rühren und erschüttern, erschrecken und bessern zugleich« (Stemmle 1962, 16f.). Das Medium diffundierte also zum bloßen Sujet zugunsten von Unterhaltung und Gelächter.

Hans Robert Lug weist darauf hin, dass dies auch mit der Verschriftlichung und der »Druckära« von Musik zusammenhängt (1983; vgl. auch Faulstich 2000a): Neben der Konservierung und der Normalisierung überwiege die Normierung. »Der Druck ist arbeitsteilig; er zementiert die schon vorher in der Schriftmusik angelegte Trennung von Komponist, Werk und Interpret. Die Komplexität der Teilgebiete wächst. Dichten, Komponieren, Verlegen, Drucken, Singen und Spielen werden hochdifferenzierte Spezialistentätigkeiten. (...) Auch das Phantom ›Kommerz‹ begleitet, narrt und lenkt seit jenen Tagen mit seinem schillernden Spiel die Musikproduktion. (...) Daß sich die Druckerzeugnisse (...) an einen Amateurmarkt wenden, ist wichtig festzuhalten: denn die Vorführ- und Virtuosenmusik ist weiterhin nicht schriftlich. (...) Die Funktion des Instrumentalisten und Sängers als ›Mitkomponist‹ bzw. ›Innenarchitekt‹ schwindet nach 1750

*Abb. 23: Ein »Private Concert« in Bath, um 1785
(Federzeichnung von Thomas Rowlandson).*

rapide. Das ›autonome Werk‹ erlaubt schließlich keinen Triller mehr, der nicht auf dem Papier steht.« Die später entstehenden großen Volksliedsammlungen, mit den privaten Gesangsvereinen als Folge, signalisieren das Eindringen der Druckmedien auch in die letzten »bislang ungestörten oralen Traditionsstrukturen« (Lug 1983, 252ff.) und funktionalisieren den Sänger quasi zum Vollzugsbeamten. Das frühere Medium Sänger wurde ästhetisch instrumentalisiert und im Konzert bürgerlich privatisiert (Abb. 23).

4.6 Der Lehrer

Das frühere Medium *Lehrer* in der Antike (Faulstich 1997, 225ff.) bzw. *Magister* im Mittelalter (Faulstich 1996, 128ff.) war bereits in der frühen Neuzeit zum Schulmeister geworden (Faulstich 1998, 76ff.) und erlebte im Fortgang des 18. Jahrhunderts vollends seine bürgerliche Usurpation. Kinder sollten in Schulen gemäß den Idealen der Aufklärung zu »practischer Brauchbarkeit« und »realer Nützlichkeit« erzogen werden. Das bis dahin verbreitete humanistische Pädagogium mit etwas Latein, etwas

Griechisch, etwas Französisch und der Kenntnis der Bibel, des Lesens, Schreibens und Rechnens konnte den Erwartungen des Kaufmannsstandes nicht mehr genügen. Privatschulen wurden gegründet wie beispielsweise 1778 in Bremen von Wilhelm Christian Müller (1752–1831), deren Lehrplan neben Französisch, Englisch und Deutsch u.a. auch Physik, Naturgeschichte, Mathematik und Technologie umfasste (ausführlicher vgl. Engelsing 1974, 144). Das bürgerliche Bildungsideal setzte neben die theoretische Gelehrsamkeit eine praktische Erziehung, die auch Geschichte, Anthropologie, Nationalökonomie, Handelsgeographie, Buchhaltung und Geschäftskorrespondenz umfasste. Spätestens für die Zeit um 1800 gilt: »Aus den Gelehrtenschulen waren Anstalten für den gebildeten Bürger geworden« (Engelsing 1974, 150), wobei die wissenschaftliche und die kaufmännische Laufbahn die Interessen von Bildungsbürgertum bzw. Kaufmannschaft bediente – mit einer kulturell durchaus folgenreichen Ambivalenz von Akademikern und gebildeten Kaufleuten: Im Erziehungssektor trat das praktisch verwertbare Wissen neben das traditionelle Wissen um des Wissens willen (ausführlich z.B. Dauenhauer 1964).

Die Einführung der Schulpflicht, als wichtiger Schritt im Rahmen der Entstehung des modernen Erziehungswesens (ausführlich z.B. Roessler 1961) verlief zeitversetzt und wurde nicht immer ernst genommen. Bereits das Allgemeine Landrecht von 1794 schrieb die Schulpflicht vor. »In Köln wurde 1838 festgestellt, daß 77 Prozent der schulpflichtigen Kinder Unterricht erhielten.« (Engelsing 1973, 72) In Aachen wurde der Schulzwang erst 1824 eingeführt, aber nur drei Fünftel der Kinder besuchten die Schule. In Bremen wurde der Schulzwang erst 1844 eingeführt, usw. Der Schulbesuch auf dem Land war in der Regel größer als in der Stadt. Die Schule sollte als bürgerliche Institution einen Höhenflug sondergleichen erleben, aber das frühere Medium Lehrer war über den Schulmeister zum Beamten geworden.

4.7 Die Erzählerin

Auch das Traditionsmedium *Erzählerin*, mit wichtigen Unterhaltungs-, Sozialisations- und Bildungsfunktionen noch in der frühen Neuzeit (Faulstich 1998, 116), wurde zurückgedrängt zu einem bloßen Instrument. Das Erzählen wurde tendenziell abgelöst vom Vorlesen: Die Großmutter im Kreis der Kinder, der bürgerlichen Familie hat das aufgeschlagene Buch auf den Knien liegen (Abb. 24).

De facto ging das Vorlesen bis zum Ende des 18. Jahrhunderts freilich verstärkt auf solche »Frauenzimmer« über, die vermögenslos und unverheiratet waren, geschieden oder auch verwitwet, und die nicht ins Kloster gehen wollten. Auf dem Land und in den unteren Ständen trugen Frauen seit jeher zur Erwerbsarbeit bei und konnten von daher den Lebensunter-

Abb. 24: Der Wandel von der Erzählerin *zur Vorleserin aus dem* Buch *(Paris 1862).*

halt stets durch eigenen Verdienst sichern. Anders verhielt es sich mit den
Frauen aus dem höheren Bürgertum, den Töchtern von Pfarrern, Gymna-
siallehrern und Beamten. Neben die traditionelle Hand- und Nadelarbeit
trat hier die Erziehungsarbeit als Lehrerin und insbesondere als Gouver-
nante. »Neben der Schriftstellerei und der Malerei war der Gouvernanten-
beruf die einzige Erwerbstätigkeit, die es Frauen ermöglichte, ihren Le-

Abb. 25: Titelillustration von George Cruikshank mit dem besonderen Hinweis »from oral tradition«.

bensunterhalt selbst zu verdienen und dennoch unabhängig von einem Mann zur bürgerlichen Geselligkeit zugelassen zu werden.«»Gouvernanten waren moderne Frauen, deren Selbstwertgefühl auf beruflicher Leistung beruhte.« (Hardach-Pinke 1992, 514+524) Sie übernahmen Erziehung und Unterricht von Kindern zu Hause statt in einer Schule, d.h. waren gebildet genug, um auch vorlesen zu können. In gewisser Weise können auch sie als »Bildungsbürgerinnen« gesehen werden.

Rudolf Schenda spricht hier vom »Erzählverkehr« und meint damit die ständige fruchtbare Auseinandersetzung zwischen mündlicher Überlieferung und geschriebener und gedruckter Erzähltradition (1996, 32f.). Volksbuch-Lektüren wechselten sich mit dem Nacherzählen von Volksbuch-Stoffen und ihrer erneuten schriftlichen Fixierung ab. Illustrationen und Bilder etwa der Bibel regten Analphabeten zu phantasievollen Erzähltexten an. Aber es charakterisiert den Niedergang des Mediums Erzähler, dass etwa Märchen zunehmend verschriftlicht wurden: Die »Volksmärchen der Deutschen« von Johann Karl August Musäus erschienen 1782–1786, »Des Knaben Wunderhorn« von Achim von Arnim und Clemens Brentano 1805–1808, das »Schatzkästlein des Rheinischen Hausfreunds« von Johann Peter Hebel 1811, die »Volks-Sagen, Märchen und Legenden« von Johann Gustav Büsching 1812, die »Kinder- und Hausmärchen« der Gebrüder Jacob und Wilhelm Grimm 1812–1815 (vgl. Abb. 25), die »Deutschen Sagen« der Brüder Grimm 1816–1818, und das 19. Jahrhundert kennt einen wahren Boom solcher Aufzeichnungen, die teils selbst bereits auf gedruckten Quellen früherer Jahrhunderte beruhten und ihrerseits immer wieder neu mündlich weitererzählt wurden.

Dieses »Wechselverhältnis von Buchkultur und Erzählkultur«, dieses »kommunikative Gemisch« (Schenda 1996, 45f.) hat in der bürgerlichen Medienkultur des ausgehenden 18. Jahrhunderts einen deutlichen Schwerpunkt bei den Druckmedien erfahren. Der präsentative Charakter der Erzählerin als Medium, der Performanzcharakter der Erzählung wurde durch die schriftliche Fixierung aufgehoben oder doch erheblich beschnitten.

4.8 Instrumentalisierung für das neue Weltbild

Die Reste der traditionellen Menschmedien sind vom aufstrebenden Bürgertum ausnahmslos übernommen und im Sinne des neuen Weltbildes instrumentalisiert worden:

- Im Wandel von der höfischen Festkultur zum politischen und zum privaten Fest verlor das Fest seinen genuinen Festcharakter.
- Im Wandel vom Menuett zum Walzer wurde der Tanz individualisiert, egalisiert und privatisiert.

- Die Medienkonkurrenz zu den Moralischen Wochenschriften und der Schwund der Kirchenbesucher machten den Prediger in der bürgerlichen Kultur marginal.
- Der Sänger diffundierte zum Sujet bürgerlicher Literatur und zum Witzthema und agierte ansonsten als Vollzugsbeamter der Normierung durch die gedruckten Noten.
- Der Lehrer wurde verbeamtet.
- Und die Erzählerin ging ihrer charakteristischen Performanz verlustig und unterlag dem maßgeblich werdenden Speichermedium Buch.

Im Zuge ihrer Verbürgerlichung erlitten die traditionellen Menschmedien in allen ihren Restbeständen einen enormen Verlust an gesellschaftlicher Bedeutung. Bündelt man diesen Befund wie hier, so wird zugleich das Neue sichtbar: eine markante Reduktion von Sinnlichkeit in der bürgerlichen Medienkultur. Wenn Detlef Gaus etwa »die Salongeselligkeiten als Ausdruck eines Umbruchs zwischen traditionalen körpervermittelten Codes und kritischen schriftvermittelten Deutungsmustern« interpretiert (1998, 366), so rekurriert er genau auf diesen grundlegenden Wandel von den Menschmedien zu den Druckmedien. Es wird zu beachten sein, ob sich dieser Befund einer umfassenden Ent-Körperlichung auch bei anderen Medien bestätigt und ob bzw. wie dieser fundamentale Verlust an Kommunikationskultur vielleicht kompensiert wurde.

5. Der Privatbrief im »Jahrhundert des Briefs«

Die Entwicklung des Mediums Brief im 18. Jahrhundert wird von einer Trias bestimmt, die sich aus dem deutschen »Informationsbrief« und dem lateinischen »Gelehrtenbrief« des 17. Jahrhunderts (vgl. Faulstich 1998, 48ff., 150ff.; Ammermann 1983 u.v.a.) ausdifferenzierte: erstens dem »öffentlichen Brief« oder »offenen Brief«, d.h. dem Leserbrief; zweitens dem standardisierten »Geschäftsbrief«; und drittens, im Zusammenhang mit einigen herausragenden Briefromanen und Briefstellern der Zeit, dem »Privatbrief«. Im Kern wird das »klassische Jahrhundert des Briefs« (Steinhausen Bd. 2, 1891/1968, 302) durch den »privaten Freundschaftsbrief« gekennzeichnet. Allerdings bedeutete auch die erhebliche Erweiterung des Verkehrs- und Postwesens im 18. Jahrhundert eine Steigerung der gesellschaftlichen Bedeutung des Gesamtsystems Brief als Kommunikationsmedium.

Wie schon beim Fest und beim Tanz (Kap. 4) ist also die Unterscheidung in eine neue öffentliche und eine neue private Sphäre auch für den Brief charakteristisch. Nur wird hier, vergleichbar der Zeitung (Kap. 2), ersichtlicher, dass der Strukturwandel des Öffentlichen dem Medienwandel nicht vorgängig war, gleichsam seine Voraussetzung oder Vorbedingung darstellte, sondern dass er im Medienwandel erst Gestalt nahm: Die Medien selbst – die Zeitung, das Plakat und der Brief (auch das Buch und die Zeitschrift) – waren die Träger des gesellschaftlichen Strukturwandels; der Strukturwandel des Öffentlichen vollzog sich nach Maßgabe der neuen Medienkultur.

5.1 Leserbrief und Geschäftsbrief

Der *Leserbrief* wurde vor allem im neuen Medium Zeitschrift veröffentlicht, insbesondere in den Moralischen Wochenschriften (Kap. 11). Sie täuschten mit ihren zumeist fingierten, vom Herausgeber selbst verfassten, teils aber auch echten Leserbriefen Vertraulichkeit mit den Leserinnen und Lesern vor, übermittelten suggeriert oder tatsächlich authentische Informationen und konnten damit unterhaltender sein als bloße sachliche Korrespondentenberichte (Oellers 1989, 25). Echte Leserbriefe gab es später auch im Medium Zeitung. Hanns Buchli hat darauf verwiesen, dass der antiroyalistische Jean Paul Marat »der Erfinder des sog. ›Briefkastens‹ ist, der in der deutschsprachigen Presse heute noch eine große Rolle spielt und in England und Frankreich als ›Briefe an den Herausgeber‹ bekannt ist. Er sagte selbst von sich, daß er eine Art von ›Briefkasten‹ sei, wo jedermann seine Klage niederlege. ›Von morgens früh bis abends spät ist der arme ›Ami du Peuple‹, der ›Volksfreund‹ bestürmt durch eine Menge von Unglücklichen und Unterdrückten, welche seine Unterstützung begehrten.‹ Und wirklich gibt es viele Nummern der Zeitung, die voll sind von Klagen des Volkes gegen öffentliche Beamte, Mißbräuche und Vergehen.« (Buchli 1966, 80) Der vollständige Titel des »Volksfreundes« lautete »Journal de la République Francaise, par Marat, l'Ami du Peuple« (ab 1793), vorher »L'Ami du Peuple ou le Publiciste Parisien«, und davor »Le Publiciste Parisien«. Manche Zeitungen wurden nach der Französischen Revolution immer deutlicher öffentliche Plattform für privaten Protest, aber die Anfänge des Leserbriefs und seine öffentlichkeitsgenerierenden Funktionen sind noch weitgehend unerforscht.

Über den *Geschäftsbrief* des 18. Jahrhunderts und seine Veränderungen gegenüber der frühen Neuzeit gibt es ebenfalls kaum wissenschaftliche Studien. »Was (die Briefe) insgesamt im Kommunikationsprozeß der entstehenden bürgerlichen Gesellschaft für eine Rolle spielten, welcher Anteil der Briefwechsel an der bürgerlichen Kultur hatte, davon wissen wir bis heute wenig.« (van Dülmen 1994, 236) Die Kommunikationsgeschichte und die historische Publizistikwissenschaft sparen das Medium Brief hier fast programmatisch aus, weil Geschäftsbriefe nicht (mehr) öffentlichkeitsbezogen sind. Anzunehmen ist freilich, dass ihre Bedeutung innerhalb des ökonomischen Systems mit der Ausweitung des Handels erheblich zugenommen hat – innerhalb der Wirtschaftsgeschichte stellt die Aufarbeitung der brieflichen Kommunikation also ein schmerzliches Desiderat dar (vgl. Pohl 1989). Nachgewiesen ist immerhin eine entsprechende Änderung in der Möblierung der Geschäftskontore: Infolge eines zunehmenden Schriftverkehrs wurden nun große Schränke an den Wänden aufgestellt, in denen die Briefe nach dem Alphabet abgelegt wurden. Es dürfte auch kein Zufall sein, dass die Erfindung des »Schreibklaviers« bzw. der Schreibmaschine just im 18. Jahrhundert erfolgte (z.B. Hansmann 1962, 84f.). Der Bürger war »privat« gerade auch als Geschäftsmann ein Freund der Korrespondenz (Abb. 26).

Bekannt sind bislang nur wenige Einzelheiten, die freilich als Hinweis auf eine herausragende Rolle des Briefs im sich ausbreitenden und entwickelnden Kapitalismus gedeutet werden können. So verfügte beispielsweise 1783 eine kaiserliche Verordnung, das Formel- und Floskelwesen auch im offiziell-amtlichen Schriftverkehr zugunsten einer natürlicheren, lebensnäheren Sprache zu beschneiden. Damit sollte der alte Handelsbrief- und Kurialstil in der Kommunikation der Kaufleute überwunden (Nickisch 1991, 50) und der Brief als ökonomischer Faktor optimiert werden.

Wolfgang Ruppert hat unter Bezugnahme auf Paul Jacob Marpergers

Abb. 26: Darstellung des Bürgers als Briefeschreiber (Kupferstich um 1800).

Schrift »Der wohl stylisierte Kaufmannsjung« (ca. 1720) und Johann Carl Mays Schrift »Versuch in Handlungsbriefen und großen kaufmännischen Aufsätzen nach den Gellertschen Regeln« (1756; 4. Aufl. 1765; vollst. neue Aufl. 1794) wesentliche Merkmale des Geschäftsbriefs und seines Wandels im 18. Jahrhundert herausgestellt (Ruppert 1984, 71ff.; vgl. auch Dauenhauer 1964, 26ff.). Maßgeblich war die Zweckrationalität, die Nützlichkeit des Briefeschreibens; gemessen wurde pragmatisch am Erfolg. Nach Marperger galt der Briefstil als Ausdruck für die Persönlichkeit. Ruppert fasst zusammen: »Ein Kaufmann, der gut und richtig geschriebene Briefe abfassen konnte, die der Adressat, also der Geschäftsfreund, leicht und mit Vergnügen lesen konnte, steigerte damit sein Ansehen, er gewann Vertrauen. Wurde dagegen das Brieflesen zur Qual, waren die Sätze umständlich und hölzern formuliert und kaum zu entziffern, so war dies für den Kontakt nicht gerade förderlich. Ging es einmal im Zweifelsfall darum, welchen Kredit man einem Kaufmann einzuräumen bereit war, so war dieser Gesamteindruck, den man auch über die Briefe gewonnen hatte, von großer Bedeutung. Besonders bei weiteren Entfernungen stellte der Briefverkehr die wichtigste oder sogar einzige Form der Kommunikation dar, auf die sich die Kaufleute in ihren Beziehungen stützten.« Insbesondere richtige Orthographie, Schnelligkeit der Korrespondenz, leserliche Schrift und Ausdruckspräzision sollten dabei zu einem besseren Image des Unternehmens beitragen.

Mays Briefsteller für Kaufmannsleute repräsentiert das kulturelle Gestaltungsmuster des Geschäftsbriefs in der zweiten Hälfte des 18. Jahrhunderts. Die Zweckorientierung des Briefs sollte stärker mit den Normen eines guten Geschmacks verbunden werden. Ruppert hatte unterstrichen: »Der Brief war die Grundlage der Handelsgeschäfte des Kaufmanns. Die meisten Geschäfte wurden zwischen örtlich Abwesenden getätigt.« Daraus wurden von May drei Regeln abgeleitet: Der Kaufmann solle erstens so schreiben, wie er spricht. Dabei sei zweitens auf Verständlichkeit, eine angemessene Ordnung und Gliederung der Sachverhalte und auf Genauigkeit besonders zu achten. Und die Sprache solle drittens ohne ausländische Sprachbrocken, umständliche Verschachtelungen und rhetorische Floskeln auskommen. Auch bei Ruppert hieß es: »Nicht mehr vorgegebene standardisierte Ausdrucksmuster, sondern die Individualität der Person sollten die Kommunikationsform prägen.« Wie pragmatisch diese Vorgaben aufgefasst wurden, verdeutlicht die briefliche Kommunikation über Standesgrenzen hinweg: Bei Bittgesuchen gegenüber hierarchisch höher gestellten Personen müsse die Titulatur streng beachtet werden, desgleichen wenn der Kaufmann bei einem Geschäft mit einem Adeligen verdienen wolle. Falls aber ein Geschäft dem Adeligen Vorteile bringen würde, könne man auf das Zeremoniell durchaus verzichten. Grundsätzlich sei nämlich davon auszugehen, dass auch der Adelige, der Geschäfte betreibt, zu einem Kaufmann werde und deshalb »übertriebene Titel« und »ehrerbietige Anreden« wenig nützlich und weitgehend überflüssig seien. Ruppert bilanziert für den Geschäftsbrief wie selbstverständlich die Dominanz der bürgerlichen Weltsicht: »Die Arbeit auf der Ebene des Tausches, die geschäftlichen Beziehungen zum gegenseitigen Nutzen, stiftete Gleichheit zwischen den Personen.«

5.2 Privatbrief

Lediglich der neue *Privatbrief* wurde bislang von unterschiedlichen Disziplinen in angemessener Weise untersucht und thematisiert: Briefliche Kommunikation – selbstverständlich in deutscher Sprache – war offenbar in dem Maße unübersehbar, in dem sich in Deutschland kulturelle Zentren entwickelten, die aufgrund der territorialen Zersplitterung neue Vermittlungs- und Austauschwege erforderlich machten. Der Brief zeigt sich dabei in einer »Zwitterform«: »zwischen Alltagskommunikation und Literarizität« (Nörtemann 1990, 212) – »halb-öffentlich, ein Mittel nämlich der Kommunikation mit anderen« (Oellers 1989, 18). Zum einen sollte er keine Etikette mehr sein, sondern unmittelbar, spontan, war darin zum andern aber enorm reglementiert und wiederum Konventionen unterworfen, etwa der Tabuisierung von Erotik und Sexualität (Wegmann 1988, 76f.). Beides gehört also beim »privaten« Brief zusammen: die Befreiung von alten Zwängen und die Etablierung neuer Zwänge unterm Gesichtspunkt bürgerlicher Wohlanständigkeit im Sinne eines »guten Geschmacks«.

Es war Christian Fürchtegott Gellert, der die »Anweisungen zu Teutschen Briefen« (1709) von Benjamin Neukirch aufgriff und weiter entwickelte. Schon Neukirch hatte Natürlichkeit und Vernünftigkeit des Briefstils betont – eine Abwendung vom barocken Briefsteller mit einem preziösen, servilen, bombastischen, schnörkeligen, phrasenhaft-formelhaften Briefstil. Er unterschied u.a. den »gemeinen oder familiären Stil«, den höfischen Stil, den liebkosenden, den demütigen und den Kurialstil. Aber erst Gellerts »Gedanken von einem guten deutschen Briefe« (1742) und sein Briefsteller »Briefe, nebst einer Praktischen Abhandlung von dem guten Geschmacke in Briefen« (1751) erfuhren – unter dem Einfluss ähnlicher Ideale in der englischen und französischen Briefkultur – im Deutschen Reich eine derart breite Aufmerksamkeit, dass sie gesellschaftsprägend wurden, dass sie eine Fülle epigonaler Briefsteller nach sich zogen – allein in der zweiten Hälfte des Jahrhunderts nicht weniger als 150 (Oellers 1989, 22) –, und dass sie sogar zur verbindlichen Grundlage für den schulischen Unterricht avancierten. Der Brief sollte geprägt sein von Natürlichkeit, Innerlichkeit, Deutlichkeit, Kürze, Lebendigkeit, Herzlichkeit, Leichtigkeit, Individualität. Für Gellert war der Brief die »freie Nachahmung des guten Gesprächs« (vgl. Bödeker 1988, 99).

Der Brief als Medium *privater* Kommunikation – das hieß vor allem: Der Brief war ein Medium *emotionaler* Kommunikation – deshalb auch seine Bedeutung für den Freundschaftskult der Zeit, der unter dem Stichwort der Empfindsamkeit in die Geschichte einging. »Das achtzehnte Jahrhundert war das goldene Zeitalter der Freundschaft und damit war es das goldene Zeitalter des Briefes. (...) Die Freundschaftssucht mußte notwendig eine Briefsucht hervorbringen.« (Steinhausen 1889/1964, 307f.; vgl. Kap. 6.4) Zur Verdeutlichung des Gefühls-Freundschafts-Empfindsamkeits-Komplexes sei der erste Brief Gellerts »An den Herrn Rittmeister von B« (tatsächlich Christian August Friedrich von Bülzingsleben) zitiert (Witte 1989, 155) – wohlgemerkt, der Brief eines Mannes an seinen keineswegs schwulen Freund:

Es ist wahr, meine Briefe an Sie, enthalten beynahe einerley; immer Versicherungen, daß ich Sie von Herzen liebe, daß ich Sie hoch schätze; immer Danksagungen und gute Wünsche. Aber was kann ich dafür? Liebte ich Sie weniger, und wären Sie nicht so redlich gegen mich gesinnt: so würde ich nicht beständig von Ihnen und von meiner Ergebenheit reden können. So lange Sie also Ihr Herz gegen mich nicht ändern, (und wie könnten Sie das?) so stehen Sie beständig in der Gefahr einerley Briefe von mir zu lesen. Doch was schadets? Können die Verliebten in ihren Briefen, ohne es überdrüßig zu werden, von nichts, als von Liebe, reden: so müssen auch gute Freunde von der Freundschaft reden können, ohne dabey müde zu werden. Mögen doch andere ihre Blätter mit täglichen Neuigkeiten anfüllen, wir wollen sie mit den Empfindungen unseres Herzens anfangen und beschließen. Es ist für mich eine Sache von der größten Wichtigkeit, Ihr Freund zu seyn, und ich fühle so viel Vergnügen dabey, wenn ichs Ihnen sage, daß ichs Ihnen ganz gewiß noch viel hundertmal sagen werde. Leben Sie wohl, und lieben Sie mich.

Oder Goethe schrieb in Sturm-und-Drang-Manier an seine Schwester, wobei überschwänglich und überspannt die seelische Regung selbst zur Ausdrucksform wurde (zit. bei Büngel 1939, 82f.): »Ha! Ha! Ha! – Schwesterchen, Du bist erznärrisch! – Aber – Ha! Ha! ich kann für Lachen nicht mehr. Ha! Ha!«

Ausrufezeichen transportierten exklamatorisch die Vehemenz emotionaler Erregtheit, Gedankenstriche suggerierten Atemlosigkeit und Innehalten und boten in der Rezeption Anreiz für Projektionen und eigene Assoziationen.

Bereits Ende des 17. Jahrhunderts waren im Pietismus das Tagebuch und der briefliche Austausch gleich empfindender Seelen eingeführt worden (z.B. Seinhausen 1889/1968, 281ff.). Es ging dabei um Bekenntnisse, Bußwilligkeit, Tröstungen und Erbauungen – glaubensmäßige Erleuchtung war das oberste Ziel. Im Zeitalter der Aufklärung wurde der briefliche Austausch, bei den Pietisten noch ein »Seelenbesuch«, säkularisiert zum »Medium von Individualisierung und Interpersonalität«; der Brief erschien nun »als kausales Element in einer Umbruchphase sozialer Kommunikation« (Wegmann 1988, 73f.). Neu waren die Intensität des zwischenmenschlichen Bezugs, die emotionale Eindringlichkeit des Dialogs, die Innigkeit und gegenseitige Anteilnahme, die scheinbare Vertraulichkeit auch in einer profanen, trivial-alltäglichen Welt.

Bis zum ausgehenden 18. Jahrhundert entstand, parallel zu einer neuen Auffassung von Liebe selbst (vgl. Kap. 6), auch der individuelle Liebesbrief zwischen Männern und Frauen (Nickisch 1991, 45; ausführlicher Roseno 1933, 45ff.). Dabei wurden durchaus originelle Wege gegangen, wie der Liebesbrief eines Bauernburschen aus Teichröda bei Rudolstadt belegt (Abb. 27). Hier verbinden sich zärtliches Gestammel wie »Mein Hertz, Mein Schatz, Mein Kind, Mein Engel, Meine Liebste« mit Schwüren wie »Ich will dich lieben« und Versen wie »Tausend Seufzer schuld ich dir, schenk du Mier nur Ein dafür«. »Solche überall bekannten Liebesbriefe, dazu in Versform, waren meist von Schreibern, Lehrern, Kantoren oder Hausierern angefertigte Auftragsarbeiten.« (Jacobeit 1988, 159)

Berühmtere Beispiele für solche Briefwechsel wären: die Briefe zwischen Meta Moller und Friedrich Gottlieb Klopstock, die Briefe zwischen Eva König und Gotthold Ephraim Lessing, die Briefe Goethes an Charlotte von Stein oder die Briefe Kleists an Wilhelmine von Zenge (vgl. Clauss

Abb. 27: Liebesbrief eines Bauernburschen (Papierfaltschnitt, 1792).

1993). So schrieb – um auch hier nur ein veranschaulichendes Beispiel zu zitieren – Klopstock an Moller (zit. in Steinhausen 1889/1964, 349):

Ach meine Beste, wenn Du sie nur alle um mich herum fragen könntest, wie ich Dich liebe! Das würde zwar nur sehr wenig seyn, was Du erführest; denn wie können sie es wissen? Dennoch würde Dir es süß seyn, es so mit anzuhören, wie sie mich aus meiner Entzückung aufwecken! wie ich dann gern von Dir viel sagen möchte, und doch nichts herausbringe, das einen andern Inhalt hätte, als: laßt mich nur gehn! Es ist ein Einziges Mädchen! Ich mag gar nicht mehr von ihr sagen. Und ach, wie sehr fühl ich denn wieder, daß ich nicht bey Dir bin. Hier, hier Clärchen! hier zittert mein Herz nach Dir. – Doch kein Wort mehr, kein Wort mehr davon. Ich will mirs in meinem Leben nicht mehr unterstehen, die Unaussprechlichkeiten der Umarmung aufschreiben zu wollen.

Und umgekehrt die Braut an Klopstock:

Ach, Klopstock, ich bin Ihnen doch recht von Herzen gut. Diese Nacht träumte mir, daß Sie hier waren. Das war schön.« »O mein Süßer, Süßer! Ach, nun bist Du mir schon etwas näher! – Du bist doch nicht gereist, wenn die Wege nicht gut sind! Ich habe mich gefreut, daß es den ganzen Tag so schön Wetter gewesen. Wäre es doch bey euch nur auch so! – Ach Klopstock . . ach wie liebe ich Dich! Ach wenn ich Dich erst wieder habe! O wie will ich Dich lieben!

Auch wenn aus heutiger Sicht die vielen Achs und Os übertrieben erscheinen mögen – der Stammelstil und der Unsagbarkeitstopos sind uns immer noch ebenso vertraut wie die zahlreichen anderen Faktoren der romantischen Liebe (vgl. Kap. 6.2). Und gegenüber dem verkünstelt-verschraubten, verklemmten Stil barocker ›Liebes‹briefe stellten die privaten brieflichen Ergüsse des 18. Jahrhunderts allemal eine Befreiung dar.

Die zur Jahrhundertwende zunehmende Erörterung des Briefgeheimnisses, das vom absolutistischen Staat mit großer Selbstverständlichkeit gebrochen wurde, machte freilich die Aporie bewusst, »daß bürgerliche Öffentlichkeit nur im Rückgriff auf Elemente der Intimsphäre gefestigt werden kann, die es ihrerseits erst einzurichten und zu schützen gilt« (Nörtemann 1990, 224). Es war kein Zufall, dass 1797 anonym das Buch »Wie sichert man sich vor Brieferbrechung und deren Verfälschung?« erschien, das sich nicht nur auf den Geschäftsbrief und die diplomatische Korrespondenz der Politiker und Verwaltungsbeamten, sondern auch auf den Privatbrief bezog. Der Brief als Medium der Intimkommunikation konnte sich als solcher erst mit seiner Veröffentlichung beweisen. Üblicherweise wurden damals auch die »privatesten« Briefe durchaus herumgezeigt und in der Familie oder unter Freunden bekannt gemacht, wenn nicht mit Blick auf die Veröffentlichung bereits niedergeschrieben und schließlich sogar gedruckt. Das Problem bestand darin, die neue Privatsphäre von der neuen bürgerlich-öffentlichen Sphäre wieder abzugrenzen.

Durch das Natürlichkeitsideal wurde der Brief als sozialer Kontakt definiert und damit wieder Konventionen normativ unterworfen, nur eben jetzt bürgerlichen: Er wurde ästhetisiert. »Die Grenzen von individueller, persönlicher Mitteilung und öffentlich-literarischer Form waren (...) fließend.« (Ruppert 1984, 110) Als Kunstform wurde der Brief neben vielen anderen insbesondere von F. G. Klopstock, J. G. Hamann, J. G. Herder und natürlich von Lessing, Schiller und Goethe gepflegt und entwickelt (ausführlicher z.B. Brockmeyer 1961; Nickisch 1991; u.v.a.). Beispiele für solche Briefsammlungen wären: Moses Mendelssohns »Briefe über die Empfindungen« (1755), Gotthold Ephraim Lessings »Briefe antiquarischen Inhalts« (1768/69), Heinrich Wilhelm von Gerstenbergs »Briefe über Merkwürdigkeiten der Litteratur« (1766/67), Friedrich Schillers »Briefe zur ästhetischen Erziehung der Menschheit« (1795), Johann Gottfried Herders »Briefe zu Beförderung der Humanität« (1793–97) oder Garlieb Merkels »Briefe an ein Frauenzimmer über die wichtigsten Produkte der schönen Literatur« (1801–03). Reinhard Nickisch brachte das auf den Nenner: »Das Brieflich-Private triumphierte; es okkupierte selbst das Unbrieflich-Öffentliche: das Buch. Dieses wurde zum Über-Brief.« (1991, 48) Ausländische Vorbilder wie die Briefromane »Pamela« (1741), »Clarissa« (1748) und »Grandison« (1753) von Samuel Richardson, »La Nouvelle Héloise« (1761) von Jean Jacques Rousseau oder »Les Liaisons dangereuses« (1782) von Choderlos de Laclos wurden in Deutschland als Muster rezipiert und nachgeahmt. »Gerade mit der Mischung von moralischer Reflexion und intimer Selbstvergewisserung empfiehlt sich der Briefroman als typisch ›bürgerliche‹ Ausdrucksform; und es dürfte deshalb kein Zufall sein, dass zwischen 1740 und 1840 über 800 Briefromane in der Weltliteratur erschienen, davon allein bis 1800 ca. 700.« (Schmidt 1989, 393; ausführlich z.B. Picard 1971) Die erfolgreichsten deutschen Briefromane waren wohl Gellerts Briefroman »Leben der schwedischen Gräfin von G.« (1747) und Goethes Briefroman »Die Leiden des jungen Werthers« (1774), der vielleicht anstößigste der erotische Briefroman »Ardinghello oder die glückseligen Inseln« (1787) von Johann Jakob Wilhelm Heinse (z.B. Klinger 1977).

Mit seiner Inszenierung wurde der Privatbrief letztendlich zur Literatur (ausführlich Nickisch 1991, 93ff.). Genau dieser Prozess prägte auch das Medium Theater, nur dass er hier bereits in der frühen Neuzeit begonnen hatte (Faulstich 1998, 285ff.; vgl. Kap. 7). Der »Privatbrief« wurde gedruckt, publik gemacht, bis hin zum »romantischen Brief« nach 1800, der an die Stelle des Dialogs, der Mitteilung den Monolog des Ichs setzte, in dem das Subjekt sich nur noch eitel selbst bespiegelte. Zwar hatte sich Karl Philipp Moritz bereits 1783 mit seiner »Anleitung zum Briefschreiben« gegen jede Normierung des Briefs und demzufolge gegen jeglichen Briefsteller ausgesprochen. »Wert hatte für ihn allein ein Brief in unverfälschter persönlicher Schreibart.« (Nickisch 1991, 82) Das hielt ihn freilich nicht davon ab, 1793 erneut einen »Allgemeinen deutschen Briefsteller« vorzulegen, »welcher eine kleine deutsche Sprachlehre, die Hauptregeln des Styls und eine vollständige Beispielsammlung aller Gattungen von Briefen enthält«. Als solche Gattungen unterschied er u.a.: Bittschreiben, Danksagungsschreiben, Glückwunschschreiben, Trostbriefe, Freundschaftsversicherungen, Entschuldigungen, Einladungsschreiben und sogar kaufmännische Briefe. Damit war die Epoche von Briefregeln also keineswegs abgeschlossen, ebenso wenig wie die gesellschaftliche Bedeutung des Mediums Brief, die sich im 19. Jahrhundert noch steigern sollte.

Frauen hatten am damaligen Kult um den Brief besonderen Anteil (Nickisch 1976): »In Theorie und Praxis gilt er seit dem 18. Jahrhundert als ein den Frauen in besonderem Maße gemäßes Artikulationsmedium.«

(Ebrecht et al. 1990, 2; vgl. auch Schmölders 1988; Brinker-Gabler 1988, 293ff.; Becker-Cantarino 1989a). Worauf das zurückzuführen sein könnte, ist umstritten. Teils werden die eingeschränkten Kontaktmöglichkeiten bürgerlicher Frauen, die auch über genügend Zeit zur freien Gestaltung verfügten, als Movens angeführt. Teils gilt die Briefkultur als Einstieg von Frauen in das Literatursystem. Oder es wird implizit unterstellt, dass die »Natürlichkeit« des »subjektiv-intimen« Privatbriefs eben der angeblich geschlechtsspezifischen »Naturnähe« der Frauen entspräche. Karin Sträter hat exemplarisch »Frauenbriefe als Medium bürgerlicher Öffentlichkeit« anhand von Quellen aus dem Hamburger Raum untersucht: Briefe von Ehefrauen, Briefe in Beziehung zu Hauswirtschaft und außerhäuslichem Erwerbsleben, Briefe als gesellschaftliche Kontakte, Briefe schließlich im Zusammenhang mit familiären Beziehungen. In ihren Ergebnissen hebt sie vor allem auf die integrative Funktion des Mediums Brief für Frauen in der zweiten Hälfte des 18. Jahrhunderts ab. Der Brief erlaubte den Frauen demnach den Informationsaustausch über den weiblichen Alltag, den freundlichen Austausch von Gefühlen, den Erhalt des sozialen Beziehungsnetzes, die Einübung in die neuen bürgerlichen Tugenden, den intellektuellen Austausch, Ansätze literarischen Schreibens, nicht zuletzt das Knüpfen geschäftlicher Kontakte. Der Brief beförderte also weibliche Selbstverständigung und begründete insofern im Ansatz eine genuine »Frauenöffentlichkeit«, in deren Zentrum die Erfahrung stand, »daß Frauen sich neben Männern durchaus gleichwertig fühlen durften« (Sträter 1991, 19+148f.).

Herausragende Briefeschreiberinnen waren u.a. die Danzigerin Luise Kulmus (die spätere »Gottschedin«), Meta Klopstock, Anna Luise Karsch, Sophia La Roche mit ihrem Briefroman »Geschichte des Fräuleins von Sternheim« (1771). Allerdings erklären sich diese Beispiele aus einer männlich geprägten Literaturgeschichtsschreibung, nach der bürgerliche »Frauenzimmer« zum Briefschreiben ermuntert wurden, zur Entwicklung der »privaten« Literaturgattung Brief beitrugen und sich damit bestenfalls literarisch emanzipierten (Nickisch 1988). Man sprach geradezu von einer »Feminisierung der Literatur« (Becker-Cantarino 1985, 98). Genauer ließe sich die Funktion des Briefs für die Bürgerfrauen vielleicht als Ambivalenz »zwischen Entfesselung und Zähmung« beschreiben, als »Dialektik des Ausschlusses« (Silvia Bovenschen), d.h. als Kampf »zwischen dem Wunsch nach Selbstbestimmung und Teilhabe an ›öffentlicher‹ Diskussion und Tätigkeit und der Beschränkung auf die als Gegenpol entstehende ›Privatsphäre‹« (Sträter 1991, 2f.). In diesem Sinn konstituierte das Medium Brief im 18. Jahrhundert zumindest für großbürgerliche Kreise in der Tat eine Art »weibliche Öffentlichkeit«, in der die Frau jedoch – quasi als Preis – domestiziert und damit auf fatale Weise wieder eingeschränkt wurde. Die paradoxe Formel lautet hier: Selbstbestimmung um den Preis von Freiheit, Selbstverwirklichung im Käfig.

Hans Erich Bödeker fasst zusammen: »Die Briefkultur vor allem der zweiten Hälfte des 18. Jahrhunderts war durch eine bunte Vielfältigkeit charakterisiert: knappe Billets gehörten ebenso dazu wie empfindsame Schreiben als ›Abdruck der Seele‹ und ›Behälter für die Ergießungen der Herzen‹ oder Fortsetzungen angefangener Gespräche. Als Ausdruck des aufklärerischen Lebensstils dokumentierte die ›Briefwut‹ die Entdeckung der eigenen und fremden Subjektivität. (...) Die Gebildeten, deren Leben sich vielfältiger, an Kontakten reicher, aber auch problematischer gestaltete, suchten in der brieflichen Kommunikation Ergänzung und Bestätigung, Ausbildung und Stabilisierung ihres individuellen wie kollektiven Selbstverständnisses. (...) Als Medium sui generis (...) wurde der Brief zur tragenden Form interlokaler Kommunikation.« (Bödeker 1988, 100f.) Und Norbert Oellers bringt es auf die Formel: »Briefe wurden für den Menschen der Aufklärungszeit zu einem Hauptmittel der Verständigung über sich mit anderen: das heißt, ihre Funktion war eine doppelte: Selbstfindung durch Selbstdarstellung und Herstellung oder Pflege menschlicher Beziehungen durch Bekanntmachung des Dargestellten, durch Ausstellung des Briefschreibers. (...) Ob der Briefschreiber Kümmernisse des Herzens, Verwüstungen der Seele, Einsichten des Verstandes – ob er Beobachtungen mitteilt oder Wünsche oder Meinungen: Er beharrt auf dem Anspruch, gekannt zu werden, seine Privatheit gleichsam öffentlich zu machen, weil erst so ein Selbstwertgefühl entstehen kann, das als Motor des weiteren Strebens nach Erkenntnis funktionieren mag.« (Oellers 1989, 18f.)

5.3 Der Brief als System: die Post

Für den Transport der Briefe (und Zeitungen, Pakete, Waren und Menschen) waren, wie bereits in der frühen Neuzeit (vgl. Faulstich 1998, 57ff.), drei Grundinteressen maßgeblich, die sich weitgehend deckten: kommunikationsbezogene Interessen insbesondere der Händler, Kaufleute, Zeitungsabonnenten und Bürger, politische Interessen der staatlichen Verwaltungen der absolutistischen Herrscher, und ökonomische (fiskalpolitische bzw. gewinnorientierte) Interessen der jeweiligen Betreiber. Noch war im 18. Jahrhundert bis kurz vor der Französischen Revolution die kaiserlich bestellte private Thurn- und Taxissche Post führend und versorgte mehr als 11 Millionen Einwohner (ausführlich Piendl 1967; Behringer 1990, Dallmeier 1990). Ihr Umzug nach Frankfurt und dann nach Regensburg, die neuen Repräsentationsaufgaben in der zweiten Jahrhunderthälfte, die großen Verluste um 1800, der Aufstieg der Familie zum Landesherrn in Schwaben und Bayern und schließlich der Niedergang – das sind wesentliche Stationen in der ebenso wechselhaften wie aufregenden Geschichte des Unternehmens. Neben Thurn und Taxis gab es aber noch 12 Landespostanstalten, allen voran die Brandenburgisch-Preußische Post, die insgesamt knapp 17 Millionen Einwohner betreuten (Postler 1991, 22ff.). Maßgeblich war hier das Bestreben, die Posteinnahmen zu einem wesentlichen Anteil der Staatseinnahmen zu machen, d.h. die internationale Korrespondenz möglichst über eigene Postkurse zu leiten. Ludwig Kalmus (1937, 357ff.) hat die gesamte Epoche deshalb sogar unter die Chiffre »Kampf um den Auslandsbrief« gestellt.

Man kann für die Zeitspanne von 1700 bis 1830 aber mindestens drei fundamentale Veränderungen der Post als Transportsystem für den Brief herausstellen: Erstens nahm der Postverkehr quantitativ deutlich zu. Zweitens wurde das Postwesen immer stärker organisiert und institutionalisiert. Damit war nach preußischem Vorbild auch eine Umwandlung der früheren Post*linien* in Post*netze* verbunden (detailliert z.B. Stephan 1859/1987, 141ff.). Und drittens setzte mit der Jahrhundertwende eine schrittweise Verstaatlichung der Post auch in Bayern, Württemberg, Westfalen, Baden und anderen Kurfürstentümern ein (z.B. Schwarz 1931, 88ff.). Der Brief entwickelte sich vergleichbar der Zeitung im gewählten Zeitraum ebenfalls zu einem gesamtgesellschaftlichen Medium.

5.3.1 Über die quantitative Zunahme der Briefe von 1700 bis 1830 scheint es keine verlässlichen Zahlen zu geben. Zahlreiche Indizien rechtfertigen aber die Annahme eines steigenden Briefverkehrs. Es lassen sich immer mehr Verzeichnisse von Postkursen nachweisen, die auf eine zunehmende Nachfrage hindeuten (Gerteis 1989, 64). So stieg die Zahl der Postämter etwa bei der Brandenburgisch-Preußischen Post von 70 (1701) auf 106 (1713), dann auf mehr als 300 (1740) und bis in die 80er Jahre auf 760 an (Postler 1991, 25). Für das Jahr 1830 wurden allein in Preußen nicht weniger als 2 Hofpostämter, 236 Post- und Oberpostämter, 37 Postverwaltungen, 829 Postexpeditionen und 59 Briefsammlungen ermittelt, zusammen also 1.163 Ämter (Leclerc 1989, 171). Nicht zuletzt stiegen auch die Einnahmen sowohl von Thurn und Taxis als auch der Landesfürsten aus den Erträgen des Postverkehrs in enorme Höhen.

Die Intensivierung des Briefverkehrs lässt sich auch aus dem Transportmodus ablesen. Etwa seit 1700 konnten Briefe bereits zweimal wöchentlich expediert werden. Ab 1790 wurden sie vielfach bereits täglich abgesandt und empfangen (Faulstich/Rückert 1993, 359). Konrad Schwarz fasst zusammen: »Am Ende des 18. Jahrhunderts war der Verkehr wiederum viel dichter geworden. Tägliche Postverbindung zwischen zwei Orten war schon nichts allzu Seltenes mehr; ja, es gab schon Strecken mit täglich mehreren Verbindungen. Zwischen Berlin und Potsdam z.B. verkehrten täglich zwei, zwischen Frankfurt a. M. und Mainz sogar vier bis fünf Posten. In ähnlichem Umfang hatte die Zahl der Postkurse sich vermehrt. Die Maschen des Netzes waren von Jahrzehnt zu Jahrzehnt dichter geworden.« (Schwarz 1931, 81) Die »Kaiserliche Reichspost« der Privatunternehmer Thurn und Taxis hatte sich von Anfang an auf den Fernbriefverkehr zwischen den wichtigsten Handels- und Regierungsstädten des Deutschen Reichs konzentriert und den Nahverkehr zwischen kleineren Orten ebenso wie das verkehrsschwache Hinterland völlig vernachlässigt. Mit der Verstaatlichung vormals privat bedienter Länder wurden nun nach dem Vorbild der traditionellen Landespostsysteme neue Postgebiete unterschieden und im Innern ausgebaut (mehr fahrende Posten, niedrigere Gebühren, häufigere Beförderung). Auch dadurch wurde das Postnetz immer dichter (vgl. Gerteis 1989, 65ff.).

5.3.2 Aber das bedeutete keine Beschleunigung der Beförderung von Briefen und Passagieren. Wesentliche Veränderungen der Zeit im Distributionssystem Post lassen sich eher durch die Stichworte Briefträger, Briefkasten, Postkutsche und Beförderungspreise kenntlich machen.

Der heutige *Briefträger* entwickelte sich im Verlauf des 18. Jahrhunderts (Stephan/Sautter 1928, 133; Eidenmüller 1985, 23; Postler 1991, 25). Bis dahin war die eingetroffene Post meist im Postamt öffentlich zum Aushang gebracht worden. Falls sie nach einer Frist vom Empfänger nicht abgeholt wurde, wurde sie vom »Privatdiener« gegen zusätzliches Entgelt zugestellt (Beyrer 1996, 24). Der Briefträger als Institution wurde in der Allgemeinen Preußischen Postordnung von 1712 erstmals namentlich erwähnt. Friedrich der Große verfügte 1766 in einer Verordnung, dass in Berlin und anderen großen Städten ausreichend Briefträger angestellt und besoldet wurden. In Berlin gab es 1712 vier Briefträger, 1770 sieben und 1828 fünfzig (Lauffer 1954, 55). Das erste bekannte Reglement für Briefträger wurde 1770 erlassen. Die neuen lokalen Briefträger (und die Postillione der neuen Postkutschen) wurden ebenso uniformiert wie die nach wie vor noch verbreiteten traditionellen »Postreiter« und »laufenden Boten« (z.B. North 1988, 77). Nach den Befreiungskriegen wurden Briefe praktisch ausschließlich durch Briefträger ausgetragen, ab 1825 auch in Preußen.

Hausbriefkästen für einkommende Briefe waren schon aus dem 17. Jahrhundert bekannt und verbreiteten sich nun. Der erste öffentliche *Briefkasten* für ausgehende Briefe wurde 1766 in Berlin eingerichtet. Erst ab 1823 wurden in allen größeren Ortschaften öffentliche Briefkästen aufgestellt (Abb. 28) und auch die Briefträger wurden verbeamtet (Eidenmüller 1985, 24f.; vgl. Leclerc 1974; Kießkalt 1935, 283ff.; North 1988, 85ff.).

Sodann kamen *Postkutschen* auf, litten aber unter den schlechten Wegverhältnissen. »Man kann wohl sagen, daß im allgemeinen die Straßen in Deutschland fast bis zum Anfang des 19. Jahrhunderts Naturwege waren, Verbindungen zwischen menschlichen Siedlungen, die sich im Laufe der Jahrhunderte durch den Verkehr der Menschen, Tiere, Fahrzeuge, Heerzüge gebildet hatten, und allmählich fester und breiter wurden, daß diese Wege aber den Einflüssen der Witterung, vor allem im ausgehenden Winter, nicht widerstanden, sondern um diese Zeit ungangbar und

Preußischer Briefkasten
ältester Art aus Holz

Hessischer Briefkasten
älterer Art

Badischer Briefkasten
ältester Art aus Blech

Württembergischer Briefkasten
ältester Art aus Blech

Abb. 28: Die neuen Briefkästen verbreiteten sich in den verschiedenen Staaten
erst nach 1800.

unfahrbar waren.« (Korzendorfer 1936, 41) Das lag vor allem daran, dass die Regierungen an dem Grundsatz festhielten, ihre Untertanen, die in der Nähe der Straßen wohnten, hätten für die Kosten der Erhaltung aufzukommen, obwohl sie finanziell nicht in der Lage dazu waren. Von daher wird beides verständlich: dass der Brief – trotz aller Reisefreudigkeit – für die allermeisten Menschen die einzige Alternative für einen Besuch mit persönlichem Gespräch darstellte und das zentrale Medium für distanzüberbrückende Kommunikation überhaupt war, und dass der Brief deutlich zeitverzögerte Kommunikation darstellte. Eine nennenswerte Beschleunigung sollte erst wieder ab 1830 erreicht werden (z.B. Kießkalt 1935, 269).

Den Forderungen der Kaufleute nach Verkürzung der Fahrzeiten konnte aber zumindest im Ansatz durch die Einrichtung von Schnellposten Rechnung getragen werden. Allerdings gab es auch dann noch Widerstände, weil die Posthalter Einkommenseinbußen dadurch befürchteten, dass schnellere Wagen an ihren Gasthöfen vorbeifahren würden.»In den zwanziger Jahren des 19. Jahrhunderts war dann ganz Deutschland mit einem dichten Netz von Kunststraßen überzogen, auf denen die Eilposten der deutschen Postverwaltungen mit einer Geschwindigkeit von 8–9 km in der Stunde durch die Lande ›rasten‹.« Der tägliche Postwagen von Berlin nach Potsdam benötigte damals nur noch drei Stunden Fahrzeit. (Korzendorfer 1936, 45f.; vgl. auch Stephan/Sautter 1928, 131) Mit diesen Schnellposten, die Preußen und anschließend auch die anderen deutschen Staaten nach französischem und englischem Vorbild in den 20er Jahren einzurichten begannen, wurde der Briefverkehr und das übrige Dienstleistungsangebot der Post erheblich verbessert, aber noch nicht grundsätzlich revolutioniert. Das sollte erst das neue Verkehrsmittel Eisenbahn bewirken – bezeichnenderweise wurde am 8. September 1830 in England die erste Eisenbahnlinie zwischen Liverpool und Manchester eröffnet. Immerhin lagen nun präzise Karten vor, die genaue Streckenberechnungen ermöglichten (vgl. oben Abb. 1; Pfaehler 1989). »Die Geschwindigkeit der Schnellposten beruhte hauptsächlich darauf, daß sie durch den Wegfall der Güterbeförderung weit weniger Aufenthalt bei den Unterwegsstationen brauchten, und damit wurde ihre Gesamtreisezeit ungefähr auf die Hälfte der Reisezeit gewöhnlicher Fahrposten verringert. Die Aufnahme der Schnellposten in der öffentlichen Meinung war daher geradezu begeistert, und die ganze Romantik, mit der die alte Post in Wort, Lied und Bild heute noch umgeben ist, geht auf jene Zeit zurück.« (Schwarz 1931, 114) Neben der Verkürzung der Fahrzeit wurden auch mehr »Sicherheit und Bequemlichkeit zu reisen« (Abb. 29) versprochen.

Man kann sagen, dass das 18. Jahrhundert »die Etablierung der fahrenden Post« sah (Behringer 1992, 61f.), mit Nürnberg, Augsburg, Köln und Frankfurt als ersten Zentren. Eine Blütezeit erlebte die fahrende Reichspost ab der Mitte des Jahrhunderts: »In dieser Zeit stieg der Fahrpost-

Sicherheit und Bequemlichkeit zu reisen.

Wo Friedens-Ruh beschützt ein Land,
Da ist von grossem Heil zu sagen,
Ein reisender darf in der Hand
Sein Geld gantz frey, und offen tragen,
Und so den Abend als den Morgen
Kein Ueberfall im Wald besorgen.

Die Handelschafft geht glücklich fort,
Man hin zur Noth und zum Ergehen
Besuchen manchen fremden Ort,
Der Bott frey seinen Weg fortsehen,
Auch wohl bey Nacht mit pfeifft und singen
Ohn Anstoß seinen Ritt vollbringen.

Abb. 29: »Sicherheit und Bequemlichkeit zu reisen« (Kupferstich nach 1720).

Gewinn von etwa 30.000 Gulden im Jahre 1780 auf annähernd 150.000 Gulden im Jahre 1801, dem besten Jahr der Thurn und Taxisschen Reichspost. Im letzten Jahrzehnt wurde die Hälfte des Reingewinns allein vom Augsburger Fahrpostbezirk erwirtschaftet.« (Behringer 1992, 66)

Der Zeitungsvertrieb war das Privatgeschäft der Postmeister, von der Obrigkeit freilich geduldet und sogar befördert, zumal sich damit ein willkommener Zugriff der Zensur auf möglicherweise gefährliche politische Meinungsäußerungen aufklärerisch-revolutionärer Art eröffnete. Für den gesamten Zeitraum von 1700 bis 1830 galt: »Die Post war ein gutes Mittel für den Staat, die Zeitungen zu überwachen, gute Blätter zu schützen und gefährlich erscheinende zu unterdrücken.« (Bäuml 1932, 9, 15) Dem Postzwang für Zeitungen folgte freilich schon rasch der Postzwang für Briefe. Ludwig Kalmus hat in seiner »Weltgeschichte der Post« der »Post als Hilfsmittel der Diplomatie« und der »Organisation der geheimen Briefüberwachung« durch die Zensur ein eigenes Kapitel gewidmet (1937, 404ff.). Zwar wurden die Postboten bereits in der Postordnung von 1712, mit dem das Postwesen erstmals seine organisatorische Grundstruktur fand und als staatliche Aufgabe festgeschrieben wurde, zur Wahrung des Briefgeheimnisses eidlich verpflichtet. Wer zuwider handelte, wurde entlassen oder bestraft. Aber zugleich galt die geheime Briefüberwachung in Österreich und bei der Reichspost als »die beste und erfolgreichste in Europa«. In Wien wurde ein »Schwarzes Kabinett« eingerichtet mit der alleinigen Aufgabe, hier als Kontrollinstanz zu wirken. Thurn und Taxis übernahm die geheime Briefüberwachung im Auftrag des Kaisers und der Reichskanzlei, insbesondere in den Briefverteilungszentren Frankfurt, Augsburg und Nürnberg (»Postlogen«). In Kriegszeiten und Phasen politischer Umwälzungen erwies sich diese Spionage als offenbar unverzichtbar.

Die *Kosten* für den Brieftransport mit der Post waren außerordentlich unterschiedlich (z.B. Schwarz 1931, 78f.). So kostete beispielsweise ein Brief von Regensburg nach Nürnberg 3 Kreuzer, von Nürnberg nach Regensburg aber 6 Kreuzer. Abhängig waren die Kosten auch davon, ob das private Unternehmen Thurn und Taxis oder eine Landespost benutzt wurde, wobei letzteres beim grenzüberschreitenden Briefverkehr gemäß den unterschiedlichen Gebührenordnungen enorme Umrechnungsprobleme mit sich brachte. Zumeist musste der Empfänger des Briefes die Transportkosten bezahlen, teilweise wurden die Kosten auch hälftig mit dem Absender geteilt, teilweise bezahlte aber auch der Absender das Porto am Schalter (Steinhausen 1889/1964, 405). Interessanterweise wurde die Verweigerung eines Briefes bzw. seiner Annahme gegen Zahlung der Portogebühren erst ab 1824 reglementiert – als Folge von zunehmenden Werbebriefen der Kaufleute und Händler, die bei den Adressaten unerwünscht waren (Schwarz 1935, 20f.).

In der Regel wurden die Kosten nach der Entfernung bemessen, d.h. nach Wegstunden bzw. nach der »Postenzahl«. In Kursachsen und einigen anderen Staaten wurden dazu eigens obeliskenähnliche Postmeilensäulen errichtet, die Vorläufer moderner Straßenschilder, mit exakten Wegstreckenangaben (z.B. Lauer 1992, 90f.). Aber auch Größe, Gewicht und Wert spielten bei den Transportkosten eine Rolle. Insgesamt haben sich die ohnehin vergleichsweise hohen Preise für den Briefverkehr im Verlauf des Jahrhunderts offenbar noch weiter erhöht, insbesondere infolge der kriegerischen Auseinandersetzungen und der hohen Futterpreise: Um 1760 beispielsweise kostete ein Brief von Frankfurt nach Berlin 6 Groschen, d.h. so viel wie eine Köchin in einer Woche verdiente; 1825 waren 6 Groschen für eine Entfernung von 40 Meilen (à 7,5 km) fällig. Ein Brief von Nürnberg nach Hamburg kostete um 1700 12 Kreuzer – ein Betrag, der um 1800 gemäß der neuen bayerischen Gebührenordnung eine Beförderungsstrecke von nur noch 36 Meilen abdeckte (vgl. auch Stephan/ Sautter 1928, 127; Sieveking 1933; Kießkalt 1935, 270ff.; North 1988, 88ff.; Gerteis 1989, 63+69f.). Vergleiche sind hier schwer; jeder Staat hatte eine eigene Gebührenordnung. Erst mit der späteren Einführung von Postwertzeichen gingen die Preise für die Briefbeförderung markant nach unten.

Bereits im 18. Jahrhundert wurden auch der Geldbriefträger, die Nachnahme, die Drucksache und der Einschreibebrief eingeführt (Schwarz 1931, 128ff.; Korzendorfer 1936, 39; Sutter 1950, 144). Damals sind offenbar bereits enorme Summen eingezahlt und andernorts wieder ausgezahlt worden, ohne dass das Geld selbst verschickt werden musste – Indiz für »das Vertrauen, das Kaufherren der Post entgegenbrachten« (Sieveking 1933, 58; North 1988, 97). Allerdings stehen hierzu umfassendere Forschungen noch aus.

Es war bereits im 18. Jahrhundert üblich, Briefe – vor allem solche an Höhergestellte – in Umschläge einzuschlagen, um sie vor Beschmutzung beim Transport zu sichern. »Solche Umschläge mußte man sich aber mit der Schere selbst zurechtschneiden. Anleitung dazu erhielten die Kinder in der Schule. Eine gewerbsmäßige Anfertigung von Briefumschlägen war bis ins 19. Jahrhundert unbekannt. Ihr erster Hersteller war der Buchhändler Brewer in dem englischen Badeort Brighton (1830).« (Schwarz 1935, 14f.) Ansonsten wurden Briefe nur einseitig beschrieben, mit der freien Seite nach außen gefaltet und mit Siegellack verschlossen, Liebesbriefe häufig auch mit bunten Seidenbändern.

5.3.3 Die erwähnte Verstaatlichung stellte neben der Intensivierung der Briefkommunikation und der Neuorganisation des Distributionssystems die dritte postrelevante Neuerung der Epoche dar. Eine wichtige Station nach der preußischen Postordnung 1712 war dabei die Allgemeine Postordnung 1782 Friedrichs des Großen, die infolge der Kriegswirren zunächst zwar kaum praktisch wirksam wurde, dann aber als Vorbild galt bis Mitte des 19. Jahrhunderts (z.B. Sautter 1950, 142ff.). Der Jahrhunderte lange Streit zwischen dem kaiserlichen Postregal von Thurn und Taxis und den fürstlichen Landespostsystemen wurde im Zuge der Revolutionen und ihrer politischen Folgen zugunsten der Staatspost entschieden. In Preußen erreichte das Postwesen um 1820 »seine höchste Blüte« (Kießkalt 1935, 216), auch in Form einer funktionalen Ausdifferenzierung in Reitposten, fahrende Posten, Schnellposten, Personenposten, Güterposten, Botenposten usw. Nach dem Wiener Kongress wurde die Verstaatlichung der Post in einigen Ländern zwar wieder rückgängig gemacht, aber die Tendenz ließ sich spätestens nach dem Zusammenbruch des alten Heiligen Römischen Reichs Deutscher Nation 1806 und dem damit endgültig beendeten Reichspostlehen nicht aufhalten (z.B. Kalmus 1937, 439ff.). Der preußische Generalpostmeister Karl Ferdinand Friedrich von Nagler steht exemplarisch für den Übergang von der Post als Einnahmequelle des Staates zum staatlichen Dienstleistungsbereich (Forstmann 1989, 162ff.). Er bemühte sich bereits unmittelbar nach Amtsantritt 1821 um eine bessere Disziplin und Ausbildung des Personals, eine Optimierung in Schnelligkeit, Pünktlichkeit und Zuverlässigkeit, er vermehrte die Schnellposten und suchte nicht zuletzt die bürokratischen Abläufe zu optimieren (Abb. 30).

Darin äußerte sich ein völlig neues Verständnis der Post und damit auch des Mediums Brief. Die Vereinheitlichung der Briefbeförderung mit Blick auf die Gründung eines allgemeinen deutschen Postvereins sollte zwar erst ab 1842 beginnen (Schwarz 1931, 108) und erst 1867 übernahm Preußen gegen eine Entschädigung von 3 Millionen Talern die komplette Turn und Taxissche Postverwaltung mit ihrer gesamten Infrastruktur und dem ganzen Personal (z.B. Kießkalt 1935, 217f.). Aber bereits um 1830, in der Folge des »Privatbriefs« und seiner gesellschaftlichen Verbreitung, war die Notwendigkeit erkannt, das vormalige Elitemedium Brief als ein System, das prinzipiell allen Mitgliedern der bürgerlichen Gesellschaft offen stehen konnte und sollte, als solches auch zu institutionalisieren. Kein anderes Medium der Zeit sollte privatwirtschaftlichen Gewinninteressen derart programmatisch und derart langfristig entzogen sein – immerhin bis ins ausgehende 20. Jahrhundert, als »die Post« wieder in Sparten aufgeteilt und neu privatisiert wurde.

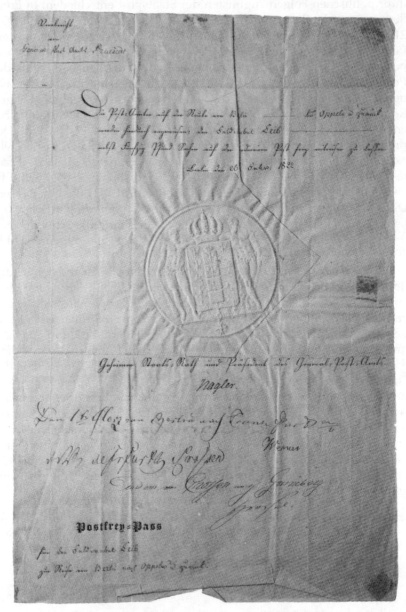

Abb. 30: »Postfrey-Pass« aus Naglers Amtszeit, 1822.

6. Exkurs: »Liebe« als symbolisch generalisiertes Handlungsmedium im kulturellen System

Kommunikationsmedien wie Zeitung, Plakat, Erzählerin oder Brief dürfen nicht mit symbolisch generalisierten Austauschmedien im Sinne von Talcott Parsons (1980) verwechselt werden; sie stehen gleichwohl in einem bislang noch wenig erforschten engen Zusammenhang miteinander. So ging »Geld«, das symbolisch generalisierte Handlungsmedium des *wirtschaftlichen* Systems, in der zweiten Hälfte des 17. Jahrhunderts bedarfsmotiviert aus dem Kommunikations- und Interaktionsmedium Brief unmittelbar hervor (Faulstich 1998, 52ff.). Auch »Macht«, das symbolisch generalisierte Handlungsmedium des *politischen* Systems, gewann in der frühen Neuzeit mit dem absolutistischen Fest und den Gestaltungsmedien Schloss, Park, Skulptur (Burke 1995, Faulstich 1998, 193ff.) seine spezifische Kontur – die im Absolutismus deutscher Prägung bekanntlich bis ins 19. Jahrhundert überdauerte (vgl. auch Becher 1978). Möglicherweise transformierte sich in der frühen Neuzeit auch der »Einfluss« im *sozialen* System aus Kommunikationsmedien, etwa den Medien der zerfallenden Ständeordnung in der Stadt (vgl. Faulstich 1998, Kap. 4). Das symbolisch generalisierte Handlungsmedium des *kulturellen* Systems jedoch bildete sich im Zuge der funktionalen Differenzierung erst im 18. Jahrhundert heraus.

Das soll im Folgenden als Exkurs kurz ausgeführt werden. Dabei gilt es, drei Missverständnisse zu vermeiden:

– Erstens handelt es sich bei dem zentralen Kulturmedium nicht um »Wertbindung« (»commitment«), wie Talcott Parsons definierte (1980), sondern um »Liebe«.

– Zweitens darf Liebe dabei nicht als ein »Code«, d.h. ein bloßes »Kommunikationsmedium« missverstanden werden (Luhmann 1982/1994). Der Blickwinkel kann nicht auf »Intimität« eingeengt werden, sondern das sich herausbildende kulturelle System muss in seiner ganzen Breite in den Blick genommen werden.

– Und drittens darf man »Liebe im bürgerlichen Zeitalter« nicht erst ins 19. Jahrhundert terminieren (z.B. Gay 1987).

Mit der Ausbildung eines explizit kulturellen gesellschaftlichen Teilsystems gewann »Liebe« in großen Teilen Europas bereits im 18. Jahrhundert Steuerungs- und Orientierungsfunktion als das zentrale Handlungsmedium – naturgemäß in England, Frankreich, Deutschland und anderen europäischen Ländern unterschiedlich rasch und in verschiedenen Ausdrucksformen.

Aber muss »Liebe« nicht als ein uraltes Phänomen begriffen werden, das schon lange vor dem 18. Jahrhundert etabliert war? In der Tat hat es Sexualität naturgemäß seit Beginn der Menschheit gegeben (z.b. Symons 1979, Mellen 1981). »Sex« als biologische oder soziobiologische Variante von Liebe, mutmaßlich verbunden mit frühen sozialen Formen von »Mutter-Kind-Liebe« (im Sinne von Nachwuchssicherung) und von »Liebe zum Clan«, zur Sippe, zum Stamm (im Sinne von Loyalität, Gruppenabhängigkeit, Gemeinschaftsbindung), bildet historisch Voraussetzung und Fundament von Liebe in jeglicher Form und nach welchem Verständnis auch immer. Auch andere, stärker kulturell bestimmte Konzepte von Liebe waren seit langem verbreitet wirksam. Liebe als »Göttinnenliebe« etwa gab es schon in der Frühgeschichte des Matriarchats und in den ersten Städtekulturen (vgl. Faulstich 1997, 35ff.). Liebe als »Paarbeziehung« zwischen einzelnen Menschen lässt sich bereits den frühen Hochkulturen etwa in Mesopotamien, Indien oder Altägypten zuordnen (z.B. Frischauer 1995). Die »Kultur- und Geistesgeschichte der Liebe«, die Liebe versteht als »Eros« (Leibbrand/Leibbrand 1972), wird zumeist in der Antike verankert (z.B. Hunt 1959, Miles/Norwich 1997). Hier sind auch die Liebe als »Freundschaft« (»philia«), die »Liebe zur Weisheit« (»philo-sophia«), d.h. die Liebe zur Erkenntnis, und die »Selbstliebe« fundiert. Das Judentum hatte die Umformung der Göttinnenliebe zur monotheistischen »Gottesliebe« gebracht, das Christentum die neue Variante der »Nächstenliebe« (»agape« oder »caritas«) ergänzt. Im Mittelalter nahmen »Sex« und »Eros« die Form von »Minne«, von höfischer Liebe an (z.B. Haubrichs 1990): Liebe erschien zentral als »Mythos« und »Leidenschaft« (z.B. de Rougemont 1987; vgl. Faulstich 1996, 45f.). Kurzum: Liebe in den verschiedensten Formen hat es schon seit jeher gegeben. Was also machte »Liebe« zum neuen Handlungsmedium just im 18. Jahrhundert?

Im Zuge der Herausbildung einer neuen Öffentlichkeit und im Wandel vom absolutistischen »Geheimen« zum bürgerlichen »Privaten« (vgl. Kap. 1) konsolidierte sich »Kultur«, in Abgrenzung von Wirtschaft und Politik, als ein spezifisches gesellschaftliches, eben bürgerliches Teilsystem. Ein wesentlicher Begleitumstand waren bestimmte soziale Veränderungen, wie sie hier mit der Entstehung der bürgerlichen Familie und ihrer Geschlechterrollen beschrieben werden können (Kap. 6.1). In diesem Zusammenhang wurden als drei zentrale Idiome der frühbürgerlichen Weltsicht die Konzepte der romantischen Liebe (Kap. 6.2), der Mutterliebe (Kap. 6.3) und der Liebe als Freundschaft (Kap. 6.4) erstmals ausgebildet bzw. neu konturiert. Im Verbund mit bereits vorliegenden Varianten von Liebe in anderen kulturellen Sektoren (Religion, Philosophie, Malerei, Bildende Kunst, Musik) verdichteten sie sich auch im Erziehungswesen und in der

Literatur, in Drama und Theater zu jenem neuen Handlungsmedium Liebe, das bis ins 20. Jahrhundert kulturell maßgeblich sein sollte (Kap. 6.5).

6.1 Vom »Haus« zur Kleinfamilie

Im 18. Jahrhundert gab es einen Strukturwandel der »Familie« (ein Wort, das bezeichnenderweise erst in dieser Zeit aufkam) und dabei einen grundsätzlichen Wandel im Heiratsverhalten und in der Bedeutung der Ehe und des Zusammenlebens von Paaren. Vereinfachend auf den Punkt gebracht: Das traditionelle »Haus« wurde – tendenziell, mit zahlreichen Besonderheiten, Ausnahmen und Differenzierungen (z.B. Sieder 1987) – allmählich von der Kleinfamilie ergänzt und abgelöst (z.b. Mitterauer/Sieder 1977/1991), und im Zuge der Herausbildung neuer Geschlechtscharaktere wurde die Paarbeziehung sozial neu gefasst (z.b. Rosenbaum 1978/1988).

»Haus« meint eine vorindustrielle Sozialform als Regelfall: eine in einer Gesamtbaulichkeit zusammenlebende Personengruppe mit einem gemeinsamen Haushalt, unter Einschluss aller Familienmitglieder in allen Generationen (meist Dreigenerationenfamilien), unter Einschluss aber auch von Verwandten (Geschwister, Neffen, Nichten etc.) und des Gesindes (Knechte, Mägde, Gesellen, Lehrlinge bis hin zu Köchin, Kutscher und Amme). »Haus« meint eine Art von Hausgemeinschaft, umfangreich, komplex und hierarchisch gegliedert, charakterisiert durch gemeinsames Wirtschaften. Der Hausherr hatte hier Herrschaftsgewalt, wirtschaftliche Entscheidungskompetenz, Züchtigungsrecht, politische Rechte usw. und leitete den Haushalt ebenso wie den Betrieb, d.h. das »ganze Haus«. In der sogenannten »Hausväterliteratur« (Hoffmann 1959), die den Weg zur Kleinfamilie wies, zeichnet sich das Ideal der späteren patriarchalischen Bürgerfamilie ab. In bestimmten Gegenden wie Nordfrankreich und einzelnen Ländern wie etwa England war das »Haus« als Familienform zwar weniger verbreitet. Doch auf dem Lande, wo immer noch mehr als drei Viertel der Bevölkerung lebten, stellte es ansonsten in Europa wohl den Normalfall dar.

Die »Kleinfamilie« dagegen meint die Kernfamilie im engsten Sinn: Vater, Mutter, Kinder. Sie wird heute immer noch weitestgehend absolut gesetzt oder normativ als »natürlich« ausgegeben, ist aber als Sozialform durchaus historischer Natur. Als Familientypus hat sich die Kleinfamilie seit dem 18. Jahrhundert herausgebildet – teilweise früher wie in England (z.B. Stone 1984), teilweise später wie in Deutschland (z.B. Weber-Kellermann 1974) – und wurde spätestens Ende des 20. Jahrhunderts, obwohl immer noch regulativer Bezugspunkt, wieder vielfältig unterlaufen und modifiziert. Sie entwickelte sich bevorzugt in der Stadt, beim Handelsbürgertum und den Gewerbetreibenden, durchaus aber auch auf dem Land im Zuge der Heimarbeit. Seit Anfang des 19. Jahrhunderts verbreitete sie sich auch in anderen Teilen der Gesellschaft, insbesondere in den unteren Mittelschichten der Handwerker, und wurde schließlich quasi selbstverständlich für die Gesamtgesellschaft einschließlich der Industriearbeiter und Armen. In einer Kulturgeschichte des Wohnens lässt sich entsprechend »die Vollendung bürgerlicher Wohnformen« um 1820 ansetzen (Meier-Oberist 1956, 243ff.). Als »kleinbürgerliche Familie« war die Kleinfamilie aber bereits im 18. Jahrhundert ausgeprägt (Möller 1969).

Der Wandel vom »Haus« zur Kleinfamilie war geprägt durch Veränderungen der einzelnen Handlungsrollen und Freiheitsgrade im jeweiligen Verband und der entsprechenden Interaktionsformen: Das »Haus« als traditionsbestimmte Produktionsgemeinschaft war definiert durch die Einheit von Arbeiten und Wohnen. Das gilt nicht nur für die Landwirtschaft, sondern auch für das Handwerk, auch in Städten. Die Kleinfamilie dagegen wurde zum Ort des Wohnens, getrennt von der Arbeitsstätte. Das heißt: Die Versorgungswirtschaft wandelte sich zur Erwerbswirtschaft. Diese räumliche und soziale Trennung von Arbeit und Haushalt, von Produktionsbereich und übrigen Lebensbereichen kann als »ausschlaggebend« für die Ausbildung des Typus Kleinfamilie angesehen werden (z.B. Rosenbaum 1977, 10). Damit ging ein enormer Wandel der Funktionen einher: Die Kleinfamilie wurde von Kult- und Gerichtsfunktionen entlastet, von Schutzfunktionen etwa für das Gesinde oder von der Alters- und Krankenfürsorge. Entsprechende Funktionseinheiten bildeten sich vielmehr übergreifend heraus: religiöse Gemeinden, Gerichtswesen, Polizei, Krankenhaus, Erziehungswesen usw. Als die zentralen Funktionen der Kleinfamilie erschienen nunmehr Erziehung und Ausbildung, also die Sozialisation des Nachwuchses (vgl. Kap. 4), ferner Bildung und andere kulturelle Aktivitäten, vor allem aber die Bereitstellung von Gefühl und »Liebe«. Der Rückgang der Sterblichkeitsrate bot längere Zeitspannen, um emotionale Beziehungen der Menschen untereinander zu entwickeln: Bindungen, Kern jeglicher Liebe. Das galt insbesondere für die Einstellung zu Kindern. Das 18. Jahrhundert brachte mit dem Konstrukt der Mutterschaft eine besondere Betonung und Ausbildung der hoch emotionalen Mutter-Kind-Liebe (Dally 1982, Badinter 1984).

Dieser Wandel lässt sich bereits an der »proto-industriellen Familienwirtschaft« verfolgen, bei der Arbeit und Haushalt zumindest räumlich noch verbunden waren: eine »hausindustrielle Produktionsweise auf familienwirtschaftlicher Basis und kapitalistisch organisierten Verhältnissen im Bereich von Handel, Verlag und Absatz« (Medick 1976, 260ff.). Die »Hausindustrie« war, anders als der bäuerliche Vollerwerbsbetrieb, vom Handelskapital abhängig, fremdbestimmt und arbeitsteilig organisiert. Diese Heimarbeiterfamilien mit ihrer relativen Einheit von Produktion und Familienleben markieren eine Übergangsform zur Kleinfamilie, einerseits noch traditionell-handwerklich, andererseits aber bereits mit Merkmalen industrieller Arbeit behaftet wie z.B. dem Verlust des ganzheitlichen Charakters der handwerklichen Tätigkeit, der monotonen Wiederholung einzelner Arbeitsgänge oder der Abhängigkeit von Konjunkturschwankungen (Rosenbaum 1977, 13). »Die Familie fungierte *objektiv* als interne Triebkraft im Expansionsprozeß der Proto-Industrialisierung, gerade weil sie *subjektiv* den Normen und Verhaltensweisen der traditionellen familialen Subsistenzökonomie verhaftet blieb.« (Medick 1976, 264) Der Typus der Lohnarbeiterfamilie, in England seit der zweiten Hälfte des 18. Jahrhunderts, in Deutschland erst seit der Mitte des 19. Jahrhunderts, zeigt die Trennung von Arbeit und Haushalt dann vollständig durchgesetzt (z.B. Sieder 1987, 146ff.).

Erich Egner (1966) veranschaulichte die völlig neue Situation exemplarisch an einem Heimarbeiterhaushalt auf dem Land. Textile Verlagsunternehmer ließen Spinner und Weber aus der grundbesitzlosen, bäuerlichen Unterschicht auf den Dörfern in Heimarbeit für sich arbeiten – eine Vorform der späteren Fabrikindustrie. »Spinnen und Weben konnte zu damaliger Zeit jedermann auf dem Lande von klein auf, da das ein Teil des allgemein üblichen Hausfleißes war. Darum aber ging es den Verlegern. So fand sich bald eine wachsende Zahl von Händen der unbemittelten Dorfbewohnerschaft, die sich auf diese neue Erwerbsquelle warf. Das ist das entscheidende Phänomen, um das es hier geht, da sich nämlich jetzt auch in bezug auf die Hauswirtschaft völlig neue Formen entwickelten. Es konnte nun zur Gründung eines Hausstandes auf ganz vom Boden losgelöster Grundlage kommen.« (in: Rosenbaum 1978 / 1988, 104) Folge davon war u.a. eine Individualisierung der Ehe, ohne materiellen Rückhalt durch Eigentum, aber auch eine Änderung des Konsumstils, denn während im bäuerischen Milieu nur konsumiert wurde, was im eigenen Betrieb hergestellt war, konnten die Heimarbeiter prinzipiell auf die gesamte Bandbreite der Güter des Marktes zurückgreifen. Selbst die Bekleidung der Heimarbeiter war vornehmer als die der Bauern; Kleidungsstücke wurden hier nicht mehr selbst angefertigt, sondern gekauft, mussten nicht mehr vor Witterungsunbilden schützen und waren demzufolge aus feinerem Material.

Die Herausbildung der bürgerlichen Familie im Strukturwandel des Öffentlichen, mit der neuen Öffentlichkeit und der neuen Privatsphäre, vollzog sich maßgeblich freilich in den Städten. Kaufleute, Unternehmer, höhere städtische Beamte, Gymnasiallehrer, Bankiers, Richter, Pastoren, Ärzte und Angehörige freier, intellektueller Beruf, teilweise aber auch Handwerker und kleine Gewerbetreibende, das sogenannte niedere Bürgertum, leiteten ihren Status nicht mehr aus ererbtem Besitz oder wie der Adel aus den Vorrechten der Geburt ab, sondern aus eigenen wirtschaftlichen und intellektuellen Leistungen. Die strukturellen gesellschaftlichen Veränderungen der Zeit wurden als Auflösungen alter Ordnungen erlebt, die Instabilität zur Folge hatten; traditionelle Sinnstiftungsinstanzen wie Stand, Zunft, Sippe, Großfamilienverband oder Religion wurden im Licht der Aufklärung legitimationsbedürftig, was die eigene Rollenidentität in Frage stellte. Schon innerhalb des Adels (hoher, niedriger Adel, Stadt- und Landadel, Geburts- und Verdienstadel) und vollends zwischen Adel und Bürgertum kam es zu vielfältigen Integrations- und auch Distanzierungsprozessen. »Bildung« avancierte zu einem Gut, das sich gegenüber Adelsprädikat und Kapital als Äquivalent erwies. Eheschließungen zwischen Adel und Reichtum wurden durchaus angestrebt, auch wenn im Allgemeinen Vornehmheit und Geschäftssinn als einander ausschließend empfunden wurden. Speziell in Deutschland wurde das Bürgertum bekanntlich vom Bildungsbürger geprägt (vgl. Kap. 1).

Der Wandel lässt sich bei den Geschlechterbeziehungen im Hinblick auf Ehe, Liebe und Sex konkretisieren. Blenden wir in die frühe Neuzeit des 15. bis 17. Jahrhunderts zurück. »Die alte Gesellschaft unterschied sich von der unseren ganz erheblich, insofern die Heirat dort in der Regel keine Liebesbeziehung absegnete, sondern eine Familienangelegenheit: einen Vertrag, den zwei Menschen nicht zu ihrem Vergnügen, sondern nach dem Ratschluß der beiden Familien und zu deren Nutzen geschlossen hatten.« (Flandrin 1984, 159) Ehen hatten mit Liebe und persönlicher Zuneigung in der Regel wenig zu tun, sondern waren vom Prinzip der wirtschaftlichen Vernünftigkeit bestimmt (z.B. Sieder 1987, 130ff.). Sexualität war funktional reglementiert: »Das Sexualleben der Verheirateten wie der Unverheirateten (entsprach) den Geboten der christlichen Moral – zumindest bis in die Mitte des 18. Jahrhunderts oder sogar bis zur Französischen Revolution« (Flandrin 1984, 157). In der Tat »kommt keiner der alten Theologen in den Debatten über die eheliche Sexualität auf Liebe zu sprechen« (154). Hervorgehoben wurde vielmehr dreierlei: die »eheliche Pflicht«, d.h. das »debitum«, nach dem jeder Ehegatte über den Körper des anderen verfügen durfte; der Verzicht auf sexuellen Genuß um seiner selbst willen, denn die sexuelle Vereinigung sollte der Fortpflanzung und allenfalls noch der Löschung der Lust dienen; und der Gegensatz der Ehe zur »brennenden Liebe« oder Leidenschaft – getreu dem Zitat Senecas bei Hieronymus: »Nichts ist schändlicher, als seine Frau wie eine Mätresse zu lieben. (...) Der Mann soll sich seiner Frau nicht als Geliebter, sondern als Gatte nähern.« (Adversus Jovianum, I, 49, zit. in Flandrin 1984, 155) In den Worten von Philippe Ariès: »Fruchtbarkeit und Zurückhaltung der Frau und Mutter und die Würde der Hausherrin, das waren Merkmale, die bis ins 18. Jahrhundert den Unterschied zwischen der Liebe in der Ehe und der Liebe außerhalb der Ehe bezeichneten.« (Ariès 1984, 168) »Vor allem im französischen und italienischen Hofadel wurden Ehe als »vernünftige« ökonomische Ordnung und Liebe als erotisch-sexuelle Beziehung für unvereinbar gehalten. Die wirtschaftliche Privilegiertheit des Adels machte es möglich, Beziehungen neben der Ehe zu haben. Außereheliche Liebschaften beeinträchtigen kaum den Fortbestand der Ehe. Im Grunde fand man sie ganz natürlich; eine adlige Frau ohne Geliebten mußte reizlos sein, ein adliger Herr ohne Mätresse war entweder impotent oder finanziell ruiniert.« (Mitterauer/Sieder 1977/1991, 159)

Edward Shorter (1977) charakterisiert das Heiratsverhalten und die Ehebeziehungen des landbesitzenden Bauerntums in Frankreich von 1750 sogar noch bis 1850 als familiär-ökonomisch bestimmtes Ritual bzw. als Vernunftehe: »Zuneigung spielte selten eine Rolle.« Familienangelegenheiten hatten den Vorrang vor Herzensangelegenheiten. Die Ehe war keine Neigungsehe, sondern wurde »durch Besitz- und Abstammungsgründe zusammengehalten«. Die Schönheit der Braut, die kulturelle Bildung des Bräutigams, die Spontaneität beim Heiratsantrag, gar eine Übereinstimmung in Charakter oder Neigung – gegenüber der Gesundheit und Mitgift der jungen Frau, gegenüber dem Reichtum des jungen Mannes und der Zusammenlegung benachbarter Felder hatten sie keinerlei Bedeutung. »Auf dem Bauernhof verkehrten Mann und Frau in stiller Feindschaft und Zurückgezogenheit.« (zit. in: Rosenbaum 1978/1988, 256ff.) »Psychologische Distanz« nannte das Lawrence Stone (1984, 409).

Bei den Ehen des Adels (vgl. auch Röhl 1983, 211ff.) ebenso wie bei den Bauern war »Liebe« in der Ehe also ausgeklammert oder tertiär. Das wurde bei den Heimarbeiterfamilien und vollends beim städtischen Bürgertum anders. Die vorindustrielle Arbeitsteilung und die Einbindung in ein extralokales System frühkapitalistischer Produktion wie bei den Heimarbeiterhaushalten bewirkten eine »Proletarisierung der Arbeitskraft«, gerade auf dem Lande (z.B. Levine 1977, 13f., 146f.). Einkommen in Form von Lohn schufen ökonomische Selbstständigkeit, d.h. die Partnerwahl war frei, fand außerhalb der Verfügungsgewalt von Eltern und Verwandtschaft statt, war eher von persönlichen Neigungen bestimmt, und Ehen wurden früher geschlossen als vorher – was zu steigenden Geburtenzahlen führte, die in Verbindung mit absinkenden Todesraten den allgemeinen Bevölkerungszuwachs in der zweiten Hälfte des 18. Jahrhunderts erklären.

Während in den Heimarbeiterfamilien auf dem Land die Ehepartner nebeneinander arbeiteten, waren in städtischen Bürgerfamilien Arbeit und Haushalt ganz und gar getrennt. Vor allem hier entwickelte sich ein neues Liebesideal. »Um die Mitte des 18. Jahrhunderts mehrten sich auch die Stimmen, die in der Ehe eine »Gemütsverbindung« sahen. Der Dualismus von Ehe und Sinnlichkeit wurde zuerst in den Ehen der gebildeten Schichten überwunden. Die Liebe wurde moralisiert und die bürgerliche Geldehe verurteilt. In der Zeit der Romantik hat dieser neue Ehe- und Familienbegriff seine deutlichste Ausprägung erfahren. Zum ersten Mal bildete sich »Familiensinn« als typische Grundhaltung breiterer Bevölkerungsschichten heraus. Die Wohnung wurde immer stärker zu einem nach außen geschlossenen, intimen Bereich.« (Mitterauer/Sieder 1977/1991, 160) Vor allem die Rolle der Frau veränderte sich grundlegend (vgl. die anschaulichen Primärtexte bei van Dülmen 1992).

Welcher Art genau war diese neue, von Neigung, Gefühl, Zuneigung geprägte Paarbeziehung in einem nach außen geschlossenen, intimen Bereich? Die Monogamie und das Konzept der Unauflöslichkeit der Ehe waren lange Jahrhunderte von der Römischen Kirche propagiert und sogar zum Sakrament erhoben worden. Auf dem Land war diese »stabilitas« schon seit längerem verbreitet, als »Voraussetzung für die stabilitas der gesamten Gemeinschaft«– allerdings nicht als »spontane Schöpfung«, wie Philippe Ariès meinte (1984b, 188, 191), sondern um die Einheit der Gehöfte und den Landbesitz nicht zu gefährden. Mit der Entstehung des Kapitalismus wurden sie aus demselben Grund auch in den Städten, beim Bürgertum durchgesetzt: um das Vermögen innerhalb der Familie zusammenzuhalten und im Erbschaftsfall für den legitimen Familienerben zu sichern. Der Wandel in Teilen der Gesellschaft von der arrangierten zur Liebesheirat bedeutete einen völlig neuen Status der Paarbeziehung. Lawrence Stone formuliert (1984, 407ff., 414f.): »Es gab eine Verschiebung im gesamten kulturellen System, definiert als Anwachsen eines gefühlsbestimmten Individualismus«.

Dieser »affective individualism« manifestierte sich nicht zuletzt in einem Bezug zum eigenen Körper und der zunehmenden Ausbildung von Kulturtechniken: Essen mit einer Gabel statt mit den Fingern, neue Teller für jeden neuen Gang, Einführung des Taschentuchs statt mit den Fingern zu schneuzen, Beschränkung der Spucksitten, die Verbreitung von Nachthemden, die Einführung von Waschbecken und Seife usw. Jean-Louis Flandrin hebt für Frankreich hervor: »Im 17. und 18. Jahrhundert (...) war jeder sein eigener Herr, was den Teller, das Glas, das Besteck, die Servietten und das Brot betraf. (...) So war jeder Tischgenosse wie in einem unsichtbaren Käfig gefangen.« Speziell die »Verfeinerung der Tischsitten« war auch für die »Markierung sozialer Unterschiede« von Bedeutung, sozusagen vom Bauern am unteren Ende der sozialen Stufenleiter bis zum städtischen Großbürger und Adeligen mit kulinarischen Besonderheiten und dem exquisitesten Tafelgeschirr wie prunkvollen Terrinen und Weinkühlern (Flandrin 1991, 272ff.; Wiegelmann 1982).

Wichtiger war die Prägung der bürgerlichen Familie, als einem neuen Intimsystem, durch das soziale Gebot der Liebe (Fuchs 1999, 83). Der Garten, das Schlafzimmer des Hauses, das Arbeitszimmer, das Kabinett, besonders das »Frauenzimmer« wurden die bevorzugten »Refugien der Intimität« (Ranum 1991). Liebe war hier obligatorisch. Karin Hausen hat die Entstehung der bürgerlichen »Geschlechtscharaktere« spätestens im letzten Drittel des 18. Jahrhunderts prägnant herausgestellt (1976). An die Stelle der Standesdefinitionen traten Charakterdefinitionen, nicht nur für den Hausvater und die Hausmutter, sondern für alle Männer und alle Frauen, und »die Ehe, ehemals der Zusammenschluß von Mann und Frau zum Zwecke der Sexualität, der Kinderaufzucht, des Wirtschaftens und der gemeinsamen Religionsausübung, (wurde) in der Epoche der Empfindsamkeit umgedeutet als die in der Liebe vollzogene, vor allem psychische Verschmelzung der Ehegatten. Wenn schließlich in der Romantik die Ehe primär in Liebe begründet und damit allein den einzelnen Mann und die einzelne Frau betreffend gedacht wird, lösen sich tendenziell Ehe und Familie als Institution auf.« (in: Rosenbaum 1978/1988, 164) Die Liebesheirat als neues Ideal individueller Freiheit versprach Gleichrangigkeit der Geschlechter unterm Signum arbeitsteiliger Kooperation und Gemeinsamkeit. Die Polarisierung von »Heim« und »Welt« führte zu kontrastierten Geschlechtscharakteren, wie Hausen betont: »Zugleich ist das Wesen von Mann und Frau so konzipiert, daß nur beide zusammen die Summe aller menschlichen Fähigkeiten und Bedürfnisse zu realisieren vermögen. Mann und Frau sind nach Natur und Bestimmung auf Ergänzung angelegt und demgemäß ist es einem einzelnen Menschen unmöglich, sich zur harmonischen Persönlichkeit zu entwickeln.« (in: Rosenbaum 1978/1988, 169)

Die allmähliche Ausdifferenzierung in die neue Markt- oder Waren-Öffentlichkeit, die Sphäre der Arbeit bzw. des Mannes, und die neue Privatheit, die Sphäre des Hauses, der Familie bzw. der Frau, zeigt sich hier besonders deutlich. Allerdings lässt sich daran auch besonders anschaulich die Ungleichheit bzw. Hierarchisierung der Geschlechterrollen beobachten. In der bürgerlichen institutionellen Ehe verschoben sich die Freiheitsgrade der Geschlechter zu Lasten der Frau, die familiär funktionalisiert wurde. Getrennt wurde de facto in eine extern-instrumentelle Rolle (des Mannes), der Öffentlichkeit und dem Erwerbsleben zugeordnet, und eine intern-emotionale Rolle (der Frau), auf Familie und Hausarbeit bezogen. Der konträre Charakter dieser beiden Geschlechterrollen zeigt sich in der unterschiedlichen Bewertung durch die kapitalistische Gesellschaft: Rationalität und die Leistungs- und Durchsetzungsnormen der Arbeitswelt erhielten klare Dominanz gegenüber der Frau als dominantem emotionalen Mittelpunkt, geprägt von kultivierter Intimität und Innerlichkeit, als Verkörperung von Häuslichkeit und als Mutter. Die daraus erwachsenden enormen Defizite der Frau mussten kompensiert werden, um noch Identitätsbildung zuzulassen. Das geschah mit der Ausbildung eines neuen Codes: der romantischen Liebe (Kap. 6.2), und mit der Emotionalisierung der Beziehung zu den Kindern, der Neuformierung der Mutterrolle (Kap. 6.3).

6.2 Die romantische Liebe – Anfänge eines neuen Codes

Zwei Fehlverständnisse müssen hier einleitend ausgeräumt werden. Romantische Liebe (erstens) darf keinesfalls verwechselt werden mit Romantik in der Paarliebe. Letztere gab und gibt es seit den Anfängen der Menschheits- und Kulturgeschichte, und Romantik wird Bindungen aller Art wohl auch in aller Zukunft begleiten. Das Konzept der romantischen Liebe dagegen ist ein Konzept speziell des 18. Jahrhunderts; es ist historisch entstanden und wird, ohne dass Liebe als Paarbeziehung negativ tangiert werden wird, irgendwann einmal wieder verschwunden sein. Romantische Liebe (zweitens) wird meistens nur als ein psychologisches Phänomen verstanden; Rekurs dabei ist das isolierte Individuum, die private Sphäre. Tatsächlich handelt es sich bei der romantischen Liebe um ein kulturspezifisches Konzept, das aus sozialen Veränderungen und letztlich aus deren wirtschaftlichen Ursachen heraus entstanden ist. Das soll im Folgenden verdeutlicht werden.

Die Verknüpfung von Ehe und Liebe im Bürgertum des 18. Jahrhunderts geschah um den Preis der Entsexualisierung. Zentrales Merkmal der Zeit war die Zurückdrängung der Sexualität hinter neue bürgerliche Scham- und Peinlichkeitsgrenzen. Die Tabuisierung der Nacktheit erreichte im 18. Jahrhundert einen Höhepunkt. Theodor Gottlieb von Hippels Ratgeber »Über die Ehe« erschien erstmals 1774, Adolf Freiherr von Knigges Standardwerk »Über den Umgang mit Menschen« wenig später (1788). Selbstbeherrschung, Selbstkontrolle, Liebe als Norm und Pflicht, eheliche Treue speziell der Frau, die Ehe als Harmonie häuslicher Glückseligkeit waren hier angesagt (vgl. ausführlich Mahlmann 1991, 57ff.; siehe auch Bake/Kiupel 1996). Dabei handelte es sich um eine spezifische Gewichtung und Instrumentalisierung des Sinnlich-Geschlechtlichen in der bürgerlichen Liebesehe (Elias 1936/1989, vgl. auch Duerr 1992) zu Lasten der in der Regel mittellosen und damit vollständig abhängigen Ehefrau. Diese wurde zur sexlos verehrten Gattin bzw. zur empfängnisbestimmten zukünftigen Mutter von Kindern. »In der romantischen Liebe hat die Zuneigung, das Kennzeichen erhabener Liebe, Vorrang vor dem sexuellen Begehren.« (Giddens 1993, 51) Sexuelle Erfüllung, Lust und Leidenschaft waren für den bürgerliche Mann konzeptionell zumeist außerhalb der Ehe angesiedelt. Die Intimität der bürgerlichen Ehe in der Kleinfamilie war eine solche des Gefühls, weniger eine Intimität elaborierter Geschlechtlichkeit. Entsprechend verbreitete sich Sexualität auch vor der Ehe und die Zahl der unehelichen Kindern stieg im Verlauf des 18. Jahrhunderts steil an.

Die aus Arbeitswelt und Öffentlichkeit ausgegrenzte Hausfrau und Mutter fand ihr Heil dagegen ersatzweise in der Ausbildung des Ideals der sogenannten romantischen Liebe. Gesamtgesellschaftlich musste der Sexualtrieb reglementiert, intimisiert, tabuisiert werden, weil das generalisierte und publike Lustprinzip in der sich herausbildenden Unterschiedlichkeit von sozialem und wirtschaftlichem System dem ökonomischen Leistungsprinzip widersprochen hätte. »Das Bürgertum als Ganzes ist in dieser Zeit von dem Druck der absolutistisch-ständischen Gesellschafts-Verfassung befreit. (...) Aber die Handels- und Geldverflechtung, deren Fortschritt (ihm) die gesellschaftliche Stärke zur Befreiung gegeben hatte, ist gewachsen.« (Elias 1936/1989, 255) In der ehelichen Beziehung innerhalb der bürgerlichen Kleinfamilie ging das einseitig zu Lasten der Frau.

Das Konzept der romantischen Liebe entwickelte sich über Zwischencodes wie die galante Liebe und die empfindsame Liebe (vgl. Greis 1991, 179; auch Saße 1996, 48ff.) letztlich als Gegenüber zum Kapitalismus im wirtschaftlichen System mit dem Geld als zentralem Austauschmedium und ist insofern Teil der Kultur des Kapitalismus: Dem Prinzip des Abstrakten, des Kalt-Gefühllosen, des prinzipiell auf Isolation und Ausbeutung Ausgerichteten wurde das Prinzip des Sinnlich-Konkreten, des Warm-Emotionalen, des prinzipiell auf Integration und Altruismus Ausgerichteten gegenübergestellt. Handelspartner auf dem Markt sind austauschbar, Beziehungen wandeln sich hier gemäß ökonomischen Umständen – der Liebespartner aber ist einzigartig und unersetzlich, Liebe ist von Dauer. Liebe als ein »Gegenmuster zur Zweckrationalität« (Beck/Beck-Gernsheim 1990, 256) wurde – im Unterschied zur höfischen Liebe als ihrem feudalen Vorläufer – vor allem als ein subjektives, individuelles Gefühl begriffen.

Romantische Liebe darf nicht mit der »amour passion« verwechselt werden, der leidenschaftlichen Liebe, die es wohl seit Beginn der Menschheit gab. Das ist einer der Grundfehler Luhmanns, der Liebe »als Passion« fasste: als »Rhetorik des Exzesses und Erfahrung der Instabilität« (1982/1994, 71ff.). Weil Passion sich außerhalb des Bereichs rationaler Kontrolle abspiele, werde sie zur Handlungsfreiheit. Solche und andere Paradoxien, etwa der Anspruch auf Totalität, die Unaussprechbarkeit, die zeitliche Unbegrenztheit und Dauer, aber auch Luhmanns Spiel mit verschiedenen »Codes« wie »innige Freundschaft«, »plaisir«, »amour«, »romantische Liebe« bis hin zu »Liebe als System der Interpenetration« verdecken die soziale Geschichtlichkeit des neuen bürgerlichen Liebeskonzepts. Liebe auf den ersten Blick, Schicksalshaftigkeit der Liebe, auch als »erste Liebe« gefasst, der Unsagbarkeitstopos bzw. die angebliche Sprachlosigkeit der echten oder wahren Liebe – das sind Merkmale des Konzepts der romantischen Liebe selbst, denen Luhmann hier bei dem Versuch der historischen Verortung auf den Leim gegangen ist. Dasselbe gilt auch für Konstruktionen in unkritischer Anlehnung an Luhmann wie die »Koinzidenz von Selektion und Höchstrelevanz«, d.h. das zwangsweise Zusammenfallen von Faktoren wie Einzigartigkeit des Liebespartners, absolute Präferenz fürs Lieben, höchste, religionsähnliche Bedeutung (Tyrell 1987), oder »Liebe als kulturelles Programm« (Lenz 1998, 266ff.; vgl. auch Schmidt 1989, 115-131; Jäger 1990 u.a.) – sie offenbaren nur die Affiziertheit des Fragenden durch dasjenige, was eigentlich erst noch zu untersuchen wäre. Die romantische Liebe ist keineswegs grundsätzlich mit Liebe kongruent, sondern stellt nur eine spezifische (Pseudo-)Version von Liebe dar, neben vielen anderen Versionen von Liebe, die in anderen

Konstellationen, zu anderen Zeiten und in anderen Teilsystemen handlungsleitend gewesen sind. Zusammengefasst: Die Beziehung der Geschlechter als eine ursprünglich vor allem verwandtschaftsbestimmte, fremdarrangierte, kameradschaftliche Beziehung, gleichsam eine Allianz zugunsten einer gemeinsamen Verantwortung von Mann und Frau für Haus und Hof bzw. der simplen ökonomischen und existenziellen Notwendigkeit für bessere Chancen zu überleben, bildete mit der Trennung in die unterschiedlichen Sphären des neuen Öffentlichen (Mann) und des neuen Privaten (Frau) das Konzept der romantischen Liebe als Kompensation für die Frau aus. »Romantische Liebe war im wesentlichen feminisierte Liebe.« (Giddens 1993, 54) Die Fixierung der Frau auf Haushalt, Mutterschaft und Gefühlsleben, d.h. die Trennung in zwei ganz verschiedene, arbeitsteilig komplementäre Rollen, bedeutete ihre Zurückdrängung aus der gesellschaftlichen Außenwelt. »Der begierige Konsum von romantischen Romanen und Geschichten war in gewissem Sinne ein Zeichen von Passivität. Das Individuum suchte in der Phantasie, was ihm in der alltäglichen Welt verweigert wurde. Die Unwirklichkeit der romantischen Geschichten war insofern ein Ausdruck von Schwäche, eine Unfähigkeit, tagtäglich mit der frustrierenden eigenen Identität zu Rande zu kommen.« (Giddens 1993, 55) Es war ersatzhaft eine Form von Intimität, die sich auf den anderen fixiert und ihn idealisiert, über alle irdischen Beschränktheiten hinweg, fast transzendental, und die in die Zukunft als unwandelbar und ewig festgeschrieben wird (vgl. Giddens 1993, 56f.).

Es gibt etwa zwanzig Merkmale der romantischen Liebe, sofern diese nicht ganz und gar vom Unsagbarkeitstopos (1) zugedeckt wird; sie lassen sich wie folgt bilanzieren: Romantische Liebe zielt auf geistig-seelische »Verschmelzung« zweier Partner (2), die nur als Dyade, als Paar gedacht werden können (3), wobei der eine sich selbst verleugnet und aufgibt (4) und der andere idealisierend erhöht wird (5, vgl. auch Orlinsky 1979, 209). Romantische Liebe ist gegenseitig (6), ewig (7), exklusiv (8), spontan (9), einmalig (10), bedingungslos (11), hermetisch (12), total (13), einzigartig (14), schicksalhaft (15), unendlich (16), von bedingungsloser Treue geprägt (17), bar aller Eigeninteressen (18) – »blind« (19). Sie schließt im Prinzip zwar den Körper mit ein, bleibt aber auf merkwürdige Weise asexuell: keusch (20). Sexualität wird de facto ausgegrenzt. Romantische Liebe endet üblicherweise im Tod oder mit der Eheschließung. Insofern ist romantische Liebe »ein Funktionsäquivalent zur Religion«, wie in Goethes »Die Leiden des jungen Werthers« (1774), oder bloße »Liebeskasuistik«, wie in Johann Martin Millers »Sigwart. Eine Klostergeschichte« (1776).

Mit Partnerschaft hat sie nichts zu tun (vgl. Friedrich 2000). Cornelia Koppetsch unterscheidet romantische Liebe und partnerschaftliche Liebe hinsichtlich des Charakters der jeweiligen Interaktionen (Koppetsch 1998,

114ff.): Partnerschaft begründe ein Tauschverhältnis mit vertragsmäßiger Form der Reziprozität von äquivalenten Gütern, bei dem beide Partner ihre individuellen Gewinne optimieren in fairem und rationalem Austausch. Wechselseitig werden Rechte und Pflichten sichergestellt, Gerechtigkeit hergestellt, Asymmetrie abgebaut. Leistung und Gegenleistung werden miteinander verrechnet. Liebe dagegen sei ein Austausch von Gaben oder Geschenken, bei denen die Äquivalenzfrage und überhaupt der Wert als solcher keine Rolle spielt, vielmehr die damit ausgedrückte Bindung bestärkt werden soll. Der Austausch von Gaben sei ein Austausch von Gefühlen. »Die Ökonomie der Dankbarkeit als die Summe aller empfangenen bzw. gefühlten Gaben konstituiert gleichsam den emotionalen Mehrwert in Liebesbeziehungen, als eine vitale und fundamentale Schicht der Bindung. Sie ist das konkrete Geflecht von aufeinander bezogenen Handlungen, mittels derer die Liebe ihre soziale Gestalt gewinnt. (...) Zu den Gaben, die die Liebesbeziehung konstituieren und untermauern, gehören neben den konventionellen Formen des Schenkens (...) auch die kleinen Aufmerksamkeiten im Alltag, Hilfestellungen und Gefälligkeiten sowie die großen Gesten der Liebe und die stillschweigend erbrachten Opfer.« (Koppetsch 1998, 114ff.) Allerdings wurde bei solchen Vergleichen auch schon die biographisch-historische Sukzession von romantischer Liebe und partnerschaftlicher Liebe angeführt, die Unterscheidung zwischen der *Bildung* einer intimen Beziehung und ihrer alltagspraktischen *Regelung* (Leupold 1983).

Die Widersprüche in der Liebeskonzeption der Romantiker Ende des 18., Anfang des 19. Jahrhunderts sind offensichtlich: »So sollte die Liebe zum Beispiel höchste Leidenschaft sein, aber doch gleichzeitig ein dauerndes Glück darstellen. Das Individuum wollte einerseits die größtmögliche Freiheit für die Entfaltung des Ich, andererseits bestand die Forderung, daß der einzelne ganz in der Welt des Du aufgehen solle. Man wollte tugendsam sein und gleichzeitig in sexuellen Genüssen schwelgen, man wollte spontan sein und gleichzeitig die eigenen Gefühle reflektieren.« (Arend 1993, 23; vgl. auch Saße 1996) Helga Arend rekonstruierte Liebeskonzept und Frauenbild in Johann Georg Cottas »Morgenblatt für die gebildeten Stände« Anfang des 19. Jahrhunderts (1807–1826) anhand des Diskurses des Bildungsbürgertums und bescheinigte ihnen letztlich die Tendenz zur Entsagung; die Dauerhaftigkeit der Bindung sei wichtiger als die Intensität der Gefühle. »Liebe soll Leidenschaft und Sinnlichkeit sein, zugleich aber soll sie so lange dauern wie die Ehe. Es bestehen drei Forderungen an die ideale Liebe: Sie soll leidenschaftlich sein; sie soll einen möglichst großen Zeitraum überdauern und sie soll dem einzelnen als Sinnstiftungsinstanz dienen. Da aber die Leidenschaft nicht über einen längeren Zeitraum erhalten werden kann, muß diese Forderung der zweiten weichen, weil auch die Liebe als Sinnstiftungsinstanz besser verwirklicht werden kann, wenn sie auf Zukunft verweist. Deshalb wird die

Sinnlichkeit in der Folge immer mehr ins Unbewußte abgedrängt, so daß wir zur Wende des 18. zum 19. Jahrhundert eine Phase haben, in der die sexuellen Affekte kompensiert und sublimiert werden. Die Leidenschaft wird verinnerlicht, und die Überwindung der Affekte oder die ›Entsagung‹ verhilft dem Subjekt dazu, zur ›wahren‹ Liebe, das heißt zu einer dauerhaften und sinngebenden Liebe, zu finden.« (Arend 1993, 150) Die Frau wurde damit auch im ideologischen Überbau reduziert auf die Rolle als Haushälterin und Mutter und der öffentlichen Sphäre, die vom Mann beherrscht wird, entzogen; die Frau war bestimmt von Innerlichkeit, Passivität, Opferbereitschaft, Bescheidenheit, Treue, Hingabe. Bei Novalis erschien sie als »Idealgestalt, die alle verlorenen Werte symbolisiert. In seiner Liebeskonzeption steht die Geliebte sowohl für die Leidenschaft als auch für die ewige Dauer der Liebe. Durch den Tod der Geliebten ist es für Novalis möglich, diese Konzeption beizubehalten.« (Arend 1993, 208)

Gesellschaftlich bedeutete der Wandel von Sippe und Großfamilie, also vom Verwandtschaftsverband, zur bürgerlichen Kleinfamilie eine Abwertung verwandtschaftlicher Beziehungen zugunsten von Individualbeziehungen zwischen Mann und Frau. Das heißt: Romantische Liebe ist eine Frucht der kapitalistisch erzwungenen Kleinfamilie und wird erst mit Kapitalismus und Kleinfamilie auch wieder verschwinden. Romantische Liebe ist »eine kollektive Arena, innerhalb derer die sozialen Aufteilungen und die kulturellen Widersprüche des Kapitalismus ausgespielt werden« (Illouz 1997, 2). Dieser kausale Zusammenhang kann übrigens erklären, warum das Konzept der romantischen Liebe auch heute noch die Massenkulturen der westlichen Gesellschaften so zentral prägt (vgl. Faulstich 2001) – obwohl es sich hierbei um ein illusionäres Konstrukt handelt, das nach allen psychologischen und sozialwissenschaftlichen Erkenntnissen die in Aussicht gestellte Erfüllung in dem Maße gerade verhindert, in dem seine Versprechen in Erwartungen und Zielvorstellungen umschlagen und das Konzept damit wirkungsmächtig wird. Die Rede vom »Medium der Liebe« (Beck/Beck-Gernsheim 1990, 10) ist also, als Metapher bezogen auf romantische Liebe, durchaus auch heute noch angemessen. Aber ihre gesellschaftliche Funktion der Kompensation ist heute auch ebenso fraglos wie im 18. Jahrhundert.

6.3 Das Konstrukt der Mutterliebe

Man hat das 18. Jahrhundert auch als das Jahrhundert der Entdeckung des Kindes bezeichnet (z.B. Ariès 1975). »Wie die Verbindung zwischen den Ehegatten als eine Verbindung zwischen Individuen gesehen wurde, die sich wegen ihrer unverwechselbaren Eigenschaften schätzten und liebten, wurde auch den Kindern als dem Produkt der liebenden Ehegatten zunehmend der Rang von Individuen beigemessen.« (Sieder 1987, 135)

Der frühe Kindstod war bis dahin Alltag gewesen, fast die Regel, hatte zum Kreislauf des Lebens gehört und konnte nur durch Zeugung neuer Kinder kompensiert werden. Kinder waren meist eine Last gewesen, der man nicht selten mit Härte, Gefühlskälte, Brutalität oder weitgehender Ignoranz und Gleichgültigkeit begegnete (Shorter 1975, 258ff.; Badinter 1984, 35ff.). Im Zuge der »Individualisierung der Kindheit« (Gélis 1991) wurden Kinder nun – nicht unbedingt erstmalig, wohl aber in steigendem Ausmaß – zum Objekt der gesellschaftlichen Aufmerksamkeit und Erziehung, ganz nach den Vorstellungen einer Aufklärung, die im Sinne der Vervollkommnung des Menschen durch vernünftige Belehrung beim Kind ansetzen wollte. Nachdem bis in die frühe Neuzeit hinein Kinder im Wesentlichen als Lebewesen galten, die, wenn sie nicht früh starben, erst als kleine Erwachsene in die Gesellschaft integriert wurden, erhielt die Kindheit nun den Charakter eines Lebensabschnitts sui generis. Das Erziehungswesen blühte auf, eine Kultur des Kindertheaters entstand. Kindern sollten die bürgerlichen Werte vermittelt werden. In der Privatsphäre der bürgerlichen Häuser und Wohnungen mühte man sich verstärkt um Ausbildung und Sozialisation der Mädchen, die Jungen wurden in öffentliche Schulen und Internate geschickt – durchaus bereits im Sinne der geschlechtsspezifischen bürgerlichen Handlungsrollen.»Die Knaben wurden auf den beruflichen Wettkampf – metaphorisch auf die »Eroberung der Welt« –, die Mädchen auf den sozialen Pflichtenkreis des Hauses vorbereitet.« (Sieder 1987, 138) Söhne von Kaufmannsfamilien beispielsweise wurden vielfach zu befreundeten Familien in eine Art Volontariat entsandt, um »Weltläufigkeit« zu erwerben, Mädchen dagegen für die Häuslichkeit vorbereitet (vgl. auch Stephan 1891). Im nicht bürgerlichen Bereich des städtischen Proletariats aber wurden Kinder überwiegend als billige Arbeitskräfte ausgebeutet:»Webereien, Spinnereien, Gerbereien werden mit Vorliebe den Armen- und Waisenanstalten angegliedert,« schreibt Ruth Dirx über den Status von Kindern in der englischen Gesellschaft des 18. Jahrhunderts (1981, 242). Die Romane von Charles Dickens, etwa »Oliver Twist« (1837/38) oder »Hard Times« (1854), haben das besonders anschaulich gemacht.

Die Chiffre von der Entdeckung des Kindes lässt freilich kaum erkennen, dass es hier vielmehr um ein weiteres Konzept von Liebe geht: um Mütterlichkeit oder Mutterliebe. Im privaten Bereich der bürgerlichen Kleinfamilie wurden nicht nur Ehe und Liebe miteinander verknüpft, sondern spätestens seit Beginn der zweiten Hälfte des 18. Jahrhunderts, zumindest in Frankreich, entwickelten sich zwischen Eltern und Kindern Ansätze von Zärtlichkeit und Intimität – und damit vor allem die Norm der guten Mutter. Mutterliebe ist so wenig ein Instinkt wie die romantische Liebe, sondern ebenfalls ein soziales Konstrukt. Diese historische Relativierung bedeutet eine ungeheure emotionale Entlastung von Frauen, die Mütter werden, denn sie bedeutet: Die Liebe der Mutter zum Kind ist kein natürlicher Automatismus und darf nicht verwechselt werden mit der natürlichen Nachwuchssicherung innerhalb einer Gruppe oder Sippe, die kulturgeschichtlich durchaus auch von Männern übernommen wurde und übernommen werden kann. Elisabeth Badinter formuliert: »Die jeweiligen Rollen des Vaters, der Mutter und des Kindes werden anhand der Bedürfnisse und herrschenden Wertvorstellungen einer Gesellschaft festgelegt.« (Badinter 1984, 13) Yvonne Schütze spricht ähnlich von Mutterliebe als einem »kulturellen Deutungsmuster« mit der Funktion, »die im Gefolge der neuen Einsichten über die Natur des Kindes entstehenden Handlungsprobleme in Einklang zu bringen mit der sich gleichzeitig herausbildenden Struktur der bürgerlichen Familie, gemäß der die Frau weitgehend für die Belange der Familie freigesetzt wird« (Schütze 1991, 7).

Was war spezifisch für das Konstrukt der Mutter ab der zweiten Hälfte des 18. Jahrhunderts? Mutter-Sein wurde für die Frau zum »Schicksal« erklärt. Die Frau als werdende Mutter wurde dafür mystifiziert und überhöht: »Sie ist durch dieses ihr ganz persönliches Geschick über sich selbst hinausgehoben. In einer ungeahnten Tiefe bricht in ihr das Mutterglück auf.« (Haas 1963, 108ff.) An einem charakteristischen Detail lässt sich der Umschwung vielleicht am besten veranschaulichen. So hatten in der frühen Neuzeit Mütter das Stillen vielfach als unschicklich und schädlich für die Gesundheit bzw. für die Schönheit betrachtet und ihre Neugeborenen in die Obhut von Ammen gegeben. Das gilt insbesondere für die Frauen in den oberen Ständen in den Städten, nicht auf dem Land. »Es schickte sich nicht, jeden Augenblick die Brust freizumachen, um das Kind zu stillen. Abgesehen davon, daß die Frau dabei den tierhaften Eindruck einer ›Milchkuh‹ lieferte, war es eine schamlose Geste. (...) Man empfand wirklich Scham.« (Badinter 1984, 71) Mit der Herausbildung der bürgerlichen Kleinfamilie erschien nun eine Fülle von Schriften, verfasst von Philosophen, Medizinern und Moralisten, in denen den bürgerlichen Müttern empfohlen wurde, ihre Kinder »der weiblichen Natur gemäß« wieder selbst zu stillen und generell mehr Fürsorge für sie aufzuwenden (vgl. auch Shorter 1975, 263ff.). »Die Frau wurde darin verpflichtet, vor allem Mutter zu sein, und es entstand ein Mythos, der auch zweihundert Jahre später noch immer sehr lebendig ist: der Mythos vom Mutterinstinkt oder von der spontanen Liebe einer jeden Mutter zu ihrem Kind.« »Die Verweigerung des Stillens durch die Mutter wurde als ein Unrecht an dem Kind betrachtet.« (Badinter 1984, 113, 157)

Und mit der Versorgung der hilflosen Neugeborenen wurde zugleich auch die gesamte Nestwärme, die emotionale Intimität der bürgerlichen Kleinfamilie zur zentralen Aufgabe und Alleinverantwortlichkeit der bürgerlichen Frau. Vorher war die Kindersterblichkeit, auch aus Gründen der Armut und Unwissenheit, noch extrem hoch und alltäglich gewesen: selbstverständlich und offenbar ebenso akzeptiert wie die Aussetzung von Kindern, speziell von unehelich geborenen. In ganz Frankreich starben noch Mitte des 18. Jahrhunderts mehr als 25% aller Neugeborenen, bevor sie ein Jahr alt wurden. Mit dem Aufkommen der bürgerlichen Kleinfamilie wurde die Gesellschaft zunehmend am Überleben der Kinder interessiert: Das Kind wurde nicht nur zum neuen Lebenszentrum der Mutter erklärt, sondern auch als kommerzieller Wert definiert, als Arbeitskraft im kapitalistischen System, als Garant für die militärische Macht des Staates. Es gab sogar Vorschläge, Findelkinder von Staats wegen zu versorgen, aufzuziehen und dann in die Kolonien zu schicken oder ihre Produktivkraft in der Armee zu nutzen.

Als Lohn wurde der bürgerlichen Frau als Mutter das individuelle Glück in Aussicht gestellt, die totale persönliche Erfüllung, ebenso wie schon beim Ideal der romantischen Liebe. Während da unterm Signum einer von »Liebe« geprägten Ehe aber die Ausklammerung sexueller Befriedigung kompensiert wurde, wurde hier unterm Signum der Alleinverantwortung als »Herrscherin des Hauses«, mit Entscheidungsbefugnis auch über die Kinder, die programmatische Ausgrenzung der Frau aus der öffentlichen Sphäre kompensiert. Just die Rolle der Frau als »Mutter«, als Erzieherin, als Lehrerin, als Helferin zugunsten der Entlastung des Mannes in der Rolle des Vaters, also ihre Funktion als komplementäre Partnerin des Mannes mit eigenem Verantwortungsbereich, hielt sie fern vom wirtschaftlichen Bereich, von Politik, von Wissenschaft. Dieses Konstrukt der Mutterliebe aus dem 18. Jahrhundert ist auch heute noch in weiten Teilen der Gesellschaft wirksam und wird wohl – ebenso wie der Wahn von der romantischen Liebe – erst mit Kleinfamilie und kapitalistischer Gesellschaft überwunden werden können.

6.4 Liebe als Freundschaftskult

Im Prozess der Destruktion traditionaler Formen des menschlichen Zusammenlebens bzw. der Herausbildung des Individuums in der frühen Neuzeit mussten neue Interaktionsformen herausgebildet werden, um der drohenden Atomisierung der Gesellschaft entgegenzuwirken. Neben dem Konzept der romantischen Liebe und dem Konstrukt der Mutterliebe war Liebe als Freundschaft das dritte Idiom frühbürgerlicher Weltsicht, das hier in seinen Funktionen vorzustellen ist. Wie Liebe als romantische Liebe und als Mutterliebe scheint auch Liebe als Freundschaft bevorzugt eine rein persönliche Beziehung, ein Gefühl und damit ein psychologisches Phänomen zu sein. Aber auch Freundschaft muss auf ihren sozialen und medialen Charakter hin dargestellt werden – »Freundschaftskult« lässt sich explizit »als soziologischer Begriff« verwenden (Salomon 1979, 287; vgl. auch Nötzoldt-Linden 1994, 23ff.). Im Vergleich von Paarliebe und Freundschaft als zwei verschiedenen Phänomenen übrigens wurde Letztere immer wieder höher gewertet. Beispiele: »Stets sieht der Tod der Liebe über die Schulter. (...) Die Freundschaft gehört aber dem individuellen Leben, sie schafft geistige Werte; wo die Liebe Naturarbeit leistet, leistet sie Kulturarbeit« (z.B. von Gleichen-Russwurm 1911, 9). »Freundschaft galt (im 18. Jahrhundert, WF) als das Edle, als das wahrhaft Wertvolle in der Liebe.« (Rasch 1936, 100) »Die deutsche Dichtung des 18. Jahrhunderts empfand die Freundschaft viel stärker als die Liebe.« (Mittner 1962, 97) Liebe galt im 18. Jahrhundert häufig als leidenschaftlich und unzuverlässig, Freundschaft dagegen als ruhig und verlässlich, von der Vernunft gelenkt.

Freundschaft hatte im 18. Jahrhundert den Charakter einer sozialen Institution. In diesem Sinne bezeichnete der Soziologe Friedrich H. Tenbruck die Zeit von 1750 bis 1850 als »die große Epoche der Freundschaft in der deutschen Geschichte« und stellte fest, »daß das soziale, politische und geistige Gewebe dieser Epoche von Freundschaften und Freundesgruppen durchsetzt und ohne diese gar nicht zu denken ist« (Tenbruck 1964, 436f.). »Den Kern der Sache hat schon Aristoteles getroffen, als er den Freund als das andere Ich bezeichnete, und Cicero und andere haben es ihm im Grund nachgesprochen. Für den Soziologen gewinnt dieses Wort eine neue Tiefe, weil er auf Grund seiner Theorien des menschlichen Handelns und des menschlichen Ichs sagen kann, daß der auf sich selbst zurückgeworfene Mensch in der sozial heterogenen Welt im Freunde nicht ein zweites Ich zu dem Ich findet, das er selbst schon besitzt, sondern überhaupt sein eigenes Ich erst findet, indem er im Freunde ein Ich entdeckt. Nicht schon die Tatsache, daß sich zwei Menschen mit gleichen Interessen, gleichen Werten, gleichen Gedanken, gleichen Lebensformen und gleichen Temperamenten finden, macht das aus, was wir als eigentliche Erfüllung der Freundschaft ansehen. Erst daß zwei Menschen sich aufeinander richten, ein jeder sich stets ein Bild von dem anderen macht und mit diesem Bild lebt und zugleich sich dessen bewußt ist, daß auch der andere mit einem solchen Bild von ihm selbst lebt, begründet diese Freundschaft. In der Konzentration der Freunde aufeinander finden beide sich auf doppelte Weise auf ein Ich festgelegt. Hier gelingt in einer sozial heterogenen Welt die Stabilisierung des Daseins durch die Freundschaftsbeziehung. In der persönlichen Beziehung entgeht der Mensch der Desorganisation, mit welcher ihn die Heterogenität seiner sozialen Welt bedroht.« (Tenbruck 1964, 440f.)

Was ist nun das Spezifikum der Freundschaft, verstanden als »Ergänzung einer inkompletten sozialen Struktur« (Tenbruck 1964, 453) im 18. Jahrhundert, im Unterschied zu früheren Konzepten von Liebe als Freundschaft bei Aristoteles, Cicero oder auch bei den Humanisten in der frühen Neuzeit? Worin besteht die »besondere gesellschaftragende Bedeutung« (Nötzoldt-Linden 1994, 50) der Freundschaft – verstanden als eine spezielle, übergeordnete Liebesbindung – in dieser Epoche? Es handelt sich hier nicht (nur) um die enge Beziehung und Bindung exklusiv zwischen zwei einzelnen Menschen, unabhängig von ihrer Geschlechtlichkeit, sondern um Freundschaftsgruppen, um Freundschaftsbünde, um zahllose kleine und größere Gesellschaften, Logen, Orden, Vereine, Bruderschaften, Sekten – um organisierte Freundschaften institutionalisierter Gruppen von Gleichgesinnten, die gleichwohl den Charakter hoch individualisierter persönlicher Beziehungen aufweisen. Das Konzept von Liebe als Freundschaft im 18. und frühen 19. Jahrhundert in Deutschland war geprägt von der Balance zwischen individuell empfundener Bindung im Gruppenverband. Erst nach dem ersten Drittel des 19. Jahrhunderts nahm die soziale Diversifikation wieder derart zu, dass die Bündelung von Interessen, Eigenarten, Gefühlen, Anschauungen, Begriffen und Vorstellungen auf ein und denselben Freundschaftskreis nicht mehr gelang; die traditionellen Freundschaftsbeziehungen wurden vielfältig und durchlässig: transitorisch, und damit funktionslos.

In der Literatur- und Geisteswissenschaft war es Wolfdietrich Rasch, der als einer der ersten die zentralen Momente des Freundschaftskults anhand der deutschen Literatur herausgearbeitet hat. Er machte deutlich, dass das neue Freundschaftskonzept bereits in der ersten Hälfte des 18. Jahrhunderts – dem »Jahrhundert der Freundschaft« (1936, 50; vgl. auch Salomon 1979, 290ff.) – ausgebildet wurde. Pietistische Frömmigkeit mit der Innerlichkeit der Beziehung des Einzelnen zu Gott, der Forderung nach rückhaltlosem Sich-Öffnen und dem Erlebnischarakter der »Brüdergemeinde« war eine der beiden Wurzeln des späteren Freundschaftskults; der aufklärerische Rationalismus mit der Einsicht in die Autonomie des Individuums, die als Isolierung und Verlust von Geborgenheit in der absolutistischen Ständegesellschaft erfahren wurde, und der moralischen Forderung nach »Mitgefühl« gegenüber den Mitmenschen als besonderer Tugend war die andere. »Freundschaftliche Liebe« als Prinzip einer neuen weltlichen Sittlichkeit wurde »insbesondere von den moralischen Wochenschriften eifrig verkündet« (Rasch 1936, 68).

Freundschaft als Freundschaftskult, vorbereitet von Pietismus und Aufklärung, wurde »zur Form des Umgangs zwischen den Bürgern«, geboren aus seiner Loslösung aus traditionellen kirchlichen und staatlich-politischen Bindungen. »Gesellschaftlichkeit war (...) eine Funktion des Individuums.« »Die Freundschaft mußte alle anderen Bindungen ersetzen, alle gesellschaftlichen Triebe und Bedürfnisse in sich aufnehmen.« (Rasch 1936, 90ff.) Für den Freundschaftskult ist charakteristisch, »daß nicht genaues gegenseitiges Kennen, eine durch langen Umgang gewonnene intime Vertrautheit mit Wesen und Eigenart des andern nötig ist, um Freundschaft zu schließen. Man verbindet sich außerordentlich rasch zu der zärtlichsten und lebhaftesten Freundschaft, bei der ersten Begegnung oft oder auch nur durch Briefe, ohne einander überhaupt persönlich zu kennen. (...) Erprobte Bewährung, allmähliche Annäherung, besondere innere Übereinstimmung im Persönlichsten ist nicht entscheidend, es genügt

Taſchenbuch

für

das Jahr 1807.

Der

Liebe und Freundſchaft

g e w i d m e t.

Frankfurt am Mayn,

bei Friedrich Wilmans.

Abb. 31: Titelseite des »Taschenbuchs für das Jahr 1807«, erschienen im Frankfurter Verlag Gerhard Friedrich Wilmans.

bereits, um jemanden als Freund zu lieben, eine ähnliche innere Situation, ähnliche Einsamkeit und verwandtes Streben, vor allem das gleiche Bedürfnis und die gleiche Bereitschaft zur Freundschaft. Denn schon so konnte man finden, was man in der Freundschaft suchte: Erlösung von der Einsamkeit, Teilnahme, Nähe zum Menschen, Entladungsmöglichkeit der seelischen Spannungen, einen Gegenstand der Liebe.« (Rasch 1936, 99) »Die Säkularisierung der Freundschaft war von Psychologisierung und Intimisierung begleitet.« (Kon 1979, 52) Deshalb war der Anstrich des Romantischen, des Idealistischen auch dem Freundschaftskult zu eigen: »für das 18. Jahrhundert wahrhaft repräsentativ und ein erfüllter Ausdruck der Zeit« (Salomon 1979, 306). Deshalb konnte beispielsweise das »Taschenbuch für das Jahr 1807« – ein Almanach zum geselligen Vergnügen mit Texten auch von Goethe, Herder, Hölderlin oder Schiller, eines der erfolgreichsten Unternehmungen dieser Art und mit anderen Reihen seiner Zeit vergleichbar (Mix 1986, 150) – problemlos »Der Liebe und Freundschaft gewidmet« sein (Abb. 31).

Deutlich sichtbar wird hier die Orientierungsfunktion von Freundschaft in der entstehenden bürgerlichen Gesellschaft. In den unterschiedlichsten Medien (dem Brief, den Moralischen Wochenschriften, dem Buch) und literarischen Formen (Erzählungen und Essays z.B. im »Spectator«, Gedichten und Liedern wie z.b. »Thirsis und Damons freundschaftliche Lieder« 1745, auch dem Briefroman) kommunizierten zahlreiche Bündnisse ihren Freundschaftskult (z.B. J. W. L. Gleim und seine Freunde, Klopstock und sein Kreis, Christian Kaufmanns »Bruderbund«, der Leipziger Kreis der Jünglinge mit Christian Fürchtegott Gellert als Mentor). Zwar scheinen Freundschaftsbünde überwiegend für junge Männer überliefert zu sein, aber der Freundschaftskult war selbstverständlich für Frauen nicht prinzipiell verschlossen. »Als Spezialistinnen für Herzensangelegenheiten trafen sich die Frauen unabhängig von Klassenschranken auf der Basis persönlicher und sozialer Gleichheit. Freundschaft unter Frauen half nicht nur, die Enttäuschungen der Ehe leichter zu kompensieren, sondern war auch als solche eine Bereicherung des Lebens. Frauen sprachen über Freundschaften, wie es Männer zuvor häufig getan hatten, in Begriffen der Liebe.« (Giddens 1993, 55) In seinem Überblick über »Das Werden der deutschen Familie« schrieb Hermann Popp 1921: »Es ist bekannt, daß keine Zeit die Freundschaft mehr pflegte, als das 18. Jahrhundert. Gleichviel ob sie zwischen Mann und Mann, zwischen Frau und Frau oder zwischen Mann und Frau bestand – wir finden auch hier dieselbe Überhitzung und Sentimentalität, dieselbe Mischung von Seele und Sinnlichkeit, die den Liebesverkehr kennzeichnet. Und wir finden auch dieselbe überschwengliche Phraseologie und Gefühlsduselei, in der ein gut Teil Selbstbetrug und Unwahrheit lag.« (Popp 1921, 186)

6.5 Liebe als zentrales Handlungsmedium des kulturellen Systems

6.5.1 Was bedeutet das alles im Hinblick auf Liebe als Kulturmedium?

Um Bilanz ziehen zu können, muss zunächst in aller Kürze auf den Unterschied von Kommunikationsmedium oder Code (Luhmann) und Handlungs- oder symbolisch generalisiertem Austauschmedium (Parsons) abgehoben werden. Niklas Luhmann schreibt: »Allgemein handelt es sich bei symbolisch generalisierten Kommunikationsmedien um semantische Einrichtungen, die es ermöglichen, an sich unwahrscheinlichen Kommunikationen trotzdem Erfolg zu verschaffen. »Erfolg verschaffen« heißt dabei: die Annahmebereitschaft für Kommunikationen so zu erhöhen, daß die Kommunikation gewagt werden kann und nicht von vornherein als hoffnungslos unterlassen wird.« (1994, 21) »Als symbolisch generalisiert wollen wir Medien bezeichnen, die Generalisierungen verwenden, um den Zusammenhang von Selektion und Motivation zu symbolisieren, das heißt: als Einheit darzustellen. Wichtige Beispiele sind: Wahrheit, Liebe, Eigentum/Geld, Macht/Recht; in Ansätzen auch religiöser Glaube, Kunst und heute vielleicht zivilisatorisch standardisierte »Grundwerte«. Auf sehr verschiedene Weise und für sehr verschiedene Interaktionskonstellationen geht es in all diesen Fällen darum, die Selektion der Kommunikation so zu konditionieren, daß sie zugleich als Motivationsmittel wirken, also die Befolgung des Selektionsvorschlages hinreichend sicherstellen kann.« (Luhmann 1988, 222) Solche Codes sind Kommunikationsanweisungen, auf die sich Ego und Alter gleichermaßen beziehen, wenn sie miteinander kommunizieren. Sie wirken als Regelsystem, das sozial vermittelt ist durch eine Vorab-Verständigung über Möglichkeiten der Kommunikation. Die symbolische Generalisierung bezieht sich hier deutlich auf Reden und Sinnkonzepte von Sprache. »Kommunikationsmedium« und »Code« meinen bei Luhmann ein und dasselbe (vgl. demgegenüber Mahlmann 1991, 285ff.). »Liebe« ist bei Luhmann deshalb ein Code, der kommunikativ vorab regelt, was gemeint ist, wenn man über Liebe spricht, sie ausdrückt, simuliert, leugnet oder wie auch immer darauf Bezug nimmt.

Talcott Parsons dagegen spricht von symbolisch generalisierten Austauschmedien (1976). Es geht hier um Interaktionen in vier primären Handlungssystemen, die sich in der frühen Neuzeit funktional ausdifferenziert haben: das wirtschaftliche, das politische, das soziale und das kulturelle System. In jedem dieser Systeme gibt es ein zentrales Austauschmedium, welches funktional die Interaktionen steuert. Auch Parsons benutzt den Ausdruck »Code«, verwendet ihn aber im Hinblick auf Handlungsverläufe. Die symbolische Generalisierung bezieht sich hier sehr viel allgemeiner als bei Luhmann auf Handeln und Sinnkonzepte von Verhalten. Parsons führt für das kulturelle System als das angebliche Medium »Wertbindung« an. Darunter versteht er »generalisierte Bindungen an die

Implementation kultureller Werte auf der Ebene des Sozialsystems als solchem. Dieses Medium ist besonders schwer zu konzeptualisieren, und noch läßt sich sehr wenig darüber sagen.« (Parsons 1976, 303) Später schreibt er: »Commitments sind (parallel zu Geld, Macht und Einfluss) moralische Verpflichtungen der Aktoren eines sozialen Interaktionssystems, die die Integrität einer Wertstruktur erhalten und zusammen mit anderen Faktoren zu ihrer Verwirklichung im Handeln führen.« Es handele sich hierbei um ein Muster als eine Strukturkomponente von Kultur und einen Faktor in der Steuerung der Interaktion. Werte werden von ihm in Anlehnung an Clyde Kluckhohn verstanden als »Konzeptionen des Wünschenswerten«, die über ihre Institutionalisierung einbezogen würden in die Rollenelemente von Sozialsystemen. (Parsons 1980, 185) Diese Wertmuster haben nach Parsons Orientierungsfunktion im Teilsystem Kultur und in funktional definierten Subsystemen. Er hat auch hier noch große Schwierigkeiten mit diesem »Strukturerhaltungssystem«, angeblich weil »die Primärfunktionen dieses Subsystems in der Erhaltung der effektiven kybernetischen Kontrolle der Wertstruktur selbst liegen.« »Das Problem liegt nicht (...) in der Frage nach den Werten, die den Prozeß ihrer Implementation im gewöhnlichen Sinne leiten, sondern vielmehr darin, Wertbindungen als die zentrale normative Bedingung des Implementationsprozesses zu erhalten.« (Parsons 1980, 189).

Das ist freilich nicht nachvollziehbar – vielmehr liegt das Problem in der Tat in den Werten selbst. Ebenso wie die drei Handlungsmedien Geld im ökonomischen, Macht im politischen und Einfluss im sozialen Teilsystem innerhalb ihres jeweiligen Gültigkeitsraums selbstverständlich die zentrale Funktion eines handlungsleitenden Werts bzw. Wünschenswerten haben, also von »Wertbindung« konstitutionell geprägt sind, ist nun zu fragen nach jenem zentralen Wert, dem im kulturellen Teilsystem handlungsleitende Funktion zugesprochen werden muss. Dabei handelt es sich um nichts anderes als um jene »Liebe«, die im 18. Jahrhundert in den verschiedensten kulturellen Subsystemen jeweils zentral implementiert wurde. »Liebe« als Handlungsmedium, als »eine besondere Beziehungs- oder Interaktionsform« (Burkart 1998, 40) schließt nicht nur zwischengeschlechtliche oder Paarliebe ein, sondern auch alle anderen Formen und Versionen von Liebe, von der sexuellen Liebe, der Elternliebe, der Passion und der Leidenschaft bis zur Selbstliebe, Gottes- und Erkenntnisliebe, einschließlich auch des bürgerlichen Mythos der romantischen Liebe, der Mutterliebe und des Freundschaftskults. Liebe wird für das gesamte kulturelle Teilsystem definiert als generalisierte Fähigkeit, glaubwürdiges Versprechen und moralische Verpflichtung einer grundsätzlichen Bindung von Ego an Alter. Die primäre Funktion von Liebe in der Gesellschaft ist deshalb übergreifend; sie lautet: Integration. »Austauschmedium« bei Parsons unterscheidet sich also gravierend vom Code-Begriff Luhmanns. Liebe als Handlungsmedium ist kein »rätselhaftes

Gefühl« (z.B. Bergmann 1999), wie das Konzept der romantischen Liebe ähnlich dem Konstrukt der Mutterliebe und dem Freundschaftskult postuliert. Und Liebe ist auch nicht nur ein sprachlicher Code, der die Unwahrscheinlichkeit von Kommunikation reduziert. »Liebe« wurde zu einem kulturellen Handlungsprogramm, mit dem spezifische Probleme gelöst werden konnten – und das nicht erst mit Beginn des 20. Jahrhunderts (Illouz 1997). Naturgemäß kann diese weitreichende medienhistorische Bedeutung des Konzepts »Liebe« einer rein psychologischen, rein soziologischen oder rein kommunikationstheoretischen Perspektive, welche jeweils keine weiteren Sichtweisen mehr neben sich duldet, nicht in den Blick kommen.

6.5.2 Das gab es seit jeher: Liebe als einen mehrdimensionalen Verhaltens-, Gefühls- und Bewusstseinskomplex rund um das biologisch-physiologische Programm zur Reproduktion und Erhaltung der Gattung Mensch mit der Funktion, den existenziellen Widerspruch zwischen Ich (Individuum) und Du / Wir (Sozialverband) auszubalancieren und kulturspezifisch mit »Sinn« zu versehen. »Liebe« als Handlungsmedium heißt demgegenüber: Im neu sich herausbildenden kulturellen Teilsystem der bürgerlichen Gesellschaft wurde »Liebe« im Verlauf des 18. Jahrhunderts in allen kulturellen Subsystemen zum Modell, zum Programm, zum zentralen Wert prinzipiell aller Interaktionen. »Liebe« kumulierte zu einem zentralen Kulturmedium, weil sie gegenüber Sprache, Ritualen und anderem in verschiedenen Dimensionen und kontinuierlich im lebenszyklischen Wandel von der Geburt bis zum Tod wertemäßig als ein zentrales Orientierungs-, Steuerungs- und Integrationskriterium fungierte. »Liebe« in diesem Sinn wurde gesellschaftlich wirksam, indem sie Gesellschaft insgesamt entlastete und neue Strukturbildungen und Differenzierungen ermöglichte bzw. in Gang setzte.

Die Relevanz dieser »Liebe« galt nicht mehr nur partiell, sondern für das gesamte kulturelle System: als Klammer für eine Vielzahl sich funktional immer stärker ausdifferenzierender Einzelbereiche. Um welche genau handelt es sich dabei? Parsons selbst nennt allgemein (Parsons et al. 1965) vor allem Philosophie, Religion und die Künste (Musik, Literatur, Theater). Davon müssen einzelne wie vor allem Religion, Philosophie, Malerei, Bildende Kunst, Musik nur noch kurz in Erinnerung gerufen werden – die zentrale Position von Liebe im jeweiligen Diskurs ist bereits ausgewiesen.

In *Religion* und *Philosophie* hatte Liebe bereits seit Jahrhunderten eine Schlüsselbedeutung inne. Liebe als einheitsstiftende, auf Vereinigung hinwirkende Kraft gehört zur Metaphysik seit ihren Anfängen und lässt sich durch die gesamte abendländische Philosophiegeschichte verfolgen, von der »kosmogonischen Liebe der Frühzeit« über den »ekstatischen Eros bei Platon und Plotin«, die »Freundschaftsliebe« bei Aristoteles, die christ-

lich-philosophische Liebe bei Augustin bis zur »reinen Liebe im carte-
sianischen Zeitalter« und der »empfindsamen Liebe in Deutschland« (ausführlich z.b. Kuhn 1975). Im »Historischen Wörterbuch der Philosophie«
heißt es dabei speziell zum 18. Jahrhundert: »Das Ergebnis der Verlagerung des Schwergewichts von Gott auf den Menschen und auf die Liebe
als gesellschaftliches Phänomen erbrachte eine Bereicherung und Differenzierung des Verständnisses. Läßt man die gewaltig anschwellende Literatur zum Thema als Gradmesser gelten, so ist man versucht, die der
Revolution vorangehenden Jahrzehnte der Rokoko-Kultur als das »Zeitalter der Liebe« zu kennzeichnen.« In Deutschland »rückte der Begriff
der Liebe in den Mittelpunkt und verschwisterte sich (...) mit dem Gedanken der Bildung«. Bei J. Böhme, J. G. Hamann, J. G. Fichte, F. von Baader,
Fr. Schleiermacher und vielen anderen ihrer Zeit wurde Liebe vielfach
ebenso ins Zentrum der Betrachtung gestellt wie in den Religionen. (Rit-
ter/Gründer 1980, 307ff.)

Agape oder Caritas im Sinn von Gottesliebe bzw. Nächstenliebe ist das
Grundmotiv der neutestamentlichen christlichen Theologie (z.b. Warnach 1951, Welte 1973, Tafferner 1992, Trappe 1997). Liebe in diesem Sinn
ist insbesondere als Herzstück der paulinischen Theologie (z.b. Pedersen
1980, Post 1990, Brümmer 1993, Söding 1995) und in seiner Ausprägung
bei Thomas von Aquin (Pieper 1972, Ilien 1975) ausführlich reflektiert
worden. In der »Theologischen Realenzyklopädie« werden weitere Akzente gesetzt u.a. bei Luthers »Theologie der Liebe« und im Pietismus
(Müller 1991, 121-191).

In *Malerei* und *Bildender Kunst* bildete das sentimentale, das »empfindsame« und dann das romantische Freundschaftsbild im bürgerlichen Bereich des Jahrhunderts »eine einzigartige Erscheinung«, »etwas historisch
Einmaliges« (Lankheit 1952, 7f.). Klaus Lankheit nennt für die Kunstgeschichte als die herausragenden Formen vor allem das Doppel- oder
Gruppenbildnis, Allegorie und Symbol sowie das Freundschaftshistorien-
bild und die Illustration, in denen Freundespaare, Freundesbünde als
Ereignisbilder dargestellt wurden. In der *Architektur* wurden entsprechend
intime Raumformen bevorzugt, gekennzeichnet von Wohnlichkeit und
Verschwiegenheit, mit dem Ziel des Gesamtkunstwerks – eine Reaktion
auf die riesigen Schlösser und die Architektur eines Ludwig XIV. in Frankreich. »Mit Beginn des 18. Jahrhunderts erlebt die Freundschaft eine seit
der Antike nie da gewesene Bewertung.« (Lankheit 1952, 39) Für den aufgeklärten Menschen wurde der Freund zum emotionalen Rückhalt, für
den pietistischen Menschen zum säkularen Mitbruder, zur Mitschwester.
Beispiele wären in der englischen Porträtmalerei etwa John Hoppners »Die
Schwestern« oder die Skizzen zu Homer, beispielsweise Achill bei der
Leiche des Patrokles, von John Flaxman (1793), in der deutschen Historien-
malerei etwa Johann Heinrich Tischbeins »Alexander und Hephaistion«
oder in der Bildhauerkunst beispielsweise Gottfried Schadows Gruppe

der beiden Prinzessinnen in Berlin (1796/97). Werktitel und Widmungen wie »Freundschaft und Harmonie«, »Trauernde Freundschaft«, »Das Glück der Freundschaft«, »Abschied zweier Freunde« oder »Dem Andenken der Freundschaft« unterstreichen diesen Schwerpunkt nachdrücklich: »Die Freundschaft als Ersatzreligion« (Lankheit 1952, 69ff.). Künstler wie der Historienmaler Johann Heinrich Füssli und der Landschaftsmaler Johann Christian Reinhart stellten den Freundschaftskult ins Zentrum ihres Schaffens. Lankheit sieht in der Romantik Anfang des 19. Jahrhunderts dann das religiöse Ethos der romantischen Künstlerfreundschaften zu voller Blüte erwachen – »Wir Drei« (1804) von Philipp Otto Runge, »Mondaufgang am Meer« von Caspar David Friedrich, »Auf Wanderschaft« von Ferdinand Olivier und zahllose andere Bilder ließen sich hier nennen. Erst ab Ende der 20er Jahre spielte das romantische Freundschaftsbild dann keine Rolle mehr.

Musik schließlich, im Sinne der kanonisierten Kunstmusik, war bereits an der Epochenschwelle zum 18. Jahrhundert, wie Anette Guse am Beispiel der Hamburger Oper (Heinrich Elmenhorst, Christian Friedrich Hunold, Barthold Feind) gezeigt hat, von einer »Poetologie der Liebe« geprägt. »Neu ist (...) die inhaltliche Begründung der Liebe, die gegenseitige Artikulation der Geschlechter, der moralische Stellenwert der Treue sowie die Wertschätzung, die die Ehe als Endziel der Liebesbeziehung genießt.« (Guse 1997, 276) Moralische Grundlage des Liebesgefühls, Individualität des Partners und Dauerhaftigkeit der Beziehung wurden zentral. Vernünftige Liebe ging nun mit Sinnlichkeit zusammen, freilich reglementiert in der Ehe. Treuebruch und Wollust wurden karikiert und komödiantisch-satirisch zurückgenommen. Bloße Verliebtheit verblasste gegenüber dem Ideal ehelicher Liebe. Spätestens seit der Mitte des Jahrhunderts hat sich das in den kanonischen Musikwerken ausgebreitet. Der Bogen reicht von den Spielen und Tänzen des Adels, von Schäferspiel und Menuett im Rokoko bis zu Scherzo, Deutschem Tanz, Ländler und schließlich dem Walzer, von Divertimento, Kassation und Serenade über die Sonate bis zur Sinfonie, von galantem Stil und Empfindsamkeit über die Klassik bis zur Romantik – verstanden als » der unbändige Wunsch nach Freiheit und zugleich die Bereitschaft, die Freiheit für das einzige aufzugeben, das größer ist als sie: die Liebe. Die Liebe zum Menschen, zur Weltseele (die für manchen mit Gott gleichbedeutend sein kann), zur kleinsten, ärmsten, unbedeutendsten der Kreaturen.« Genannt werden u.a. »das Verschwinden der strengen Formen, des Kanons und der Fuge, der Chaconne und der Passacaglia (...), der schmiegsamere Orchesterklang, der nun erstmals auftretende Übergang von laut zu leise und umgekehrt«, »Sinnlichkeit als Triebkraft«, die romantische Dissonanz (Pahlen 1991, 235, 242, 336).

Vor allem die Oper transportiert die damalige Bedeutung der Liebe. »Ein Libretto, das der Konstellation der Liebe ermangelt, scheint schlechterdings unkomponierbar,« schreibt Gerhard Scheit über die gemeinsame Geschichte von Drama und Oper als »Dramaturgie der Geschlechter« (1995). Herausragende Beispiele wären u.a.: die Reformoper »Orfeo ed Euridice« (1762) von Christoph Willibald Gluck, die die Wiedervereinigung der durch den Tod getrennten Liebenden feiert; die Opern »Die Entführung aus dem Serail« (1982), welche bürgerliche Liebe gegen höfische Liebe setzt, »Don Giovanni« (1787), eine Variation des Don-Juan-Themas, und »Die Zauberflöte« (1791) über die große Liebe zwischen Pamina und Tamino, von Wolfgang Amadeus Mozart; dann »Fidelio« (1805 / 1814) von Ludwig van Beethoven, ein Preislied auf die Liebe der Ehegatten; Lieder von Beethoven wie »Zärtliche Liebe« und sein Liederzyklus »An die ferne Geliebte« (1816); oder Lieder wie »Die erste Liebe«, »Rastlose Liebe«, »Stimme der Liebe« und der Zyklus »Die schöne Müllerin« (1824), eine Liebesgeschichte mit tragischem Ausgang, von Franz Schubert, der ebenfalls in »Freundeskreisen« verankert war (z.B. Dürr 1999; vgl. auch Kramer 1998).

6.5.3 Andere kulturelle Subsysteme entwickelten sich im Verlauf des 18. Jahrhunderts und müssen mit ihrer jeweils zentralen Positionierung von Liebe neu eingebracht werden. Dabei handelt es sich vor allem um das Erziehungswesen und um Literatur und Drama / Theater. Auch das kann hier nur stichwortartig angedeutet werden.

Im *Erziehungswesen* spielt neben der »Mutterliebe« (Kap. 6.3) noch das sich entwickelnde Schulsystem, die Instanz des Lehrers und Erziehers und die sich herausbildende reflexive Pädagogik eine wichtige Rolle. Die »Liebe« zum Zögling, zum Schüler, zum Auszubildenden wurde im 18. Jahrhundert in Absetzung von der antiken Pädagogik professionalisiert. »Am Anfang der pädagogischen Wissenschaft (...) stehen eine Liebe und eine Lust – eine Liebe zum Kind und eine Lust am Erziehen«, schreibt Hans-Christoph Koller (1990, 17). Unter Bezugnahme auf Ariès, Shorter und Badinter lassen sich die Beiträge früher Erzieher wie Joachim Heinrich Campe, Christian Gotthilf Salzmann und Johann Friedrich Oest zu einem Konzept komprimieren, das sich spätestens bis 1800 als pädagogischer Eros abzeichnete (vgl. ausführlich Kersting 1992). »Nie zuvor wurden so viele Schriften über Erziehung veröffentlicht (und vermutlich auch gelesen) wie im letzten Drittel des 18. Jahrhunderts, und im gleichen Zeitraum entsteht erstmals eine eigene, durchweg pädagogisch bestimmte Literatur für Kinder.« (Koller 1990, 25)

Mit der pädagogischen Liebe ist nicht sexuelles Begehren des Lehrers gegenüber dem Kind gemeint, sondern ein professionelles Modell oder Konstrukt des Kindes, wie es von Jean Jacques Rousseau in seinem Erziehungsroman »Émile ou de l'éducation« (1762) vorgedacht war: Der Erzieher emanzipiert sich hier vom Status des Bediensteten im adeligen Haushalt und entwickelt die Perspektive und Kompetenz, dem individuellen Kind jenen Reichtum an Bildung, jene Fähigkeiten abzuverlangen, die es naturhaft in sich trägt und die als Kritik der gesellschaftlichen Zustände entfaltet werden müssen. Kindheit wird hier als eine eigene Lebensphase dargestellt, die impliziert, dass das Kind für das Erwachsensein erst vorbereitet werden muss, und das etabliert den professionellen Erzieher. Die innerfamiliäre Unterweisung oder Belehrung durch den Hauslehrer, die sich an partikulären Normen des Standes orientiert hatte, wurde dabei ersetzt durch eine professionelle Erziehung außerhalb der Familie, die sich zudem an den Sachverhalten der Natur und Kultur ausrichtete und diese rational-distanziert, methodisch zu vermitteln hatte (vgl. Giesecke 1997, 28ff.).

Am Anfang der Pädagogik als Wissenschaft stand Johann Heinrich Pestalozzi, der mit den Ideen Rousseaus vertraut war und u.a. durch die Schrift »Wie Gertrud ihre Kinder lehrt« (1801) berühmt wurde. Er gründete ein Institut, das zu einem pädagogischen Zentrum Europas wurde – wegweisend für volksbildnerische Bestrebungen der Zeit. Pädagogische Liebe richtete sich hier freilich nicht an Kinder des Adels, sondern an arme, verwaiste, verlotterte Kinder. Und die Rousseau gemäße Kritik der gesellschaftlichen Verhältnisse als Ausgangspunkt für die Begründung pädagogischer Bemühungen trug dabei den Verwüstungen des Krieges Rechnung. In einer Situation zusammengebrochener Ordnungen und moralischer Verwahrlosung bedürfe es zunächst einer sozio-emotionalen Basis, quasi als Ersatz für den fehlenden Familienverband, d.h. einer Kindergemeinschaft als Orientierungsrahmen, innerhalb dessen gelernt werden sollte, das andere Kind als Geschwisterkind zu betrachten. Die pädagogische Liebesbeziehung des Erziehers zum Kind gründet hier also auf einer familienanalogen Struktur. Erst auf dieser emotionalen Grundlage, die Vertrauen schaffe (1. Stufe), ließen sich positive Gefühle und Verhaltensweisen der Kinder zueinander mobilisieren, also die Kindergemeinschaft zu einer Erziehungsgemeinschaft transformieren (2. Stufe), in der Erziehung schließlich als Belehrung durch Worte möglich sein würde (3. Stufe). Pädagogische Liebe war hier ganzheitlich konzipiert (»mit Kopf, Herz und Hand«) und wurde »von nun an zu einem zentralen Begriff der pädagogischen Beziehung überhaupt« (Giesecke 1997, 48).

Was die deutsche *Literatur* des 18. Jahrhunderts angeht, so hat Jutta Greis am Beispiel des Dramas, der seinerzeit »zentralen literarischen Gattung«, wesentliche Momente zur Bedeutung des Konzepts »Liebe« herausgearbeitet. Liebe war hier »das zentrale Medium im kulturellen Kommunikationsprozeß (...), Ort der Selbstverständigung einer kulturellen Avantgarde« (Greis 1991, 2f.). »Die Dramen des 18. Jahrhunderts sind lesbar als literarische Prismen einer kulturumwälzenden Neudefinition von Liebe, die Identität und Sozialität neu bestimmt vor dem Hintergrund eines sozialgeschichtlichen Prozesses, der zur Ausbildung moderner Gesellschaften führt. Der Liebesdiskurs bildet ein semantisches Medium, das wesentlich die Konstituierung von Subjektivität prägt und Formen der intersubjektiven Verständigung in Intimbeziehungen bereitstellt.« (Greis 1991, 173; vgl. auch Kluckhohn 1921; Friedemann 1935) So wurde »Zärtlichkeit« zum Schlüsselbegriff im Diskurs der Empfindsamkeit (Wegmann 1988, 40ff., Saße 1996, 38ff.; vgl. auch Kap. 5.2 oben). »Die entscheidende Differenz zwischen den tradierten Liebessemantiken der abendländischen Kultur und dem neuen Liebesdiskurs liegt im Phänomen der Universalisierung. Was sich zunächst als neues Kommunikations- und Identitätsmodell einer kleinen bürgerlichen Elite entwickelte, gewann bald universale kulturelle Bedeutung. (...) Waren die überkommenen literarisch ausgeformten Codes der Liebe vom Minnesang bis zur Galanterie des Barock immer nur mit sozial begrenzter Geltung ausgestattet, wie sie Romeo und Julia symbolisieren, im kulturellen Kontext immer als das Besondere, als Ausnahme verstanden, so bewirkte die neue Formierung der Liebessemantik im 18. Jahrhundert eine Ausweitung sowohl der individuellen wie der gesellschaftlichen Bedeutung von Liebe. (...) Ehen werden (...) zu Liebesgemeinschaften. Die Fusion von Liebe und Ehe in einer Semantik verschafft dem Liebesdiskurs letztlich seine Kulturmächtigkeit. (...) Liebe, Ehe, Identität, damit Sinn, bilden ein einziges Modell. Auch wenn die Konzentration auf die Ehe später wieder nachlässt – das Bild der monogamen, lebenslangen Liebesgemeinschaft ist geprägt.« (Greis 1991, 176f.) Gesellschaftlicher Institutionalisierungsdruck und individuelles Glücksversprechen, exklusiv und von höchsten Ansprüchen, also Ehe und Liebe, wurden aneinander gekoppelt und erhielten damit den Charakter permanenter Krise. Das »Konzept der Liebesheirat« markiert in seiner inhärenten Widersprüchlichkeit und Dramatik »einen zentralen Aspekt soziokultureller Veränderungsprozesse«, wie sich an zentralen Werken der Hochliteratur von Gellerts »Die zärtlichen Schwestern« und Lessings »Minna von Barnhelm« über Lenz' »Der Hofmeister« und Wagners »Die Kindermörderin« bis zu Goethes »Clavigo« oder Schillers »Kabale und Liebe« nachweisen lässt (Saße 1996, 2ff.).

Diese neuen Freiheitsgrade bei der Lebensgestaltung und damit auch bei der ehelichen Verbindung kommen nicht zuletzt in vielen Romanzen und Werken der im 18. Jahrhundert neu entstehenden Gattung Roman zum Ausdruck. »Der Roman ist für die Reflexion von Freundschaft und Liebe, die in der Empfindsamkeit im Vordergrund steht, das im Gattungssystem vorgesehene Medium.« (Friedrich 2000, 215) Die individuelle Freiheit der Partnerwahl ist dabei charakteristischerweise wieder zweigesichtig: einerseits emanzipativ und Erfüllung für den Einzelnen, andererseits subversiv und Bedrohung für den Zusammenhalt der familiären Gruppe oder Sippe.

6.5.4 »Liebe« als Kulturmedium ist die Antwort auf diesen Konflikt zwischen Geborgenheit (um die Preis von Fremdbestimmung und Begrenzung) einerseits und Selbstbestimmung (um den Preis von Isolation und Orientierungslosigkeit) andererseits. Der prüfende Rundblick in die Sektoren unterschiedlicher Disziplinen, das Sammeln von Einzelbefunden aus den vielfältigen Dimensionen der Kultur desselben Zeitabschnitts macht sichtbar: Orientierungs- und Steuerungsfunktionen in den unterschiedlichsten kulturellen Sektoren kumulierten jeweils in »Liebe«; diese Kategorie wies ein unvergleichbares Integrationspotenzial auf. Ihren Status als symbolisch generalisiertes Handlungsmedium des kulturellen Systems gewann »Liebe« – im 18. Jahrhundert – kraft dieses integrativen Charakters. Das heißt: Die Prozesse der strukturellen Ausdifferenzierung der frühbürgerlichen Gesellschaft im 17. Jahrhundert machten im kulturellen System die Ausbildung einer neuen Sinnkonstante erforderlich, um die gesamtgesellschaftliche Einheit nach dem Zusammenbruch der kirchlichen bzw. feudalen Sinngaranten aufs Neue zu gewährleisten. »Liebe« wurde zur normativ verbindlichen, einheitlichen bürgerlichen Ordnungsvorstellung allgemein menschlichen Zusammenlebens und half somit bei der Überwindung der insbesondere vom Kapitalismus implementierten Konkurrenz- und Ausbeutungsstrukturen. Integration war hier nicht Unterordnung, Aufnahme oder partielle Desintegration (vgl. Jarren 2000, 29), sondern Kompensation. »Liebe« als Handlungsmedium wurde funktional zum zentralen Korrektiv von Geld und Macht im wirtschaftlichen und politischen Teilsystem bürgerlicher Gesellschaft.

Es liegt auf der Hand, dass diese Funktion nur über Kommunikation in den damals dominanten Medien wirksam werden konnte. Das darf aber nicht verwechselt werden mit der kopflastigen These von Liebe als bloßer »Medienrealität« (Jäger 1993), so als hätte es damals keinen wirtschaftlich motivierten Strukturwandel des Öffentlichen bzw. keine Ausbildung von sozial wirksamen Geschlechtscharakteren gegeben. »Liebe« fungierte ab dem 18. Jahrhundert als Handlungsmedium, dessen Gesamtbedeutung sich *auch* im Rahmen der Kultur der bürgerlichen Medienkommunikation des 18. Jahrhunderts zeigen lässt (vgl. Kap. 12).

132

7. Die bürgerliche Abgrenzungsästhetik

Im Bereich des Mediums Theater vollzogen sich von 1700 bis 1830 mindestens drei wichtige Veränderungen:
- Erstens und vor allem blühte das Sprechtheater auf, nationalspezifisch, dramenlastig und in der Diskussion in Deutschland im Kern vom bürgerlichen Trauerspiel dominiert. Damit verstärkte sich die Tendenz zur Verbalisierung und Abstraktifikation von Medienkultur, wie sie insbesondere schon bei der Usurpation der traditionellen Menschmedien für diese Epoche (Kap. 4) beobachtet werden konnte.
- Zweitens wurde das Sprechtheater ebenso wie das absolutistische Tanz- und Musiktheater zumindest tendenziell in die bürgerliche Sphäre von Kunst überführt und damit seiner breit gesellschaftlichen Orientierungs- und Steuerungsfunktion enthoben. Dabei handelt es sich im Prinzip um dieselbe Ästhetisierung, die auch schon den Privatbrief zum Literaturprodukt werden ließ. Diese Ghettoisierung schwächte den Mediencharakter des Theaters und tendierte zur Reduktion auf bloße mediale Funktionen.
- Und drittens, allerdings nur in allerersten Anfängen ausgeprägt, entstanden Gegenläufer wie die Vorformen der zukünftigen Medien Fotografie, Film und Fernsehen. Damit wurde wieder an jene Sinnlichkeit angeknüpft, die mit der Dominanz der Printmedien weggefegt worden war, für die aber das Theater seit jeher als wichtigster Statthalter fungiert hatte – allerdings nicht mehr in Gestalt einer Face-to-face-Live-Medialität, sondern nun als eine präsentative Visualität, die ihrerseits wieder (technisch) vermittelt sein würde.

7.1 Vom Tanztheater zum Kunstballett

In der Geschichte des Tanzes steht das 18. Jahrhundert für die Trennung von Gesellschaftstanz und Ballett (vgl. oben Kap. 4.2). Das Ballett wurde zum »Kunsttanz«. Ursprünglich gesellschaftliche Unterhaltung an den fürstlichen Höfen, erhielt es Autonomie als Bühnenkunst sui generis »mit allen Schikanen von Pirouetten, Entrechats, Spitzentanz usw.« (von Boehn 1925, 95ff.). Das Ballett gab es also schon sehr viel früher, etwa auf den Festen der italienischen Renaissance, aber nun wurde es nicht mehr von Laien und fürstlichen Dilettanten getanzt, wie noch am Hofe Ludwig XIV., sondern von speziell ausgebildeten Berufstänzern; nun war es nicht mehr festliche Unterhaltung, Überbrückung, Zwischenspiel, Einschub in einem Singspiel, einem Maskenfest, einer musikalischen Darbietung und es war auch keine Operneinlage mehr, sondern hatte sich zur selbstständigen Kunstgattung ausgeformt.

Dabei lassen sich zwei Abschnitte unterscheiden: Zunächst das Ballett gemäß den Tänzern und Choreographen Franz Anton Hilverding in Österreich, Gasparo Angiolini in Italien und Jean-Georges Noverre in Frankreich, die sich gegen die Ballettunterhaltung wandten, wie sie etwa unter Ludwig XV. von Schäfern und Schäferinnen anmutig auf der Bühne mit tändelnden Spielen, Reigen- und Einzeltänzen vorgetanzt wurde. Einige der berühmtesten Tänzerinnen in Frankreich waren Marie Sallé (1707–1756), Marie-Anne de Camargo (1710–1770) sowie Madeleine Guimard (1743–1816), später Anna Frederike Heinel (1753–1808). Aber auch Gaetano Vestris (1729–1808) und Auguste Vestris (1760–1842) waren mit dem pantomimischen Tanz an der Pariser Oper erfolgreich (vgl. auch Liechtenhan 1983 58ff.).

Vor allem Noverre (1727–1810), der auch in Berlin und Stuttgart wirkte, gilt als »Begründer des modernen Ballett« (z.B. Schikowski 1926, 115). Seine »Lettres sur danse et sur les ballets« (1760) wurden von Gotthold Ephraim Lessing und Johann Joachim Christoph Bode 1769 ins Deutsche übersetzt. Die steifen Formen des barocken Tanzes sollten im Stil der Aufklärung durch Natürlichkeit und Realismus abgelöst werden – Noverre gestaltete das etwa in seinem Ballett »Die Rosenkönigin von Salancy« (1775). Einfachheit, Ordnung, Harmonie wurden gefordert. »Aus dem räumlich orientierten geometrischen Ballett wurde der zeitlich gerichtete, getanzte Handlungsverlauf« (Eichberg 1978, 186): Handlungsballett. Tanz und Pantomime sollten dabei verschmolzen werden, sodass ein dramatischer Konflikt darstellbar war (z.B. Calendoli 1986, 151). Bühnenbild, Kostüm und Musik sollten mit dem Tanzdrama übereinstimmen. Exemplarisch dafür steht etwa das Ballett »Don Juan oder Der steinerne Gast« von Christoph Willibald Gluck (1714–1787), das am 17. Oktober 1761 am Wiener Burgtheater, nach der Choreographie von Angiolini, uraufgeführt wurde.

Nach der Französischen Revolution und dem Ballett in ihren Diensten begann ein zweiter Abschnitt in der Entwicklung des Balletts als bürgerlicher Gattung. Nicht mehr die Naturschönheit des sich bewegenden Körpers stand im Vordergrund, sondern immer stärker die Kunstschönheit des stilisierten Körpers (Klein 1992, 113). Dieses Ballett trieb die Künstlichkeit beim Tanz bis zur Verkehrung der Regeln im wahren Sinne des Wortes auf die Spitze, geprägt vom Bemühen um Aufhebung der Schwerkraft. »Sein künstlerisches Ziel war, im Zuschauer das Gefühl überirdischer Leichtigkeit zu erzeugen: Erlösung von aller Erdenschwere, Schweben in ätherischen Regionen.« (Schikowski 1926, 106) Das war das »romantische Ballett« mit dem Spitzentanz, das seinen Durchbruch 1832 mit »La Sylphide« fand, bei dem die bürgerliche Frauenrolle im Zentrum stand:

die Frau als Mensch und Geist, als soziales und naturhaftes Wesen, als Heilige und Hure (Klein 1992, 116ff.; vgl. auch Sorrell 1985, 206ff.) Der Italiener Salvatore Viganò (1769–1821) spielte bei diesem Ballett als getanztem Drama, das nicht nur Handlung verkörperte, sondern auch Gefühle und Leidenschaften bis hin zur komplexen Entwicklung von Figuren und Beziehungen, eine herausragende Rolle; Maria Taglioni (1804–1884) war eine der berühmtesten Spitzentänzerinnen. Exemplarisch für diesen Abschnitt steht das Ballett »Prometheus« in seiner Neufassung, von Viganò am 22. Mai 1813 zur Musik von Ludwig van Beethoven, Wolfgang Amadeus Mozart, Joseph Haydn und Joseph Weigl an der Mailänder Skala herausgebracht. Das von der Oper emanzipierte Ballett trat hier mit dem Anspruch der großen Tragödie (von Behn 1925, 105), der theatralischen Masseninszenierung auf (Schikowski 1926, 120; Calendoli 1986, 161).

Giovanni Calendoli fasst zusammen: »Die gesellschaftliche Veränderung, die sich im 18. Jahrhundert vollzieht, bringt den Niedergang der Tänze mit sich, die besonders im Klima des aristokratischen Milieus gediehen sind, und läßt gleichzeitig die Tänze, die dem Bürgertum näher stehen, an Boden gewinnen. Die Hoftänze sind durch majestätische Würde oder abgezirkelte Grazie gekennzeichnet und stimmen mit den Vorschriften der Etikette überein. Das Bürgertum und das einfache Volk schätzen jedoch weit mehr die lebhafteren Tänze, bei denen die Zwangsjacke des ›feinen‹ Benehmens abgeschüttelt wird.« (Calendoli 1986, 167) In der Romantik freilich wurde die Ästhetisierung auf die Spitze getrieben und mit elaborierter Choreographie und professioneller Kunstfertigkeit und Stilistik veredelt. Damit wurde an die bürgerlichen Ideale vom Anfang des Jahrhunderts angeschlossen – der Leipziger Tanzlehrer Gottfried Taubert mit seiner Schrift »Rechtschaffener Tantzmeister« (1717) wollte natürliche Bewegungen zur Kunst veredeln, d.h. normieren und regulieren als Affektkontrolle. Es ging um die Mäßigung der Leidenschaft. (vgl. Otterbach 1992, 87ff.) Das Ballett als Körperbeherrschung bis zum Äußersten wurde schließlich mit der »Figur«, ursprünglich zum einen Raumgestalt des Tänzers, darstellender Körper, zum andern Einheit von getanzten Bewegungen, aufgelöst in einen Zustand der Seele: Gemeint war »nicht die Figur der Animation des Körpers als dargestellte und darstellbare Natur, sondern der Topos der Nicht-Bezeichenbarkeit einer Natur, die sich entzieht – ein Gedanke des Verfehlens oder der Auflösung von ›Figur‹ mithin als Bestandteil einer Ästhetik des Nicht-Darstellbaren, einer Ästhetik also, die schließlich um 1800, in der Romantik und bis in die Moderne hinein vorherrschend werden wird.« (Brandstetter 1999, 38)

7.2 Von der höfischen Oper zum bürgerlichen Musiktheater

In der höfischen Repräsentationskultur spielte das Musiktheater eine noch sehr viel größere Rolle als der Tanz, während des gesamten 18. Jahrhunderts und bis weit ins 19. Jahrhundert hinein (umfassend Daniel 1995). Am Hof herrschte gewissermaßen »strukturelle Langeweile« (Daniel 1995, 29), die Unterhaltungen jeglicher Art notwendig machten, speziell bei dynastisch relevanten Anlässen wie Geburten und Hochzeiten: Jagd und Tierhatz, Geländespiele, Festivitäten und Tänze, Blindekuh- und Verkleidungsspiele, Völlerei, Possen, Ballette, Theateraufführungen und vor allem Opern. Die Oper hatte den größten Unterhaltungswert, war »unbestrittener Kern des Hoftheaters«, und »einzig die Höfe konnten und wollten die enormen Kosten tragen« (Daniel 1995, 35ff.+66+95). Unter den mehreren hundert deutschen Höfen waren freilich finanziell nur wenige in der Lage, immer wieder neue Opern in Auftrag zu geben und aufführen zu lassen – Spielstätten waren etwa Wien, Nürnberg, Hannover, Leipzig, Braunschweig, München, Berlin, Dresden, Stuttgart, Bayreuth, Karlsruhe, Weimar, Kassel, Mannheim; auch Hamburg (um nur die wichtigsten zu nennen). Mannheim als Beispiel: »Die jährlichen Gesamtkosten von Oper, Musik und Ballett unter Karl Theodor wurden (für die 1770er Jahre) auf mindestens 168.000 Gulden geschätzt – das wären knapp 10 Prozent aller jährlichen Einnahmen der pfälzischen Generalkasse in den 1770er Jahren. Doch auf diese Branchen des Hoftheaters zu verzichten, hätte nahezu die öffentliche Bankrotterklärung des Kurfürsten bedeutet« (Daniel 1995, 98). Spätestens seit dem Siebenjährigen Krieg (1756–1763) aber waren hier wie anderswo erhebliche Sparmaßnahmen unumgänglich. Generell rückte das höfische Luxusleben im Reformabsolutismus dem großbürgerlichen Habitus näher – eine »gegenseitige Anverwandlung von Hoch- bzw. Hofadel und Bildungsbürgertum« (Daniel 1995, 118). Die Hofausgaben wurden gegenüber den Staatsausgaben prozentual deutlich begrenzt, in Preußen auf 4 Prozent und weniger.

Die festen Residenz- und Stadttheater nahmen zu, und das zahlenmäßig begrenzte adelige Publikum wurde zunehmend durch bildungsbürgerliches Theaterpublikum ergänzt. Ute Daniel beschreibt: »Bisher hatten sich die Zuschauerinnen und Zuschauer der Hoftheater vor allem aus der Hofgesellschaft und ihren Gästen rekrutiert; die Bürgerschaft der Residenz – soweit sie sich überhaupt für italienische Oper und französisches Theater hätte begeistern mögen – fand hier nur von Fall zu Fall und auf Einladung der Herrscherfamilie oder der oberen Hofchargen Zutritt. Vor allem aber waren adelige wie bürgerliche Zuschauer als – in aller Regel keinen Eintritt entrichtende – Eingeladene eher als Gäste der Herrscherfamilie denn als Publikum mit eigenen Prärogativen hier anwesend. Dies änderte sich, als die nunmehr immer häufiger von deutschen Truppen bespielten Hoftheater für das zahlende Publikum geöffnet wurden – eine

Maßnahme, die einerseits einer besseren Kostendeckung dieser Institution dienen sollte, andererseits der sinnfälligste Ausdruck der neuen reform-
absolutistischen Zuwendung zur ›eigenen‹ Bevölkerung war und mit der
entsprechenden erzieherischen Absicht begründet wurde. Damit erhöhte
sich der Zulauf bürgerlicher Kreise, und es bildeten sich zwei Kategorien
von Zuschauern heraus: Das gehobenere und reichere Bürgertum stellte
gemeinsam mit dem Adel die Gruppe der Logenmieter und Abonnenten,
also der Dauerzahler und -besucher; die anderen bürgerlichen Schichten
bis hinunter zu den Kleinbürgern und Dienstboten kauften bei Bedarf Ein-
trittskarten und bevölkerten die billigeren oberen Ränge des Theaters vor
allem an Sonn- und Feiertagen.« (Daniel 1995, 129f.)
   Der Geschmack des Publikums gewann Einfluss auf die Spielplange-
staltung – wer zahlte, durfte auch seine Konsumansprüche und -erwar-
tungen formulieren und Kritik äußern. Die für die bürgerliche Gesellschaft
charakteristische Geld- bzw. Warenbeziehung begann auf das Theater
Einfluss zu nehmen. Speziell das neue deutschsprachige Musiktheater
integrierte Teile des städtischen Wirtschafts- und Bildungsbürgertums,
zumal bei steigender Rezeptionskompetenz, wie sie etwa durch Noten-
druck, Druck von Klavierauszügen und Ariensammlungen, aber auch
durch Umbrüche in der bürgerlichen Musikausbildung und damit insgesamt durch eine größere Öffentlichkeit bewirkt wurde (z.B. Krämer 1999,
127ff.). Positiv wirkte sich das auch auf das künstlerische Personal aus,
das sesshaft wurde und teils den Status fürstlicher Beamten erlangte, sich
aber auch mit neuem Leistungsdruck und politischen wie moralischen
Zensuranforderungen konfrontiert sah (allerdings muss die Theaterzensur
des 18. Jahrhunderts noch weitgehend als unerforscht gelten). Speziell
Opernsänger und -sängerinnen waren bürgerlichen Standes und auch das
gesamte restliche Theaterpersonal wurde zunehmend von bürgerlichen
und kleinbürgerlichen Vertretern durchsetzt. Die gesellschaftliche Positionierung des höfisch-elitären Musiktheaters wurde dabei aber nicht in
Frage gestellt: »Die ökonomische Absicherung und soziale Anerkennung
der Schauspieler durch die Hoftheater hatte auch Konsequenzen für die
gesellschaftspolitische Haltung der Schauspieler: Sie wurden in der Regel
konservativ. In den neunziger Jahren war das Theater fast ausnahmslos
fürstentreu.« (Meyer 1980, 209f.). Umgekehrt führte die »Verbürgerlichung
der Monarchie« in dieser Hinsicht sogar eher dazu, dass auch Herrscher
und Herrscherinnen den Wunsch nach einem Privatleben entwickelten.
   Die italienische Oper, die das gesamte höfische Musiktheater der Zeit
beherrschte, blieb beim traditionellen adeligen und neuen kaufmännischen
sowie bildungsbürgerlichen Publikum beliebt. Sie wurde freilich ergänzt
durch das neu entstandene deutsche »Singspiel« und die deutschen affekt-
generierenden »Melodramen«. Ein Beispiel für Letztere wäre etwa »Ari-
adne auf Naxos« (1775) von Johann Christian Brandes, mit der Musik von
Georg Benda, wo Text und Musik im strukturellen Ineinandergreifen

gleichrangig sind. Insgesamt lässt sich bilanzieren, dass das Musiktheater als Theater bislang ausschließlich des Adels bis zum Ende des 18. Jahrhunderts auch vom gehobenen Bürgertum akzeptiert wurde, freilich unter den Vorzeichen von Kunst. In diesem Sinne avancierte nach 1800 gerade die Oper zum Inbegriff des vollkommenen Kunstwerks. (Fischer-Lichte 1993, 147)

7.3 Vom Sprechtheater zum Drama

In Deutschland gab es – ab der Mitte des Jahrhunderts im Zuge einer immer stärkeren Ausdifferenzierung und nationalen Profilierung (vgl. Brauneck 1996, 492ff.) – vor allem zwei übergreifende Tendenzen der Theatergeschichte: erstens den Wandel von den Wanderbühnen, die mit den Medien Blatt und Plakat für sich warben (vgl. Kap. 3.3), zu den feststehenden Hofbühnen bis zum Nationaltheater und zweitens von den Hanswurstiaden bzw. der italienischen Commedia dell'arte zum Sprechtheater, speziell dem bürgerlichen Trauerspiel, d.h. zum »literarischen Theater« bzw. dem Drama (z.B. Haider-Pregler 1980, 137ff.; Fischer-Lichte 1993, 88ff.). Neben derben Possen mit sexuellen und analen Anspielungen, clownartigen Szenen und sogenannten »Haupt- und Staatsaktionen«, d.h. Action-Theater mit Schaufechtern, Kunstreitern und Seiltänzern, neben Stegreifspielen, Burlesken, Zauberspielen, Krippenspielen und Harlekinaden (Berg 1985, 124), die es auch in der zweiten Hälfte des Jahrhunderts noch in beeindruckender Zahl gegeben hat (z.B. Fischer-Lichte 1999, 12ff.), entwickelten sich bürgerliche Familienrührstücke mit der Tendenz zum sprachlichen Kunstwerk.

Man beschreibt diesen zweigleisigen Prozess auch als Wandel »vom ›tollen‹ Handwerk zur Kunstübung« (Bender 1992). Die Randgruppe der Schauspieler sollte integriert, die Aufführungen der Stücke und diese selbst theroetisch reglementiert, das Theater als Medium institutionalisiert und instrumentalisiert werden als »moralische Anstalt« (Friedrich Schiller 1802). Statt um ein virtuoses Spiel in unmittelbarem Response auf die Zuschauerreaktionen, statt um die Aufführungspraxis zusammenhangloser theatralischer Nummern, statt um permanentes Essen, Trinken, Plaudern, Lachen, Kommen und Gehen ging es unter bürgerlichem Einfluss letztlich um die buchstabengetreue Wiedergabe des Dramas als literarischem Kunstwerk: »Die äußere Zensur durch staatliche und kirchliche Institutionen war auf sublime Weise in der ›gereinigten‹ und ›gehobenen‹ Schauspielkunst vorweggenommen, internalisiert als ästhetische Qualität.« (Berg 1985, 126) An die Stelle von Unterhaltung, Zeitvertreib, Amüsement und Spektakel traten Belehrung, Zügelung und Disziplinierung des Publikums (z.B. Meyer 1980, 202). Das Repertoire zielte auf »nützliche« Erfahrungen zur Besserung der Menschen. Das Schau-Spielen wurde zur Schauspielkunst mit elaborierten Bühnenkulissen, Requisiten, Kostümen, spezieller Beleuchtung und einem in Parterre, Loge und Galerie ausdifferenzierten Zuschauerraum (vgl. ausführlich Maurer-Schmoock 1982; Tanzer 1992, 138f.). Erika Fischer-Lichte prägte dazu die Formel vom »Theater als Forum bürgerlicher Öffentlichkeit«: »Das Argument des Theaters als einer Sittenschule für den Bürger, als einer moralischen Anstalt wurde das ganze Jahrhundert hindurch in immer neuen Variationen wiederholt. (...) Die Schriftsteller, Künstler und Gelehrten, kurz, die Intellektuellen des 18. Jahrhunderts, begriffen und definierten das Theater übereinstimmend als ein Instrument der Aufklärung. Seine Aufgabe sollte es sein, sowohl den Bürger als auch den Fürsten zu erziehen, zu belehren und zu bessern. Das Theater sollte insofern als wirkungsvolles Instrument für die Durchsetzung der Emanzipationsbestrebungen des Bürgertums eingesetzt werden.« (Fischer-Lichte 1993, 84+86) Das Theater galt als »des sittlichen Bürgers Abendschule« (Haider-Pregler 1980). Rainer Ruppert nennt das Theater das »bürgerliche Leitmedium« der Zeit. In seiner kritisch gegen Habermas gerichteten Funktionsanalyse eröffnet er weitere Einsichten in die »Polyfunktionalität des Mediums« (Ruppert 1995, 14+22). Charakteristisch ist die Verschiebung der Anfangszeiten der Aufführungen (Meyer 1980, 205; vgl. auch Tanzer 1992, 64f.+178f.): Um 1700 öffnete sich der Vorhang bereits zwischen 16 und 17 Uhr, gegen Ende des Jahrhunderts erst gegen 19 Uhr – das bürgerliche Publikum konnte erst nach der Arbeitszeit das Theater nutzen.

Eine wichtige Rolle bei der Entwicklung des Theaters spielten (vgl. Brauneck 1996, 701ff.; Kindermann 1962, 152ff.; Frenzel 1979/1984, 228ff.; Fischer-Lichte 1993, 131ff.):

– *Friederike Caroline Neuber* (1697–1760), die mit ihrer eigenen Schauspielertruppe und im Verbund mit dem damaligen Literaturpapst Johann Christoph Gottsched (1700–1766) in Leipzig in den 30er Jahren das Niveau des deutschen Theaters heben wollte (zur Frau am Theater der Zeit vgl. Dawson 1988; Becker-Cantarino 1989b; Laermann 1989; Geitner 1988; Geitner 1997 u.a.);

– *Johann Friedrich Schönemann* (1704–1782), der als Prinzipal mit seinen eigenen Schauspielern in Lüneburg, Schwerin, Rostock und schließlich Hamburg dem Genre des bürgerlichen Trauerspiels in den 50er Jahren zum Durchbruch verhalf;

– *Konrad Ekhof* (1720–1778), Schauspieler, Theaterdirektor und Schauspieltheoretiker, der das Schöpferische der Bühnenkunst in der exakten Nachahmung der Natur zum Zwecke der Affekterzeugung sah und der in den 50er und 60er Jahren in Schwerin, in Hamburg und dann in Gotha maßgebliche Impulse für die Erziehung der Schauspieler gab, um zur Darstellung eines aufgeklärt-realistischen Menschentypus hinzuführen;

– *Gotthold Ephraim Lessing* (1729–1781), Autor und Dramaturg wie Theoretiker des Theaters (insbesondere mit der »Hamburgischen Dramaturgie« 1767/68), der mit »Miss Sara Sampson« (1755 uraufgeführt) ein eigenständiges bürgerlich-aufgeklärtes Drama verfasste und ein Nationaltheater in Hamburg zu gründen versuchte;

– *Friedrich Ludwig Schröder* (1744–1816), Schauspieler und Gründer des »Theatralischen Wochenblatts«, der in den 70er Jahren die deutschen Sturm-und-Drang-Stücke wie »Götz von Berlichingen« (1774 uraufgeführt) und »Stella« (1776) von Goethe sowie zahlreiche Shakespeare-Stücke in neuer Inszenierung auf die Bühne brachte;

– schließlich *Jakob Michael Reinhold Lenz* (1751–1792) und *August von Kotzebue* (1761–1819), der mit *August Wilhelm Iffland* höchst erfolgreich am Berliner Nationaltheater zusammenarbeitete – abgesehen natürlich von Goethe und Schiller, ihren theoretischen Schriften und Inszenierungen und ihren Dramen.

Die herausragende Neuerung des bürgerlichen Sprechtheaters war ohne Zweifel das »bürgerliche Trauerspiel« (z.B. Daunicht 1963; Durzak 1983; Eible 1984; Fischer-Lichte 1990, 251ff. u.v.a.), das die bürgerliche, d.h. patriarchalische Familie in den Mittelpunkt stellte, zunächst positiv als Keimzelle der Aufklärung, später in ihrer Zerrüttung von innen her. Am Anfang, im erwähnten Lessing-Stück »Miss Sara Sampson« (1755), wurde die Frau in der Beziehung zwischen dem zärtlichen Vater und seiner tugendhaften Tochter polarisiert: die sittsame, engelreine Frau auf der einen und die erotisch reizende, gefallene Frau auf der anderen Seite. In Schillers »Kabale und Liebe« (1784) – »Kabale« als traditionelle höfische Intrige, »Liebe« als neue private Gefühlsinstanz – endet das bürgerliche Trauerspiel im totalen Verzicht als Ausdruck moralischer Überlegenheit und einer zum Unterdrückungsinstrument mutierten Familie. »Ehe sie meine Gemahlin beschimpfen durchbohre ich sie« – der Kupferstich als szenische Momentaufnahme (Abb. 32) demonstriert den dramatischen Affekt des bürgerlichen Trauerspiels so gut wie die zentrale Rolle der Frau und den bürgerlichen Wertekodex.

Das Publikum wollte sich in *bürgerliche* Protagonisten einfühlen und speziell bei *bürgerlichen* Konfliktsituationen mitleiden. Die Illusion wurde zum Strukturprinzip des bürgerlichen Theaters (Meyer 1980, 211ff.), »Täuschung« war sein ästhetisches Ideal (Berg 1985, 126f.). Rührung und Tränen waren die Transportbänder und maßgeblichen Gestaltungskategorien (vgl. auch Ruppert 1995) – im Dienste der bürgerlichen Tugenden. Das bürgerliche Theater wurde über seine emotionale Inszenierung zur Sittenschule. Indem diese Innerlichkeit auf der Bühne ausgestellt wurde, fungierte das Theater als Ort bürgerlicher Öffentlichkeit: »Die Konstituierung einer privaten Schutzzone im familiären Innenraum ist ein Moment, das (...) bereits vom Gegensatz zur Sphäre der höfischen Öffentlichkeit getragen ist (...). Die Konstituierung von Privatheit und individueller Moral (...) wird als politischer Akt bewußt gemacht in jenem Moment der Entwicklung, als der Widerspruch zwischen dieser Moral und der öffentlich-

Abb. 32: Szene aus »Kabale und Liebe« (Wiener Hoftheatertaschenbuch 1808, Kupferstich von J. C. Weinrauch).

höfischen Sphäre erkannt und im Autonomieanspruch des bürgerlichen Subjekts die absolutistische Untertanenrolle abgestreift wird. (...) Triebverzicht als Preis des Aufstiegs« (Durzak 1983, 122f.). Rainer Ruppert spricht von der »Diskursivierung der bürgerlichen Innenwelt« (1995, 57ff.) und meint damit das Theater als »Labor der Seele und der Emotionen«, Intimisierung ebenso wie Disziplinierung des Körpers, expressiver Thrill ebenso wie Kontrolle und Belehrung.

In den 70er Jahren war die Literarisierung des deutschen Theaters weitgehend durchgesetzt, hatten das rührende Lustspiel und das bürgerliche Trauerspiel bürgerliche Lebenswelt und bürgerliche Tugenden auf die Bühne gebracht, bis schließlich die Familie verkam zur trivialen heilen Welt: Bürgerlichkeit zur puren Affirmation (Fischer-Lichte 1993, 97f.). Das bürgerliche Theater als moralische Anstalt, als Belehrung über den kalkulierten Affekt, hatte sich überholt. Erika Fischer-Lichte schreibt pointiert: »Goethes und Schillers Kritik am bürgerlichen Theater richtete sich sowohl gegen die produktionsästhetische Maxime einer *imitatio naturae* als auch gegen die wirkungsästhetischen Postulate der Einfühlung und Identifikation des Zuschauers sowie vom Theater als einer moralischen Anstalt. (...) Das Theater sollte (...) sich in ästhetischer Distanz zum Zuschauer als autonomes Kunstwerk neu konstituieren.« Mit anderen Worten: Wie schon beim Tanz- und beim Musiktheater setzte sich auch beim Sprechtheater die Tendenz zur Hochkultur mit einer charakteristischen Nähe zur »Andachtsform« letztlich durch (Fischer-Lichte 1993, 144; vgl. auch Tanzer 1992, 140ff.+170ff.). »Autonomie« heißt: Trennung von der Lebenspraxis; »Zweckfreiheit« meint letztlich die Abkoppelung von der kapitalistisch-bürgerlichen Alltagswirklichkeit.

Theatertheorie wurde damit zur Dramentheorie (z.B. Steinmetz 1987). Weniger das gespielte Stück als die literarische Vorlage, das Drama, rückte in den Mittelpunkt. Das Theater als Live-Medium, das mit der Konzentration der Zuschauer auf das gesprochene Wort allerhöchste Disziplinierung forderte, wurde vom geschriebenen Heft bzw. Buch abgelöst. Das Theater als präsentatives Medium wandelte sich zur Leseunterhaltung: »das Theater wird zum Institut der Literatur«, zum »Literaturtheater« (Ruppert 1995, 22, 227ff.).

7.4 Zukunftsweisende Impulse des Theaters

Das Tanztheater also wurde Ballett, Handlungsballett, Kunstballett mit einer quasi körpertranszendierenden Ästhetik des Nicht-Darstellbaren. Das höfische Musiktheater öffnete sich Teilen des bürgerlichen Publikums und wurde hier, speziell unter dem Vorzeichen von Kunst, akzeptiert. Das neue Sprechtheater ergänzte, kontrastierte und überholte schließlich die traditionellen volkstümlichen theatralen Gattungen. Bürgerliche Familienrührstücke definierten die Bühne als moralische Anstalt. Speziell das bürgerliche Trauerspiel transportierte über Rührung und Tränen die bürgerlichen Tugenden wie Sittsamkeit und Moral, patriarchale Unterwerfung der Frau, Triebverzicht als Preis für Selbstbestimmung usw. Das Theaterstück wandelte sich von der präsentativen Aufführung zum gedruckten Drama, zur gelesenen Literatur.

Eine solche Zwischenbilanz suggeriert ein falsches Bild: Das Medium

Theater spielte in der bürgerlichen Mediengesellschaft insgesamt keine wichtige Rolle mehr, weder quantitativ noch qualitativ (auch wenn die Fülle dramenanalytischer und theaterhistorischer Beiträge das Gegenteil suggeriert). Gerade im 18. Jahrhundert offenbarte es sich deutlicher als je zuvor als ein kulturelles Nischenmedium für sehr kleine Teile des bürgerlichen Establishments, als das es bereits in der frühen Neuzeit sichtbar war (vgl. Faulstich 1998, 285ff.) und als das es auch bis heute besteht. Spannend am Theater dieser Epoche ist vielmehr sein Charakter als Nährboden für völlig neue Medien, wie sie im Verlauf des 19. und 20. Jahrhunderts entwickelt und verbreitet werden sollten. Rainer Ruppert stellt das heraus:»Das Theater gilt unter den Künsten und Medien des 18. Jahrhunderts als das mit Abstand illusionsmächtigste, vor allem wegen seiner präsentischen Bildlichkeit und der kollektiven Rezeptionssituation.« Seine weitreichende Einfühlung macht einen zentralen Unterhaltungswert aus.»Denn die größtmögliche Illusionierung bringt notwendig die größtmögliche Ablenkung und Zerstreuung mit sich. Man träumt sich, so heißt es in den zeitgenössischen Quellen immer wieder, im Theater von den Mühen des Alltags hinweg.« (Ruppert 1995, 152f.)

Vorläufermedium der späteren Fotografie ist das Theater in Verbindung mit der Wand und dem Kalender.
– Die frühsteinzeitliche Höhlenwand hatte mit ihren Tierbildern und Inzisionen die Funktion, kultische Wirklichkeit zu bezeugen (Faulstich 1997, 109ff.). Ähnlich die mittelalterlichen Glasfenster und die Bilderzyklen, etwa beim Kreuzweg, in Bezug auf eine sakrale Wirklichkeit christlicher Provenienz (Faulstich 1996, 168). Auch dem Bänkelsänger der frühen Neuzeit mit seinem Schild, seiner Schautafel ging es bei seinen vorgesungenen Geschichten um Beglaubigung von Wirklichkeit, nun freilich ganz und gar profaner melodramatischer Gefühle und Schauergeschehnisse (Faulstich 1998, 93ff.; vgl. auch Scheurer 1987, 34ff.; von Zglinicki 1986, 16ff.). Als die Bedeutung des Mediums Wand um die Mitte des 18. Jahrhunderts zurückging (vgl. Kap. 3.1), entstand möglicherweise eine Leerstelle, die nach einer neuen Beglaubigung von Wirklichkeit bzw. nach der Beglaubigung einer neuen Wirklichkeit verlangte – in einem neuen Medium vergleichbarer Funktionalität.
– Im Kalender mit seinen Monatsbildern, Sternzeichen oder Wappen (Faulstich 1998, 126ff.) wurde die Ordnung natürlicher, ländlicher Wirklichkeit wiedergegeben und zur normativen Richtschnur individuellen Handelns erhoben. Dieses im 16. und 17. Jahrhundert gesellschaftlich dominante Volksmedium sollte im Verlauf des 18. Jahrhunderts bedeutungsmäßig rapide zurückgehen und seinen Mediencharakter schon lange vor 1800 verlieren (vgl. Kap. 8). Auch hier entstand ein Vakuum, das auf andere funktionale Formen und Medien für die Bestätigung der Ordnung einer natürlichen Wirklichkeit verweist.

– Es war das Theater, das solche Funktionenreduktionen anderer Medien zu kompensieren sich anbot: mit dem Schattenspiel. Das europäische Schattenspiel war aus dem indisch-chinesischen Kulturraum nach Europa gelangt und verweist auf archaische Furchtbarkeits- und Totenkultfunktionen. Die älteste abendländische Silhouette ist von Johannes David Schaeffer (1631) überliefert, das Schattentheater selbst fand im 18. Jahrhundert Verbreitung (Eversberg 1996, 48ff.). Stockpuppen, Marionetten und andere Schattenfiguren wurden in zahlreichen »Schattenwerken«, »Pantomimen«, »Chinesischen Spectakeln«, »Schattenwerks-Lustspielen« oder »Italienischen Schatten« eingesetzt, auf Markt- und Kirchplätzen ebenso wie in Theatern, vor Aristokraten ebenso wie vor Bürgern und dem »Pöbel«. Aus Theaterzetteln und anderen Belegen ist ersichtlich, »daß sich im achtzehnten Jahrhundert ein festes Repertoire des Schattenspiels gebildet hat, das auf einen Wiedererkennungs-Effekt beim Publikum setzte; ganz ähnlich entwickelten sich die Späße des Hanswursts auf den Wanderbühnen zu Stereotypen, die eine wichtige Voraussetzung der Wirkung beim Publikum bildeten.« (Eversberg 1996, 53)

Zur Jahrhundertmitte kam als Variante des beweglichen Schattens die Porträt-Silhouette in Mode – ein aus schwarzem Papier geschnittenes oder getuschtes Profilbild, in seiner Funktion dem gemalten Miniaturbild der Aristokraten vergleichbar. Gewerbsmäßig wurden solche Bilder auf größeren Festen, auf Bällen und auf Jahrmärkten überall angefertigt. Mit dem Aufkommen des Privatbriefs (Kap. 5) wurden auch solche Konterfeis des Briefpartners ausgetauscht und Schattenrisse oder Scherenschnitte schwärmerisch in Stammbücher und Alben eingeklebt. Kupferstichqualität erhielten Porträts dann durch den *Physionotrace*, ein Gerät des Erfinders Gilles-Louis Chrétien (1786), mit dem Silhouetten auf Metallplatten verkleinernd nachgezeichnet und dann gedruckt werden konnten (Abb. 33). Damit führte das Bemühen um möglichst wirklichkeitsgetreue Nachahmung von Wirklichkeit gewissermaßen personalisiert zu einer authentischen visuellen Inszenierung des Selbst. »Zu den Physionotracisten strömte bald ganz Paris. Berühmte und bekannte Persönlichkeiten der Revolution, des Consulats, des Empire und der Restauration sowie eine große Anzahl Unbekannter (...). Der Physionotrace bildet damit den direkten Vorläufer des photographischen Apparates (...). Mit dem Physionotrace hatten zum ersten Mal auch die breiteren Schichten des Bürgertums die Möglichkeiten gefunden, ihr Gesicht festzuhalten.« (Freund 1976, 18ff.). Die Bürger konnten ihr steigendes Bedürfnis nach Selbstdarstellung und Repräsentation in einem nie zuvor gekannten Naturalismus befriedigen. Allerdings war der Physionotrace nur ideologisch der Vorläufer der Fotografie, nicht technisch.

Das Schattentheater selbst war »theatralisch«, d.h. weniger auf Wirklichkeitsreproduktion als vielmehr auf spielerische Gestaltung, auf Inszenierung ausgerichtet. Darin wurde aber nicht nur eine neue Form der

Abb. 33: Porträt von Gilles-Louis Chrétien als Physionotrace (ca. 1792).

Wahrnehmung nahe gelegt, die sich durch Perspektive und Rahmung auszeichnet, d.h. eine mehrfache Zurichtung der Wirklichkeit ebenso wie eine Passivierung des Blicks. Sondern in der Bewegung und der Art der dargestellten Lebenswelt wird der Betrachter zugleich über diese »Manipulation« getäuscht, erscheint die gezeigte Realität vielfältig und die Wahrnehmung frei und unbeeinflusst: »Denn nicht bildet sich die Welt ab, wie sie ist, sondern die Konstruktion der Abbildung erzeugt die Vorstellung der Wirklichkeit, so wie sie gesehen werden soll« (Fischer 1996, 94).

Beides gehört hier zusammen und kündigt den späteren Film an: das Traumhafte, Phantasievolle, Imaginierte als Dargestelltes und die Gewalt des Zeigens – der Spielfilm als Traum (vgl. Faulstich 1982). Die Titel von Schattenspielen lauteten etwa: »Der Seesturm, mit Donner, Blitz und Regen« oder »Der komische Nachtwächter« oder »Der Schüler auf dem Thurm oder das glückliche Unglück«.

Die *Laterna magica* – optische Umkehrung der »camera obscura«, die das präzise Zeichnen nach der Natur erlaubt – stellt einen ähnlichen Zwischenschritt dar auf dem Weg zum Film wie die Physionotrace auf dem Weg zur Fotographie. Sie wurde von dem Niederländer Christian Huygens 1656 gebaut und von Athanasius Kircher (1601–1680) publik gemacht. Dabei handelte es sich um einen Projektionsapparat für transparente Bilder, mit einer Lichtquelle, einem Linsensystem und einem Bild. Die Laterna magica wurde im 18. Jahrhundert (z.B. von Etienne Gaspard Robertson, 1763–1837) ähnlich einem Diaprojektor benutzt, um in Salons zu musikalischer Begleitung »Geisterbilder«, Gespenster, Götter, Könige und »Nebelbilder« zu projizieren: »Phantasmagorien« (z.B. Ceram 1965, 36ff.; von Zglinicki 1979, 16f.; Bartels 1996, 14ff.). Aber erst die »Lebensradscheibe« (Stroboscop), wie sie dann 1829 von Joseph Antoine Ferdinand Plateau (1801–1883) beschrieben wurde: als eine optische Täuschung, die auf der Trägheit des menschlichen Auges beruht, fungierte als entscheidende Erfindung auf dem Weg zum neuen technischen Medium Film: Hier waren am Rand der Scheibe z.B. verschiedene Standbilder eines im Galopp gezeichneten Pferdes zu sehen, die sich beim schnellen Drehen der Scheibe durch eine Spiegelvorrichtung hindurch wie ein tatsächlich galoppierendes Pferd ausnahmen (z.B. Ristow 1986, 10ff.; von Zglinicki 1986, 45ff.).

Ähnlich einem Kino, das sich erst Ende des 19. Jahrhunderts etablieren sollte, vollzieht sich das theatrale Geschehen auf einer leinwandähnlichen Fläche, mit der Musik (und den Zuschauern) im Vordergrund (Abb. 34). Die Laterna magica erlaubte dabei gegenüber dem Schattenspiel freilich viel raffiniertere Spiele, mit ausgeklügelten Lichteffekten, Überblendungen und mehrfachen Linsen.

In der Jahrhundertmitte wurde schließlich noch eine weitere optische Erfindung gemacht: »Die Welt im Guckkasten. Fernsehen im achtzehnten Jahrhundert«. »In den Kasten gucken wir hinein. Nicht draußen, sondern in seinem Inneren erblicken wir, wie durch einen Zauber, ein dort leuchtendes Bild. Darin liegt die Überraschung und die Magie des Guckkastens (...). Wie in einem Märchen wird hier der alte Traum zur Wahrheit: In einer Zauberkugel oder auf dem Boden eines magischen Pokals oder im Wasserspiegel eines tiefen Brunnens ist plötzlich eine ferne Welt, ein Bild der Zukunft oder der Vergangenheit zu sehen.« (Sztabo 1996, 103). Bei diesem Fern-Sehen standen weniger Fiktionen als vielmehr phantastische Informationen im Zentrum – die Beglaubigung des Fremden, Unerhörten als Wirklichem. Kulturelles Umfeld waren die »lebenden Bilder« der Schausteller und Menagerien, meist mit exotischen Tieren und anderen Raritäten und Kuriositäten; später die Panoramabilder mit ihren totalen Rundblicken, häufig mit malerischen Kriegsszenen oder spektakulären Panoramaansichten von Städten, Häfen und Parkanlagen (vgl. auch Koschorke 1996). Die Blätter im *Guckkasten*, Kupferstiche oder Radierun-

Abb. 34: Aufführung eines Schattentheaters (Kupferstich von Daniel Chodowiecki, um 1780).

gen, wurden mit Spiegeln und anderen optischen Hilfsmitteln quasi zum Leben erweckt: verräumlicht und damit plastisch, perspektivisch und damit naturgetreu. Sie suggerierten hautnah und individuell Visionen von Exotik und Ferne, die Anschaulichkeit von Erdbeben, Überschwemmungen und anderen Katastrophen, von Ballonaufstiegen ebenso wie von Heldentaten aus der antiken Mythologie, von den Weltwundern und den Planeten – als Volksbelustigung, auf Jahrmärkten, Volksfesten und öffentlichen Plätzen aller Art.

Es gab Tausende solcher Guckkastenbilder, in London ab 1734, in Paris ab 1740, in Augsburg ab 1766 usw. Spätestens seit 1780 wurden sie auch durch wandernde »Guckkästner«, meist Kriegsinvaliden, gesellschaftliche Außenseiter und soziale Absteiger, verbreitet. Guckkästner schleppten ihr Gerät auf dem Rücken und boten überall, wo sich größere Menschengruppen bildeten, ihr Fern-Sehen an (z.B. von Zglinicki 1979, 24, 28, 38ff.; von Zglinicki 1986, 19ff.), mit Werbesprüchen und erläuterndem Gesang. So hieß es ebenso marktschreierisch wie formelhaft und scheinbar weltläufig beispielsweise bei Klamer Schmidt (1746–1824, zit. in Geimer-Stangier/Mombour 1982, 25):

Abb. 35: Ein reisender »Guckkästner« (Lithographie von F. Grenier, 19. Jahrhundert).

Ich bin ein guter welscher Mann,
Der Deutsche sieht mir's an der Nasen an.
Ich bin nicht längst aus Welchland kommen,
Da hab' ich meinen Kasten mitgenommen.
O schöne Rarität!
Scharmante Katharin'!
O belle Margarethe!
O schön Spielwerk!

Und Friedrich Schiller dichtete (»Spiel des Lebens«):

Wollt ihr in meinen Kasten sehn?
Des Lebens Spiel, die Welt im kleinen,
Gleich soll sie eurem Aug' erscheinen (...).

»Dies traf den Geschmack der einfachen Leute, die, angelockt durch die marktschreierischen Rufe, gar sensationelle Neuigkeiten zu erfahren erhofften. Dem Vorführer kam dann die wichtigste Aufgabe zu, die der spannenden Präsentation. Seine Person, sein ›Gehabe‹ und seine Vorführpraxis standen für wirtschaftlichen Erfolg. Solange es ihm gelang, die Menschen in seinen Bann zu ziehen und sie zum Betrachten der Guckkastenblätter zu bewegen, war seine Existenz und die seiner Helfer – oft die gesamte Familie – gesichert.« (Füsslin u.a. 1995, 36)

Der Guckkasten war nicht nur »Sinnbild des vorüberrauschenden Lebens« (Geimer-Stangier/Mombour 1982, 15), sondern zuallererst Vermittlungsinstanz für das Neue, Unbekannte, Fremde; das war meistens das Ferne, aber die Sensation konnte auch im Verbotenen, Unmoralischen liegen, im körperlich allzu nahen Geschlechtlichen. Die Perspektive des Voyeurs sollte sich auch in den neuen visuellen Medien unweigerlich zuerst auf Pornographisches richten.

Wohlgemerkt: Das 18. Jahrhundert sah nicht die Anfänge der technischen Medien Fotografie, Film und Fernsehen. Dennoch kündigten sich diese kulturell bereits an – die Fotografie im Physionotrace, der Film in der Laterna magica, das Fernsehen im Guckkasten. Die Kulissenbilder und Lichteffekte auf der Bühne des etablierten Theaters, die naturalistischen Theatertheorien, die Schattenspiele, die Miniaturbühne mit ihrem theatralischen Effekt, das Volkstheater auf dem Marktplatz – das Tanz-, Musik- und Sprechtheater der bürgerlichen Medienkultur dieser Zeit war zwar in seinen Funktionen auf einen kleinen Teil der Bevölkerung und Öffentlichkeit reduziert, hielt aber für den großen Rest die Anregungen, Bedürfnisse und Ersatzmechanismen wach, aus denen sich später die neuen Medien entwickeln sollten.

8. Der Niedergang des Kalenders und der Aufstieg des Almanachs

Selbstverständlich gab es im 18. Jahrhundert noch die Medien des Adels (Faulstich 1998, 193ff.): die Schlösser, Skulpturen und Parks der Fürsten, ihre Tänze, ihr Theater und ihre Oper, ihre Spiele und das absolutistische Fest mit seiner Inszenierung des Alltags, als Theatralisierung von Macht. Die traditionellen Mensch- und Gestaltungsmedien der frühen Neuzeit leisteten nach wie vor die Repräsentation und Sicherung eines Gesellschaftssystems, das in Frankreich 1789 revolutionär hinweggefegt wurde und in Deutschland noch bis ins 19. Jahrhundert überdauerte. Aber die Dominanz dieser Medienkultur war im Zuge der an Einfluss besonders in der zweiten Jahrhunderthälfte zunehmenden bürgerlichen Öffentlichkeit rückläufig – Beispiele wie Fest und Tanz (Kap. 4) und auch Ballett und Oper (Kap. 7) haben das bereits deutlich gemacht.

Das gilt auch für die klassischen Medien der Volkskultur, insbesondere den Kalender: Sie gab es noch, aber in rückläufiger Bedeutung. Im Zuge der Entfaltung der bürgerlichen Medienkultur in dieser Periode erlebte der Kalender als ein genuines Volksmedium zunächst noch eine Hochzeit bis weit in die zweite Jahrhunderthälfte, gefolgt von einem kontinuierlichen Verfall, d.h. er wurde, im Gefolge der Aufklärung, bis etwa 1830 zunehmend literarisiert und ging seines Mediencharakters verlustig (Kap. 8.1). Aus übergreifend medienkultureller Sicht handelt es sich dabei um eine Verarmung, aus bürgerlicher Sicht aber zweifellos um eine erfolgreiche Usurpation. Dies umso mehr, als sich gegenläufig auch der bürgerliche Almanach durchsetzte (Kap. 8.2). Die medienfundierte Herrschaft des aufsteigenden Bürgertums etablierte sich in einer faszinierenden Totalität, die andere Teilöffentlichkeiten ihrer spezifischen Medien beraubte und damit in ihrer kulturellen Bedeutung Stück für Stück zurückdrängte.

8.1 Das Volksmedium Kalender

Der Kalender, dessen Geschichte im 18. Jahrhundert bislang nur sehr unzureichend erforscht wurde (vgl. Knopf 1983, 104f.; Masel 1997, 24ff., u.a.), war überall eingeführt, verbreitet und als selbstverständliches Alltagsmedium etabliert. Zusammen mit Katechismus, Gebetbüchern, Traktaten und anderen Waren wurde er auch im 18. Jahrhundert im Wesentlichen von Krämern und fliegenden Händlern auf den Gassen und Märkten ver-

kauft, keineswegs von dem »höchst angesehenen Stand« des Buchhändlers (Raabe 1981, 274). Im Jahr 1700 gab es insofern eine deutliche Zäsur,
als hier die Differenz zwischen der protestantischen und der katholischen
Zeitrechnung bzw. dem Julianischen und dem Gregorianischen Kalender
beseitigt wurde: Auf den 18. Februar 1700 alter Zeitrechnung folgte am
nächsten Tag der 1. März 1700; damit war die neue Zeitrechnung für das
gesamte Deutsche Reich durchgesetzt. Das macht deutlich, daß sich die
Obrigkeiten verstärkt um das Medium Kalender kümmerten. »Zu Beginn
des 18. Jahrhunderts wurde es üblich, daß der Druck von Kalendern, besonders der Quartkalender, von den Landesherren an einzelne Drucker
oder Institutionen als Privileg verliehen (..) wurde. (...) Kalenderprivilegien
erwiesen sich als ein wirkungsvolles Instrument merkantilistischer Wirtschaftspolitik« (Voit 1994, 10; Matthäus 1969, 1315ff.; Knopf 1999, 128), da
sie äußerst lukrative Geschäfte ermöglichten und nicht nur ihrem Inhaber, sondern auch der Staatskasse enorme Einnahmen verschafften (vgl.
etwa Voit 1994, 17ff., zum baden-durlachischen Kalenderprivileg; Matthäus 1969, 1320ff. zum Nürnberger Kalenderwesen). Fremde Kalender
durfte nur erwerben, wer den im Land privilegierten bereits gekauft hatte, oder es gab gleich eine direkte Abnahmepflicht. Das bedeutete Zensur
und Kontrolle und – im Zuge aufklärerischer Versuche zur Indienstnahme des Kalenders – Ideologisierung und Indoktorinierung (z.B. Petrat 1991,
35ff.).

Das Medium Kalender wirkte in seiner begrenzten regionalen und vor
allem lokalen Verbreitung. Ein übergreifendes Modell bot der »Hinkende
Bote«, der 1607 mit der neu entstandenen Zeitung aufgekommen, zum
Namensgeber des Kalenders geworden war und mit ihm praktisch identifiziert wurde (Knopf 1999, 131) – ein beliebter Kalendertitel mit zahllosen
lokalen Ausgaben wie etwa in Colmar (ab 1646), Bern (ab 1703), Offenbach (ab 1710), Frankfurt (ab 1714), Straßburg, Nürnberg, Berlin oder Basel sowie in zahlreichen anderen Städten im Deutschen Reich und in der
Schweiz (vgl. Graf 1896, Dresler 1972, 61ff.; Wiedemann 1984 u.v.a.; siehe
Abb. 36).

Dieser Kalendertypus – der Historische Kalender – war in der anstehenden Periode der bürgerlichen Medienkultur unter allen Kalendern
dominant, stand aber nicht allein. Haus- und Landwirtschaftskalender,
Volkskalender, konfessionelle Kalender, Schreib- und Kinderkalender,
genealogische Kalender, Wandkalender usw. waren ebenfalls verbreitet.
Der Verleger Gottlob Nathanael Fischer zählte noch 1783 in seinem Beitrag »Über das Kalenderwesen« folgende Kalender auf, die er allein für
die Akademie in Berlin jährlich herausgab: Der genealogische Kalender,
Der historische und Geographische Kalender, Der Haushaltungskalender,
Der vollständige Haushaltungs-, Garten- und Geschichtskalender, Der
verbesserte Kalender, Der verbesserte und Schreibkalender, Der Westphälische Duodezkalender, Der kleine Etui-Kalender und Die größern und

Neuer / verbesserter / vollkommener

Staats = Kalender /
Oder sogenannter

Berner Hinckende Bott.

In welchem enthalten

Die zwölff Monat, dero Natur und Eigenschafft, das Ab=und
Zunemmen deß Monds / Auf=und Nidergang der Sonnen / und anderer
Astrologischen Sachen Anmerckung / samt einer vollständigen und richtigen Ver=
zeichnuß aller Jahrmärckten/und vornehmer Staats=Personen/
Insbesonder aber

Eine grundliche Einleitung zu den so sonder = und wunderbahren
Schweitzerischen Thaten und Geschichten / zusamt

Einer wahren und völligen Beschreibung der merckwürdigsten
Sachen/ so sich letzthin in allen Vier Welt=Theilen zugetragen/ und sowohl
in dem gemeinen Wesen von Kriegs= und Friedens= Sachen / als auch bey Privat= Per=
sohnen besonders angemercket / wie auch in der Natur wieder ihren Lauff entdecket ; also in aller
Glaubwürdigkeit und Auffrichtigkeit iedermänniglich vorgestellet
und zum Dritten mahl übergeben wird.

Auf das Gnadenreiche Jahr 1731.

Samt einer grossen und Astrologischen Practick / auf der Hochl. Statt
und Landschafft Bern / und umligenden Oerter Meridianum gerichtet

Durch den klugen Schweitzerischen Fuhrmañ, der Mathemati=
schen Künsten/ und denckwürdigen Geschichten besondern Liebhaber.

Nach Erschaffung der Welt/		Zwüschen Weyhnacht und
= = 5751		der Herren=Faßnacht si.10
Nach dem ewigen Bund		5. Wochen.6. Tag.
Lobl. Eydgnoßschafft 416		Gut artzneyen brauche
Nach dem neuen Calend. 150		Gut aderlassen
Nach dem verbesserten 31		Gut schräpffen
Ist die güldene Zahl 3		Gut Kinder entwehnen
Der Sonnen=Circul 4		Gut Haar abschneiden
Der Römer Zinßzahl 9		Gut Nägel abschneiden
Epacta im verbesserten und		Gut säyen und pflantzen
neuen Calender 22		Gut ackern/ misten
Sonntags = Buchstaben C		Gut Bauholtz fällen.
Verworffne Tage I		

BERN, In der Oberen Druckerey, bey Emanuel Hortin.

Abb. 36: Titelseite des »Berner Hinckenden Bott« aus dem Jahr 1731, mit ausführlichem Inhaltsverzeichnis.

kleinern Contoir-Kalender (Fischer 1783, 127f.). In der Regel enthielten die Kalender, in unterschiedlicher Akzentuierung, die Jahreseinteilung in Monaten und Tagen, die kirchlichen Feste, die Zeiten von Sonnen- und Mondaufgang und -untergang, Ratschläge für alle Bereiche der Landwirtschaft, Wetterprognosen, Anweisungen für Landwirtschaft und Viehzucht sowie für das Alltagsleben, Rezepte und medizinische Ratschläge, Termine von Messen und Märkten, historische Berichte über Kriege, Beschreibungen von Landschaften, Kuriositäten und Berichte von Hinrichtungen, Termine der im Landkreis fahrenden Postkutschen und der Gerichtstage, auch Postgebühren, eine Vergleichstabelle der verschiedenen deutschen Währungen oder eine Liste der gebräuchlichsten Maße und Gewichte, außerdem wichtige zeitgeschichtliche Informationen, unterhaltsame »Kalendergeschichten« und Weisheiten allgemeiner Art, häufig mit Bildern und Symbolen versehen, nicht zuletzt Rätsel – ein »buntscheckiges Bild« (Matthäus 1969, 1287). Jan Knopf bringt das treffend auf die gerade im 18. Jahrhundert geltende Formel »ordentliche Abwechslung« (Knopf 1982, 207ff.).

Die überragende Dominanz des Kalenders auf dem Lande war nach wie vor in drei Funktionen fundiert: erstens der sachlichen und ideologisch-sittlichen Orientierung bzw. alltagspraktischen Regulierung, zweitens der astronomisch-astrologischen und später aufklärerischen Information und drittens der allgemeinen Unterhaltung und Bildung (vgl. Faulstich 1998, 140f.). »Kalender wurden nicht – wie etwa Zeitungen – gelesen, sondern benutzt. Sie waren Nachschlagewerke, von denen man sich im Laufe des Jahres viele Fragen beantworten ließ. Häufig hängte der Hausvater seinen Kalender mit einem Bindfaden an einen Wandnagel, und da hing er griffbereit für alle Hausgenossen.« (Wiedemann 1984, 10) Der Kalender setzte sich im Kern aus drei Teilen zusammen: dem Kalendarium, dem Prognosticon Astronomicum und der Chronik, die sich im Zuge der Medienkonkurrenz mit der boomenden Zeitung zu einem erzählerisch-unterhaltenden Teil wandelte und damit partiell die Nachfolge des untergegangenen Mediums Erzählerin / Erzähler übernahm (vgl. Kap. 4.7).

Was hat sich hier von 1700 bis 1830 im Einzelnen gewandelt? Hellmuth Kohlbecker (1928) beschreibt für den Kalender dieser Periode eine dreifache inhaltliche Veränderung.

– Beim Praktisch-Nützlichen herrschte noch jahrzehntelang die traditionelle konservative Volksüberlieferung vor. Die Kalendermedizin empfahl das Aderlassen und Purgieren nach bestimmten Konstellationen der Gestirne, selbst Hausmittel wurden unter dem Gesichtspunkt kosmologischer Einflüsse empfohlen. In den 80er Jahren dann wurden die Informationen über die Zusammensetzung des Körpers rationaler, die gesundheitlichen Ratschläge wissenschaftlicher – und den Kurpfuschern wurde der Kampf angesagt. Auch beim Landwirtschaftlich-Hauswirtschaftlichen dominierten anfangs noch astrologische Begründungen für Säen und Ernten, für Heiraten, Kinderentwöhnung oder Haare schneiden. Hier wurden bereits in den 60er Jahren die Informationen vernünftiger, naturwissenschaftlicher – das Gewitter beispielsweise erschien nicht mehr als unerklärliche Erscheinung oder zornvolle Äußerung Gottes, sondern wurde als elektrische Erscheinung vorgestellt, verbunden mit Verhaltensmaßregeln zur Verhütung von Unfällen.

– Beim Moralisch-Erbaulichen dominierten anfangs noch traditionell christlich-religiöse oder heidnisch-mythologische Inhalte. Spätestens in den 70er Jahren wurden sie ergänzt und tendenziell ersetzt durch eine diesseitig-weltlich fundierte Moral. Der Mensch erschien als Geschöpf mit eigenem Willen, das sein Glück aus eigener Kraft in diesem Leben erreichen kann, sofern er sich nur seiner Vernunft bedient. Zu Tugenden erklärt wurden Mildtätigkeit, Güte, Menschenliebe, Bescheidenheit, Genügsamkeit, Zufriedenheit. »Die Familie gewinnt im 18. Jahrhundert in der Kalenderliteratur als häuslich-idyllische Gemeinschaft wachsende Bedeutung. Häufig wird das Glück geschildert, das jenem Menschen beschieden ist, welcher bescheiden in seinen Bedürfnissen, zufrieden mit dem wenigen, das er besitzt, im Kreise einer von Liebe erfüllten Familie seine Tage mit fleißiger, nützlicher Arbeit, verschönt durch Stunden stillen und heiteren Glückes, zubringt.« (Kohlbecker 1928, 26) Das sind die Ideale des affirmativen Kleinbürgertums, die hier Verbreitung fanden und das Bäuerlich-Ländliche, das Archaisch-Matriarchale zu verdrängen suchten.

– Beim Erzählend-Unterhaltenden schließlich dominierten anfangs nach wie vor das Wunderbare und das Seltsame, der Vergangenheit entnommen, das Natur- und Triebhafte. Spätestens in den 90er Jahren hatte dann das Zweckhafte und Nützliche überhand genommen, ganz und gar gegenwartsbezogen, die volkstümlich-derbe, schwankartige Anekdote, das Übergreifend-Historische, das sich vom Volkstümlichen weitgehend gelöst hatte.

W. H. Riehl bilanzierte entsprechend bereits 1852: »Das deutsche Volkskalenderwesen des achtzehnten Jahrhunderts theilt sich (...) in zwei Perioden. Die erste reicht beiläufig bis zu den achtziger Jahren. Bis dahin war der Kalender in der Regel ein historisches Volksbuch, welches in seinen Monatstafeln die Geschicke des künftigen Jahres prophezeite, in dem gegenüberstehenden fortlaufenden Texte aber einen Geschichtsabriß des vorigen Jahres gab. Auf dem Standpunkte der bildungslosen Masse selber stehend, befriedigte also der Kalender wesentlich deren Aberglauben und Neugierde. Mit den achtziger Jahren aber bringt die Tendenz der Aufklärung und Volksbelehrung einen merklichen Umschwung in diese Kalenderliteratur. Statt der zeitgeschichtlichen Berichte sind jetzt die Blätter mit moralischen Anekdoten und nützlichen Belehrungen, statt der astronomischen Zeichen mit Versen, statt der Wetterregeln und »Erwählungen« mit altklugen, gemachten Sittensprüchen erfüllt, und während die Tafel des Aderlaßmännleins bis dahin den Kalender beschloß, beschließt ihn nun das große Einmaleins und die Zinstabelle. (...) Früher hatten wir darum nur Eine Art des Volkskalenders, entsprechend der in den großen Zügen gleichartigen Physiognomie der bildungslosen Masse; jetzt haben wir deren unzählige, denn jeder Litterat will nach seiner Individualität diese Massen bilden.« (Riehl 1858, 38f.)

Die genauen Datierungen unterscheiden sich in der Forschungsliteratur (vgl. auch Masel 1997, 38ff.), aber man kann zusammenfassen: Etwa ab der Mitte des Jahrhunderts fanden mehr und mehr nützliche, rationale, vernünftige Informationen und Ratschläge Eingang, und spätestens mit dem letzten Viertel des Jahrhunderts wurde der Kalender zum »schulmeisterlichen Podium« der Aufklärung (Wiedemann 1984, 13ff.). Das Volk sollte belehrt werden, meist in Form von Gesprächen, bei denen einer die Rolle des Fragenden, der andere die Rolle des Belehrenden übernahm. »Der Kalender sollte nun nicht mehr bieten, was seine Konsumenten lesen wollten, und den ›Geschmack des Pöbels befriedigen‹ – so eine stereotype Kritik –, sondern Informationen und Instruktionen vermitteln, die ›zweckmäßig‹ auf die Lebenssituation der intendierten Leser und deren untergeordnete Position (...) zugeschnitten waren.« (Voit 1994, 56) Die Kalender sollten von Aberglaube, Prognostik, Astrologie, Kosmologie gereinigt werden. Dabei wurde das Kalendarium im Wesentlichen beibehalten, aber der prognostische Teil zum Praktisch-Nützlichen verändert (z.B. Petrat 1991, X): die Astrologie zur Anatomie.

Ansätze für solche »Reformen« lassen sich bereits bei Kalendern wie dem »Hamburgischen Historien-Calender« (1714), dem »Bauren-Calender« (1923) oder dem »Hanen-Calender« (1751) nachweisen (Petrat 1991, 45ff.). Wohl vor allem diese Instrumentalisierung des Mediums Kalender durch die Aufklärung führte zu seinem Niedergang (vgl. Petrat 1991, 45ff.; Rohner 1978, 44f. u.v.a.). Der Badische Landkalender beispielsweise fand im Volk einen immer geringeren Absatz, sodass der Markgraf Karl Friedrich von Baden-Durlach 1798 einen Kalenderzwang verfügte: Jede Familie musste für vier Kreuzer einen Badischen Kalender abnehmen. Das war nicht gerade teuer (im 17. Jahrhundert bekam man dafür ein Kilo Brot, vgl. Knopf 1982, 205), aber es gab in angrenzenden Ländern auch Kalender mit derselben Ausstattung zum Preis von nur drei Kreuzern.

Inhaltliche Verschiebungen kamen hinzu. Der Kalender wurde verstärkt als »Staats-Kalender« (bzw. »Hof-Kalender«, »Bischofskalender«, »Ratskalender«) begriffen und ausgewiesen (vgl. auch Matthäus 1969, 1337f.; Knopf 1999, 129f.). In der Zeitschrift »Allgemeine Deutsche Justiz- und Polizeifama« (Tübingen, Jg. 2, 1803, No. 2, 10-14) wurde unter der Überschrift »Ueber Volks-Kalender; was sie noch vielfältig sind, und was sie seyn könnten und sollten« gefordert, aus dem Kalender solle die Prognostik endgültig »wegbleiben« und stattdessen ein »vaterländischer Kalender« entstehen: mit einer kurzen Geschichte des Vaterlandes aus dem vorhergehenden Jahr, mit Berichten über neue ökonomische und geographische Entdeckungen und vor allem mit den aktuellen »Landesgesetzen, die alle Staats-Bürger angehen«. Was früher dem Ausrufer zugeeignet war (Kap. 4.3), sollte nicht nur den Medien Plakat (Kap. 3.2)und Flugblatt (Kap. 9) überantwortet werden, sondern auch dem »Volksmedium« Kalender auf dem Land.

Auch das wurde vom Volk selbst nicht goutiert; wie die Aufklärungskalender wurden auch die Staatskalender weitgehend abgelehnt. In dem Bemühen, den eigenen Kalender für seine Zielgruppe attraktiver zu machen, wurde deshalb in Baden-Durlach – um bei diesem Beispiel zu bleiben – eigens eine Kommission eingesetzt, aus der u.a. ein »Unabgefordertes Gutachten über eine vortheilhafte Einrichtung des Calenders« hervorging (Sutter 1920, 35ff.; ausführlich Voit 1994, 25ff., 93ff.). Aus der folgenden Neuordnung des badischen Kalenderwesens entstand u.a. der »Rheinländische Hausfreund« als »Lesebuch für das Volk« (so Hebel in seinem Gutachten, abgedruckt bei Voit 1994, 151-156), genauer gesagt: als »Vorlesestoff«, für zu Hause wie in den Wirtshäusern, »die oft nur wegen der Verlesung des Kalenders aufgesucht werden« (Knopf 1999, 130). Lesen war zumeist immer noch Lesen-Hören. Riehl schrieb 1859: »Noch in der ersten Hälfte des achtzehnten Jahrhunderts war der Kalendermacher eine geheimnißvolle, magische Person, ein halber Hexenmeister. Ja, man kann sagen, diese Leute (...) sind die letzten »Seher« des deutschen Volkes gewesen.« (Riehl 1859, 41) Spätestens mit dem Kalendermacher Johann Peter Hebel (1760–1826), dem die literatur- und volkswissenschaftliche Forschung besondere Aufmerksamkeit gewidmet hat, hatte sich das geändert: Der Kalendermacher war – nach dem unerwünschten und vom Volk abgelehnten Aufklärer – zum Literaten geworden. Jan Knopf bilanziert: »Die Austreibung des typisch Kalendarischen aus dem Kalender und die damit verknüpfte, vornehmlich verharmlosend moralisierende ›Literarisierung‹ sind durch falsch verstandene ›Aufklärung‹ und ›untertänigsten‹ Reformeifer am Ende des 18. Jahrhunderts weitgehend abgeschlossen.« (Knopf 1999, 134)

Auch hier gab es zahlreiche Vorläufer: etwa der »Neue Catholische Schreib- und Geschichts-Calender« (Freiburg 1766) oder der »Stadt- und Hauß-Kalender« (Stuttgart 1788), in denen tendenziell »Wunderzeichen« durch Fakten, »Merkwürdigkeiten« durch Authentisches ersetzt wurden (Knopf 1999, 127). 1780 hatte der »Oberrheinische Hinkende Bote« wieder aufgenommen, »was die kalendergeschichtenfeindliche Aufklärung mit beschränktem Erfolg zu unterbinden versucht hatte: der Kalender begann wieder zu erzählen« (Rohner 1978, 87). In Konkurrenz zu aufklärerischen Kalendern wie etwa dem kurzlebigen »Neuen Calender ohne Aberglauben« (1786) oder dem ebenfalls kurzlebigen »Haus Calender für seine lieben Nachbarsleute« (1791) von Johannes Ferdinand Schlez, der »die Verdrängung des Aberglaubens und Beförderung des ökonomischen

Kunstfleißes zum Zwecke« hatte (Matthäus 1969, 1294; vgl. auch Masel 1997, 131ff.), verlagerten sich jedoch inhaltlich und formal die Akzente (Rohner 1978, 195ff.). Erbauliche Erzählungen mit einer rationalistischen Moral wie ab 1808 im »Rheinländischen Hausfreund« setzten an die Stelle der herablassenden, gespreizten, besserwisserischen volkspädagogischen Belehrung die populäre Unterhaltung nach Art des Volksbuchs. Hebel orientierte sich explizit am »Hinkenden Boten« in Bern und in Basel und lehnte den Kalenderzwang ab. Um sich auch im freien Wettbewerb halten zu können, kleidete er trocken-nüchternen Wissensstoff in volkstümliche Sprache und eine anschauliche Handlungsdarstellung und verstärkte damit wieder den Charakter des Volkstümlichen (vgl. auch Knopf 1973, 15ff.; Rohner 1978, 159ff.; Braunbehrens 1982; Knopf 1983, 24f.). Die Auflage stieg prompt von 24.000 (1808) über 30.000 (1809) bis auf 50.000 Exemplare (1810). Allerdings handelt es sich hier um eine Ausnahme; die durchschnittliche Auflage eines Kalenders um diese Zeit wird bei etwa 10.000 Exemplaren angesetzt – was bei »mutmaßlich über 200« Kalendern im deutschen Sprachraum »mindestens zwei bis drei Millionen jährlich aufgelegte Exemplare bedeutet« (Knopf 1999, 129; vgl. Engelsing 1973, 58f.).

Dieser neue Volks-Kalender aber war weniger ein Kalender als ein jährlicher Sammelband für kleine Prosastücke und Gedichte: ein »künstlerischer Höhepunkt« (Kohlbecker 1928, 73; Voit 1994, 84ff., 150), »schöne Literatur« (Knopf 1973, 69ff.), »unvergleichliche Erzählkunst« (Rohner 1978, 301). Jan Knopf nennt als weiteren Grund für die Literarisierung des Kalenders die Politisierung des gesellschaftlichen Bewusstseins im Zuge der Französischen Revolution; die kalender-charakteristische zyklische Geschichtskonzeption ließ sich nicht mehr aufrecht erhalten und eine realitätsbezogene unabhängige politische Chronik, bei der die Gestaltungsmöglichkeiten von Geschichte stärker hätten sichtbar werden können, war im absolutistischen Zeitalter als Ersatz völlig undenkbar. (Knopf 1982, 222f.)

Zusammengefasst: Aus dem Volksmedium Kalender, entstanden in der frühen Neuzeit (Faulstich 1998, 126ff.), war im Zuge des Wandels von der Prognostik zur Praktik spätestens seit dem letzten Viertel des 18. Jahrhunderts ein Instrument der Aufklärung geworden, das mit dem Überhandnehmen des Erzählerisch-Unterhaltenden ab den 10er Jahren des 19. Jahrhunderts dann zum volksliterarischen Jahrbuch verkümmerte und seinen genuinen Mediencharakter verlor. Die »kalendarische Konstruktion von Öffentlichkeit« (Rüpke 1995, 605) in der Geschichte der Medien war damit weitestgehend beendet.

8.2 Das bürgerliche Medium Almanach

Mit dem Verfall des Volksmediums Kalender korrespondierte der Aufstieg des Almanachs. Man kann darüber streiten, ob es sich beim Almanach um ein Medium handelte vergleichbar der Zeitung, der Wand, dem Brief oder dem Kalender; vieles spricht dagegen. Hier soll aber die Auffassung vertreten werden, daß der Almanach nicht eine »Gattung« (Mix 1987, 15ff.) oder eine »Zwittererscheinung« (Bunzel 1999, 27) war, sondern für die begrenzte Zeit von etwa 1770 bis etwa 1830 tatsächlich ein genuines »Leitmedium« (Mix 1997; Klussmann/Mix 1998) darstellte.

Ursprünglich handelte es sich beim »Almanach« um die französische Bezeichnung des klassischen Kalenders bereits seit dem 15. Jahrhundert, war aber auch in England bekannt (vgl. Capp 1979; Howe 1981). Das Wort »Almanach« stammt aus dem Arabischen und heißt Kalendertafel oder Jahrbuch (Häntzschel 1997, 53f.). Im 18. Jahrhundert erhielt es die Bedeutung eines jährlichen Sammelbandes, auch unter den Bezeichnungen »Blütenlese« oder »Taschenbuch« verbreitet. Nach dem Vorbild des zuerst 1765 in Frankreich mit großem Erfolg erschienenen »Almanach des Muses« wurde 1770 in Göttingen der »Musenalmanach« und in Leipzig der »Almanach der deutschen Musen« herausgebracht. Ursprünglich eine jährliche Anthologie bedeutender poetischer Neuerscheinungen, wurde der Musenalmanach rasch zum schöngeistigen »Jahresperiodikum für Erstveröffentlichungen« (Bunzel 1999, 24). Zahlreiche Almanache fanden ebenso wie der Kalender infolge der politischen, konfessionellen und kulturellen Zersplitterung des Landes nur regionale und oft auch nur kurzzeitige Verbreitung (z.B. Zuber 1958, 411ff.); man sprach geradezu vom »Musenhort in der Provinz« (Haefs/Mix 1986, 171) und meinte damit den Musenalmanach als »Maßstab der Provinzkultur« (Mix 1987, 92ff.). Ausnahmen bildeten (ausführlich Mix 1987, 49ff.) neben dem »Göttinger Musenalmanach« (1770–1804) etwa der »Hamburger Musenalmanach« (1776–1798, 1800), der »Wiener Musenalmanach« (1777–1796), der »Almanach der deutschen Musen« (1770–1781), der »Voßsche Musenalmanach« (1776–1798, 1800). Bekanntlich hat auch Schiller mit Goethe einen »Musen-Almanach« herausgebracht (1796–1800) und damit einen Teil ihrer Werke erstveröffentlicht (Abb. 38). Andere immer wieder genannte Beispiele wären die »Schwäbische Blumenlese« (1782–1787, 1792/93), die »Schweizerische Blumenlese« (1780/81, 1783, 1785) oder der »Berlinische Musenalmanach« (1791–1797).

Ein Unterschied zum Buch besteht im regelmäßigen jährlichen Erscheinen des Almanachs. Vom Buch wie vom Kalender unterscheidet sich der Almanach auch in der Art der aufgenommenen Textsorten: überwiegend Lyrik, also Lieder, Oden, Hymnen, Elegien, Balladen, Romanzen, Gelegenheitsgedichte, Epigramme, Verserzählungen, dann aber auch Kurzprosa wie Episteln, Idyllen, kurze Erzählungen, seltener dramatische Sze-

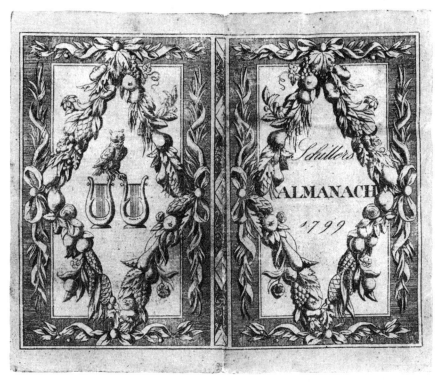

Abb. 37: Vorder- und Rückseite des »Musen-Almanach 1799« von F. Schiller, nach einer Zeichnung von Johann Heinrich Meyer auf Anregung von J. W. v. Goethe.

nen und Ausschnitte aus unveröffentlichten Dramen (ausführlich Mix 1987, 136ff.). Man hat ihn, vielleicht übertreibend, als »das wichtigste Publikationsforum für die poetische Literatur des 18. Jahrhunderts« angesehen, als »Kristallisationspunkt des literarischen Lebens« (Mix 1987, 13+ 42ff.). Zu den genannten Textsorten kamen häufig Notenbeilagen und dann auch Kupfer- und später Stahlstiche hinzu. Das anfänglich beigefügte kleine Kalendarium wurde später ausgespart, womit sich die Gebühren für das Privileg einsparen ließen.

Noten für drei Lieder finden sich bereits im »Göttinger Musenalmanach 1770«, der diese Gepflogenheit auch kontinuierlich beibehielt. Hier wie in anderen Musenalmanachen wurden Lieder auf den Markt gebracht, die zum Singen bestimmt waren und keinen großen Kunstanspruch hatten: »fast ausschließlich auf den Geschmack und die gesellschaftlichen Erfordernisse jener Zeit eingestellt« (Schwab 1996, 169). Gelegentlich wurde die Musikbeilage auch in Form eines Faltblattes oder gesondert veröffentlicht, so etwa zum »Taschenbuch für Freunde des Gesangs« (1795) von Johann Christian Rüdiger. Kurze Strophenlieder gemäß dem Typus »Lied im Volkston« von Johann Abraham Peter Schulz herrschten vor – das vielleicht bekannteste ist das »Abendlied« zu einem Text von Matthias Claudius. Diese Lieder sollten nicht gelesen oder rezitiert, sondern gesungen werden: Indiz für den Geselligkeitscharakter der Almanache (vgl. Kap. 1) und Kompensation für den Verlust des Sängers als Menschmedium (vgl. Kap. 4.5). Zumeist handelte es sich um Klavierlieder, d.h. in zwei Notensystemen für Diskant und Bass werden die Melodie- und die Begleitstimme festgehalten. Gelegentlich gab es in den Musenalmanachen aber auch Kompositionen für mehrstimmigen Gesang, zum Beispiel im »Nordischen Almanach« (1819), und schließlich auch komplette »Musikalische Almanache«.

Während der Musenalmanach ab 1770 verbreitet wurde und literarische Texte enthielt (vgl. auch Lanckoronska/Rümann 1954/1985, 24ff.), entstand ergänzend als Publikationsform ab 1780 das »Taschenbuch«, das auch Nichtliterarisches aufnahm. Auch hier sprach man vom »Almanach«, aber dieser war auf kleinere Zielgruppen zugeschnitten und eher als Quelle für sachliche Informationen konzipiert: Handbücher, Lehrbücher, Nachschlagewerke, Lexika. »So gab es u.a. Almanache für Ärzte, Billardspieler, Dienstboten, Gartenfreunde, Geistliche, Jäger, Juristen, Kaufleute, Landwirte, Lottospieler, Pferdeliebhaber, Soldaten und Weintrinker« (Bunzel 1999, 32), Taschenbücher zum geselligen Vergnügen, Jugend- und Märchen-Almanache und Taschenbücher »für Stände und Zustände« (Lanckoronska/Rümann 1954/1985). Darunter finden sich zahlreiche Mischformen in der Art eines Vademecum, zusammengesetzt aus literarischen und nicht literarischen Bestandteilen (Mix 1987, 131ff.). Ausdruck für die Natursehnsucht der Zeit waren um 1780 drei Werke, die »eine riesige Kinder-, Reise- und Gartenliteratur ausgelöst (haben): der »Almanach für Kinder und junge Leute« (1776), das »Taschenbuch für Reisende« (1781) und der »Gartenkalender« (1782).« (Rohner 1978, 48)

Einen interessanten Sonderfall bildet der Theateralmanach – Hinweis auf die Literarisierung und Verschriftlichung des Menschmediums Theater im bürgerlichen Medienverbund (vgl. Kap. 7.3). Wichtigster Vertreter hier war der »Theater-Kalender« (1775–1800) von Heinrich August Ottokar Reichard. Es gab enorm viele deutschsprachige Theateralmanache, weit über tausend, praktisch von jedem Theater mehr oder weniger regelmäßig für Schauspieler und Theaterfreunde herausgegeben. Paul S. Ulrich beschreibt: »Theateralmanache (...) sind Veröffentlichungen, die über ein bestimmtes Spieljahr berichten und als alljährliches Periodikum konzipiert sind. Sie bringen Informationen über die Spielsaison und wenden sich an die Mitglieder und Freunde des Theaters. Sie verzeichnen alle wichtigen Vorkommnisse des Theaters, bringen Mitteilungen über das Repertoire und verzeichnen das jeweils engagierte Bühnenpersonal. Die statistischen Angaben stehen neben Kurzbiographien und theaterkundlichen Aufsätzen. Kupferillustrationen (häufig in Form von Schauspielerbildnissen, Rollen- und Szenenbildern) finden sich in fast allen Almanachen. Die weitaus größere Anzahl hat rein lokalen Charakter. Verlagsort und Ort des behandelten Theaters sind gleich. Der Herausgeber ist entweder der Direktor, Souffleur oder Inspizient.« (Ulrich 1996, 132f.; vgl. auch Lanckoronska/Rümann 1954/1985, 111ff.) Später kamen auch dramatische Taschenbücher wie z.b. der »Almanach dramatischer Spiele zur geselligen Unterhaltung auf dem Lande« (1803) hinzu, herausgegeben von August von Kotzebue.

Der traditionelle (überwiegend literarische) »Musenalmanach« gab um 1800 die Dominanz an das (überwiegend nicht literarische) »Taschenbuch« ab, das ab 1830 seine eigenständige Bedeutung verlor bzw. an andere, teils neue Medien weiterreichte (vgl. auch Prutz 1852). Ende des 19. Jahrhunderts hat man noch einmal versucht, das Medium Almanach neu zu beleben, aber ohne Erfolg. Es war längst endgültig im Medium Buch aufgegangen.

Für viele Beiträger war der Almanach ein wichtiges Publikationsorgan, um sich überhaupt erst einmal bekannt zu machen (z.B. Zuber 1958, 403). Neben etablierten gab es hier also auch zahlreiche junge, unbekannte Autoren. Für namhafte Schriftsteller wie Jean Paul oder E.T.A. Hoffmann war der Almanach verlässliche Einkommensquelle und ermöglichte eine Existenz als »freier Schriftsteller« (vgl. Kap. 10.2). Manche Almanache wurden auch zum zentralen Publikationsmedium eines Dichterkreises – so der Göttinger Almanach für den Göttinger Hainbund. Andere verbreiteten Texte deutscher Klassiker wie z.B. Goethes »Hermann und Dorothea« (1798), gegen ein Rekordhonorar des Autors von 1000 Thalern in Gold, oder Schillers »Jungfrau von Orleans« (1802) und seinen »Wilhelm Tell« (1805) als Erstpublikation und in niedrigpreisiger Gestalt (z.B. Lanckoronska/Rümann 1954/1985, 48ff.) und trugen so zum Bekanntheitsgrad der Klassik bei (Braunbehrens 1982a, 144).

Ein wesentlicher Unterschied zum Kalender liegt auch im Distributionssystem: Almanache wurden vom Buchhandel vertrieben (vgl. Kap. 10). Rechnet man die wenigen Verkaufszahlen hoch, so müssen Almanache als Erfolgsprodukte der Zeit angesehen werden. Auf Messen wurde stets zuerst nach Almanachen gefragt, und zeitgenössische Buchhändlerkataloge dokumentieren eine breite Auswahl. Der Sortimenter Johann Conrad Hinreichs etwa soll 1801 in Leipzig nicht weniger als 130 entsprechende Titel angeboten haben (Mix 1987, 41). Aufgrund der jährlichen Publikation zur Buchmesse im Herbst eignete sich der Almanach vorzüglich als Weihnachts- und Neujahrsgeschenk bzw. als Lesestoff für die dunklen Wintertage. Da sich viele Autoren der jährlichen Publikation anpassten, könnte man hier den Anfang jener seriellen Textproduktion sehen, »die dann in den Fortsetzungsgeschichten und Serienromanen der Massenblätter des 19. Jahrhunderts ihre volle Ausprägung fand« (Bunzel 1999, 29). Der Almanach wurde von den Buchverlegern (G. J. Göschen, F. und E. Fleischer, G. A. Reimer, J. G. Cotta, G. J. Manz u.v.a.) im Wesentlichen aus kommerziellen Gründen befördert (vgl. etwa Zuber 1958, 402ff.) – was letztlich zu seinem Niedergang als eigenständiges Medium beitrug: Die Inhalte der »Taschenbücher« wurden arbiträr und ließen im Profil keinen Unterschied mehr erkennen zwischen Almanach und einem normalen Buch als Sammelband.

Almanache waren kleinformatig und von daher leicht handhabbar. York-Gothart Mix beschreibt: »Man las nicht nur im Kreis der Familie, in der Studierstube oder in den wenigen zugänglichen – meist als Kettenbibliotheken organisierten – Büchereien, sondern auch auf Reisen, bei Landpartien, bei Spaziergängen, in Clubs, in geselligen Kränzchen, in den Salons, bei Tischgesellschaften, bei Versammlungen, fern der Arbeitsstätte und in Caféhäusern – und zwar nicht nur, um sich an schöngeistiger Literatur zu delektieren, sondern weil man sich über die unterschiedlichsten Probleme und Fragen vor Ort Klarheit verschaffen wollte. (...) Almanache dienten nicht nur der Unterhaltung und der Veredlung des Gefühls und der Sitten, sondern, ihrer unterschiedlichen inhaltlichen Ausrichtung entsprechend, als Reiseführer, Gesangbuch, Kalender, Notizbuch, Weihnachts- und Neujahresgeschenk, Rezensionsorgan, biographisches Handbuch, Stadtführer, historischer Leitfaden, genealogisches Nachschlagewerk, Kinderbuch, Modekalender, Noten- und Liederbuch, wissenschaftliches oder populärwissenschaftliches Kompendium und als Ratgeber für die verschiedenartigsten Berufe, Stände und Personengruppen.« (Mix 1987, 42)

Musenalmanache wurden vor allem von Frauen gelesen, insbesondere von Töchtern und jungen Frauen aus dem Bildungsbürgertum (Mix 1987, 108ff.). Es ist deshalb kein Zufall, dass inhaltlich Politisches und Erotisches peinlich genau ausgespart blieben. Und mit Recht wird der Almanach mit seinen sentimentalischen Gedichten und Liedern in die damalige Kultur der Empfindsamkeit eingeordnet (Sauder 1998). Das gilt auch für die auf das weibliche Publikum zugeschnittenen »Taschenbücher«, denen vergleichbare Integrations-, Steuerungs- und Orientierungsfunktionen zugeordnet werden müssen. Wichtige Beispiele: das »Taschenbuch fürs Frauenzimmer« (1779–1784), der »Kleine Frauenzimmer Kalender« (1782), das »Leipziger Taschenbuch für Frauenzimmer« zum Nutzen und Vergnügen« (1784–1820), auch »Frauenzimmer-Almanach« genannt, das »Taschenbuch für Damen«, der »Berlinische Damen-Kalender« sowie später langlebige Frauentaschenbücher wie »Minerva« (1809–1833), »Urania« (1810–1848), »Penelope« (1811–1848) oder »Aurora« (1824–1858). Der beim Buchverleger Göschen (vgl. Füssel 1998) erschienene »Historische Calender für Damen 1791« von Schiller fungierte, nach einigen vorhergehenden Modekalendern, gezielt als Ergänzung der neu gegründeten Zeitschrift

»Journal des Luxus und der Moden« (vgl. ausführlich Hahn 1986) und macht damit die mediale Verflechtung deutlich, die auch ein Medium wie den Almanach einbezog; Kalender, Blatt, Almanach, Buch und Zeitschrift, letztlich auch die Zeitung etablierten sich in dieser Periode als kompaktes System bürgerlicher Medienkultur (vgl. auch Kap. 11), und als profitables dazu – vom »Historischen Calender für Damen 1791« wurden mehr als zehntausend Exemplare verkauft (Mix 1987, 39). Das traditionelle Frauenbild, das hier vermittelt wurde, entsprach dem bereits beschriebenen Rollenklischee unter dem Vorzeichen der »Liebe« (Kap. 6): sittsame Jungfrau, treue und häusliche Gattin, sich aufopfernde Mutter (Bunzel 1999, 33; vgl. auch Lanckoronska / Rümann 1954 / 1985, 59ff.). Das lag wohl nicht zuletzt auch daran, dass hier überwiegend Männer schrieben und redigierten und die wenigen involvierten Frauen bemüht waren, »das hohe Lied von Ehe und Mutterschaft als einziger Lebensbestimmung der Frau zu singen« und die Frau »auf ihre Rolle als anregende Gesprächspartnerin des Ehemannes und Erzieherin der Kinder vorzubereiten« (Schieth 1998, 93, 97).

Bei Musenalmanachen wie bei Taschenbüchern kam der Ausstattung ein großer Stellenwert zu (siehe anschaulich den großen Bilderteil bei Lanckoronska / Rümann 1954 / 1985; außerdem den 250-seitigen Ausstellungskatalog Mix 1986). Zur Dekoration gehörten Visualisierungen bestimmter Szenen aus Dramen, Märchen oder Sagen, Genrebilder, Porträts von Herrschern, Künstlern und Gelehrten, nicht zuletzt die Reproduktion von Gemälden in Form von Kupferstichen. Ein anschauliches Beispiel bietet eine Illustration im »Leipziger Frauenzimmer-Almanach 1792« (Abb. 39). Manche Almanache waren aufwändig mit Goldschnitt verziert und in Seide oder Leder eingebunden: Prestige- und Statusausweis. Ein besonderes prächtiges Exemplar des Almanachs »Kalender der Liebe dem schönen Geschlechte gewidmet« (1799) soll aufgrund eines Elfenbeineinbands bis zu 6 Dukaten gekostet haben (Mix 1987, 29; Mix 1996, 13). Verglichen mit den sonst üblichen Bücherpreisen waren die Kosten für Almanache mit 12 Groschen bis 1 Reichstaler und 12 Groschen zumeist aber erschwinglich (Mix 1987, 27ff.), freilich nicht für die unteren Schichten. Riehl urteilte mit Recht: »diese Almanache, die das Bedürfniß einer oberflächlichen litterarischen Unterhaltung tief in den Mittelstand herab verbreiteten, sind das schärffste Widerspiel ächter Volkslitteratur« (Riehl 1859, 54). Auch damit wird deutlich, dass der Almanach im Wesentlichen als ein bürgerliches Medium angesehen werden muss. Mix kommt zu dem Ergebnis, »daß sich das Lesepublikum zu 83,4% aus dem gebildeten Bürgertum, zu 7,2% aus Adligen und Offizieren und zu 9,4% aus nicht identifizierbaren Personengruppen rekrutierte. Das Gros der Leser (84,9%) war nicht von Profession schönwissenschaftlich tätig, der Anteil von Gelehrten, Professoren oder Gynmasialdirektoren war verhältnismäßig gering (15%).« (Mix 1987, 124f.)

Abb. 38: Illustration von D. Chodowiecki und D. Berger im »Leipziger Frauenzimmer-Almanach 1792« zur neuen Rolle der Frau als sittsamer Jungfrau, treuer Hausfrau und aufopferungsvoller Mutter.

Der Almanach in seinen zwei wichtigsten Formen (Musenalmanach, »Taschenbuch«) hat nicht nur Literatur in neue Schichten getragen und generell neue Gruppen der Bevölkerung als Leser erschlossen. Günter Häntzschel sieht das Spezifikum des Mediums Almanach (im Sinne des Musenalmanach) »in ihrem geselligen Kommunikationszusammenhang zwischen Herausgebern und zur Mitarbeit eingeladenem Publikum, so daß ein gewisses Maß von Dilettantismus dem situativen Kontext eigen ist«

(1997, 54; vgl. auch McCarthy 1986; Mix 1987, 135ff.). Und Wolfgang Bunzel spricht von einem »Kommunikationsklima, in dem die starren Grenzen zwischen Produzenten und Rezipienten von Literatur zumindest tendenziell aufgehoben waren. Leser konnten durch die Einsendung eigener Texte zu Autoren werden« (Bunzel 1999, 25f.; vgl. auch Mix 1987, 31ff.). Aus medienhistorischer Sicht charakterisiert sich der Almanach in seiner Vermischung und Kombination von Merkmalen des astronomisch-prognostischen Kalenders, der periodischen Zeitschrift, des literarischen Briefs, des Buchs in Form eines »Taschenbuchs«, des musikbezogenen Notenblatts und der plakativen visuellen Illustration als ein von 1770 bis ca. 1830 zeitlich begrenztes Medium des Übergangs zwischen dem Kalender auf der einen und dem zur Kompilation genutzten Buch (vgl. Kap. 10) in Abgrenzung zur Zeitschrift (Kap. 11) auf der anderen Seite.

9. Flugblatt und Flugschrift
im politischen System

9.1 Das Flugblatt

In dem Maße, in dem vor allem die Zeitung, dann aber auch das Plakat, das Buch und nicht zuletzt die Zeitschrift einen Bedeutungsaufschwung nahmen, dürfte im Verlauf des 18. Jahrhunderts der Stellenwert der Medien Flugblatt und Flugschrift in der gesamtgesellschaftlichen Kommunikation, in der medienfundierten neuen Öffentlichkeit zurückgegangen sein. Leider ist die Forschungslage hier kaum besser als bei den Medien Wand und Plakat. Sieht man von einigen Schwerpunktstudien, insbesondere zur Publizistik der Französischen Revolution und zur politischen Propaganda etwa der deutschen Jakobiner, einmal ab, so fehlen historisch übergreifende Beiträge speziell für das 18. Jahrhundert sowohl zum Flugblatt als auch zur Flugschrift. Wolfgang Harms spricht explizit von den »Lücken der Flugblatt- und Flugschrift-Analyse zum 18. Jh.« (Harms 1999, 792; vgl. auch Schwitalla 1999, 803, u.a.). Das ist bedauerlich, zumal Christian Friedrich Daniel Schubart just 1787/88, in Anlehnung an das französische »feuille volante«, die Begriffe »Flugblatt« und »Flugschrift« geprägt und damit ältere Bezeichnungen wie Libell, Traktat, Pasquill oder Pamphlet abgelöst haben soll (z.B. Schmidt 1993, 96f.).

Das Forschungsdefizit betrifft aber auch generell das Blatt als ein Medium alltäglicher Privatkommunikation. Damit ist nicht nur das Blatt im Sinne eines Notizzettels gemeint, wie es für persönliche Botschaften oder zum Memorieren und Speichern seit jeher benutzt wurde, sondern auch seine nicht minder verbreitete Form etwa der Gebrauchsanweisung; auch sie ist heute noch ebenso selbstverständlich wie unerforscht. Aus der Geschichte der Arzneimittelwerbung in Deutschland sind einige Beispiele solcher Blätter auch für die frühe Neuzeit überliefert (Abb. 39).

Die Hochzeit von Flugblatt und Flugschrift lag also möglicherweise schon im 16. und 17. Jahrhundert. Wesentliche Merkmale der beiden Medien – von der Anonymität der Produzenten, dem spezifischen Text-Bild-Verhältnis und ihrem Warencharakter über den Vertrieb insbesondere durch Kolporteure, Buchführer und Hausierer, auf Marktplätzen und Messen, vor Kirchentüren und in öffentlichen Räumen, bis hin zu den klassischen Käufern und Rezipienten der mittleren Schichten und Bildungsbürger sowie der Polyfunktionalität speziell des Flugblatts (z.B. Adam 1999) – wurden bereits dargestellt und müssen deshalb hier nicht

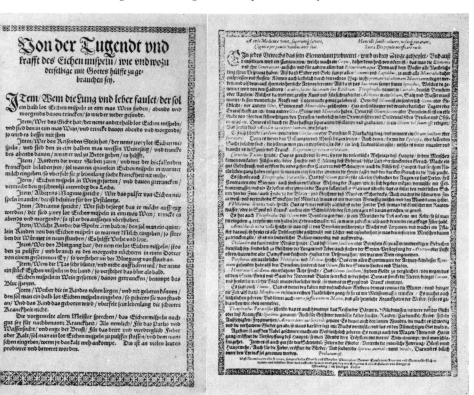

Abb. 39: Das Blatt als Alltagsmedium – links eine Gebrauchsanweisung für Eichen-mispeln (17. Jh.), rechts eine für Bernsteinöl (18. Jh.).

mehr wiederholt werden (vgl. ausführlich Faulstich 1998, 117ff., 152ff., 182ff.). Bei den Themenbereichen scheint es immerhin eine Verlagerung gegeben zu haben – seltener handelte es sich im 18. Jahrhundert um Flug-blätter über Sensationen, Monster und Wunder mit Unterhaltungsfunktion, seltener auch um Andachtsblätter mit katechetischer Unterweisung oder zur religiösen Erbauung (vgl. etwa Faust 1998, für England O'Connell 1999), häufiger dagegen um Flugblätter als Werbe- und Informationsträger mit Propagandafunktion – bestens geeignete publizistische Mittel für den politischen Tageskampf. (Darin spiegelt sich aber möglicherweise auch nur der defizitäre Stand der Forschung.) Ganz offensichtlich spielten Flug-blatt und Flugschrift primär im politischen und partiell wohl auch im wirtschaftlichen System nach wie vor noch eine Rolle; in beiden Fällen waren sie öffentlichkeitskonstitutiv. Beispiele sollen das verdeutlichen, wobei die Einbindung von Flugblatt und Flugschrift in das bürgerliche

167

Multimediensystem bewusst bleiben muss. »Flugblatt und Flugschrift gemeinsam ist eine persuasive Ausstrahlung, die versucht, die öffentliche Meinung zu beeinflussen.« (Adam 1999, 134) Es geht im politischen System um Rebellion, Anklage, Verteidigung, Verunglimpfung, Aufklärung, Verleumdung, Schmäh, Spott, Polemik, Agitation und Propaganda, im wirtschaftlichen System um Information, Werbung und Verkaufsappell.

9.2 Die Annonce

Werbung war für das fahrende Gewerbe auch im 18. Jahrhundert noch lebenswichtig. Ärzte, Scharlatane, Schausteller und andere propagierten ihre Waren, Produkte, Dienstleistungen öffentlichkeitswirksam. Ein gutes Beispiel für das Blatt im Funktionskontext einer solchen kommerziellen Werbung wäre der Ankündigungszettel eines nach eigenen Angaben international erfolgreichen Augenarztes, der seine Dienste auch dem hiesigen Stadtpublikum andiente (Abb. 40).

Andere Beispiele sind aber auch im Privat-Intimen angesiedelt. So verwendete man für die seit Mitte des 18. Jahrhunderts aufgekommene Heiratsannonce durchaus auch das Medium Blatt: In Handzetteln wurden entsprechende Angebote und Wünsche an einen Lebenspartner, eine Lebenspartnerin von Austrägern auf offener Straße an geeignete oder interessierte Personen verteilt. Meist wurden körperliche Vorzüge der Frau mit wirtschaftlichen Gütern des Mannes zum Tausch angesetzt – Ehe war hier für bestimmte Personengruppen durchaus noch ein Geschäft. Eduard Fuchs zitiert beispielsweise aus einem Handzettel: »›Eine junge hübsche Person (...), die den Versprechungen eines sonst ehrenwerten Jünglings zu früh Glauben geschenkt hat, freilich in einem Zustand, der alle Nachsicht verdient‹, will nicht in Unehren kommen und wünscht sich deshalb so rasch wie möglich, doch nicht in derselben Stadt, mit einem Manne zu verheiraten, dem eine Mitgift von zweiundzwanzigtausend Gulden ein genügender Ersatz dafür wäre, seinen Namen einem Kinde zu geben, ›das der jugendlichen, aber ehrlichen Leichtgläubigkeit sein Leben verdankt.‹« (Fuchs 1985, 82) Gegenüber diesen nur in kleinen Auflagen »privaten« Flugblättern dominierten allerdings diejenigen einer politischen Öffentlichkeit.

Wichtige Verlagsorte für deutsche Flugblätter und Flugschriften waren Augsburg, Nürnberg, Frankfurt am Main, Leipzig, Straßburg und Basel, später auch Wien und Berlin. Verleger populärer Kupferstiche waren u.a. Jeremias Wolf (1663–1724), Martin Engelbrecht (1684–1756), Johann D. Herz d. J. (1722–1797), Johann H. Löschenkohl (gest. 1807) und Friedrich Campe (1777–1846). Als wichtige Verleger deutscher Flugschriften im Kampf um die Pressefreiheit nach den Karlsbader Beschlüssen von 1819 gelten

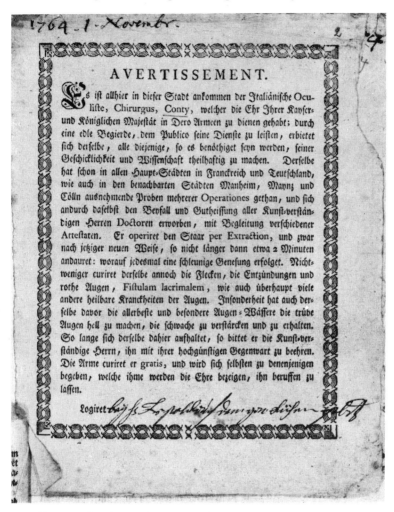

Abb. 40: Ankündigungszettel des Oculisten Conty aus dem Jahre 1764.

u.a. J. G. A. Wirth und Ph. J. Siebenpfeiffer. Der wichtigste Absatzmarkt von Flugblättern und Flugschriften war der Kommunikationsraum der Stadt, von dem aus sie den Weg aufs Land fanden. Ein Blatt soll preislich etwa dem Stundenlohn eines Handwerkers entsprochen haben. Klassische Rezipienten waren Pfarrer, Lehrer, Juristen, Hofbeamte, städtische Funktionsträger, Apotheker, Ärzte, Handwerker u.a. (Adam 1999, 135f.).

169

9.3 Die Flugschrift

Flugschriften gab es Anfang des 18. Jahrhunderts als verbreitetes Medium der Auseinandersetzungen um die Aufklärung. Wolfgang Martens beschreibt ihre Erscheinung am Beispiel der »Flut polemischer Flugschriften« gegen die neu erscheinende Moralische Wochenschrift »Der Patriot« im Jahr 1724 (vgl. Kap. 11.3). »Wir wissen von 31 verschiedenen gegen den ›Patrioten‹ gerichteten Flugschriften und von 26 wiederum für den ›Patrioten‹ Partei nehmenden und mit seinen Gegnern ins Gericht gehenden Schriften.« (Martens 1972, 516) Die neue von aufklärerischem Gedankengut getragene Zeitschrift wurde beschimpft und geschmäht u.a. als »ein tummer Kerl«, ein »Pharisäer«, ein »Lügner«, ein »Ignorant«, ein »knechtisches Vieh« oder sogar ein »Teufel, dessen Anschläge ein Fluch und Pestilentz sind«.

Die Flugschriften wurden in Hamburg oder Altona herausgebracht, aber eine vergleichbare lokal-regionale Mediennutzung ließe sich überall feststellen. Die Pamphlete hatten Quartformat, eine Länge zwischen vier und sechzehn Seiten, waren meist anonym gehalten und wurden auf öffentlichen Plätzen und bei Buchhändlern verteilt. Die Auseinandersetzungen lassen erkennen, dass die Flugschrift zwar im Medienverbund, aber doch als ein Forum genutzt wurde, das dem einzelnen Bürger Raum für Meinungsäußerung und Parteinahme bot. Dass der »Patriot« moralische Fragen öffentlich erörterte, Missstände vor dem Publikum ausbreitete, verbunden mit der Aufforderung an die Leserinnen und Leser, sich an der Diskussion zu beteiligen, war ungewohnt und wurde als gefährlich empfunden, speziell von theologischer Seite, die ihren Alleinvertretungsanspruch auf das Heil des Menschen und Fragen des Glücks und der Moral bedroht sah – nämlich durch »das, was wir öffentliche Meinungsbildung nennen, von publizistischen Medien vermittelt« (Martens 1972, 522).

Flugschriften waren in politischen Auseinandersetzungen selbstverständlich und alltäglich, sie konstituierten einen »Markt der medienvermittelten politischen Meinungsbildung«, wie Andreas Gestrich an verschiedenen Beispielen aus dem höfischen Bereich konkretisiert (1994, 196). In Auflagen bis zu 1000 Exemplaren fanden sie meist das Zehnfache an Lesern und Hörern. Dabei ging es darum, die politischen Entscheidungsträger zu beeinflussen und in der neu entstehenden Medienöffentlichkeit Klima und Image zu gestalten. Die entsprechenden Informationen fanden häufig Eingang in Zeitschriften und Zeitungen, sodass wieder der Medienverbundcharakter der Flugschriften sichtbar wird.

9.4 Flugblätter in Frankreich

An der »bedeutenden Rolle«, die das Flugblatt in der Französischen Revolution spielte (man zählte mehr als 35.000 Blätter), kann es keinen Zweifel geben. »Einzelne Verleger wie etwa der Provinzverleger Jean Baptiste Letourmi spezialisierten sich auf den revolutionären Holzschnitt und unterhielten mehr als hundert Auslieferungsstellen über das ganze Land verteilt«. Peter Schmidt urteilt: »Flugblatt und Druckgraphik trugen wesentlich dazu bei, daß einerseits eine öffentliche revolutionäre Kunst, andererseits eine revolutionäre politische Öffentlichkeit von erheblicher sozialer Breite entstehen konnte. So war das Flugblatt ein wichtiges Instrument zur emotionalen Mobilisierung und Politisierung der Unterschichten, des ›kleinen Mannes auf der Straße‹ und hatte damit gewichtigen Anteil an der Entwicklung einer revolutionären Massenbewegung.« (z.B. Schmidt 1993, 97f.). Aber zwischen 1750 und 1789 erschienen auch zahlreiche Flugschriften, in denen Oppositionsgruppen in Frankreich ihre Kritik und ihre politischen Forderungen vortrugen.

In der Bildpublizistik der Französischen Revolution standen Plakat, Flugblatt, Flugschrift sowie der Straßensänger und das Jahrmarkttheater, aber auch sogenannte »Bildzeitungen«, in explizitem Medienverbund (Herding/Reichardt 1989, 20+73ff.; vgl. auch Kap. 3.2). Der Protest des zerlumpten Bauern im Ancien Régime gegen Klerus und Adel als Satire, erste Bilderbögen als populäre Collagen über die Emigration zahlreicher Geistlicher, der dramatisierte Sturm auf die Bastille oder der Zug der Frauen nach Versailles, die zentralen Thesen der Revolution etwa in Form von Allegorien, denkwürdige Schlüsselbilder der Revolution als didaktisch angelegte Karikaturen, visualisierte Beschlüsse der Nationalversammlung, programmatisch zugerichtete Darstellungen der neuen revolutionären Feste, der Widerstreit zwischen der Schreckensherrschaft Robespierres und der Freiheitsbotschaft etwa in Gestalt von Spielkarten usw. – sie schufen, im Rückgriff auf den gesamten Fundus der Bildgraphik-Traditionen seit dem Beginn der frühen Neuzeit (ausführlich Herding/Reichardt 1989, 25ff.), politische Öffentlichkeit in nie gekanntem Ausmaß und in völlig neuer Bedeutung. Dabei handelte es sich nicht um langfristig geplante Auftragsgrafik, zentral von oben organisiert, sondern um eine spontan und aktuell zu bestimmten Situationen und Ereignissen seitens der Betroffenen, also von unten her umgesetzte produktive Mediennutzung, organisiert nicht zuletzt von den profitinteressierten Verlegern.

9.5 Flugblätter in Deutschland

In der deutschen Bildpublizistik der Zeit spielte die erste Phase der Französischen Revolution, abgesehen vom Sturm auf die Bastille (Abb. 41),

Abb. 41: Deutsches Flugblatt über den Sturm auf die Bastille
(Kupferstich von J. M. Will, Augsburg).

kaum eine Rolle – anders als etwa die spätere Schreckensherrschaft, die
Septembermorde, das Schicksal der königlichen Familie. Peter Schmidt
bringt das auf die Formel: »Während in französischen Flugblättern das
Volk die in der Bildtradition auf den Herrscher festgelegte Rolle des Herku-
les eingenommen hatte, der die Hydra des Despotismus besiegt, stellten
die deutschen Flugblätter die gewohnte Ordnung wieder her: die verbün-
deten Fürsten erlegen den Drachen der Revolution.« (Schmidt 1999, 99)

Allerdings nutzten auch radikale Demokraten wie der »Jakobinerklub
echter Republikaner von Altona« das Medium Flugblatt (z.B. Grab 1979).
Mit Formeln wie »Freyheit oder Mordt und Todt« oder »Freyheit und
Gleichheit!« vertraten sie zentrale Werte des französischen Vorbildes. Dass
diese Flugblätter handgeschrieben waren, verweist auf ihre plebejische
Herkunft. »Sie fordern die Abschaffung der dänischen Monarchie aus ei-

172

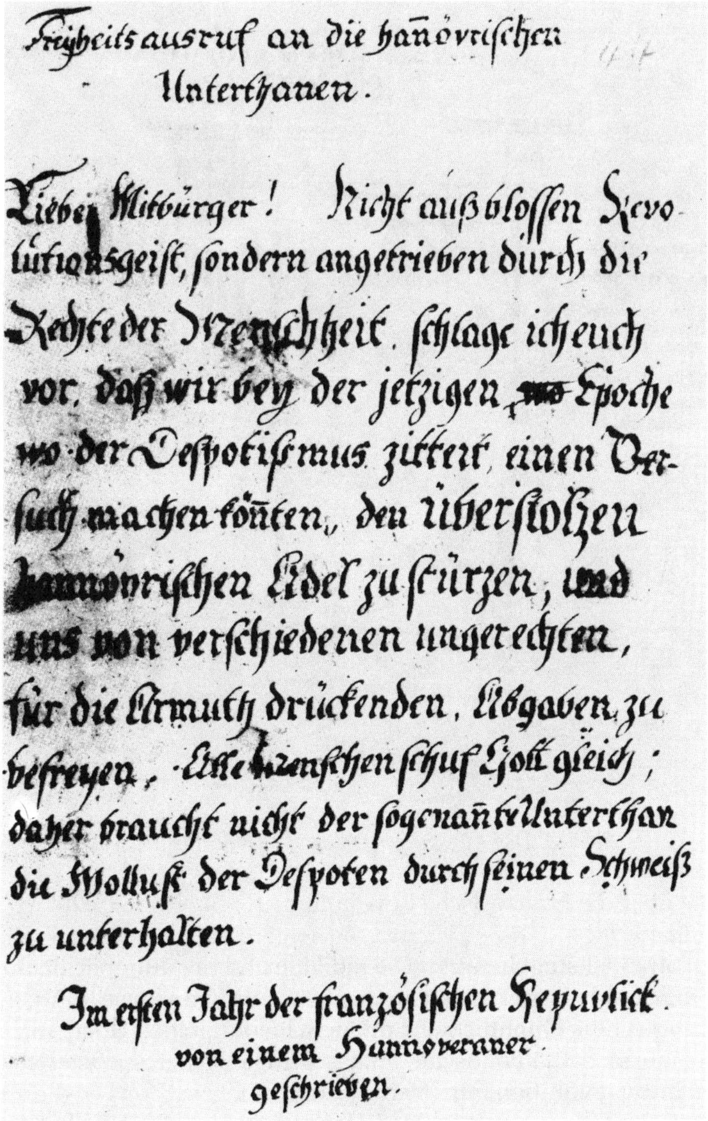
Freyheitsausruf an die hanövrischen Unterthanen.

Liebe Mitbürger! Nicht aus blossen Revolutionsgeist, sondern angetrieben durch die Rechte der Menschheit, schlage ich euch vor, dass wir bey der jetzigen ~~wo~~ Epoche wo der Despotismus zittert, einen Versuch machen könten, den überstolzen hannövrischen Adel zu stürzen, und uns von verschiedenen ungerechten, für die Armuth drückenden, Abgaben zu befreyen. Alle Menschen schuf Gott gleich; daher braucht nicht der sogenante Unterthan die Wollust der Despoten durch seinen Schweiss zu unterhalten.

Im ersten Jahr der französischen Republick.
von einem Hannoveraner
geschrieben.

Abb. 42: Göttinger Flugblatt mit dem Aufruf zum Sturz des hannoverschen Adels (1792).

ner grundsätzlichen Ablehnung des monarchischen Prinzips heraus und versprechen sich davon eine wesentliche Minderung der das Volk bedrükkenden Steuerlasten. Sie zeugen von einer oft mißverstandenen Rezeption der Ideen Paines, Rousseaus und verschiedener deutscher Zeitungs-

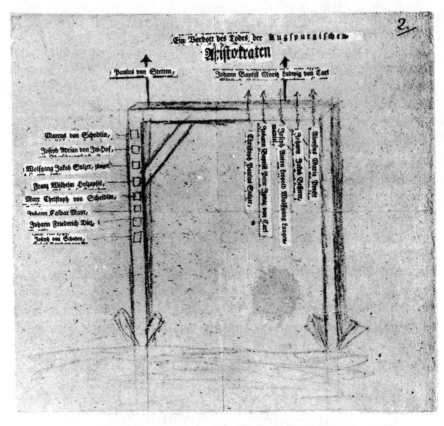

Abb. 43: Das Augsburger Drohblatt aus dem Jahr 1795.

berichte über die Französische Revolution.« (Freiheit 1989, 370; vgl. auch Reinbold 1999).

Erich Straßner stellt heraus: »Die radikale und revolutionär-demokratische Propaganda ist gekoppelt an den Umschlag von liberal-bürgerlicher zur ›plebejischen‹ Öffentlichkeit, mit dem ideologischen Übergang in den Frühsozialismus. (...) Politische ›Volksschriftsteller‹ versuchen sich in der Vorbereitung revolutionärer Taten.« (Straßner 1999a, 797) Diese durchaus handfeste Agitation verursachte vielfach höchste Aufregung bei den Obrigkeiten, so wie etwa im Norden der anonym verfasste »Freiheitsaufruf«, »den überstolzen hannovrischen Adel zu stürzen«. Dieser »Göttinger Aufruf« (Abb. 42) wurde 1792 am Göttinger Rathaus und an der Universitätsapotheke angeschlagen, mutmaßlich aus Studentenkreisen heraus. »Der Anschlag bewirkte nicht nur polizeiliche Untersuchungen und verstärkte Unterdrückung der Meinungsfreiheit, sondern seitens des Gerichtsschulzen Zachariae auch Überlegungen, wie die Unruhe der Bevölkerung zu mildern sei. Fortfall der Kopfsteuer und der Steuerfreiheit der Ritterschaft, so schrieb er an den Geheimen Rat von Beulewitz, würden ausreichen, das allgemeine Mißvergnügen zu beseitigen.« (Freiheit 1989, 371).

Für diese verbreitete und überwiegend verloren gegangene Untergrundliteratur ließe sich im Süden auch das Augsburger Drohblatt anführen (Abb. 43). An einem Galgen mit dem Titel »Ein Vorbott des Todes der Augspurgischen Aristokraten« baumeln hier in anschaulicher Visualisierung die Namen verhasster Ratsherren der Stadt. Die Anonymisierung wurde dadurch gewährleistet, dass die Buchstaben und Worte aus verbreiteten Kalendern ausgeschnitten und aufgeklebt waren. Dieses Flugblatt war ein Unikat und wurde vor der Haustür eines der Patrizier öffentlichkeitswirksam niedergelegt.

Solche bedrohlichen Zettel, oft mit Aufrufen zum Aufruhr, Aufstand, zur Revolution, gab es auch in zahlreichen anderen Städten und auf dem Land. Sie wurden häufig den Unterschichten oder kriminellen Wirrköpfen zugeordnet (vgl. Haasis 1991; vgl. auch Haasis 1988, 206ff.). Der Höhepunkt der anonymen Schriften und der Pseudonyme in Deutschland – erfolgreiche Versuche, die Zensur zu umgehen – lag vermutlich um 1800 (auch wenn der Verleger Johann Philipp Palm noch im Jahre 1806 für seine Schrift »Deutschland in seiner tiefen Erniedrigung« mit dem Tod bestraft wurde; vgl. Raabe 1991, 56).

Die Regel aber waren wie in Frankreich auch hier gedruckte Flugblätter und Flugschriften – Ausdruck für den Aufstieg des Bürgertums. »Das entscheidende Kriterium des Jakobinismus ist sein Demokratismus«, charakterisiert Heinrich Scheel die deutsche Situation im Kontrast zu Frankreich (Scheel 1980, 3; vgl. auch Sauer 1913/1978; Kuhn 1978), d.h. es handelte sich hier bei den Jakobinern eher um linksintellektuelle städtische Bildungsbürger. Bestes Beispiel dafür ist die Mainzer Republik. Nach Johannes Schwitalla (1999, 812) erschienen hier nach dem Einmarsch französischer Revolutionstruppen 1792/93 mehr als 100 Flugschriften, 19 Einblattdrucke und 34 Faltblattdrucke – neben sieben Zeitungen und Zeitschriften. Manche wurden parallel auch als Plakate gedruckt und verbreitet, wobei sich die funktionalen Textsorten wieder an die Textgestaltung der Reformation anlehnten. Die Französische Revolution spiegelte sich hier als Kultur- und Medienrevolution wider (ausführlich z.B. Publizistik 1993), die freilich ganz und gar bürgerliche Züge trug. Eine Radierung mit der Darstellung des Mainzer Freiheitsballs am 13. Januar 1793 (Abb. 44) lässt kaum einen Unterschied zum bürgerlichen Salon erkennen (vgl. oben Abb. 3, Abb. 20).

Auch die Flugschriftenliteratur war hier deutlich lokal geprägt und explizit an unterschiedliche soziale Gruppen gerichtet. Herausragende Beispiele wären die Rede »Wie gut es die Leute an Rhein und Mosel jetzt haben könnten« von Friedrich Cotta oder die pfälzische Flugschrift »Ein

Baal der Freyheit und Gleichheit zu Mainz.

Abb. 44: Der Mainzer Freiheitsball 1793 als Flugblatt (Radierung von »Fr«).

überrheiner Bauersmann an seinen Kurfürsten zu München in Baierland«
(1792) des Bauerndichters Isaak Maus. Im Zusammenhang mit der cis-
rhenanischen Bewegung wird häufig auch die Flugschrift »Resultate meiner Sendung nach Paris im Brumaire des achten Jahres« (1797) von Joseph Görres genannt. Heinrich Scheel führt allein für Bayern 20 Flugschriften auf (Scheel 1980, 220ff.), so beispielsweise das »Gebet, welches
alle guten Bayern in dieser Zeit der Not und Bedrängnis fleißig beten sollen« (zwischen 1793 und 1796), »Die Privilegien des Adels in Bayern vor
dem Richterstuhl der gesunden Vernunft« (1800) oder »Politisches Glaubensbekenntnis eines aufrichtigen Bayers über die Schicksale seines Vaterlandes« (1801), alle anonym. Auch der Aufschwung der liberalen Publizistik nach den Befreiungskriegen wurde begleitet von Flugschriften
wie Johann Friedrich Benzenbergs »Über Verfassungen« (1816), Joseph
Görres' »Teutschland und die Revolution« (1819) oder Friedrich Wilhelm
Schulz' »Frag- und Antwortbüchlein über Allerlei was im deutschen Va-
terland besonders Not tut« (1819). Deutlicher noch als das Flugblatt war
die Flugschrift im politischen System funktionalisiert.

176

10. Der Literaturbetrieb als Markt

Das 18. Jahrhundert galt noch vor dem pädagogischen Jahrhundert, dem Jahrhundert der Liebe oder dem Jahrhundert des Briefs als das Jahrhundert der Buchkultur. In der Tat war das Druckmedium (Buch) damals um ein Vielfaches wichtiger als das Schreibmedium (Brief) oder gar das Menschmedium (Lehrer). Allerdings trifft auch für das 18. Jahrhundert zu, was bereits im Zusammenhang mit der frühen Neuzeit von 1500 bis 1700 notiert werden musste (Faulstich 1998, 250ff.): Perspektivisch und terminologisch, methodologisch und in den Befunden hat die Forschung bislang Druckmedien, obwohl von großen Unterschieden geprägt, häufig in eins geworfen und pauschal unter »Buchkultur« verrechnet. Die heutige Medienkulturgeschichtsschreibung muss dagegen auf die funktionale Ausdifferenzierung der verschiedenen Printmedien bedacht sein – sonst käme gar nicht in den Blick, dass sich just im 18. Jahrhundert mit der Zeitschrift ein ganz neues Medium etabliert hat. Und man könnte sogar übersehen, dass die Medienkultur der Zeit neben den bis dahin ausgebildeten Handlungsrollen des Buchmarkts (vgl. Faulstich 1998, 260ff.) eine völlig neue Handlungsrolle generiert hat: den Kritiker. Er gilt primär für die Zeitschrift und soll deshalb hier nur pauschal erwähnt werden (vgl. Kap. 11.2).

10.1 Thesen zur Entstehung des literarischen Marktes

Der im Allgemeinen für das 18. Jahrhundert behauptete Strukturwandel des literarischen Lebens, des literarischen Marktes, des Sozialsystems Literatur in Deutschland ist ganz unterschiedlich erklärt worden. Einleitend seien deshalb einige der Thesen und Konzepte idealtypisch verkürzt vorgestellt: erstens der multifaktorielle Ansatz von Helmut Kiesel und Paul Münch, zweitens das monokausale Konzept von Lutz Winckler und drittens das Selbstentstehungsmodell von Siegfried J. Schmidt. Anhand einer näheren Betrachtung verschiedener Handlungsrollen im Einzelnen soll dann überprüft werden, welcher der Erklärungsversuche die höchste Plausibilität für sich in Anspruch nehmen kann. Die Beiträge beziehen sich nicht nur, aber doch zentral auf das Medium Buch.

Der erste Ansatz (Kiesel/Münch 1977) beschreibt einen Wandel vielfältigster Art in dieser Epoche, wobei unterschieden wird in allgemeine politisch-gesellschaftliche Grundlagen und konkret den literarischen

Markt. Diachronisch wird jeweils in der Mitte des Jahrhunderts eine Zäsur gesetzt und das Hauptaugenmerk auf die zweite Hälfte gelegt. Entsprechend werden Veränderungen beschrieben wie insbesondere die folgenden:

– Allgemein (13-76): Die Bevölkerung stieg ab 1750 sprunghaft an, allerdings in Wellen und mit geographischen Schwerpunkten. Politisch dominierte der aufgeklärte Absolutismus bei territorialer Zersplitterung. Die merkantilistische Doktrin, die dem Staat auch wirtschaftlich die absolute Lenkungsgewalt zusprach, stieß in den verschiedenen Territorien rasch an ihre Grenzen; selbst vorindustrielle kapitalistische Produktionsformen wie Verlag und Manufaktur konnten die Privatisierung und Entwicklung der kapitalistischen Wirtschaft nur wenig vorantreiben. Die ständische Sozialordnung bei Adel und Bauern blieb relativ unverändert, während sich beim Bürgertum (vor allem Handel und Handwerk) in den Städten gegenüber Geburtsrecht und Grundeigentum ein neues Wertesystem entwickelte (Bildung, Vernunft, Leistung, Fleiß, Tugend etc.). Im Zuge der Trennung von Arbeits- und Wohnbereich bildete sich die Kleinfamilie heraus. Die Emanzipationsbestrebungen des Bürgertums wurden vor allem in einem neuen Erziehungswesen und Schulsystem umgesetzt.

– Konkret (77-179): »Ein Autorentypus entstand, der die Merkmale des beamteten und ständisch-gelehrten Literaten und des ›freien‹ Schriftstellers in sich vereinigte, mitunter sogar die des höfischen Poeten.« Die Zunahme an Autoren ist auf verschiedene Faktoren zurückzuführen: den »Expansionsdrang des Buchhandels«, die »Lesewut des Publikums«, die »Renommiersucht der Gelehrten«, nicht zuletzt die zunehmende Arbeitslosigkeit von Staatsdienern und Gelehrten. Parallel dazu wurden von geistlichen und weltlichen Autoritäten und Obrigkeiten Zensurbestimmungen erlassen, allerdings territorial stark unterschiedlich und deshalb oft wenig wirksam. Im Buchhandel wurde der Tauschhandel vom Konditions- und Kommissionshandel abgelöst, die Frankfurter Messe von der Leipziger Messe. Hauptprobleme waren ansonsten der Nachdruck, die Frage von geistigem Eigentum und Urheberrecht, das Honorar und die Selbstverlage. Die »Lesewut des gemeinen Mannes«, die »Lesesucht des Pöbels« brachten das Lesen in Verruf. Auf dem Lande wurden allenfalls Gebetbücher, praktische Ratgeber und Unterhaltungsliteratur gelesen. Im Bürgertum spielten Zeitschriften speziell für Leserinnen eine wichtige Rolle, aber auch Kinder und Jugendliche bildeten einen neuen Leserkreis. Extensive löste die intensive Lektüre ab, deutschsprachige Texte lateinische. Lesezirkel, Lesekabinette und Lesegesellschaften wurden hier ebenso wichtig wie die neu entstehenden kommerziellen Bibliotheken.

Genau genommen wird die »Entstehung des literarischen Marktes in Deutschland« (Untertitel) damit zwar facettenreich beschrieben, aber an keiner Stelle tatsächlich erklärt. Implizit wird allenfalls unterstellt, dass die Vielzahl von Veränderungen, allgemein wie konkret, gemeinsam den strukturellen Wandel herbeigeführt habe. Das ist beim zweiten Ansatz anders (Winckler 1986). Ausgangspunkt ist hier ein marxistischer Standpunkt: »Die gesellschaftlichen Formen der Kommunikation ändern sich mit den gesellschaftlichen Formen der materiellen Produktion. (...) Literaturkonstitutiv wird der Kommunikationszusammenhang durch Vermittlung der geistigen Kultur der bürgerlichen Gesellschaft. (...) Die bürgerliche Emanzipation bezeichnet in der Geschichte der Literatur einen historischen Wendepunkt.« (8f.) Damit wird der Strukturwandel des Literaturbetriebs im 18. Jahrhundert zurückgeführt auf die Herausbildung einer neuen »Klasse«, des Bürgertums, d.h. ein »spezielles Kräftefeld« mit »zwei widersprüchlichen Ebenen: der literarischen Öffentlichkeit als dem Ensemble gesellschaftlicher Institutionen bürgerlicher Privatleute und dem literarischen Markt als dem Ensemble ökonomischer Institutionen kapitalistischer Buchproduktion. (...) Öffentlichkeit und Markt institutionalisieren verschiedene Seiten des Literaturprozesses: Die ideologisch-ästhetischen Funktionen sind in der Öffentlichkeit, die ökonomisch-merkantilen im Markt repräsentiert. Diese Doppelstruktur gehört zum Wesen bürgerlicher Literaturkommunikation. Sie führt im literarischen Prozeß (...) zu fortwährenden Spannungen zwischen ideologisch-ästhetischen und ökonomischen Funktionen: die Literatur ist Verkörperung künstlerischer Arbeit und käufliche Ware zugleich, der Schriftsteller ist als Aufklärer bürgerlicher Ideologie und als Verkäufer seines Manuskripts Warenproduzent, der Leser Adressat aufgeklärter Literatur und anonymer Käufer auf dem Markt. Diese Widersprüche, die ihre ökonomische Erklärung im Doppelcharakter der Ware Literatur als Tausch- und Gebrauchswert finden (...), bestimmen den literarischen Prozeß – seine soziologische Struktur, seine gesellschaftliche Funktion und seinen historischen Verlauf.« (9f.)

Ein Problem bestand hier ganz offensichtlich darin, den revolutionären Impetus der Aufklärung und die neue bürgerliche Öffentlichkeit, die durchaus positiv als Befreiung aus einer ständisch-feudalen Gesellschaftsordnung eingeschätzt werden, mit der negativ verstandenen Durchsetzung einer kapitalistischen Gesellschafts-, Wirtschafts-, Literaturmarktstruktur verbunden zu sehen. Der Strukturwandel wird deshalb – verdeutlicht an »drei sozialen Grundfaktoren« der Literaturgesellschaft: freier Schriftsteller, Markt und Publikum – fortgeschrieben bis zum Ende des 19. Jahrhunderts. Dabei attestiert Winckler dem freien Schriftsteller seine letztliche »Deklassierung« in der modernen Massenkultur, verbunden mit der Aufforderung, die gesellschaftlichen Ziele des Proletariats »wenn nicht zu seinen eigenen zu machen, so doch historisch zu verstehen« (101). Dem literarischen Buch- und Zeitschriftenmarkt stellt er die aufkommende »bürgerliche Massenpresse« in kapitalistischen Großbetrieben zur Seite: »Die Doppelstruktur literarischer Kommunikation und das mit ihr gegebene Spannungsverhältnis von öffentlichkeitsbestimmter Funktion und marktförmiger Institutionalisierung des bürgerlichen Literaturprozesses beginnt sich aufzulösen.« (33) Und dem bürgerlichen Publikum mit Lesegesellschaft und Leihbibliothek stellt er das »Arbeiterlesepublikum« einer »proletarischen Öffentlichkeit« als Erbe gegenüber (34ff.). Damit kann er die Linie fortführen bis zur »Kulturindustrie« des 20. Jahrhunderts und ihren »Medienmonopolen« bzw. dem angestrebten Umschlag vom freien Schriftsteller zum modernen »Wortproduzenten« nach Vorgaben von Bertolt Brecht und Walter Benjamin, nur jetzt organisiert in einer fortschrittlichen Mediengewerkschaft (133-153). Für den in unserem Zusammenhang thematisierten Zeitraum von 1700 bis 1830 wirkt der monokausale Erklärungsversuch ideologisch und wenig überzeugend.

Der dritte Ansatz (Schmidt 1989) konzentriert sich aus systemtheoretischer Sicht auf die zweite Hälfte des 18. Jahrhunderts, und zwar unter dem übergreifenden Gesichtspunkt gesellschaftlicher Veränderungen als funktionaler Differenzierung. Demnach entsteht im 18. Jahrhundert »ein autonomisiertes, selbstorganisierendes Sozialsystem Literatur als konstitutives Teilsystem der Gesellschaft. Das Sozialsystem Literatur (...) grenzt sich deutlich ab von allen anderen sich ausdifferenzierenden Teilsystemen wie Technik, Wirtschaft, Recht, Wissenschaft, Religion oder Erziehung, mit denen es andererseits notwendigerweise interagiert.« (19) Zunächst werden sechs Systembereiche als die Umwelt des neuen Literatursystems angesprochen und in ihren Wandlungsprozessen skizziert: Privatsphäre, Wirtschaft, Politik, Recht, Erziehung, Kultur (Wissenschaft, Religion, Kunst). Dann beschreibt Schmidt die Entstehung des Literatursystems selbst (280-380), unterschieden nach den Handlungsrollen Literaturproduzent, Literaturvermittler, Literaturrezipient und Literaturverarbeiter.

– Beim *Literaturproduzenten* werden u.a. folgende Indikatoren für einen Wandel angeführt: die statistisch signifikante Zunahme von Schriftstellern in Deutschland, der Beginn einer Professionalisierung, die Ausdifferenzierung nach verschiedenen Autorentypen, die Erhöhung und Ausdifferenzierung der literarischen Produktion im kapitalistisch organisierten Buchmarkt, die Veränderung des Selbstbildes, die Klärung juristisch einschlägiger Probleme (286, 310ff.).

– Der *Literaturvermittler* impliziert nach Schmidt u.a.: die Trennung von Drucker, Verleger und Sortimenter mit einer entsprechenden Professionalisierung, die Verlagerung der relevanten Buchmesse von Frankfurt nach Leipzig, das Problem der Original- und der Nachdrucker, den Anstieg der Buchproduktion und der Buchhandlungen, Ansätze zu einer Standesorganisation des Buchhändlers, die Entstehung und Ausdifferenzierung literarischer Zeitschriften, die Honorardifferenzen zwischen Schriftstellern und Verlegern (320-334).

– Beim *Literaturrezipienten* lassen sich u.a. folgende Tendenzen beschreiben: ein Anstieg potenzieller Leser von ca. 15% der Bevölkerung über sechs Jahre (1770) auf ca. 25% (1800), der Anstieg neuer Lesergruppen unter

Frauen, Kindern, Jugendlichen und Dienstboten, die Entstehung und Verbreitung von Lesegesellschaften, insbesondere im norddeutschen Raum, die Zunahme der Verbreitung von Unterhaltungsliteratur, die Entstehung von Leihbibliotheken, ein Übergang von der intensiven zur extensiven Lektüre, die Ausbildung emphatischer Rezeptionsmuster beim stillen, privaten Lesen, insgesamt eine Zersplitterung und Anonymisierung der Literaturrezeption (335-359).

– Beim *Literaturverarbeiter* schließlich entstand im »Zeitalter der Kritik« (Immanuel Kant) um die Mitte des Jahrhunderts vor allem die Instanz des Literaturkritikers, mit Gottsched und primär im Medium Zeitschrift: Der Kritiker als Experte wird zur Vermittlungsinstanz zwischen den übrigen Handlungsrollen im Literatursystem und erhält zunehmend legitimatorische Funktion (360-377).

Das Konzept der Selbstorganisation des Literaturbetriebs und seiner strukturellen Veränderung in der zweiten Hälfte des 18. Jahrhunderts lässt nicht erkennen, ob unterschiedliche Einflüsse, zumal wenn sie aus anderen Teilsystemen kommen, unterschiedlich wirksam waren. Insofern wird hier die entscheidende Frage gar nicht zugelassen, ob die gesamtgesellschaftlich prägende Ausbildung des kapitalistischen Wirtschaftssystems das sogenannte Literatursystem und seine Wandlungen nicht stärker als alle anderen Einflussfaktoren bestimmt hat. Vielmehr werden die vom »Literatursystem« unterschiedenen Umweltteilsysteme quasi gleichgeschaltet, obwohl doch teils völlig unterschiedlicher Art und keineswegs vollständig. Es wäre vielmehr noch zu klären, ob das »Sozialsystem Literatur« (Schmidt), mit besonderem Blick auf das Medium Buch (vgl. auch Fischer 1986), Instanzen oder Faktoren hervorgebracht hat, die mit dem Konzept der vier Handlungsrollen nicht präzise genug gefasst werden können und vielmehr hierarchisch unterschiedlich positioniert gedacht werden müssen (Winckler); und ob damit die Erscheinungsvielfalt des literarischen Lebens im 18. Jahrhundert und ihr Wandel (Kiesel/Münch) tatsächlich nachvollziehbar werden.

10.2 Die Autoren

Dass das 18. Jahrhundert als »das Jahrhundert des Autors« charakterisiert werden konnte (McCarthy 1995), liegt ausschließlich an der spezifischen Situation in England. Dort wurde der 1709 beschlossene Copyright Act am 10. April 1710 in Kraft gesetzt. Erst am 11. Juni 1837, nach dem Allgemeinen Landrecht für die Preußischen Staaten 1794 und mehr als hundert Jahre später, sollte analog dazu das Preußische Urheberrechtsgesetz zum Schutz des Eigentums an Werken der Wissenschaft und Kunst erscheinen, vom Deutschen Bund 1837 bestätigt, von Bayern 1840, Württemberg 1842, Sachsen 1844 und Österreich 1846 (ausführlich z.B. Vogel 1978; vgl.

Abb. 45: »Der Schriftsteller« (Kupferstich 1785).

auch Bosse 1981). Die Einführung eines reichsweit gültigen Urheberrechts geschah erst im Jahr 1871.

Die Instanz des Autors war in Deutschland im 18. Jahrhundert noch stark im Umbruch begriffen. Herbert Jaumann prägte dazu die Formel »Emanzipation als Positionsverlust« (1981). Den früheren feudalen Gönner und Mäzen, der den Poeten und »Hofdichter« finanziert hatte, gab es nicht mehr. Und der sogenannte »freie Schriftsteller«, der von seiner Arbeit als Buchautor auch leben konnte, bildete sich – mit Vorformen in der zweiten Hälfte des 18. Jahrhunderts (z.B. Steiner 1998, 117) – als Beruf erst um die Jahrhundertwende heraus. Viele hielten sich aber auch dann noch mit unregelmäßigen Einnahmen aus Gelegenheitsdichtung, Herausgebertätigkeiten und buchhändlerischer Tätigkeit über Wasser. Dazwischen lag die Zeit des »ständischen Autors«, der einen anderen Beruf hatte, ein Amt, eine Anstellung, die ihm den Lebensunterhalt finanzierten. »Gellert, Herder und Lavater waren Theologen; Hamann, Winckelmann, Lenz, Hölderlin, Fichte verdingten sich als Hauslehrer; Gottsched, Schiller, Kant, Görres bezogen Einkünfte als Universitätsprofessoren; Gleim, der als »Dichtervater« verehrte Gründer des Halberstädter Kreises, war Domsekretär in Halberstadt und Kanonikus am Stift zu Walbeck.« (Janzin / Güntner 1995, 247; Wittmann 1991, 143ff.) Autorschaft verschaffte bestenfalls ein Zusatzeinkommen – davon leben konnte man damals noch nicht. Vorherrschend war ein »Mischtyp« des Autors, teils ständisch gelehrt, teils marktorientiert, teils anderweitig beruflich etabliert, teils frei für einen Verleger (z.B. Jaumann 1981).

Freilich gilt es zu unterscheiden: »Autorenwesen« umfasste sowohl den »Dichter« als auch den »Büchermacher«, den »Zeitungsschreiber« als auch den »Zeitschriftenredakteur«, den »Scribenten« als auch den »Gelehrten«, den »Literator« als auch den »Scriptor«, den »Poeten« als auch den »Autor«, den »Schriftsteller« als auch den »Komödienschreiber« oder »dramatischen Dichter«. Bei den meisten wissenschaftlichen Beiträgen geht das alles durcheinander. Im deutschsprachigen Raum soll es nach Johann Georg Meusel (1803–1816) im Jahr 1762 insgesamt schätzungsweise 3.000 Autoren gegeben haben, die bis zum Jahr 1800 auf beinahe 11.000 angewachsen sein sollen (Haferkorn 1974, 202; Kiesel / Münch 1977; Ungern-Sternberg 1980, 135; Janzin / Güntner 1995, 248; McCarthy 1995, 13, u.v.a.). Beschränkt man sich allein auf den Buchautor, soweit das überhaupt möglich ist, wird das Bild immer noch verzerrt durch die Ausklammerung der Autoren und Autorinnen von Unterhaltungsliteratur sowie der Autoren von Sach- und Fachbüchern. Ende des 18. Jahrhunderts soll die Gesamtzahl literarischer Schriftsteller 2.000 bis 3.000 betragen haben, überwiegend Gelegenheitsautoren, darunter etwa 223 deutsche Schriftstellerinnen (Halperin 1935, 2) und 270 Autoren von Unterhaltungsromanen (Haferkorn 1974, 202); andere Beiträge nennen »fast sechstausend« Schriftsteller (Zimmermann 1983, 534; Wittmann 1977, 9). Rolf Engelsing präsentiert das widersprüchliche Bild der Forschung wie folgt: »Allein an deutschen Schriftstellern, die zwischen 1750 und 1800 starben, wurden später fast 6.300 Namen ermittelt. Die Zahl der deutschen Autoren, die zwischen 1750 und 1832 publizierten, wurde auf 20.000 geschätzt. Die Zählung der lebenden deutschen Schriftsteller ergab in den sechziger Jahren des 18. Jahrhunderts 2.000 bis 3.000 Menschen, 1771 3.000 Menschen, 1791 7.000 Menschen, um 1810 12.500 Menschen und 1837 18.000 Menschen.« (Engelsing 1970, 984)

Zahlenangaben schwanken je nach Kriterien und scheinen kaum überprüfbar. Unzweifelhaft ist jedoch zweierlei: einmal die quantitative Zunahme von Buchautoren, was ausdrücklich als »Vielschreiberey« beklagt wurde, sodann ein qualitativer Wandel in Selbstverständnis und Position. Unzweifelhaft ist außerdem eine deutliche Zunahme an Schriftstellerinnen, auch wenn der Status der schreibenden Frau (Übersetzerin, Romanschriftstellerin, Sach- und Fachbuchautorin, Theaterautorin) den Zeitgenossen noch so befremdlich schien, dass viele Autorinnen sich gezwungen sahen, anonym zu bleiben (z.B. Bader 1980; Becker-Cantarino 1989). Bekannt wurden gleichwohl beispielsweise Christiana Mariana von Ziegler, Luise Adelgunde Victorie Gottsched, Sidonia Hedwig Zäunemann, Anna Luisa Karsch, Sophie Mereau, Sophie von La Roche, Margarete Liebeskind, Friederike Lohmann, Friederike Helene Unger, Sophie Brentano, Caroline von Wolzogen und andere (vgl. Touaillon 1919; Halperin 1935; Brinker-Gabler 1988, 293ff.; Schabert/Schaff 1994; Tebben 1998).

In der Forschungsliteratur wird der Begriff des »freien Schriftstellers«, ab den 50er Jahren verbreitet, primär auf den literarischen und aufklärerischen Autor, zumeist im Bereich der Hochliteratur bzw. Hochkultur, und fast ausschließlich auf das männliche Geschlecht bezogen (vgl. auch Ungern-Sternberg 1980, 168f.). Etabliert wurde die Rede von der »bürgerlich-literarischen Intelligenz« (Haferkorn 1974). Das neue Selbstverständnis und der Anspruch auf geistige Führerschaft wurden von einigen wenigen Schriftstellern wie Friedrich Gottlieb Klopstock, Christian Fürchtegott Gellert, Johann Christoph Gottsched, Gotthold Ephraim Lessing, Christoph Martin Wieland, Johann Georg Hamann u.a. entwickelt und in die Öffentlichkeit gebracht. Der Akzent liegt meist auf den Klassikern. »Freiheit« hieß die »Emanzipation der subjektiven künstlerischen Wahrheit von der gelehrten poetischen Wahrheit«, d.h. die überlieferten gelehrten und gesellschaftlichen Konventionen der akademischen Weltsicht wurden gesprengt (Haferkorn 1974, 138f.). Welt konnte öffentlich nach eigener Einschätzung gedeutet werden, nicht mehr in Orientierung an dem Beifall der kleinen Gruppe von Rezipienten in der höfischen Barockgesellschaft. Damit war aber auch ein Verlust geistiger, sprachlich-stilistischer und wirtschaftlicher Geborgenheit verbunden. Genie und Scharlatanerie lagen eng beieinander. Insbesondere die Ausrichtung auf die neue bürgerliche Klasse der mittleren Stände und Berufe führte zu heftigen Diskussionen und Zurückweisungen. Die »Emanzipation« des Schriftstellers sah dabei zweierlei Typen von Autor entstehen: Erstens »Handwerker«, die sich hart am neu entstehenden Markt ausrichteten und Bücher produzierten, die vom Lesepublikum verlangt wurden. Der Zunahme fachfremder Verlagsunternehmer nach der Jahrhundertwende entsprach dabei eine sprunghafte Zunahme literarischer Lohnarbeiter (z.B. Ungern-Sternberg 1980, 164f.) und eine Angebotsflut einfacher Unterhaltungsliteratur durch Autoren, die völlig abhängig waren vom Wohlwollen und den Renditeinteressen der Verleger. »Fabrikenarbeit« bzw. »Geldliteratur« nannte man das verächtlich – hergestellt von literarischen Lohnarbeitern, die gewünschte Texte bestellten Inhalts pünktlich und in der angegebenen Länge jederzeit zum Druck abzuliefern bereit waren. Zweitens gab es die »Aufklärungsautoren«, die auf dem Markt schnell als Außenseiter ins Abseits gerieten. »Die meisten Schriftsteller der Aufklärung suchten nach einem pragmatischen Kompromiss zwischen ihrem Unabhängigkeitsideal und der Abhängigkeit vom Publikumsgeschmack und literarischer Marktsituation« (Ungern-Sternberg 1980, 166). So war »das Verhältnis zwischen erwerbsgerichtetem Bürgertum und seiner literarischen Avantgarde« durchaus gespannt. (Haferkorn 1974, 237).

Reinhart Wittmann demonstriert die problematische Abhängigkeit auch des Autors der literarischen Intelligenz von Marktmechanismen anschaulich am Beispiel von Johann Wolfgang von Goethe (1991, 161ff.): Nach einem ersten kleinen Erfolg bei dem renommierten Verleger Breitkopf musste Goethe den »Götz von Berlichingen« (1773) auf eigene Kosten im Selbstverlag herausbringen, wodurch er sich hoch verschuldete. Bei dem späteren Erfolgswerk »Die Leiden des jungen Werthers« (1774), herausgebracht vom Leipziger Verleger Johann Friedrich Weygand, wurde er um wesentliche Teile seines Honorars betrogen. Ab dann handelte Goethe mit großer Härte bei diversen Verlegern wie Georg Joachim Göschen, Johann Friedrich Unger und Johann Friedrich Cotta überdurchschnittliche Honorareinkünfte aus, die ihm sogar den Neid mancher Berufskollegen einbrachten (vgl. auch Krieg 1953, 93ff.). Sein Misstrauen gegen den Verleger als Instanz der Buchkultur hat er freilich niemals überwinden können.

Aus dem Übergang vom Hofpoeten zum freien Schriftsteller (vgl. auch Jaumann 1981, 53f.) erklärt sich das Honorarproblem. Über weite Strecken wurde es sowohl unter den Gelehrten als auch in großen Teilen der Bevölkerung als »wenig schicklich« erachtet, »für literarische Produkte Honorar zu fordern« (Haferkamp 1974, 208). Die Ausdifferenzierung der Akademiker, die zum Teil keine Anstellung mehr fanden und auf freiberufliche Tätigkeiten angewiesen waren, und die Entwicklung des kapitalistischen Buchmarkts ließen jedoch kaum eine Wahl (Steiner 1998, 32ff.).

Hellsichtig beschreibt Lutz Winckler, »daß erst durch den Markt als das historische System von Privatproduktion, Arbeitsteilung und gesellschaftlichem Austausch die Universalisierung der Trennung von körperlicher und geistiger Arbeit möglich wurde und damit innerhalb der geistigen Arbeit die Trennung von wissenschaftlicher, theologisch-moralischer, administrativer und künstlerischer Tätigkeit. In der relativen Autonomie und nicht in der unmittelbaren politischen oder moralischen Indienstnahme zeigt sich deshalb der gesellschaftliche Charakter der bürgerlichen Kunst.« (1973, 55) Dem angeblichen Widerspruch von Kunst und Kommerz, der bei vielen Autoren in einem speziellen Selbstverständnis künstlerischer Freiheit und Autonomie sowie der Scheu vor wirtschaftlicher Verwertung wurzelte, redete naturgemäß der Verleger besonders eifrig das Wort. So verzögerte sich der Wandel von dem einmalig gezahlten Verlegerhonorar, bezogen auf die Arbeit des Autors, zu einem nach Maßgabe des Absatzes gezahlten marktwirtschaftlichen Honorar erheblich. Erst letzteres aber bedeutete die Positionierung des Autors im neuen bürgerlichen Buchmarkt (Bosse 1981, 65ff.).

Das Honorar, in der Regel eine geldliche Vergütung, bezeichnete nun den Markt- oder Tauschwert des literarischen Produkts und spiegelt damit die ökonomischen Herrschaftsverhältnisse. Zuvor war es gemäß dem »ewigen Verlagsrecht« üblich gewesen, ein Manuskript allenfalls einmalig mit einem Festbetrag zu honorieren und den Verfasser dann von weiteren Auflagen und einem etwaigen Verkaufserfolg seines Werks fernzuhalten. Der Verlagsvertrag eines Autors mit einem Verleger sicherte diesem in aller Regel die definitive Überlassung des Eigentumsrechts; er konnte über das Manuskript nach Belieben verfügen, auch Neuausgaben ansetzen, es seinerseits weiter verkaufen und nach Willkür nutzen, ohne dem Verfasser Rechenschaft abzulegen oder ihn gar an den Einnahmen zu beteiligen. Man kann davon ausgehen, »daß die Verleger in der zweiten Hälfte des 17. Jahrhunderts noch zögerlicher, noch knauseriger bei Honorarzahlungen waren, ja daß Honorare insgesamt noch seltener gezahlt wurden als vor dem Krieg; gezahlt aber wurden Honorare. Nach der Jahrhundertwende besserten sich die Verhältnisse, wenn auch langsam. (...) Selbstverständlicher werden Honorarzahlungen erst ab dem zweiten Drittel des 18. Jahrhunderts, und auch die Höhe der gezahlten Honorare nimmt nun deutlicher zu.« (Steiner 1998, 110f., 122ff.) Allerdings unterscheiden sich die gezahlten Honorare von Verlag zu Verlag teils erheblich. Phillip Erasmus Reich, »ein Fürst der deutschen Buchhändler«, soll seinerzeit die höchsten Honorare gezahlt haben (z.B. Krieg 1953, 83); freilich gilt das nur für Einzelfälle.

Wie hoch waren die Honorare im Durchschnitt damals? Geistliche, Beamte, Professoren, Ärzte, Lehrer, Kaufleute, Stadtschreiber mit Jahreseinkommen zwischen 100 und 450 Gulden erhielten bis 1750 bei einem durchschnittlichen Bogenhonorar von 1 bis 2 Talern in Einzelfällen durchaus eine respektable Nebeneinnahme – zum Beispiel der Kapellmeister und Stiftsorganist Johann Georg Christian Störl (Jahreseinkommen 165 Gulden) für sein »Choralbuch« 60 Gulden; der Hofrat und Professor Ferdinand Christoph Harpprecht (ca. 1.000 Gulden) für sein Werk »Responsa Juris« 766 Gulden; oder der Theologe Johann Albrecht Bengel (2-300 Gulden) für seine Cicero-Ausgabe 240 Gulden (Steiner 1998, 113ff.). Viele Autoren erhielten aber auch nur geringe Summen oder gar kein Honorar – oder es wurden neben den 700 Talern, die Hartknoch in Riga an Immanuel Kant für seine »Kritik der praktischen Vernunft« (1788) zahlte, noch 16 Göttinger Würste und 2 Pfund Schnupftabak daraufgelegt (vgl. auch Krieg 1953, 86ff., 90). In der zweiten Hälfte des 18. Jahrhunderts stieg das Bogenhonorar auf durchschnittlich 7.30 bis 10 Gulden. Das betraf aber wiederum nur einige Ausnahmen – im Kontrast zu den »kläglichen Durchschnittshonoraren«: »Der Durchschnittsverdienst stieg später nicht wesentlich.« (Vogel 1978, 55f.)

Im Wandel der Honorarformen äußerte sich eine zunehmende Integration des Autors in den kapitalistischen Buchmarkt: Dem einmaligen Pauschalhonorar, gezahlt bei Manuskriptabgabe, folgten Staffel-, Stufen- und Mindestabsatzhonorarregelungen und schließlich das erfolgsabhängige Honorar, das den Buchautor de facto selbst zum Unternehmer zu machen scheint, insofern es ihn an der Gewinn- und Verlustrechnung zumindest partiell beteiligt. Speziell das Neuauflagenhonorar, das den Autor am Erfolg seines Werks in kleinem Umfang teilhaben ließ, setzte sich »auf gewohnheitsrechtlichem Wege insbesondere im letzten Drittel des 18. Jahrhunderts verstärkt durch«.»Der Umfang dieser Erfolgsbeteiligung variierte zwar durchaus, doch scheint man allgemein ein Neuauflagenhonorar in Höhe des halben Erstauflagenhonorars als Regelsatz angesehen zu haben.« (Steiner 1998, 186, 196). Ab 1794 wurde juristisch klar auch zwischen Neuauflage und Neuausgabe unterschieden, was sich auf die Honorarzahlungen aber erst in der zweiten Hälfte des 19. Jahrhunderts in dem Sinne auswirkte, dass für Neuausgaben die Honorare höher lagen als für Neuauflagen.

Ein besonderes Problem bildeten Gesamtausgaben von Werken eines Autors im Unterschied zu Einzelausgaben etwa bei einem anderen Verleger. Typisch dafür ist der Prozess um die Gesamtausgabe der Werke Christoph Martin Wielands 1792 bis 1795. Der Verleger Georg Joachim Göschen wollte mit dem Einverständnis Wielands eine Gesamtausgabe herausbringen, obwohl die Weidmann'sche Buchhandlung zuvor bereits 17 verschiedene Einzelwerke Wielands publiziert hatte und die Gesamtausgabe lediglich als ein bloßer Nachdruck erschien (Steiner 1998, 55ff.). Göschen gewann den Prozess, dessen rechtspolitische Bedeutung demnach auf den ersten Blick in der Stärkung der Rechte des Autors bei der Nutzung seines Werks zu sehen ist (vgl. auch Bülow 1990, 54ff.). Tatsächlich aber wird hier gar nicht das Rechtsverhältnis zwischen Autor und Verleger geregelt, sondern das Konkurrenzverhältnis zwischen Verleger und Verleger. »Die Herausbildung des Urheberrechtsgedankens ist die Hypostase einer Interessengleichheit von Autor und Verlag gegen den Nachdruck. Dieser wurde notwendig, weil der Verleger aus seiner Tätigkeit allein keinen Rechtsgrund gegen den Nachdrucker ableiten konnte.« (Reemtsma 1988, 323) Das heißt: Der Verleger suggeriert dem Autor, er würde allein dessen Interessen schützen, unter dem Vorwand, die illegitimen Ausbeutungsabsichten des Nachdruckers und Konkurrenten zu blockieren. Tatsächlich kann er damit aber auch seine eigenen kommerziellen Interessen umso besser umsetzen.

Absatzbezogene oder marktwirtschaftliche Honorare begannen in unterschiedlichen Formen: »Einmal kontrahieren die Autoren nur auf kurze Zeit, wobei die Höhe der Auflage dem Verleger überlassen bleibt. So gibt Schiller nach 1800 das Verlagsrecht für seine Stücke nur noch auf die Zeit von drei Jahren her; Goethe schließt mit Cotta über die erste Sammlung seiner Werke (1806–1810) auf sechs Jahre ab, über die zweite Sammlung (1815–1819) bis Ostern 1823. Oder aber die Autoren sichern sich eine Beteiligung am Absatz.« Das kann im Falle von Verkaufserfolgen als Nachzahlungen durch die Verleger geschehen oder aber durch prozentuale Beteiligung (Bosse 1981, 97f.).

Mehrfach versuchten Autoren, sich gegen die ökonomische Abhängigkeit von Verlegern und Buchhändlern zu wehren und die kommerzielle Distribution über einen gesonderten Handel zu umgehen. Ein Ansatz war das Subskriptionsverfahren, das etwa Klopstock mit seiner »Deutschen Gelehrtenrepublik« (1773) versuchte: Er sammelte vorab Kaufzusagen, richtete danach die Druckauflage ein und lieferte direkt an die über 3.600 Subskribenten (ausführlich Pape 1969). Hier wurde an die Stelle bisheriger personaler Patronage offensichtlich eine kollektive Gönnerschaft als Sammelpatronage gesetzt. Leider entsprach das Werk nicht den Erwartungen der Käufer und diskreditierte das gesamte Verfahren. Spätere Ansätze dieser Art waren ebenfalls erfolglos, teils weil sich potenzielle Käufer nicht mehr blind auf ein Werk festlegen wollten, teils auch weil mit dem Verfahren durch Gauner, die mit vorab eingenommenem Geld das Weite suchten, Missbrauch getrieben wurde (z.B. Wittmann 1991, 155).

Ein anderer Ansatz bestand in Versuchen mit Selbstverlagen. Selbstverlage hatte es auch schon früher gegeben, nun erstmals aber als »Anspruch eines Autors auf ungeschmälerte, freie Verfügungsgewalt über sein Werk im geistigen wie im kaufmännischen Bereich« (Berg 1966, 1380). Bedeutsam war vor allem die Gründung der Dessauer Gelehrenbuchhandlung (1781), deren Aktien zahlreiche Autoren (u.a. Wieland, Herder, Goethe, Lichtenberg) zeichneten, um die Publikation ihrer Bücher auf eigene Rechnung zu ermöglichen. 1782 und 1783 erschienen hier insgesamt nicht weniger als 350 Bücher. Diese Schutzgemeinschaft von Autoren scheiterte jedoch am Vertrieb: Andere Händler weigerten sich, deren Produkte für den Handel zu übernehmen.

Welche Gründe gab es für einen Selbstverlag? Abgesehen von bibliophilen und Ausstattungsgründen wie z.b. bei Klopstock und bei Lessing und Johann Joachim Bode und abgesehen auch von praktischen Tatbeständen wie dem, dass für ein Manuskript kein Verlag gefunden werden konnte, dass das Buch nicht marktfähig war oder dass ein elitärer Zirkel, etwa ein Freundeskreis, ideologisch auf Abgrenzung von der Öffentlichkeit bedacht war wie bei Gottfried Wilhelm Leibniz (vgl. Berg 1966, 1375ff.; Bülow 1990, 34ff.; Stein-Karnbach 1983), dominierte der wirtschaftliche Aspekt: »Der Buchhandel erschien als nutzlose Zwischenstufe, dessen Verdienst den Autoren selbst zugute kommen sollte.« (Berg 1966, 1390) Darin äußert sich freilich weniger die Geldgier des Autors als vielmehr ein unglückliches Verständnis seiner neuen Funktion. Einerseits erkannten die kreativen Produzenten und »Literaturarbeiter« durchaus ihre Instrumentalisierung und Ausbeutung auf dem kapitalistischen Buchmarkt. Andererseits fehlte ihnen aber die Einsicht in den unaufhaltsamen Prozess der Ausdifferenzierung neuer Handlungsrollen in einer wachsenden Literatur- und Lesegesellschaft. Wohl noch die Herstellung, nicht aber der Vertrieb ließ sich noch quasi eigenhändig durch die Autoren selbst realisieren. Dem strukturellen Wandel marktkonform zu begegnen, war äußerst schwierig, weil langwierig (z.b. aufgrund der staatlichen Zersplitterung Deutschlands), bestenfalls mittelfristig erfolgversprechend (z.B. durch juristische Verhinderung des Nach- bzw. Raubdrucks) und kurzfristig auch nicht effizient (z.B. die Solidarisierungsbemühungen). War der Autor selbst mittellos, fehlte die Nachfrage nach seinem Buch und hatte er zudem den Ehrgeiz, möglichst weit verbreitet zu werden, musste er sich auf dem Markt verkaufen, obwohl er mit seinem Manuskript ein Monopolprodukt anzubieten hatte. Nur begüterten Autoren, für deren Bücher ein objektiver Bedarf bestand und deren Ruhmsucht sich in Grenzen hielt (wie z.B. bei Goethe), konnte es gelingen, etwa den Monopolcharakter ihres Werks auszuspielen, sich die Konkurrenzsituation unter den Verlegern zunutze zu machen oder auch vertikale Konzentrationsformen einzusetzen (z.B. Winckler 1973, 38ff.).

Die Unterordnung der Kreativität des Autors unter das Handelskapital war systembedingt unvermeidlich. Im kapitalistischen Wirtschaftssystem kann ein Selbstverlag nur scheitern, nicht als »ein Versuch der Emanzipation« (Janzin/Güntner 1995, 250), sondern weil er den Warencharakter des Buches leugnet. Die Professionalisierung des Autors als Instanz auf dem Markt verlangte die Anpassung des Kunstschaffenden an den Gewerbetreibenden. Die Frage nach dem geistigen Eigentum wurde ab 1780 mit der Frage nach dem Nutzungsrecht des Autors pragmatisiert. Indem er de facto gezwungen war (und heute nach wie vor ist), dieses Recht an den Verleger – in der Regel: uneingeschränkt – zu übertragen, bleibt er abhängig und unmündig. Der ästhetische und kulturelle Wert wird dem ökonomischen Wert strukturell untergeordnet. Das Urteil muss hier lauten: Der »freie« Schriftsteller des 18. Jahrhunderts hat in Deutschland die alte, personale Abhängigkeit vom fürstlichen Mäzen und dem begrenzten höfischen Publikum nur mit einer neuen, systemischen Abhängigkeit vom kapitalistischen Verleger und einer unbegrenzten bürgerlichen Leserschaft getauscht.

10.3 Das Verlagswesen

Das Verlags- und Buchhandelswesen des 18. Jahrhunderts ist offenbar weit weniger gut erforscht als das Autorenwesen (vgl. auch Wittmann 1991, 134). Die hier üblichen Vermischungen und verbreiteten Ideologien erschweren präzise Beschreibungen und Funktionsbestimmungen erheblich. Das gilt insbesondere für die Einsicht, dass die Kapitalisierung des Buchmarkts zwar nur einer der für die Veränderungen der Zeit maßgeblichen Faktoren war, aber der in seinem Einfluss vermutlich weitreichendste; das heißt: die Herausbildung des Verlegers als separate Instanz, ganz unabhängig vom Drucker, Sortimenter, Auktionator und anderen buchspezifischen Handlungs- und Mischrollen wie Druckerverleger und Verlagsbuchhändler, beförderte wesentlich die geographische, die absatzbezogene, die produktspezifische und die anbieterspezifische Expansion des Marktes. Indem die Logik des Kapitals über das Verlagswesen die ganze Buchbranche in den Griff nahm, wurde ein wesentlicher Bereich des kulturellen Systems den Wertgesetzen des wirtschaftlichen Systems untergeordnet. Es kann deshalb auch wohl kaum als ein Zufall angesehen werden, wenn hier gleichzeitig just die Handlungsrolle des Kritikers mit ganz anderen, konträren Wertmaßstäben neu ausgebildet wurde (Kap. 12.2).

In der Branche wurde die Dominanz des wirtschaftlichen Werts über kulturelle Werte seit jeher verschleiert, und noch heute spricht man im einschlägigen Interessenverband Börsenverein für den Deutschen Buchhandel gern von »herstellendem« und »verbreitendem Buchhandel«, obwohl zwischen Verlag (Produktion) und Handel (Distribution) fundamentale Unterschiede in der Hierarchie der Markt- und Machtposition bestehen, d. h. der Verlag prinzipiell auch ohne Handel bestehen könnte, nicht aber umgekehrt der Handel ohne den Verlag. Noch heute spricht man auch vom angeblichen »Doppelcharakter des Buches – hier Geist, da Ware«, obwohl diese Charakterisierung grundsätzlich jegliches Kulturprodukt betrifft, im Kern also nichtssagend ist, wäre da nicht die Ideologie einer Gleichrangigkeit, die nur die Einsicht in die kapitalistische Unterordnung des »Geistes« unter die »Ware« behindern will. Lutz Winckler hat den zentralen Punkt in wünschenswerter Deutlichkeit formuliert (auch wenn das fälschlicherweise gerne als »marxistisch« diffamiert wird): »Der Ge-

brauchswert des Buches, nämlich ein Mittel der Aufklärung, der moralischen, ästhetischen und wissenschaftlichen Bildung und Unterhaltung zu
sein, tritt (...) nur als Funktion des Tauschwerts, d.h. als Mittel zur Verwertung des Verlagskapitals, auf den Markt. Die Erweiterung und Verbil-
ligung der Produktion durch Standardisierung, Neuheitenproduktion,
Disziplinierung und Freisetzung der literarischen Produktivkräfte (Sprache, Phantasie, Erfindungen) ist unmittelbar aus dem Verwertungsinteresse
des Verlagskapitals und nur mittelbar aus dem Bedürfnis des Publikums
nach spezifischen literarischen Gebrauchswerten zu erklären.« (Winckler
1973, 43; vgl. auch Wittmann 1991, 118) Der bekannte und damals höchst
erfolgreiche Verleger Georg Joachim Göschen beispielsweise schrieb 1802:
»Ob ein Goethe das Buch geschrieben hat, ob es die höchste Geisteskraft
erfordert hat, darauf kann ich als Kaufmann keine Rücksicht nehmen; ein
Krämer kann kein Mäcen seyn.« (zit. bei Wittmann 1991, 137) Oder von
dem Verleger Friedrich Arnold Brockhaus ist der Satz überliefert: »Ich bin
glücklich genug sagen zu können, daß die deutsche Literatur eher meiner
als ich ihrer bedarf.« (zit. bei Winckler 1973, 45) Und 1816 veröffentlichte
Friedrich Perthes eine Schrift unter dem Titel »Der deutsche Buchhandel
als Bedingung eines Daseyns einer deutschen Literatur«. Das heißt: Im
18. Jahrhundert entdeckte das Kapital den Buchmarkt als einen Bereich,
den die enorm ansteigende bürgerliche Nachfrage nach Lesestoffen (Stichwort »Leserwandel«, Kap. 10.6) und das wachsende Potenzial an schreib-
willigen Autoren (Stichwort »Vielschreiberei«, Kap. 10.2) als eine lohnen-
de Investition erscheinen ließ, und dieses Engagement beförderte naturgemäß die rasche Marktexpansion und Marktdifferenzierung.

An dem »steilen Anstieg des Handelsvolumens« gibt es keinerlei Zweifel: »Im Jahr 1763 sind 265 Novitäten mehr in den Meßkatalogen ange-
zeigt als 1721. Im ebenso langen Zeitraum von 1763 bis 1805 aber ver-
zehnfacht sich diese Steigerungsrate: 1805 kommen nämlich 2821 Bücher
mehr auf die Messen als 1763. Um 1740 rechnete man mit etwa 750 jährlichen Neuerscheinungen, in den achtziger und neunziger Jahren schätzten Zeitgenossen die Produktion des deutschen Sprachraums ohne das
Habsburgerreich auf rund 5.000 Novitäten pro Jahr.« (Wittmann 1991, 111f.)
»Neuere Berechnungen gehen von 175.000 Titeln aus, die im 18. Jahrhundert insgesamt aufgelegt wurden, mehr als doppelt soviel wie noch ein
Jahrhundert zuvor.« (Janzin/Güntner 1995, 241; Rarisch 1976, 12ff.; Kie-
sel/Münch 1977, 181; Wittmann 1977, 9; Engelsing 1973, 53ff.) Im Jahr
1830 erschienen nicht weniger als 7.284 Bücher. Das betrifft freilich nur
die Neuerscheinungen nach Titeln. Zu den Auflagen oder Verkaufszahlen alter und neuer Titel finden sich kaum Angaben. Erst sie aber könnten
über das tatsächliche Handelsvolumen und die steigende wirtschaftliche
und kulturelle Bedeutung des Mediums Buch Auskunft geben.

Die Akzentverlagerungen bei diesem enormen Anstieg seit Mitte des
18. Jahrhunderts waren zweifach (vgl. auch Rarisch 1976, 18ff.): Erstens

wuchs das Interesse an Belletristik, speziell Romanen (von 3% 1740 auf 12% 1800), und zwar auf Kosten der populär-theologischen Titel. Und zweitens explodierte (was meistens übersehen wird) die Zahl der publizierten Fach- und Sachbücher (Beispiele im Vergleich deutscher Titel von 1740 und 1800: »Recht« von 39 auf 121 Titel, »Medizin« von 31 auf 200 Titel, »Geschichte/Geographie« von 65 auf 267 Titel, »Pädagogik« von 4 auf 105 Titel, »Mathematik/Naturwissenschaften« von 14 auf 121 Titel, »Landwirtschaft etc.« von 8 auf 220 Titel usw.).

Die deutschen Verlage waren insbesondere in Leipzig, der wichtigsten Messestadt für Bücher (siehe Kap. 10.4), konzentriert (z.b. Breitkopf, Schwickert, Weygand, Göschen, Wendler, Zedler), aber auch in vielen anderen Städten angesiedelt: in Hamburg (z.b. Bohn, Campe), Riga (z.b. Hartknoch), Breslau (z.b. Korn), Berlin (z.b. Voß, Unger, Nicolai), Königsberg (z.b. Kanter), Weimar (z.b. Bertuch), Göttingen (z.b. Vandenhoeck & Ruprecht), Stuttgart (z.b. Metzler) und zahlreichen weiteren Städten (vgl. Kiesel/Münch 1977, 182ff.; Göpfert 1977, 47ff. u.v.a.). Größere Studien erschienen bislang nur zu wenigen Verlegerpersönlichkeiten: etwa zu Philipp Erasmus Reich in Leipzig (Lehmstedt 1880, Rosenstrauch 1986), Julius Campe in Hamburg (Ziegler 1976), Johann Benedict Metzler in Stuttgart (Wittmann 1982), Christoph Friedrich Nicolai in Berlin (Fabian 1983), Georg Joachim Göschen in Leipzig (Goschen 1905) oder Johann Friedrich Cotta in Tübingen (Lohrer 1959). Auch über die Gesamtzahl der deutschen Verlage existieren unterschiedliche Angaben, wobei Verlage und Sortimente analog ihrer vielfachen realen Verknüpfung häufig durcheinander gehen: Wittmann nennt für 1802 »473 Unternehmen dieser Branche« (1991, 130), von denen aber die allermeisten Sortimentsbuchhändler waren.

Was die Produktionen der Verlage angeht, so setzten sich die Tendenzen aus der frühen Neuzeit fort: Reduktion der lateinisch geschriebenen Texte gegenüber Texten in deutscher Sprache, Zunahme der Sach- und Fachbücher, kultureller Verbund des Buchs mit anderen Medien usw. (vgl. Faulstich 1998, 250ff.). Neue Schwerpunkte insgesamt waren nicht mehr Bibeln, Theologische, Predigt- und Erbauungsliteratur, sondern Enzyklopädien, Schulbücher, Kinderbücher und vor allem Romane und Unterhaltungsliteratur.

– Neben die zahlenmäßig zunehmenden Fach- und Wissenschaftsbücher, speziell in den Bereichen Erziehung und Unterricht, Mathematik/Naturwissenschaft und Landwirtschaft/Gewerbe (vgl. Kiesel/Münch 1977, 202), traten auch spezielle Sachbücher, etwa »Pepliers Französische Grammatik« oder auch das »Noth und Hilfsbüchlein« von Rudolf Zacharias Becker, mit einer Gesamtauflage von über einer Million Exemplaren, sowie generell populäre Darstellungen von Philosophie und Wissenschaft. Enzyklopädien versuchten Summen, Gesamtüberblicke, Zusammenfassungen über den allgemeinen Kenntnis- und Wissensstand der Zeit, wie sie nach allen Phasen des Übergangs im Sinne von Standortbestimmungen üblich sind; Nachschlagewerke dieser Art halten gleichsam den Fluss der Umwälzungen an und erlauben eine rückblickende Positionierung als Ausgangspunkt für die Bewältigung neuer Veränderungen.»Die große Zeit der gelehrten Nachschlagewerke fällt in Deutschland in die Jahre zwischen 1700 und 1750, parallel zu einer steigenden Nachfrage bürgerlicher Käuferschichten nach Populärliteratur, Romanen, Erzählungen, Wochenblättern, Zeitungen.« (Janzin/Güntner 1995, 238) Große Bedeutung hatte hier das »Große vollständige Universal-Lexikon Aller Wissenschaften und Künste« des Leipziger Verlegers Johann Heinrich Zedler, das von 1731 bis 1750 in 64 Bänden herauskam. Standardwerke wie etwa »Der Große Brockhaus« folgten (zum Hingst 1995).

– Die neue Gattung »Schulbuch« – definiert als die Bücher, die in Schulen gebraucht wurden (Namenbüchlein, Klassikerbearbeitungen u.ä. nicht mit gerechnet) – umfasste im 18. Jahrhundert immerhin mehr als 1.600 Titel, allerdings inklusive einiger Kalender und Zeitungen (Rommel 1968, 15): Religionsbücher, Bücher für den Sprachunterricht, Geographie-, Geschichts-, Mathematikbücher, nicht zuletzt Bücher zum Lesenlernen.

– Wichtige Kinderbücher des 18. Jahrhunderts – Ausdruck für das Jahrhundert der Mutterliebe, des Kindes, der Pädagogik (vgl. Kap. 6.3) – waren u.a. Christian Felix Weißes »Lieder für Kinder« (1766), das mehrbändige »Elementarwerk« von Johann Bernhard Basedow (1770–1774), die zweibändige »Bilder-Akademie für die Jugend« von Johann Siegmund Stoy (1780–1783), das »Lesebuch zum Gebrauch in Landschulen« von Eberhard von Rochow (1778) oder auch die Kinderversion des Romans »Robinson Crusoe« von Daniel Defoe (1719) in der Version des Pädagogen Joachim Heinrich Campe: »Robinson der Jüngere. Ein Lesebuch für Kinder« (1779). »Eine ausschließlich für Kinder geschaffene oder auch zum Kinderbuch umgewandelte Literatur, wie sie im 18. Jahrhundert unter Einfluß der Erziehungslehre entstand, war etwas Neues.« (Janzin/Güntner 1995, 257)

– Unter den Romanen nahm zweifellos Goethes Briefroman »Die Leiden des jungen Werthers« (1774) eine herausragende Position ein, gefolgt von Johann Martin Millers »Siegwart. Eine Klostergeschichte« (1776). Das 18. Jahrhundert ist das Geburtsjahr nicht nur des Briefromans (vgl. Kap. 5), des Bildungsromans, des Erziehungsromans, des empfindsamen Romans, des Unterhaltungsromans, sondern des Romans überhaupt – was Ian Watt direkt auf die zunehmende Bedeutung des Kapitalismus bezog (1957; vgl. auch Lukács 1963; Friedrich 2000 u.v.a.). Für die Romanproduktion wurde, wie bereits erwähnt, eine Steigerung der Titel von 2,65% der Buchproduktion im Jahr 1740 auf bis zu 11,68% im Jahr 1800 errechnet: »Es wächst seit Mitte des Jahrhunderts nicht nur die Zahl der Romane, sondern auch der Anteil der Belletristik am Buchmarkt insgesamt. Von allen Literaturgattungen nimmt nur sie nach 1770 noch zu.« (Zimmermann 1983, 534f.) Von 1750 bis 1800 sind weit über 5.000 Romane verlegt worden, mit Auflagen von maximal durchschnittlich 700 Exemplaren (Schön 1997). Den Roman darf man nicht nur als komplexen Erziehungs- und Aufklärungsroman ansehen (vgl. Kimpel 1977; Grimminger 1980 im Überblick), sondern er umfasst auch den »trivialen« oder »Unterhaltungs- roman«.

– Immer prominenter wurde insbesondere diese Unterhaltungslitera- tur – kleine sensationelle Büchlein.»Das Buch wurde zur Modeware. (...) Die angenehme Lektüre aus der Feder schöner Geister und Dichter, Ro- mane, Gedichte, Komödien, Ritter- und Geistergeschichten sowie lüster- ne Schriften wurden, nicht zuletzt ihrer Billigkeit wegen, gerne gekauft.« (Leemann-van Elk 1950, 40f.) Die traditionelle Germanistik früherer Jahr- zehnte hat diese »banale« oder »triviale« Literatur nur sehr selten behan- delt (z.B. Greiner 1964; Beaujean 1969).

Naturgemäß waren die Verleger an der Einrichtung eines Copyrights für ihre Autoren entschieden interessiert, sicherte es ihnen doch, bei der Übertragung des Urheberrechts vom Autor an den Verlag, den Monopol- charakter ihrer Produkte. Deshalb wandten sich die Verleger, obwohl sie anfänglich teilweise ebenfalls in diesem Sinne tätig waren (insbesondere der Wiener Verleger Johann Thomas Trattner), immer deutlicher und schließlich prinzipiell gegen den seit dem 15. Jahrhundert verbreiteten »Nachdruck«, obwohl der doch ebenfalls »einem rein kaufmännischen Interesse« entspringt (Hodeige 1958, 151). Zahlreiche Argumente zugun- sten des Nachdrucks (vgl. Vogel 1978, 56ff.) entlarven bei genauerem Hin- sehen eine Form des Frühkapitalismus, die aus dem Niedergang des Privilegienwesens »in freier Konkurrenz« auch auf dem Buchmarkt ent- standen war und die Profitinteressen einzelner Nachdrucker-Verleger mit der merkantilen Wirtschaftsdoktrin der Territorialstaaten zusammenbrach- te (vgl. Wittmann 1977, 11f.; ausführlicher Kap. 10.3).

Exemplarisch soll hier der um 1800 berühmteste deutsche Verleger Jo- hann Friedrich Cotta, der »binnen weniger Jahre aus einer dahinkümmern- den Provinzbuchhandlung eines der größten buchgewerblichen Unter- nehmen seiner Zeit (...) machte« (Wittmann 1991, 137), ausführlicher vor- gestellt werden.»Cotta ist immens reich geworden.« (Lohrer 1959, 88) Bei der Erklärung dieses Reichtums werden sich paradigmatisch charakteri- stische Merkmale des neuen Kulturkapitalismus benennen lassen: verti- kale und horizontale Branchenkonzentration, Multimedialität, internatio- nales Engagement, investive Diversifikation, politische Absicherung der dominanten Marktposition.

Cotta übernahm 1787 unter ungünstigen Umständen die väterliche Ver- lagsbuchhandlung in der Universitätsstadt Tübingen. Sie war bereits 1659 gegründet worden und hatte anfangs eine Monopolstellung innegehabt (zur Vorgeschichte Lohrer 1959, 11ff.; vgl. auch Schiller 1942). 1715 hatte sie im Kampf mit Konkurrenten das Kalenderprivileg erhalten, um 1720

194

Abb. 46: Titelseite eines Taschenbuchs für die Jugend (1812).

einen zweiten Buchladen eröffnet, 1722 eine Bierbrauerei gegründet und 1723 eine Druckerei. 1730 war daraus die privilegierte Hof- und Kanzlei-druckerei geworden, die dem Umzug des Hofs nach Stuttgart gefolgt war. Aber Missmanagement, die Aktivitäten von Christian Gottfried Cotta als Nachdrucker, der dem Bruder großen Schaden zufügte, und Maßnahmen der Universität gegen die Cottas hatten zum Niedergang geführt. Johann Friedrich kaufte die Verlagsbuchhandlung samt Stuttgarter Druckerei und den beiden Häusern in Tübingen mit der Poststelle, nicht ohne zuvor den einflussreichen Verleger Philipp Erasmus Reich (siehe Kap. 10.4) um Rat gebeten zu haben, und begann in Tübingen wieder mit dem Aufbau. Er gewann seinen Studienfreund Christian Jakob Zahn, Kanzleiadovokat in Calw, als Teilhaber, der das benötigte Grundkapital einbrachte. 1797 schied dieser im Unfrieden aus dem Verlag wieder aus. Bis dahin aber hatte Cotta bereits eine Vielzahl erfolgreicher Werke herausgebracht, Kontakt mit Friedrich Schiller angeknüpft, wichtige Zeitschriften wie die »Horen« und dann den »Musenalmanach« (1797–1800) von Schiller und Goethe publi-ziert, die »Xenien«, die »Propyläen« und zahlreiche weitere Zeitschriften (vgl. Kap. 11.4). Um die Jahrhundertwende begann er mit der Veröffentli-chung von Goethes Werken. Hölderlin, Jean Paul, Wieland, später Her-

Abb. 47: Porträt von Freiherr Johann Friedrich Cotta von Cottendorf.

der, Friedrich Schlegel, Heinrich von Kleist, Tieck, E. T. A. Hoffmann und andere folgten. Cotta fungierte damit als wichtigster Verleger der klassischen und teils der romantischen deutschen Literatur.

Seine Investitionen in Bücher umfassten auch die damals erfolgreichen Taschenbücher, etwa das »Taschenbuch für Damen«, das mit wenigen Unterbrechungen von 1798 bis 1831 erschien, oder den »Taschenkalender für Natur- und Gartenfreunde«. Bei den Büchern stellte die Belletristik gleichwohl weniger als zehn Prozent der verlegten Titel. Im Kern war sein Buchverlag ein wissenschaftlicher Verlag, der praktisch alle Disziplinen bediente und so namhafte Autoren wie Johannes von Müller, Henri de Jomini, Friedrich Thiersch, Fichte, Schelling, Hegel, Johann Georg Ebel oder Alexander von Humboldt (um nur einige wenige zu nennen) verlegte. Zugleich aber war Cotta auch »einer der größten Zeitschriftenverleger seiner Epoche. Rund vierzig Zeitschriften (...) sind im Laufe der Jahre bei ihm erschienen, viele sehr kurzlebig, manche langdauernd.« (Lohrer 1959, 75) Darunter fallen neben den bereits erwähnten u.a. auch die »Europäischen Annalen«, »Der Landtag in Württemberg«, die »Zeitschrift für Kriegswissenschaft«, die »Jahrbücher der Baukunde«, »Hertha. Zeitschrift für Erd-, Völker- und Staatenkunde«, die »Zeitschrift für Astronomie und verwandte Wissenschaften« oder die »Zeitschrift für Christentum und Gottesgelahrtheit« (um wiederum nur einige zu nennen), außerdem in Paris die »Archives littéraires de l'Europe« sowie die »Englischen Miszellen«, die »Französischen Miszellen« und die »Italienischen Miszellen«.

Die Multimedialität des Verlags umschloss neben Büchern, Kalendern, Taschenbüchern und Zeitschriften auch das Medium Zeitung. Cotta brachte 1798 die erste Ausgabe der »Allgemeinen Zeitung« heraus, 1797 noch unter dem Namen »Neueste Weltkunde«. »Binnen kurzem hatte sie die übrigen politischen Blätter an Reputation übertroffen« (Müchler 1998, 3f.) – einzigartig in der Breite der Informationen (Joseph Görres), von europäischer Bedeutung (Heinrich Heine), das einzige deutsche Presseorgan mit mehr als lokaler Bedeutung (Karl Marx). Anders als zahlreiche Gesinnungszeitungen der damaligen Zeit ging es hier programmatisch um Vollständigkeit, Unparteilichkeit und Wahrheit. Günter Müchler charakterisiert (1998, 5): »Cotta ist als der Verleger Goethes und Schillers in die Geschichte eingegangen. Noch bedeutsamer war seine Rolle jedoch als erster »Zeitungszar« Deutschlands. Denn die AZ, der sein Stolz gehörte, bildete nur den Nukleus in einem Imperium von Zeitungen und Zeitschriften, das die Grenzen des deutschen Sprachraums überragte: Cottas Kapital steckte auch in wichtigen französischen Zeitungen. (...) Cotta wirkte als Abgeordneter und Diplomat. Er förderte die Künste ebenso wie Flugpioniere, betrieb eine fortschrittliche Landwirtschaft und investierte in Dampfschiffe. (...) Und weil sein Konzern eine Macht darstellte, vermochte er die AZ gegen alle Anfeindungen zu behaupten.« Die »Allgemeine Zeitung« blieb nicht sein einziges Zeitungsprojekt. Ab 1807 erschien das »Morgenblatt für gebildete Stände«, eine Tageszeitung ohne politische Nachrichten und mit dem Schwerpunkt auf Kultur, ab 1816 mit periodischen Kunst- und Literaturbeilagen versehen. Er war seit 1815 außerdem am »Deutschen Beobachter« beteiligt, einem in Hamburg situierten nationalen Zeitungsunternehmen, mit dem Cotta Bestrebungen um eine »vaterländische« Zeitung voranzutreiben suchte, trennte sich jedoch 1816/17

Abb. 48: Titelseite eines Frauentaschenbuchs 1823.

davon aus persönlichen und vor allem finanziellen Gründen. Parallel dazu
engagierte er sich, ebenfalls nur kurzzeitig, an der »Deutschen Bundes-
zeitung«. Ab 1819 verlegte er mit Billigung und Unterstützung der würt-
tembergischen Regierung »Die Tribüne« als Zeitung für Württemberg, gab
aber aus politischen und wirtschaftlichen Gründen das Projekt bald wieder auf. In Frankreich finanzierte er die Zeitungen »Constitutionell« (ab
1824) und »National« (seit 1830).

Cotta gilt zugleich als »Schrittmacher der Technik« (Lohrer 1959, 75): »Für ihn lief die erste Dampfschnellpresse Süddeutschlands, er führte mit König Wilhelm von Württemberg die Dampfschifffahrt auf dem Bodensee ein, war an der Rhein-Dampfschifffahrt beteiligt und besaß das Monopol für die Donaudampfschifffahrt innerhalb Bayerns. Er verschrieb im Auftrag der Regierung, aber infolge eigener Anregung, Wasserbauer aus Frankreich und den Niederlanden, die das Projekt eines Rhein-Donau-Kanals ausarbeiteten, unterstützte finanziell die Versuche des Flugpioniers Leppich und besaß Anteile an einer mechanischen Flachsspinnerei in Heilbronn.« 1807 erwarb Cotta das Kurhotel Badischer Hof. 1810 verlegte er die Buchhandlung nach Stuttgart. 1811, 1814 und 1822 erwarb er Ländereien, die er landwirtschaftlich nutzte. 1817 wurde er zum Geheimen Hofrat ernannt. 1822 gründete er die Geographische Anstalt für das Verlegen von Landkarten. Im gleichen Jahr wurde ihm der Adelstitel verliehen. 1828 unterstützte Cotta die erste Maschinen-Papierfabrik in Bayern. Tendenziell agierte das Medienimperium Cottas also nicht nur international, sondern mit seinen Investitionen auch diversifikativ und in engem Kontakt mit den politisch Herrschenden.

Cotta war Mitglied des Landtags in Württemberg. Sein standespolitisches Engagement zeigte sich bereits 1814 bei seiner Wahl in eine Deputation, die im Auftrag von 80 Verlegern und Buchhändlern, die auf der Ostermesse 1814 in Leipzig anwesend gewesen waren, dem Wiener Kongress eine »Denkschrift gegen den Büchernachdruck« übermitteln sollte – ein Unternehmen, das dank der Beteiligung Cottas erfolgreich war und sogar die Pressefreiheit beförderte. Als er sich nach seiner Rückkehr von Wien darum bemühte, die Nachdruckerlaubnis aus dem neuen Verfassungsentwurf im eigenen Lande zu entfernen, geriet er allerdings in Schwierigkeiten und zog sich zurück. Seine guten Kontakte als Zeitungsverleger u.a. zum Staatskanzler Hardenberg, zum Freiherrn vom Stein, zu Wilhelm von Humboldt, aber auch zu Kronprinz Wilhelm von Württemberg brachten ihm das Misstrauen Metternichs ein. »Die österreichische Regierung befürchtete eine noch größere Ausdehnung der Cotta'schen Macht und eine allzu weit reichende Unterstützung preußischer Interessen in der Öffentlichkeit durch neue publizistische Unternehmungen des Stuttgarter Verlegers.« (Hertel 1978, 401) Als Bilanz für Cotta gilt: »In den zwanziger Jahren des 19. Jahrhunderts, dem letzten Jahrzehnt seines Lebens, steht Johann Cotta auf dem Gipfelpunkt seiner Macht: Einfluss als Politiker, Haupt eines weitverzweigten Wirtschaftsreiches, Vertrauter und Protégé zweier Könige.« (Neugebauer-Wölk 1989, 571). Insgesamt wurde er zum Paradigma für den modernen Kultur- und Medienkapitalisten bis heute.

10.4 Der Buchhandel

Die Ausdifferenzierung der autonomen Handlungsrolle des Autors vollzog sich in der zweiten Hälfte des 18. Jahrhunderts parallel zu seiner prinzipiellen Unterordnung unter die Handlungsrolle des Verlegers, der auch den Drucker und Binder längst schon zu Zulieferern degradiert hatte. Bei der Ausdifferenzierung der Handlungsrolle des Buchhändlers setzte sich das Verlagskapital mit derselben Härte durch und erzwang eine nicht minder totale Abhängigkeit der Distributionsinstanz. Für dieses Paradigma steht vor allem der Verleger Philipp Erasmus Reich bzw. der Wandel vom Tauschhandel über den Nettohandel bis zum Konditionshandel. Was in der Fachliteratur meist vornehm als »Reform« bezeichnet wird, zeigt sich im Kontext des kapitalistischen Buchmarkts, generell des entstehenden Kulturkapitalismus der damaligen Zeit, als Hierarchisierung und Sieg im Machtkampf um Einfluss und Dominanz konträrer Wertesysteme.

Hazel Rosenstrauch bilanziert: »Reich war Geschäftsführer und später Teilhaber der Weidmannschen Buchhandlung in Leipzig und einer der mächtigsten Verleger des 18. Jahrhunderts. Ihm wird die Verlagerung der Messe von Frankfurt nach Leipzig, der Übergang vom Tausch- zum Nettohandel und die Gründung der Buchhändler-Sozietät, die als Vorläufer des Börsenvereins gilt, zugeschrieben. Reich war der energischste Bekämpfer des Nachdrucks, und die Verabschiedung einer ersten gesetzlichen Regelung gegen den Nachdruck gilt weitgehend als sein Verdienst.« (Rosenstrauch 1986, 2) In ihrer Studie über Reich werden vor allem die folgenden zwei charakteristischen Merkmale hervorgehoben. Erstens: Reich baute mit großen Mengen an Bargeld und ausgezeichneten politischen Kontakten ein internationales Netz von Geschäfts- und Kommunikationsbeziehungen auf, die auch Spitzel und unzählige Informanten einbezogen, um Nachdrucker und Konkurrenten mit großer Härte und Konsequenz vom Markt zu fegen. Er war durch und durch »Bürger« und »Kaufmann«, ein »skrupelloser Egoist«. Zweitens: Reich vertrat mit den Interessen der Großverleger zugleich die territorialen Interessen des sächsischen Absolutismus; die von der sächsischen Regierung verfolgte Wirtschaftspolitik begünstigte überdurchschnittlich Großkaufleute und Unternehmer und unterstützte ihn in dem Bemühen, die lästigen Nachdrucker in Sachsen auszuschalten. Diese Allianz privat-kapitalistischer und staatlich-politischer Interessen war ausschlaggebend für seinen Erfolg bei der Unterordnung der Sortimenterinteressen unter die Interessen der Verleger. Es ist bezeichnend, dass sich der junge Cotta ehrerbietig an Reich wandte und sich dessen Geschäftsprinzipien zu eigen machte (Rosenstrauch 1986, 72).

Der seit Mitte des 16. Jahrhunderts übliche Tauschhandel – der Tausch von bedrucktem Paper, noch ungebunden in Fässern auf die Messe mitgebracht und rein quantitativ bemessen – wurde seit dem Ende des 17.

Jahrhunderts immer problematischer: Erstens setzte er den Verleger-Sortimenter voraus, denn nur der Sortimenter durfte Handel betreiben. Mit der Ausdifferenzierung des »reinen Verlegers«, von der wachsenden Komplexität des Marktes und der höheren Profitabilität erzwungen, war der Tauschhandel nicht mehr möglich. Zweitens erforderte er große Lagerbestände, was den Handel in größerem Maßstab wegen der Unüberschaubarkeit der Bücher behinderte. Der sprunghafte Anstieg der angebotenen Buchtitel verlangte nunmehr nach neuen Verkehrsformen im Distributionssektor. Drittens und vor allem erwies sich der Tausch von Bögen gegen Bögen dann als konfliktträchtig, wenn die Qualität sehr unterschiedlich war. In der Tat wurden häufig Bücher schlechter Qualität und völlig unabhängig von Käuferinteressen gedruckt, nur um Tauschmaterial in der Hand zu haben. Die protestantisch geprägten norddeutschen Großverlage, mit dem Messezentrum in Leipzig, hatten gegenüber den katholisch geprägten süddeutsch-österreichischen Verlagen, mit dem Messezentrum in Frankfurt am Main, immer häufiger die qualitativ höherwertigen, aktuelleren und vor allem stärker nachgefragten Bücher im Angebot, nicht zuletzt aufgrund einer liberaleren Zensurpraxis der dortigen Behörden und des Bestrebens, dem Bedarf neuer Käufer- und Lesergruppen nach ungelehrten, deutschsprachigen, unterhaltenden literarischen Texten nachzukommen, – was sie dazu bewog, nicht mehr Bögen gegen Bögen zu tauschen. Spätestens seit den 30er Jahren versuchten speziell die Leipziger Verlage deshalb, zum Barverkehr überzugehen, d.h. für jedes einzelne Buch einen Preis festzulegen und die Verrechnung netto durchzuführen. Zahlungskräftige Großverleger auf Bargeldbasis und Reichsbuchhändler auf Tauschbasis wurden durch diesen Nettohandel rigide voneinander geschieden. Reich bereitete hier mit seinem hauseigenen Messkatalog, dem sich zahlreiche Leipziger Verleger anschlossen, den Weg. Der Messkatalog war das wichtigste Informations- und Verbreitungsorgan des Buchhandels, und was hier nicht angekündigt war, ließ sich kaum handeln oder verkaufen. In den 80er Jahren war der Buchmarkt dann »völlig vom Norden beherrscht; fast ein Sechstel der gesamten deutschen Buchproduktion stammte aus Leipzig!« – 70% aller Neuerscheinungen aus Norddeutschland (Wittmann 1977, 9). Der kurfürstliche Territorialstaat Sachsen, als Handlungszentrum mit ausgedehnten Wirtschaftsbeziehungen, setzte sich wie in anderen Produktionsbereichen auch beim Produkt Buch gegen die vielen kleinen kaiserlichen Reichsstädte durch.

Der Übergang vom Tauschverkehr zum Geldverkehr führte dazu, dass zwei Probleme ins Zentrum der Aufmerksamkeit rückten. Erstens die Frage der Preis- und Rabattgestaltung: Von den abhängigen Buchhändlern und Verlegern wurden überhöhte Preise und zu geringe Rabatte beklagt. Teils wurden auf der Buchmesse in Leipzig Rabatte von 16% und weniger angeboten, die oft nicht einmal die Unkosten des Messebesuchs deckten und keine eigenen Gewinne mehr möglich machten (ganz abgesehen von den teilweise erheblichen Währungsverlusten, die von den auswärtigen Verlegern und Händlern in Kauf genommen werden mussten). Da beim Nettohandel im Prinzip auch das Rückgaberecht ausgeschlossen war, lag das gesamte Risiko nun beim Buchhändler. Viele Händler gingen deshalb verstärkt dazu über, die Nachfrage am Markt durch eigene unerlaubte Nachdrucke zu befriedigen.

Zweites Problem wurden deshalb die Raub- oder Nachdrucker. Bis gegen 1730 galt der Nachdruck im deutschen Buchhandel lediglich als ungehörig, als verbreiteter Versuch eines Marktregulativs unter Konkurrenten – »kein ernsthaftes Problem für die gesamte Organisation des deutschen Buchhandels« (Wittmann 1981, 295). Das änderte sich grundlegend in der zweiten Jahrhunderthälfte, weshalb das 18. Jahrhundert geradezu als »Nachdruckzeitalter« bezeichnet wurde, obwohl dessen Blütezeit sich nur von etwa 1765 bis 1785 erstreckte (vgl. Wittmann 1981, 298f.; Rosenstrauch 1986, 40). Die Argumente der Nachdrucker waren, wie bereits erwähnt (Kap. 10.3), nicht minder vordergründig als die der Nachdruckbekämpfer. Während die Nachdruckbefürworter für sich in Anspruch nahmen, Bücher billiger auf den Markt zu bringen, sie weiter zu verbreiten und damit Bildung und Aufklärung zu befördern, zumal Bücher mit der Publikation zum Allgemeingut würden, argumentierten die Nachdruckbekämpfer damit, dass der Nachdruck sie ruinieren würde, weil das investierte Geld nicht zurückfließe, dass er Bildung und Aufklärung schade, weil die Verleger an ihre Autoren keine Honorare mehr zahlen könnten, und dass das Eigentumsrecht der Schriftsteller gegenüber dem Privileg der Händler vorrangig sei.

Diese Konfrontation muss freilich in größerem Zusammenhang gesehen werden: »Der Kampf zwischen Nachdruckern und Nachdrucksgegnern kann nur sehr eingeschränkt als Auseinandersetzung zwischen Norden und Süden verstanden werden. Die Geschichte des Nachdrucks selbst ist ein Kapitel der Territorial- und Wirtschaftsgeschichte.« (Rosenstrauch 1986, 41) Systematische Nachdrucker wie Johann Th. Trattner in Wien, Christian Gottfried Schmieder in Karlsruhe oder sein Partner J. G. Fleischhauer in Reutlingen schädigten mit ihren Gewinnen zwar die Originalverleger und wurden in Sachsen als dem wichtigsten Absatzgebiet juristisch verfolgt und ausgeschlossen. Doch im Grunde verkörperten auch sie die Marktposition des gewinnorientierten Unternehmers; sie setzten nur andere als die etablierten Handelsstrategien ein. Nur teilweise darf das als gleichsam glückliches Zusammentreffen verstanden werden nach der Devise, wie sie Rosenstrauch formuliert: »Die Nachdrucker haben, vor allem durch den Vertrieb über Kolporteure, Pfarrer, kleine Händler, die in zuvor kaum erreichte Gebiete vordrangen, die Verbreitung der Literatur gefördert und schließlich auch die billigeren Zweit- und Drittausgaben der Originalverleger initiiert, die jene als Abwehr gegen den Nachdruck herzustellen begannen. Die Großverleger haben (...) den Boden für einen überregionalen, effektiven, auf größeren Gewinn orientierten Buchhandel bereitet und mit ihrem Kampf das Rechtsempfinden für Eigentum gefördert.« (Rosenstrauch 1986, 44; vgl. schon Wittmann 1981, 306) Vielmehr ging es Nachdruckern wie Nachdruckbekämpfern im Kern um ein und dasselbe: die Umsetzung, Sicherstellung und Erweiterung ihrer Gewinninteressen als Verleger. In ihrer prinzipiellen Marktposition unterscheiden sie sich überhaupt nicht voneinander – was nicht zuletzt daraus ersichtlich ist, dass beide etwa die Selbstverlagsprojekte der Schriftsteller einhellig ablehnten, dass beide den Autoren möglichst wenig oder gar keine Honorare zahlten und dass beide die Sortimentsbuchhandlungen möglichst umgingen oder klein hielten. Der Streit zwischen Nachdruckern und Originalverlegern war also ein bloßer Konkurrenzkampf unter Verlegern um Marktanteile.

Maßgebliche Bedeutung hatte, wie schon mehrfach angesprochen, die in Leipzig aufblühende Buchmesse, die Frankfurt als früheren Sammelplatz für den internationalen Buchhandel ersetzte (z.B. Rosenstrauch 1986, 36ff.). Auf der Buchmesse wurde ein wesentliches Stück jener bürgerlichen Öffentlichkeit hergestellt, wie sie einleitend als konstitutives Merkmal des 18. Jahrhunderts abstrakt benannt wurde (Kap. 1). Insofern war bürgerliche Öffentlichkeit als politisch-emanzipative und warenbestimmte Öffentlichkeit ganz entscheidend auch Buch-Öffentlichkeit. Die Leipziger Buchmesse in der zweiten Hälfte des Jahrhunderts »war nicht nur ein Ort des Warenverkehrs, sondern auch Treffpunkt für Vergnügungen und Informationsaustausch. (...) In den Meßwochen vermehrte sich die Stadt um 3-5.000 Personen; Sachsen, deutsche und nichtdeutsche Ausländer, Handelsherren, Krämer, Gaukler, herumziehende Ärzte und Quacksalber, wandernde Theatergruppen und Marktschreier wurden ebenso angezogen wie der Kurfürst mit seinem Gefolge.« »Man traf sich auf den Promenaden, in Privathäusern und in Cafés und Gasthöfen, und wenn die Orte des Vergnügens und des Räsonnements auch stets in solche für Wohlhabende und weniger Bemittelte geschieden wurden, so griffen sie doch über traditionelle Grenzen. Es war ein überschaubarer Kreis von Kaufleuten, Gelehrten, Beamten, kirchlichen Würdenträgern und Adeligen, aber auch Studenten und Handwerkern und eben auch kleineren Unternehmern oder Beamten und Kirchenangehörigen, der rund um neugegründete Zeitschriften, im Umkreis der reformierten Gemeinde, der Pietisten, universitären Collegien und verschiedener Gesellschaften auftauchte.« (Rosenstrauch 1986, 12, 14)

Im Jahr 1765 gründete Reich in Leipzig mit 55 weiteren Buchfirmen eine Buchhandelsgesellschaft, um den Monopolcharakter der Ware Buch zu sichern. Verleger und Sortimenter sollten »zur Beförderung ihrer gemeinschaftlichen Wohlfahrt die Hände einander zu bieten anfangen« (zit. bei Rosenstrauch 1986, 60) Das berufsständische Interesse richtete sich gegen den Nachdruck und war für die Verbreitung des Barverkehrs. 1773 verbot die kursächsische Regierung in einem Buchhandelsmandat den Verkauf von Nachdrucken in Sachsen. Die Reichsbuchhändler konterten, nachdem Frankfurt als Messeplatz unwichtig geworden war, mit dem sogenannten »Hanauer Bücherumschlag« 1775, doch ohne Erfolg. Schließlich forderten 19 süddeutsche und schweizerische Buchhändler 1788 in der sogenannten »Nürnberger Schlussnahme« eine Gesamtjahresauslieferung, einen gerechten Umrechnungskurs und den Konditionshandel: Im Falle des Verkaufs sollte mit einem Drittel Rabatt vom Ladenpreis abgerechnet, ansonsten das Remissionsrecht eingeräumt werden. Nach Reichs Tod setzte sich der Konditionshandel, schon vor 1800, rasch durch. Damit trug der Verleger als Instanz wieder den größten Teil des Marktrisikos, hatte dafür aber den Vorteil, alle Sortimentsbuchhandlungen zu beliefern und das Publikum nicht nur zu Messezeiten, sondern kontinuierlich das ganze Jahr hindurch mit seinen Produkten versorgen zu können. Es wurden in Leipzig Kommissionäre eingerichtet, die für die auswärtigen Kollegen Lager hielten, deren Bestellungen erledigten und auch gerne Kredite gewährten – das war der Beginn des im 19. Jahrhundert mächtiger werdenden Zwischenbuchhandels (Kommissionshandel) und ein wichtiger Schritt bei der Anonymisierung des Buchmarkts. Die Sortimenter konnten vor allem Neuerscheinungen in einer Vielzahl von Verkaufsstellen gleichzeitig anbieten, ohne dass eine große und teure Lagerhaltung nötig war. Und das Lesepublikum war es zufrieden, über das Gesamtangebot aktuell informiert zu werden und auf bestellte Bücher nicht bis zur nächsten Buchmesse warten zu müssen. Indem nach einiger Zeit auch die norddeutschen und Leipziger Großverleger auf diese Handelskonditionen eingingen, um sich gegen die entstehende Konkurrenz in Berlin zu wehren, sicherten sie die zentrale Stellung Leipzigs als Umschlagplatz für den gesamten deutschen Buchverkehr auf weit über hundert Jahre.

Solche ständischen Interessen führten 1792 zur Leipziger Bücherbörse unter Paul Gotthilf Kummer. Um das Abrechnungsverfahren zu erleichtern, mietete er über dem berühmten Richterschen Kaffeehaus (vgl. Abb. 49) einen entsprechenden Raum. Ab 1797 führte das Carl Christian Horvath im Paulinum der Universität fort. Am 30.4.1825 wurde dann als Standesorganisation von 6 Leipziger und 95 auswärtigen Firmen der Börsenverein der Deutschen Buchhändler gegründet. Dabei gelang es den Verlagen, das Sortiment gleichsam mit ins Boot zu holen und dadurch dessen Abhängigkeit bis heute festzuschreiben. Alle neuen Handelsvereinbarungen bei diesem Start »gingen zu Lasten des Sortiments« (Wittmann 1991, 133).

»Gänzlich unerforscht ist das Gebiet des Sortimentsbuchhandels im 18. Jahrhundert«, schrieb Paul Raabe (Raabe 1981, 274), und daran hat sich bis heute wenig geändert. Bis zur Jahrhundertmitte soll es in Deutschland bis zu 120 Buchhandlungen gegeben haben, insbesondere an Orten mit Universitäten, Akademien und in Handels-, Haupt- und Residenzstädten mit hohem Beamtenpotenzial (Leipzig, Berlin, Frankfurt am Main, Nürn-

Abb. 49: Richters Kaffeehaus in Leipzig (Kupferstich 1794).

berg, Halle, Göttingen, Hamburg, Wien, Breslau, Dresden). Für Berlin beispielsweise sind um 1750 dreizehn Buchhandlungen verbürgt, fünf davon mit französischem Titelangebot (Janzin/Güntner 1995, 287). Raabe konstatiert: »In einem Land mit 24 Millionen Einwohnern wirkten 1770 nur 200 Buchhändler. Sie waren offenkundig nur für die dünne Oberschicht der Gebildeten und Gelehrten tätig.« (Raabe 1984, 54) Die Zahl ist nur langsam auf bis zu 300 Buchhandlungen angestiegen. Reinhard Wittmann nennt für 1802 dann bereits »473 Unternehmen dieser Branche«, allerdings ohne zwischen Verlagen und Sortimentsbuchhandlungen zu trennen.

Hier muss auch in Rechnung gestellt werden, dass insbesondere in kleineren Orten der Buchhandel von Buchdruckern und Buchbindern mit übernommen wurde, d.h. der Sortimentsbuchhandel vielfach nebenbei florierte, wie auch bei Pfarrern, Ordensleuten oder Ärzten, bei Krämern und fliegenden Händlern, den »Traxentragern«, die Nachdrucke unters Volks brachten, oft in entlegene Gegenden ohne weitere Instanzen der Buchdistribution (z.B. Wittmann 1977, 14f.). Auch die Einführung von Bücherlotterien nach holländischem Vorbild und die Entwicklung des

Antiquariatsbuchhandels, über welche die vielen regulär unverkaufbaren Bücher an den Mann und die Frau gebracht wurden, prägten diese Zeit. Bibliotheken, die im Zuge der Mediatisierung der Reichsstädte und Säkularisierung des Kirchenbesitzes zum Verkauf anstanden, führten Anfang des 19. Jahrhunderts zu einem Aufschwung speziell des Antiquariatsbuchhandels. Zugleich wurden vom Handel umfängliche Werbemaßnahmen ergriffen und teilweise auch Kundenrabatte bis zu 50% eingeräumt (»Schleuderei«), um die Bücherberge abzubauen. Bei allen Novitäten gilt aber insgesamt immer noch: »Die ›Brotartikel‹ des Buchhandels sind nach wie vor Andachtsbücher, Kalender und Katechismen.« Auch beim Buchbesitz, am Beispiel der Universitätsstadt Tübingen, bilanzierte Manfred Nagl: »Gesangbuch, Bibel und Andachtsbuch liegen von 1750 bis 1850 unangefochten an der Spitze.« (Nagl 1988, 24f.)

Die damaligen selbstständigen Buchhändler, die am Messhandel teilnahmen, waren akademisch vorgebildet, d.h. besaßen Grundkenntnisse der lateinischen Sprache, gehörten aber nicht den oberen sozialen Gruppen wie etwa den Gelehrten an, deren Produkte sie vertrieben. Der Beruf des Buchhändlers war ein Lehrberuf und ein selbstständiger Berufsstand. Eine Buchhandlung sah nach der Beschreibung Paul Raabes wie folgt aus: »Bücherregale bis zur Decke, gefüllt mit ungebundenen Büchern in rohen Bögen; ein Teil wird in den Regalen gebunden angeboten. Hinter dem Tresen sitzt der Buchhändler und schreibt in einem seiner Hauptbücher, oder er berät die Kunden. Oft hatte auch der Buchbinder seinen Arbeitsplatz in der Buchhandlung, um Bücher, die die Kunden in rohen Bögen gekauft hatten, sofort binden zu können.« (1981, 276) Das Sortiment des Buchhändlers und Schriftstellers Friedrich Nicolai in Berlin umfasste rund 5.000 Titel: »Der Bestand kann als Querschnitt durch das Lager eines Buchhändlers der Aufklärung verstanden werden.« (Raabe 1981, 287) Der Beginn des »reinen Buchhändlers« liegt im letzten Viertel des Jahrhunderts, obwohl in der Fachliteratur häufig symbolisch erst das Jahr 1796 genannt wird, als Friedrich Perthes seinen »neuen« Sortimenter-Service proklamierte.

Das Verhältnis der Sortimentsbuchhändler zu den kommerziellen Leihbüchereien (Kap. 10.5.3) war durchaus positiv, zumal viele selbst diesen Distributionsweg als Nebenerwerbsquelle nutzten. Etwas anders verhielt es sich bei den Lesegesellschaften, die ja dadurch den potenziellen Absatz der Händler minderten, dass sich dort viele Personen ein einziges Buch teilten. »Andererseits waren die Buchhändler aber an Zusammenarbeit mit Lesegesellschaften interessiert. Verträge zwischen beiden waren nicht selten. Manche Buchhändler machten sich die Einrichtung sogar selbst zunutze und gründeten eigene Lesegesellschaften.« (Prüsener 1973, 373f.) Der Netzwerkcharakter des neuen literarischen Markts – unter Einziehung von Buch, Kalender, Almanach, teils Flugschrift, insbesondere Zeitschrift – wird damit auch für den Distributionssektor deutlich (vgl. auch Martino 1990, 149ff.).

Abb. 50: Buchladen um 1830.

10.5 Zensoren, Kritiker, Bibliothekare

10.5.1 Was die Zensur angeht, bot Europa ein uneinheitliches Bild (Wittmann 1991, 138ff.; Janzin/Güntner 1995, 253f.). Streng war sie in Russland, Spanien und natürlich Frankreich bis zur Revolution, freundlicher in England und vollends liberal in den Niederlanden. Schweden schaffte 1766 die Zensur komplett ab, gefolgt von Dänemark 1770. Für Deutschland gilt trotz der Aufklärung, die dem Jahrhundert ihren Namen gab: »Das 18. Jahrhundert ist ebenso ein Jahrhundert der literarischen Zensur und der unablässigen Versuche der Autoren, die Zensur zu umgehen, wie das 16. und 17. Jahrhundert.« (Breuer 1982, 87; Schütz 1990, 71ff.)

Auf Reichsebene (z.B. Plachta 1994; vgl. auch Eisenhardt 1970) ging es vom Kayserlichen Edict (1715), das von Maria Theresia 1746 bestätigt wurde, bis zu Leopold II. (1790) primär um die Kontrolle politischer Meinungsäußerungen in der Presse (Zeitung, z.T. Zeitschrift). In den deutschen Territorialstaaten, Freien Reichsstädten und Abteien agierten die

Zensoren unterschiedlich und mit deutlichen Auswirkungen aber auch auf die Buchkultur. Die Großzügigkeit der sächsischen Zensoren gegenüber dem Stadtrat bzw. den hessischen Zensoren wurde beim Konkurrenzkampf zwischen Leipzig und Frankfurt am Main als Buchmessestädten bereits erwähnt. Hier wie auch in Preußen und Österreich war es ein dauerndes Auf und Ab von liberaler Handhabung und einzelnen Exzessen. In Preußen etwa verkündete Friedrich der Große 1740 »unbeschränkte Freiheit«, nur um sie 1749 mit dem Allgemeinen Zensuredict wieder stark einzuschränken (ausführlich Breuer 1982, 93ff.; Schömig 1988; Schütz 1990, 95ff.; Plachta 1994, 84ff.). Der Zensor als »Wächter der Tradition« (Assmann/Assmann 1987, 11) sicherte Herrschaftsinteressen in vielfältig unterschiedlichem Ausmaß und einem steten Wechsel, der jeglicher Zensurpraxis den Charakter des Arbiträren verlieh. Für die ersten Jahrzehnte, aber auch noch um 1765 in Frankfurt am Main, 1768 in Ulm oder 1776 in Köln (Breuer 1982, 91f.) galt: »Bücherverbrennungen waren vielerorts an der Tagesordnung« (Janzin/Güntner 1995, 253). Es gab Vorzensur, es gab Nachzensur (ausführlich Schroeder-Angermund 1993). Auch der Besitz verbotener Bücher, sei es von Leihbibliotheken und Lesegesellschaften, sei es von Privatpersonen, stand unter Strafe. Zensur im 18. Jahrhundert war teils moralische Zensur, teils geistliche Zensur, teils politische Zensur und vor allem strukturelle Zensur – letztere realisiert nicht mehr über Patronage und Mäzenatentum, sondern nun über die Instanz des kapitalistischen Verlegers (Kap. 10.2).

Buchautoren, Verleger und Buchhändler, aber auch die Leserinnen und Leser waren die Leidtragenden. Einzelbeispiele (vgl. auch Schenda 1977, 120ff.) können hier für breite Tendenzen stehen.

– Erstens: Vernunftorientiertheit im Sinne bürgerlicher Öffentlichkeit ging zu Lasten von Sinnenfreude und Körperbetontheit. Aus der Triebunterdrückung entstand die *moralische Zensur* gegenüber »gefährlichen« Büchern. Erotische Literatur und generell Pornographie verursachten Skandale und wurden verboten. Das betrifft in Frankreich eine ganze Kette von Titeln wie etwa das Buch »L'Art de foutre« (1741), für das Autor, Drukker, Verleger und Buchhändler bestraft wurden (Goulemot 1993, 31), in England den Roman »Fanny Hill or Memoirs of a Woman of Pleasure« (1749) von John Cleland, in mehreren europäischen Ländern den Briefroman »Les liasions dangereuses« (»Gefährliche Liebschaften«, 1782) von Pierre Ambroise Francois Choderlos de Laclos (z.B. Röhl 1983, 218ff.). Hans-Christoph Hobohm versucht den Nachweis, daß die moralische Zensur seinerzeit nicht nur bestimmte Inhalte, sondern eher den Roman insgesamt als Gattung des neuen Bürgertums betraf (Hobohm 1992, 239ff.). Tatsächlich hatte Anfang des 19. Jahrhunderts der Kampf der Obrigkeiten speziell gegen die »unmoralischen« Leihbüchereien das Ziel, die Romanlektüre generell zu beenden und damit der seinerzeit vielbeklagten »Lesesucht« Herr zu werden (z.B. Martino 1990, 157ff.). Moralische Zensur wurde aber auch im Theater ausgeübt, dem ein »Tugendauftrag« zugeordnet war (z.B. Plachta 1994, 162ff.), bei den Wanderbühnen ebenso wie etwa im Falle von Friedrich Schillers Dramen »Kabale und Liebe« und »Die Räuber«. Epochenübergreifend sollte die moralische Zensur in ihrer Bedeutung noch zunehmen: Spätestens mit Beginn des 19. Jahrhunderts verlagerte sich der Gegenstand der staatlichen Zensur »aus den Bereichen religiösen Dogmas und absolutistischer Politik in den Bereich der allgemeinen Sitten« (McCarthy 1995a, 6).

– Zweitens: Es gab auch *geistliche Bücherzensur* in erheblichem Ausmaß, wie Gottfried Mälzer (1973) am Beispiel des Autors J.A. Bengel (1687–1752) oder Mark Lehmstedt (1995) am Beispiel der »Vernunftlehre für Menschen wie sie sind« (1785) von Johann Michael Sailer aufzeigte. In Österreich wurden von den von Jesuiten besetzten Zensurbehörden bis 1740 alle konfessionellen Schmähschriften und Bücher verboten, die Macht und Ansehen der katholischen Kirche verletzten konnten. Die Werke von Voltaire, Jean-Jacques Rousseau, Thomas Hobbes oder David Hume blieben auch danach noch auf der Verbotsliste. Zur Erleichterung der Zensurarbeit wurde 1754 der »Catalogus librorum prohibitorum« angelegt, der aber so begehrt wurde, dass er 1777 selber auf den Index gesetzt werden musste. Man darf die immer noch grundlegende Bedeutung der Konfessionen im Leben der Menschen im 18. Jahrhundert nicht aus den Augen verlieren (Breuer 1982, 88ff., 98ff.).

– Drittens: In der zweiten Hälfte des 18. Jahrhunderts wurde das Kriterium der Rechtgläubigkeit aber durch das Kriterium der Staatsräson zurückgedrängt (Breuer 1982, 98, 109). Alles, was die uneingeschränkte Herrschaft der absolutistischen Kleinpotentaten auch nur im Entferntesten zu bedrohen schien, wurde zensiert. Machterhalt war oberstes Ziel der *politischen Zensur*. So führten Eingriffe der Zensur in Halle bei der Edition von Zedlers »Universal-Lexikon« (1732–1754) zum finanziellen Ruin des Verlegers. In Halle wurden 1723 die Aufklärungsschriften des Philosophen Christian Wolff verboten, in Bayern durch das Bücherzensurkollegium die Schriften Immanuel Kants. In Württemberg konnte der Staatsrechtler Johann Jakob Moser ein Buch über Staatsrecht nur verzögert und mit Streichauflagen herausbringen. In Bremen wurde Adolph Freiherr von Knigge mit einer hohen Geldstrafe bedacht, weil er anonym die Schrift »Josephs von Wurmbrand politische Glaubensbekenntnis mit Hinsicht auf die Französische Revolution und deren Folgen« an der Zensur vorbei herausgebracht hatte. In Wien durfte Mozarts Oper »Figaros Hochzeit« 1786 nur aufgeführt werden, nachdem alle politischen Anspielungen herausgestrichen waren (Eisel 1990, 24). Und im Jahr 1806 wurde in Nürnberg, wie schon erwähnt, der Verleger-Buchhändler Johann Philipp Palm auf Befehl Napoleons verurteilt und erschossen, weil er die antifranzösische Flugschrift »Deutschland in seiner tiefen Erniedrigung« verlegt hatte – ein Extremfall. Alltäglich dagegen war die Selbstzensur der Publizisten und Schriftsteller, die der behördlichen Zensur, dem Kerker, hohen Geld-strafen, dem Verlust ihrer Ehrenrechte oder der Verbannung entgehen wollten. Auch der Sonderfall der »Geschlechtszensur«, mit der gerade seit der Wende vom 18. zum 19. Jahrhundert Autorinnen unterdrückt wurden (z.B. Becker-Cantarino 1995), darf hier nicht unterschlagen werden.

– Viertens schließlich: die neue *strukturelle Zensur*. Dieter Breuer spricht geradezu von einer »fortgeschrittenen Selbstzensur der Autoren im Sinne der Marktgerechtigkeit« (1982, 87). In der Zusammenfassung von Bodo Plachta (1994, 223ff.): »Der Buchhandel, der an seiner wirtschaftlichen Konsolidierung interessiert war, vermied durchweg größere Zusammen-stöße und suchte sich mit der Zensur zu arrangieren. Zwar hatte die Zensurgesetzgebung der rasanten Entwicklung des Buchmarktes zu fol-gen versucht, doch neben dem offiziellen Buchmarkt, der sich in Mess-katalogen niederschlug, existierte ein »zweiter Markt«, der »verbots-würdige« Kleinschriften, Kontroversschriften und fremdsprachige Lite-ratur bereithielt und diese aufs Ganze gesehen unbehelligt von der Zen-sur herstellte und verbreitete. Eine Vielzahl von Geschäften wurde direkt zwischen Hersteller und Auftraggeber abgewickelt, ohne daß die Bücher-kontrolleure tatsächlich darauf Einfluß nehmen konnten. (...) Die Konkur-renz auf dem deutschen und europäischen Buchmarkt hatte sich im 18. Jahrhundert derart entwickelt, daß Verleger, Drucker und Händler ein System von Informationen unterhielten, das zum einen ihre wirtschaftli-chen Vorteile untereinander sicherte, zum anderen aber auch zu Abspra-chen zur Umgehung der Zensur genutzt werden konnte.« Mithilfe fin-gierter Druckorte und Verlagsnamen, mit Pseudonymen und anonymen Verfasserangaben sowie mit Vertriebswegen wie den »Kraxlern« schuf sich das Verlagskapital ausreichend Zensurnischen, um sich zu vermehren. Für Autoren bedeutete diese Dominanz des kapitalistischen Verlegers die totale Abhängigkeit vom Markt: Verlegt wurde nur noch, was Gewinn versprach.

10.5.2 Im Unterschied zu allen anderen Handlungsrollen des Buchmarkts (einschließlich des Zensors) entstand die Handlungsrolle des Kritikers erst im 18. Jahrhundert im Zuge der Aufklärung. Der Zensor kontrolliert, er-laubt, verbietet; hier geht es um Macht. Der Kritiker interpretiert, gewich-tet, beurteilt; hier geht es um professionelle Bewertung für ein interessier-tes Publikum. Der mündig gewordene Bürger reflektiert als neue Vermitt-lungsinstanz öffentlich über objektive Kriterien des Werks und den litera-rischen Geschmack. Dies geschah häufig bezogen auch auf das Medium Buch, ausnahmslos aber in anderen Medien – der Zeitung und vor allem der Zeitschrift (Kap. 12.2). Der Kritiker als Handlungsrolle darf zwar dem im 18. Jahrhundert entstehenden Literatursystem zugeordnet werden, gehört aber – als Handlungsrolle – primär zur Zeitschrift. Diese mediale Verortung ist fundamental für ein zureichendes Verständnis des Kritikers und seiner Funktion. Es handelte sich beim Kritiker nämlich nicht in erster Linie um einen *Literatur*kritiker, sondern um einen *Kultur*kritiker. Die neue Handlungsrolle darf nicht von der Literatur- oder der Buchwissenschaft vereinnahmt werden. Der Kritiker war nicht nur Literaturkritiker, sondern auch Theaterkritiker, Musikkritiker, Religionskritiker, Kunstkritiker, Ideenkritiker, Gesellschaftskritiker usw. Nur in dieser supramedialen Positionierung, in dieser kulturübergreifenden Stellung lässt sich seine zentrale Funktion angemessen begreifen: nämlich die zunehmende Usurpation des neuen kulturellen Systems durch das kapitalistische Wirtschaftssystem zu kompensieren.

10.5.3 Der Bibliothekar als Handlungsrolle bzw. die Bibliothek als wesentliche Instanz des Buchmarkts war im Grundsatz bereits in der frühen Neuzeit durchgesetzt (vgl. Faulstich 1998, 267ff.). Allerdings gab es hier zwei entscheidende Neuerungen: Erstens lösten sich Wissen und Gelehrsamkeit von den Höfen und verbreiteten sich zunehmend an den Universitäten und bei einzelnen Bürgern als Privatpersonen, d.h. Buchbesitz war kein Privileg ausschließlich der Reichen und Mächtigen mehr. Zweitens entstanden die kommerziellen Leihbibliotheken. Beides zusammen machte das Buch zu einem stände- und schichtenübergreifenden Medium, einem bürgerlichen Medium und insofern zu einem Faktor und Träger der neuen Öffentlichkeit.

Zunächst zum Sammeln von Büchern, das sich funktional zu einer Distributionsinstanz des neuen Marktes ausweitete: An den Universitäten entstanden Bibliotheken, die an die staatlichen Verwaltungen angebunden waren. Diese interessierten sich zunehmend für Neuerscheinungen statt für seltene antiquarische Werke wie noch die höfischen Buchsammlungen und entwickelten sich damit zu Gebrauchsbibliotheken für Wissenschaftler aller Disziplinen. Die Bibliothek wandelte sich vom Museum zum Dienstleister (z.B. Jochum 1993, 112). Wesentliche Bedeutung bei diesem Wandlungsprozess von der mäzenatischen Fürstenbibliothek (z.B. Arnold 1987; Arnold 1988) zur staatlichen Universitätsbibliothek hatte die Säkularisation (z.B. Buzas 1976, 12ff.). Bereits die Aufhebung des Jesuitenordens 1773 brachte den Hofbibliotheken enorme Zuwächse des Buchbestands (z.B. Schottenloher 1968, 377ff., 392ff.), und der Reichsdeputationshauptschluss 1803, der die geistlichen Territorien auflöste und diese Länder den weltlichen Fürsten zusprach, verteilte dann die riesigen Buchbestände der Klöster, sofern sie nicht verloren gingen, überwiegend an staatliche Bibliotheken. Sowohl die Einbindung der Bibliothekare in den staatlichen Verwaltungsapparat als auch diese enorme Herausforderung der Eingliederung und Kodifizierung von Millionen von Büchern in die bislang eher überschaubaren Bestände führten zu einer Professionalisierung des Berufsstandes. Der »Bibliotheksbeamte« wurde zum »Priester im Dienst des überzeitlich Allgemeinen« (Jochum 1993, 118) und erhielt entsprechend eine Besoldung, von der er – ohne vielfältige Nebentätigkeiten der unterschiedlichsten Art wie bis dahin – tatsächlich auch leben konnte. Konsequenterweise führte die Praxis der Bibliothekarsausbildung zur Bibliothekskunde und Bibliothekswissenschaft. Ab 1793 gab es zunehmend staatliche Fachprüfungen für angehende Bibliothekare, ergänzt durch Dienstordnungen, die den Zugang zum Bibliotheksdienst reglementierten.

Bislang war die Privatbibliothek »ein natürliches Attribut des Gelehrten und des Professors« (Buzas 1976, 35) gewesen. »Das Büchersammeln steht in einer langen und bedeutenden europäischen Tradition.« (Raabe 1988, 103) In der zweiten Hälfte des 17. Jahrhunderts hatte eine private Büchersammlung im Durchschnitt weniger als 3.000 Bände umfasst. Viele Gelehrte intensivierten ihre Büchersammeltätigkeit, um die Universalität des Wissens zu tradieren – »Polyhistorismus« nannte man das: »Büchergelehrsamkeit«, »Bücherflut« (1700–1750). »Büchersucht kennzeichnete das Gelehrtentum der Frühaufklärung.« (Raabe 1988, 112) Diese Blütezeit der Privatbibliotheken war zugleich die Zeit der Bücherverzeichnisse, Kataloge und Bibliographien.

Als diese universale Büchergelehrsamkeit bei der enormen Buchtitelvermehrung, bei der Breite aufklärerischer Medien wie insbesondere der Zeitschrift (Kap. 11) und dem enormen Anstieg und zugleich der wissenschaftlichen Spezialisierung des wissenschaftlichen Wissens nicht mehr möglich war, mussten die Universitätsbibliotheken diese Aufgabe mit übernehmen (Raabe 1988, 119). Ohnehin hatten die Privatbibliotheken der Professoren und Gelehrten an den Universitätsorten (insbesondere Hamburg, Dresden, Frankfurt, Göttingen, Nürnberg) die Funktion von Seminarbibliotheken, die auch den Studierenden offen standen. Die Privatbibliothek etwa des Hamburger klassischen Philologen, Theologen und Polyhistors Johann Albert Fabricius umfasste nicht weniger als 32.000 Bände, die nach seinem Tod 1736 versteigert und verkauft wurden. Der Jurist und Polyhistor Christian Gottlieb Buder, gestorben 1763, stiftete seine 12.000 Bände der Universitätsbibliothek Jena. Die Bibliothek des Stuttgarter geheimen Rates und Konsistorialdirektors Friedrich Wilhelm Frommann umfasste 25.000 Bände, die nach seinem Tod 1787 von Herzog Karl Eugen von Württemberg für die öffentliche Hofbibliothek angekauft wurden. Usw. (ausführlich Buzas 1976). »Die Spezialisierung der Wissenschaften, die den neuen Typ der Spezialbibliothek ins Leben rief, bedeutete sowohl das Ende der Polyhistorie und die beginnende fachliche Isolierung und fachterminologische Verschlüsselung bestimmter Wissensgebiete als auch die schnellere Ungültigkeit des durch Studium erworbenen Fachwissens und die erschwerten Bedingungen der Fortbildung.« (Buzas 1976, 80) Nach dem Vorbild literarischer Gesellschaften entwickelte sich insbesondere in der zweiten Hälfte des 18. Jahrhunderts eine Vielzahl naturwissenschaftlicher Spezialbibliotheken von Rang (z.B. 1711 die juristische

Tribunalbibliothek in Celle, 1735 die wirtschaftswissenschaftliche Commerzbibliothek in Hamburg, 1763 die naturwissenschaftliche Senckenberg-Bibliothek in Frankfurt am Main, 1784 die medizinisch-chirurgische Bibliothek in Celle, 1789 die astronomische Bibliothek in Leipzig usw.).»Der Typus des universalen Büchersammlers starb in der zweiten Hälfte des 18. Jahrhunderts aus.« (Raabe 1988, 119)

Für die Benutzung der Universitätsbibliotheken, teils mit Präsenzbestand, gibt es nur wenige verlässliche Hinweise. Sieht man von einigen reisenden Gelehrten, die quantitativ wenig ins Gewicht fielen, einmal ab, so gab es beispielsweise 1774 an der Universitätsbibliothek in Innsbruck täglich im Durchschnitt 18 Lesezimmerbesucher, im Jahr 1806/07 an der Universitätsbibliothek Göttingen im Jahr 1806/07 14.000 Entleihungen. Allerdings muss die Universitätsbibliothek Göttingen auch als Ausnahmefall und Höhepunkt der deutschen Bibliotheksgeschichte des 18. Jahrhunderts verstanden werden (vgl. Fabian 1980). Gelehrtenbibliotheken, die über zahlreiche Auktionen erwerbbar wurden (200.000 Bände allein zwischen 1743 und 1828), gelehrte Institutionen und Wissenschaftliche Gesellschaften sowie die Universitätsbibliothek selbst (mit 150.000 Bänden)»ergeben in Göttingen zusammen ein gleichsam integrales System organisierter Forschung, das (in der zweiten Hälfte des 18. Jahrhunderts, WF) in Europa seinesgleichen suchte.« (Frühsorge 1988, 75)

Die Entwicklung von der Privat- zur Universitätsbibliothek bzw. vom Museum zur Dienstleistungsinstitution als neuer Distributionsinstanz des Buchmarkts war die eine von zwei wichtigen Veränderungen auf dem Bibliothekssektor Ende des 18. Jahrhunderts. Die zweite war die Entstehung und Verbreitung von Volks- und Leihbüchereien. Peter Vodosek nennt zahlreiche Beispiele aus dem 18. Jahrhundert für die theoretische Forderung nach Volksaufklärung bzw. nach der Errichtung von Dorfbibliotheken, Bauernbibliotheken, Gemeindebibliotheken, Schulbibliotheken, Kirchenbibliotheken und Öffentlichen Bibliotheken (Vodosek 1988), die hier allesamt unter der Bezeichnung »Bücherei« im Sinne von »Leseeinrichtung für das Volk« gefasst werden sollen. Die Geschichte der Volksbücherei begann also durchaus schon im 18. Jahrhundert, auch wenn sie sich vorerst auf private Initiative stützte und häufig, speziell auf dem Land, auch nur begrenzte Zeit Zuspruch fand (vgl. auch Vodosek 1978).

Die Blütezeit der kommerziellen Leihbücherei wird auf die Zeit von 1820 bis 1850 datiert. Doch ihre Geschichte als Institution begann schon Anfang des 18. Jahrhunderts in England, in Deutschland spätestens ab 1757 (vgl. Martino 1990, 65ff., 92ff.). Bereits um 1800 war sie in fast jeder Stadt des deutschen Sprachraums, teils mehrfach, und sogar in Dörfern vertreten. Es gab zahlreiche Organisationsformen – so den wandernden Leihbibliothekar mit dem geringsten Sozialprestige, die Leihbücherei als Nebengeschäft der Sortimentsbuchhandlung, die Winkelleihbücherei mit vielfältigen anderen Geschäften, das Lesekabinett und den Novitätenlesezirkel bis hin zu Spezialbüchereien und Reiseleihbibliotheken (z.B. Jäger/Schönert 1980, 8ff.; ausführlich Martino 1990, 57ff.). Man kann in den Anfängen zwei dominante Typen unterscheiden (Jäger et al. 1979, 478ff.; Jäger/Schönert 1980, 24ff.; Ligocki 1988, 181):

Erstens Büchereien, deren Bestände insbesondere den enzyklopädischen Wissensstand der Zeit zu repräsentieren versuchten, mit nur wenigen belletristischen Werken. Die Abonnementpreise waren hier eher hoch, Gelehrte, niederer Adel, Beamte und gebildetes Bürgertum waren die Hauptnutzer.

Zweitens Büchereien mit dem Schwerpunkt auf »Romanen« bzw. auf Unterhaltung und Zeitvertreib. Handwerker, Soldaten, Bedienstete, vor allem Frauen waren hier die Hauptnutzer, bei wohl niedrigeren Entleihungsgebühren.

Spätestens mit der Restaurationszeit (1815–1848) hat sich dann die Belletristik gegenüber den wissenschaftlichen und Fachbüchern durchgesetzt, zunächst vor allem Räuber-, Ritter- und Schauerromane, dann auch Übersetzungen, historische und realistische Erzählprosa, Memoiren, Familien- und Liebesromane und schließlich Kriminalromane (ausführlicher Jäger/Schönert 1980, 20ff.; Martino 1990, 135ff.). Die Entstehung der »Trivialliteratur« bzw. der »modernen Massenliteratur« wird für das 18. Jahrhundert reklamiert – Rudolf Schenda spricht vom »romantollen 18. Jahrhundert« (Schenda 1977, 305). Ihre Verbreitung, ab 1820 zunehmend unter Gesichtspunkten modischer Aktualität bzw. »Novität«, nahm durch die kommerziellen Leihbüchereien einen wesentlichen Aufschwung. Aufgrund ihrer Attraktivität nannte sie Friedrich Karl von Moser 1794 »moralische Bordelle«. Erst für spätere Zeitabschnitte sind Ausleihzahlen verbürgt. Thomas Sirges ermittelte für die Leihbüchereien in Hessen-Kassel ein Ausleihpublikum von rund 1% der Gesamtbevölkerung (Sirges 1994, 438f.). Diedrich Saalfeld errechnete, »daß man zu Beginn des 19. Jahrhunderts für ein Jahresabonnement einer Leihbibliothek etwa 2 bis 7 (...) neue Bücher kaufen konnte« (Saalfeld 1980, 70), d.h. extensive Buchlektüre wurde für große Lesergruppen erst durch Leihbüchereien erschwinglich. Ein Lehrer mit einem Jahresgehalt von 150 Thalern hatte bei einem Buchpreis von durchschnittlich 1 1/3 Thalern kaum andere Chancen, seinen Leseinteressen nachzugehen. Ein mittelmäßig verdienender Arbeiter musste um die Jahrhundertwende für ein Jahresabonnement in Höhe von 4 bis 12 Thalern 3 bis 10% seines Jahreseinkommens ausgeben – als Dauerbelastung illusorisch. Erst als der Prozentsatz Mitte des 19. Jahrhunderts auf 0,6% sank, änderte sich das Buchnutzungsverhalten der breiten Schichten des Volkes.

Gleichwohl wird die Distributionsfunktion der Leihbücherei, anfänglich mit deutlich unter 1.000 Titeln, von der Forschung bereits für die Zeit bis 1830 hoch eingeschätzt: »Indem die kommerziellen Leseanstalten fast die gesamte Belletristik in Buchform absorbierten, um sie dann, als mäch-

214

tige Multiplikatoren wirkend, zirkulieren zu lassen, bedingten sie maßgeblich die literarische Produktion und den literarischen Geschmack.
Schriftsteller, Journalisten, Verleger, Buchhändler, Leihbibliothekare und
sogar Minister erkannten klar die entscheidende Rolle der Leihbibliothek
im literarischen Leben.« (Martino 1990, 623) Mitte des 19. Jahrhunderts
sollte die Verlagsauflage eines Romans (teilweise bis 1.000 Exemplare)
praktisch identisch sein mit der Zahl der deutschen Leihbüchereien – bei
einem durchschnittlichen Bestand von damals über 20.000 Ausleihexem-
plaren, einzelne Erfolgstitel natürlich in mehreren Exemplaren. »Der Bre-
mer Buchhändler Heyse konnte in seiner 1800 begründeten Leihbibliothek im Jahre 1824 nicht weniger als 20.000 Bände vorweisen.« (Schenda
1977, 204)

10.6 Kauf und Lektüre: Lesegesellschaften und Leserinnen

Ohne Zweifel vollzog sich in Deutschland im 18. Jahrhundert ein Umschwung auch bei der Instanz des Lesers. Allerdings gilt es wieder zu
differenzieren: Erstens begann die Zunahme des Lesens erst nach 1750.
Zweitens war Lesen nicht gleich Lesen, und die Frage ist durchaus nicht
nebensächlich, welche Bedeutung dem Bücherlesen zukam – im Unterschied zum Lesen von Zeitungen, Heften, Flugblättern, Kalendern und
Almanachen, Briefen oder gar Zeitschriften. Die Buchlektüre scheint in
absoluten Zahlen nur wenig zugenommen zu haben und im Verhältnis
zur Lektüre anderer Medien geradezu rückgängig gewesen zu sein. Und
drittens war die angebliche »Leserevolution« weniger gravierend, als viele annahmen. Periodenbezeichnungen wie »intensive« und »extensive
Lektüre« (z.B. Engelsing 1970), »erste« und »zweite Leserevolution« (z.B.
Langenbucher 1975) oder »fünfte« und »sechste Lesekultur« (Gauger 1994)
sind wenig aussagekräftig, weil sie begründet auch bei anderen Zäsuren
geltend gemacht werden können, die Unterschiedlichkeit der jeweils involvierten Medien nicht angemessen in Rechnung stellen bzw. weil sie in
ihrer Pauschalisierung arbiträr erscheinen (vgl. Nagl 1988). Am ehesten
trifft noch die Unterscheidung in »nützliches« Lesen, bezogen auf Sach-
texte, und »emphatisches« Lesen, bezogen auf fiktionale Texte, den zeitgenössischen Sachverhalt (vgl. Wittmann 1999, 431, 434) – allerdings weniger bezogen auf das Medium Buch als vielmehr auf die Medien Zeitung
bzw. Zeitschrift.
    Die Fakten: Wer hat überhaupt gelesen? Während Jean Paul 1799 das
literarische Publikum im deutschen Sprachraum auf 300.000 Personen
schätzte (ca. 10% der Gesamtbevölkerung) und Rudolf Schenda für 1770
»wohlwollend« 15% und für 1800 25% als »potentielle Leser« angab (Schenda 1977, 444f.; vgl. auch Engelsing 1973, 62; Zimmermann 1983, 532f.),
reduziert inzwischen Reinhard Wittmann nüchtern auf »eine Zunahme

des regelmäßig lesenden Publikums von nur zwei auf vier Prozent«, fast ausschließlich in der oberen Mittelschicht und der unteren Oberschicht, meist als Bürgertum charakterisiert (Wittmann 1991, 179). Andere Schätzungen liegen noch niedriger. So bestand das »extensive« Lesepublikum in Württemberg aus etwa 7.000 Personen, d.h. rund 1% der Gesamtbevölkerung (Wittmann 1991, 199; vgl. auch Rarisch 1976, 15). Hochgerechnet bedeutete 1% bei rund 20-22 Millionen Einwohnern (um 1800) ein Lesepublikum von rund 200.000. Entscheidend für solche Unterschiede ist die Auffassung von Lesekompetenz: Heißt das, seinen eigenen geschriebenen Namen zu erkennen und eingeschliffene Bibelstellen stockend »lesen« zu können oder fließend fremde Texte zu lesen nach unserem heutigen Verständnis von Lesefähigkeit?

Die Bilanz lautet hier: Lesekompetenz im heutigen Sinn nahm in der zweiten Hälfte des 18. Jahrhunderts, nicht zuletzt als Folge des Bevölkerungswachstums, in Teilen des Bürgertums zu, bezogen primär freilich nicht auf das Buch, sondern auf Zeitungen, Briefe, das Blatt und Zeitschriften. Der Wandel des Lesens »bestand wesentlich in einer Veränderung und Intensivierung der Lektüre bei schon zuvor potentiell lesenden Schichten« (Wittmann 1991, 179), weniger in der angeblichen »Entstehung der mit keinem sozialen Stand bestimmt identifizierbaren Schicht der neuen Leser« (Engelsing 1974, 186). Was dabei das Medium Buch angeht, lassen sich die Veränderungen unter zwei Stichworte fassen: Lesegesellschaften und Leserinnen.

10.6.1 Lesegesellschaften waren selbstverwaltete Zusammenschlüsse von Personen, die ohne kommerzielle Interessen ansonsten unerschwingliche Lesemedien für ihre Mitglieder bereitstellten. Bezeichnenderweise setzte diese Praxis mit Zeitungs- und Zeitschriftenabonnements ein. Marlies Prüsener unterscheidet verschiedene Arten (»Aufklärungs-Lesegesellschaften«, »Clubs«, unterhaltsame Lesegesellschaften, »Literarische Gesellschaften«, Fachlesegesellschaften) und beschreibt die wichtigsten Formen: Der *Lesezirkel* war eine Organisationsform, in der mehrere gemeinsam erworbene Periodika reihum gelesen wurden. »Der finanzielle Vorteil war der ursprüngliche Beweggrund zur Errichtung von Lesegesellschaften ab der Jahrhundertmitte.« (Prüsener 1973, 382) Erst ab den 70er Jahren des 18. Jahrhunderts schaffte man auch häufiger Bücher an. Damals wurden Lesezirkel zur Domäne von Frauen, denen der Zugang zu anderen Lesegesellschaften lange versagt blieb. Eine andere Organisationsform wiesen die *Lesebibliotheken* auf. Hier gab es bereits einen Raum mit festen Öffnungszeiten, ebenfalls für einen begrenzten Teilnehmerkreis. Schließlich entwickelten sich im letzten Drittel des 18. Jahrhunderts auch »Lesekabinette« oder »Lekturkabinette«. Diese hatten eigene Leseräume, die meist durch Sprech-Zimmer und weitere Clubräume für geselliges Beisammensein und Zerstreuung per Billard und andere Spiele ergänzt

Abb. 51: Leser und Leserinnen bei der Tafelrunde von Herzogin Anna Amalia in Weimar.

wurden. Das *Lesekabinett* diente stärker dem Meinungsaustausch, der Aussprache über ein Problem und damit der Gewinnung eines eigenen festen Standpunktes (Prüsener 1973, 393).

Häufig wird die Lesegesellschaft mit dem Lesekabinett einfach in eins gesetzt. Dabei hat sich auch diese gewandelt. »Die Lesegesellschaften wurden vom Ort gesellschaftlichen Diskurses zur Stätte geselligen Beisammenseins.« (Wittmann 1991, 192) Zum ausgehenden Jahrhundert ging es hier immer weniger um Lesen, geschweige denn um Bücherlesen. Je nach der Zusammensetzung der Mitglieder dominierten teils berufsspezifische Bücher (Fachlesegesellschaften), nach der Jahrhundertwende teils auch Romane als Unterhaltungslektüre (unterhaltsame Lesegesellschaften). Das neue »Publikum« war dann vor allem ein Fachpublikum bzw. ein Romanpublikum (ausführlich Prüsener 1973, 448ff.). So wenig also wie es »die« Lesegesellschaft gegeben hat, so wenig gab es auch »das« Lesepublikum.

217

Die breite Entstehung von Lesegesellschaften überall in deutschen Ländern hat gleichwohl übergreifende gesellschaftliche Bedeutung. Nach und nach entstanden ab den 60er Jahren in fast allen mittleren und größeren Städten Lesegesellschaften der einen oder anderen Art, gelegentlich sogar mehrere, und in Bremen sollen 1791 insgesamt gar 36 Lesegesellschaften existiert haben (Engelsing 1974, 225). Allerdings ist häufig nicht bekannt, wie lange sie aktiv waren. »Die große Zeit der deutschen Lesegesellschaften (...) fällt in die letzten drei Jahrzehnte des 18. Jahrhunderts und ist gekennzeichnet durch ein großes Ausmaß an organisatorischer Initiative bei den Lesern und das dominierende Interesse an allgemeiner Aufklärung.« (Dann 1977, 165) Auch in anderen europäischen Ländern gab es solche Lesegesellschaften, denen damit für die bürgerliche Emanzipation grundsätzliche Bedeutung zugesprochen werden muss (vgl. Dann 1981; Chartier 1990). Für Deutschland konnten bislang rund 433 Lesegesellschaften nachgewiesen werden, gegründet zwischen 1760 und 1800 (z.B. Janzin/Güntner 1995, 245), aber manche Forscher sprechen auch von rund 1.000 Lesegesellschaften (Welke 1981, 45). Man geht dabei von durchschnittlich 100 Mitgliedern aus, zuzüglich weiterer Gelehrten, Geistlichen, Adeligen sowie Studierenden – mithin »haben die Lesegesellschaften insgesamt ein Publikum von etwa 60.000 Personen erreicht« (Wittmann 1991, 191). Von einer »Demokratisierung« des Lesens kann also keine Rede sein. Lesegesellschaften waren keine revolutionäre »Basisöffentlichkeit« (Galitz 1986), auch wenn gelegentlich behauptet wurde, Bücher machten Revolutionen (Chartier 1995).

Gleichwohl haben sie zum gesellschaftlichen Aufschwung der neuen bürgerlichen Klasse erheblich beigetragen. Organisiert wie andere Vereine mit ebenfalls öffentlich-aufklärerischen Interessen (z.B. die Patriotischen Gesellschaften, die Freimaurerlogen, die Illuminaten) bildete sich hier bei Lektüre und Diskussionen stände-, berufs- und konfessionsübergreifend »ein zentraler Kristallisationspunkt für den gesellschaftlichen Aufbruch des Bürgertums« (Dann 1977, 185), eine Art »Aufklärungsfabrik« für die obere Bürgerschicht (Beamte, Kaufleute, Unternehmer, Ärzte, Pfarrer, Offiziere, Advokaten, Schulmeister, Angehörige des verbeamteten Adels), allerdings unter Ausschluss der mittleren und niederen Volksschichten und auch unter weitest gehender Ausklammerung der »Frauenzimmer«, jedenfalls bis die Geselligkeit überhand nahm. Lesefähigkeit, hohe Mitgliedsbeiträge und interne Auswahlverfahren gewährleisteten, »daß der Mitgliederkreis homogen blieb« (Stützel-Prüsener 1981, 77). Die Lesegesellschaft war ein »Integrationszentrum« (Prüsener 1973, 465) bürgerlicher Interessen der unterschiedlichsten Art und wirkte als Faktor bei der Herausbildung des neuen Klassenbewusstseins. Den Obrigkeiten waren solche Vereinigungen deshalb suspekt. Viele wurden verboten oder zumindest überwacht und zensiert.

Dabei spielte das Medium Buch im Vergleich zu Zeitungen, Zeitschriften, Flugblättern eine verhältnismäßig unwichtige Rolle, zumal es sich hier auch bevorzugt um Biographien, Reisebeschreibungen, Handbücher, Nachschlagewerke und allgemeine Sachbücher handelte (ausführlich Prüsener 1973, 436ff.). »Im ganzen gesehen scheinen Bücher in den Lesekabinetten nur die periodische Literatur ergänzt zu haben; ihre Anschaffung geschah wohl mehr zufällig, beruhte nicht auf einer systematischen Auswahl«; häufig handelte es sich auch um Geschenke von Mitgliedern (Stützel-Prüsener 1981, 80).

Die Primärinteressen gegenüber dem Buch lagen dabei ohne Zweifel im politischen und im wirtschaftlichen Bereich; die Leitvorstellung von Bildung war nicht von den Künsten und Gelehrten abgeleitet und deshalb literarisch geprägt, sondern von den neuen Wertvorstellungen eines frei sich selbst bestimmenden und von Vernunft geprägten Individualismus. Um Informationen ging es: um aktuelle, empirisch belegte, rationale, praktische, umfassende und vor allem nützliche Informationen. Das entstehende Bildungsbürgertum hatte ganz handfeste ökonomische und politische Interessen: Geschäfte, wirtschaftliche Gewinne, aktive Mitbestimmung im öffentlichen Leben, gesellschaftliche Emanzipation. Das Lesen war nicht Selbstzweck, sondern Instrument – Bildung war hier unübersehbar funktional. Lesegesellschaften dürfen so wenig idealisiert und zum Popanz aufgeblasen werden wie die Aufklärung selbst (Kap. 1).

Übergreifende Unterscheidungen betonen auch die Geschlechtsspezifik: »die autoritative Vorlesesituation, in der sich die Autorität des Vorlesers (Hausvater, Pfarrer, Schulmeister) verband mit der Autorität des Buches, wurde abgelöst durch das räsonnierende Lesen der Männer und durch das gesellige gemeinsame Lesen, das nicht mehr einen handlungsanleitenden Sinn für die Lebenspraxis aussprach, sondern eine literarische Leseerfahrung vermittelte« (Schön 1999, 31). Das Lesen war bei männlichen Lesern primär bestimmt von Informations- und Bildungsinteressen, beim weiblichen Publikum primär von empathischem Rezipieren fiktionaler Weltsicht und dem geselligen Gespräch darüber.

10.6.2 Das zweite Stichwort lautet: Leserinnen. Es meint primär die Leserin in der Stadt. Auf dem Land war die Situation nur wenig verändert. Das höchst erfolgreiche »Noth- und Hülfsbüchlein für Bauersleute« (1787) von Rudolf Zacharias Becker wurde bis 1811 zwar in über eine Million Exemplaren verkauft – aber nicht unbedingt von der Zielgruppe auch gelesen: Mehrere Landesfürsten kauften große Partien des Werks (z.B. der Markgraf von Baden 20.000 Exemplare) und verteilten es unentgeltlich an ihre Untertanen, aber es wurde dort eher von Ackerbürgern der Kleinstädte und Marktflecken konsumiert als von den Bauern selbst (Wittmann 1991, 178; ausführlich Siegert 1978). Eine Analphabetenrate von mindestens 70%, eine dürftige Schulbildung auf dem Land (»Lesefertigkeit wurde nicht vermittelt«), eine äußerst begrenzte potenzielle Lesezeit, eine gerin-

Abb. 52: Lektüre als Unterhaltung (Kupferstich von Daniel Chodowiecki).

ge Lesebereitschaft der Bauern, ihr fehlendes Lesebedürfnis, ihre affektive Sperre gegen aufklärerische Impulse, ihre Orientierung an den traditionellen Medien Buch (Bibel/Katechismus, Volksbuch), Kalender und Blatt (vgl. auch Nagl 1988, 24f.; Siegert 1997) – all das lässt die These vom »lesenden Landmann« als Mär erscheinen: Die Volksaufklärung scheiterte hier »fast gänzlich« (Wittmann 1982a; Schenda 1977, 445ff.+461ff.; Nagl 1988; Ruppert 1980; gegenläufig etwa Siegert 1978; Medick 1992; vgl. auch von Wartburg-Ambühl 1981 u. andere Fallstudien).

In den Städten wurde im letzten Drittel des 18. Jahrhunderts und spätestens um 1800 dagegen häufiger die allgemeine »Lesewuth«, »Vielleserey« oder »Lesesucht« (vgl. Schenda 1977, 57ff.; dazu Kreuzer 1977; von König 1977; Nagl 1988, 38ff.) angeprangert und verglichen »mit dem Heißhunger, mit der Nikotin- und Coffeinsucht, mit der Trinksucht, mit dem Opiumgenuß und mit der Spielleidenschaft« (Engelsing 1970, 988; vgl. auch Martino 1990, 14ff.). Sie bezog sich freilich überwiegend wieder auf die Medien Zeitung, Zeitschrift und Blatt. Was das Medium Buch betrifft, so wurde tatsächlich nur deshalb anders gelesen (eher zur Allgemeinbildung bzw. zur Unterhaltung und Zerstreuung als zur Erbauung und Belehrung), weil anderes (nämlich populäre Sachbücher und Reiseberichte bzw. Romane) gelesen wurde, und vor allem von anderen (Frauen und Mädchen sowie männliche Jugendliche bis zur Adoleszenz). Schauer- und Geisterromane, Ritterromane und Galanterien wurden bevorzugt von männlichen Jugendlichen verschlungen. Sentimentale Unterhaltungs- und Moderomane, Erziehungs- und Liebesromane im Medium Buch verdankten ihren Erfolg vor allem einem weiblichen Lesepublikum (vgl. Sauder 1977): Gouvernanten, Pfarrersgattinnen, Beamtentöchtern, Landadeligen, teils aber auch der weiblichen Dienerschaft wie Zofen und Zimmermädchen. Offenbar wurzelte die angebliche Gefährlichkeit des Lesens im fiktionalen Charakter der Romane, in der Emotionalisierung und in der Subjektivierung der Rezeption (vgl. auch Erning 1974; Schenda 1977, 54f.).

Die Debatte um Nutzen oder Schaden des Lesens ist bereits früher geführt worden, beispielsweise im Zusammenhang mit der gedruckten Bibel (vgl. Faulstich 1998, 258f.), und damals wie heute ging es um Macht und Herrschaftspositionen, die gefährdet waren. Dominik von König zeigt, dass dabei vor allem zweierlei Aspekte maßgeblich waren: erstens die Beschränkung der Frau auf das Hauswesen: »Ein Frauenzimmer, welches sehr viel weiß, weiß gemeiniglich schon zuviel; über eine gewisse Gränze hinaus dürfen ihre Kenntnisse nicht gehen, wenn sie nicht eine Last der menschlichen Gesellschaft werden soll.« (K. F. Pockels 1788, zit. bei von König 1977, 97) Zweitens musste die Jugend geschützt werden, wobei Sozialhygiene und Sexualerziehung als Begründung herhielten: »Es gibt ja der Bücher genug, die man literärische Bordelle nennen könnte, zu denen der Jugend den Zutritt erlauben sie würklich in schändliche Häuser schikken heißt.« (G. S. Roetger 1787, zit. bei von König 1977, 102) Nach

Erich Schön ist »die Zahl derjenigen, die mindestens einmal im Jahr ein belletristisches Buch lesen (...), sicher mit kaum 1% der Erwachsenen-Bevölkerung oder höchstens 120.000 Personen anzunehmen.« Die Zahl der publizierten Romane ist zwar deutlich gestiegen, von 46 Titeln (1770) auf 300 Titel (1800) jährlich (z.B. Rarisch 1976, 17ff.), doch die absoluten Zahlen bieten ein relativiertes Bild: Es wurden – aus zeitgenössischer Sicht – deutlich mehr Romane (und Zeitschriften) gelesen als früher, insgesamt aber – aus heutiger Sicht – immer noch von einem verschwindend kleinen Bevölkerungsanteil. »Die Roman-Lesesucht des späten 18. Jahrhunderts war tatsächlich ein reales historisches Phänomen, obwohl ihr Subjekt, die soziale Gruppe, aus heutiger Sicht winzig und ihr Umfang, also die Menge des Gelesenen, im Vergleich zu heute sehr gering war.« (Schön 1997, 301, 309)

Allerdings muss man in Rechnung stellen, dass es sich bei den Leserinnen um eine Bevölkerungsgruppe handelt, die vorher praktisch überhaupt nicht am Buchmarkt partizipiert und überwiegend auch dem traditionellen Lesepublikum nicht angehört hatte. Für ihren Buchkonsum bedienten sie sich vor 1800 vor allem der Distributionsinstanzen Lesezirkel und Leihbücherei. Zugleich gilt es im Gedächtnis zu behalten, dass sich das bürgerliche weibliche Lesepublikum ebenfalls weniger am Buch als an den Medien Brief und Zeitschrift entwickelte, bei denen schöngeistige Tendenzen im Vordergrund standen (vgl. Kap. 5.2 und 11.3). Der Wandel in den »Frauenzimmerbibliotheken« der Moralischen Wochenschriften, sofern er überhaupt reales Leseverhalten der Frauen indiziert, lässt zumindest beim Buch eine zunehmende Integration der »neuen Leserinnen« erkennen: von den empfohlenen Sachbüchern, Nachschlagewerken und Titeln der Weltliteratur in der Frühaufklärung um 1720/30 über gefühlsbetonte Romane, empfindsame Literatur mit frauenspezifischer Thematik und Liebesromane mit leidenden oder glücklichen Heldinnen um 1750 bis zum geselligen Lesen mit verteilten Rollen und dem Vorlesen klassischer Dramen und Werke der Aufklärung, unter Beteiligung von Männern, um 1800 (Brandes 1994; auch Becher 1992 u.a.). Dass die Dienstbotenlektüre bei den trivialen Lesestoffen offenbar stehen blieb, verweist bereits auf Hintertreppen- und Lieferungsromane und auf die Kolporteure des 19. Jahrhunderts (Engelsing 1973a).

10.7 Das Jahrhundert der Buchkultur

Fasst man die Einzelbefunde mit Blick auf die einleitend skizzierten Erklärungsmuster zum »Jahrhundert des Buchs« und zur Entstehung der bürgerlichen Literaturgesellschaft zusammen, so ergibt sich eine dreifache Bilanz:

Erstens: Bei der Buchkultur hat es im 18. Jahrhundert einen strukturellen Wandel gegeben, den ausnahmslos alle betroffenen Instanzen in unterschiedlicher Hinsicht getragen haben:

– Der *Autor* wurde aus seiner traditionellen Abhängigkeit vom fürstlichen Mäzen und einem begrenzten höfischen Publikum entlassen. Es gab mehr Autoren und Autorinnen als jemals zuvor.

– Der *Verleger* sorgte für eine Vervielfachung der Buchproduktion und unterwarf das kulturelle System prinzipiell den Wertgesetzen des wirtschaftlichen Systems. Er stellte die Schlüsselinstanz für die Herausbildung eines Buchmarkts.

– Der *Buchhändler* sorgte für den Wandel vom Tausch- über den Netto- zum Konditionshandel und löste das Problem der Nachdrucker.

– Der *Zensor* übte zwar immer noch moralische, geistliche und politische Zensur aus, diese wurde aber von Marktinteressen unterlaufen.

– Die Handlungsrolle des *Kritikers* bildete sich neu heraus.

– Der *Bibliothekar* wandelte sich zum Dienstleister für das Bürgertum mit distributiver Funktion. Insbesondere kommerzielle Leihbüchereien bildeten eine neue Schnittstelle zwischen Handel, Bibliothek und Publikum.

– Der *Leser* schließlich stieg zahlenmäßig ebenfalls an. Wichtiger aber wurden das relative Viellesen bürgerlicher Kreise, die Organisation ihrer spezifischen Interessen in Lesegesellschaften und die Herausbildung von Leserinnen als neuem Publikum.

Zweitens: Der strukturelle Wandel im Teilsystem Buch betrifft freilich das gesamte Mediensystem, an dem das Medium Buch maßgeblich, wenngleich nicht dominant beteiligt war. Aus medienhistorischer Sicht muss statt vom »Sozialsystem Literatur« übergreifend eher vom Buch- oder Literaturmarkt gesprochen werden. Vier Schlüsselkategorien lassen sich unterscheiden: Netzwerkcharakter, Multimedialität, Ökonomisierung, Öffentlichkeit.

– Der *Netzwerkcharakter* des Buchsystems wird durch die systematische Unterscheidung von Instanzen eher unterschlagen. Tatsächlich bildete sich damals jenes System vielfältig miteinander verflochtener Instanzen heraus, das auch noch unsere heutige Buchkultur prägt (vgl. Faulstich 2000). Der Autor wird selbst zum Verleger, Verleger und Händler kooperieren aufs Engste miteinander, Bibliotheken und Leihbüchereien erhalten distributive Bedeutung usw.

– Die *Multimedialität* des neuen Systems erhellt sich ebenfalls in mehrfacher Hinsicht: Autoren schreiben nicht nur im Medium Buch, sondern bedienen sich auch so unterschiedlicher Medien wie der Zeitung, des Flugblatts, des Briefs, des Almanachs, vor allem der Zeitschrift. Verleger wie Händler produzieren und vertreiben nicht nur Bücher, sondern auch zahlreiche andere Medien. Und Leser und Leserinnen nutzen das Literaturangebot supramedial in einer nie gekannten Intensität und Breite. Insbesondere im lokalen Bereich zeigt sich der multimediale Charakter des Litera-

turmarkts, z.B. die Buch- und Lesekultur in Braunschweig (Graf 1994) oder das Buch- und Verlagswesen in Augsburg (Gier/Janota 1997).
– Die *Ökonomisierung* des Buchsystems ist dabei zentral. Die Verwertungsinteressen des kapitalistischen Verlegers setzten sich immer stärker durch (Winkler 1973, 45). Die Herausbildung des Buch- und Literaturmarktes war gekennzeichnet von Konkurrenz, Konzentration und Diversifikation der Investoren bis hin zur politischen Absicherung ihrer kommerziellen Interessen. Die Forderung nach Honoraren für Autoren, die Priorität des Marktgängigen im anonymen Warenverkehr, die Ausbildung funktionaler Handlungsformen und Rabatte, die Anonymität der Käufer und Leser (Zimmermann 1983, 533) – das sind nur charakteristische Merkmale des neuen bürgerlichen Buchkapitalismus.
– Schließlich eröffnet die Betrachtung des Buchmarkts im 18. Jahrhundert auch die Einsicht in den übergreifenden Funktionswandel des Mediums Buch bzw. von Literatur als konstituierendem Faktor einer neuen bürgerlichen *Öffentlichkeit*. Beteiligt daran waren Veränderungen wie die folgenden: die neue Freiheit des »freien« Schriftstellers, die Unterordnung der Buchproduktion und -distribution unter die Interessen des Kapitals, d.h. die Herausbildung des Kultur- und Medienkapitalismus mit der Messe als Forum, das Arrangement mit dem Zensor und der Politik, die neue Rolle des Buch- und Kulturkritikers (im Medium Zeitschrift), die öffentlich zugänglichen Universitätsbibliotheken, nicht zuletzt auch die Lesebibliotheken und die organisierten Lesekabinette als Integrationszentren und Aufklärungsfabriken für die obere Bürgerschicht.
Drittens: Der Strukturwandel der Buchkultur, des Literaturmarkts im 18. Jahrhundert weist demnach noch sehr viel mehr Facetten auf, als sie in dem einleitend genannten multifaktoriellen Ansatz (Kiesel/Münch 1977) dargestellt wurden. Sowohl die Umstände und Bedingungen innerhalb des Buchsystems als auch die Bezüge zum übergreifenden supramedialen Literatursystem lassen sich damit in ihrer Verflechtung als Netzwerk, in ihrer Multimedialität und ihrer öffentlichkeitsgenerierenden Funktion differenzierter erfassen. Die Reziprozität dieser Beziehungen lässt dabei die These vom selbst generierten Wandel (Schmidt 1989) hoch plausibel erscheinen – allerdings mit einer wichtigen Korrektur: Die namhaft gemachten Instanzen, Faktoren und Relationen sind nicht gleichgewichtig, sondern müssen hierarchisch gewichtet werden. Dabei kommt der Ökonomisierung ohne Zweifel Dominanz zu: nicht im monokausalen Sinn (Winckler 1986), sondern als Impetus, als attributive Konstante, als Maßstab. Buchkultur wurde im 18. Jahrhundert dem kapitalistischen Mehrwertprinzip unterworfen, was dem bürgerlichen Literaturbetrieb seine Werte-Aporie bescherte. Der strukturelle Wandel markiert fraglos einen kulturellen Verlust.

***

---

11. Die Zeitschrift als Schlüsselmedium
der bürgerlichen Gesellschaft

Man hat das 18. Jahrhundert auch als »Jahrhundert der Zeitschrift« bezeichnet, »denn in diesem Jahrhundert entwickelte sich dieser neue Typ literarischer und wissenschaftlicher Kommunikation als operatives Medium der europäischen Aufklärung. Seine Bedeutung für die ideologischen und kulturellen Prozesse bei der Formierung der bürgerlichen Klasse kann kaum überschätzt werden« (z.b. Seifert 1981, 82). Die Zeitschrift war freilich mehr als nur das »Medium der Aufklärung« (Raabe 1984a; Berghahn 1984). Doch die einschlägigen Wissenschaften hatten bislang schon große Probleme, »Zeitschrift« überhaupt erst einmal angemessen zu definieren (z.b. Kieslich 1965). Als charakteristisch für das neue Medium wurden in der Forschung immer wieder seine enorme typologische Vielfalt genannt, verbunden mit einer im Prinzip unbegrenzten Mannigfaltigkeit des Inhalts und einer großen Breite der Beitragsformen. Gelegentlich gab man sich auch pragmatisch mit der Auffassung zufrieden, auf »Zeitschrift« entfalle alles, was unter dem Oberbegriff »Presse« nicht vom Begriff »Zeitung« abgedeckt sei.

Das lässt sich aus medienhistorischer Perspektive präziser fassen. Das neue Medium verweist bekanntlich auf eine ganze Reihe anderer, bereits etablierter Medien: nicht nur die Zeitung, sondern auch den Brief, das Buch, das Heft und das Blatt, von denen es sich als genuines Medium gleichwohl absetzt. Einzelne dieser Bezüge im Sinne eines Funktionensynkretismus (vgl. Faulstich 1998, 226) lassen sich wie folgt kennzeichnen.

– So übernahm die Zeitschrift vom Medium Brief zwar die Universalität an Themen und Formen, unterscheidet sich aber zugleich von diesem in vielfältiger Weise. Als ein erstes medienspezifisches Charakteristikum der Zeitschrift lässt sich hier die Kategorie *Themenzentrierung* festhalten: Praktisch jeder Themenbereich, jede Gruppe von Themen eignet sich als Objektbereich einer Zeitschrift, allerdings je nur als Zentrum und im Kontrast zu anderen Zeitschriften mit anderen zentralen Themenbereichen. Früher hat man das »Begrenzung« genannt. Die »Universalität« der Zeitung gilt also zwar für alle Zeitschriften in ihrer Gesamtheit, nicht aber für die einzelne Zeitschrift als singulären Publikationsträger. Im Unterschied zur Zeitung kommt der Zeitschrift deshalb ein Umfang zu, den sie dem Medium Heft entlehnt hat, welches allerdings nicht regelmäßig erscheint.

– Die Zeitschrift erscheint in zeitlich gestreckter »Periodizität«, was erneut die Nähe zur Zeitung sichtbar werden lässt, von der die Zeitschrift gleichwohl wieder grundsätzlich abgesetzt werden muss. Daraus lässt sich ein weiteres Charakteristikum der Zeitschrift ableiten: die Kategorie *Temporizität*. Das meint zum einen die periodische Kontinuität wöchentlich, monatlich oder vierteljährlich einander folgender Hefte, Nummern oder Ausgaben einer Zeitschrift und zum andern eine markante Zeitbezogenheit (»Zeit-Schrift« = Verschriftlichung von Zeit). Man hat das früher »Spiegel von Zeit« genannt – jene Geschichtsrelation, die erklärt, warum Zeitschriften von Anfang an von Buchautoren ediert und mit Manuskripten bestückt, von Buchverlegern herausgebracht, von Sortimentsbuchhandlungen verkauft und schließlich auch wie Bücher in Bibliotheken gesammelt, gebunden und zur Ausleihe gebracht worden sind, ohne doch'jemals den Charakter von Büchern anzunehmen.

– Auch die »Publizität« der Zeitschrift unterscheidet sich deutlich von derjenigen der Zeitung. Diese Differenz lässt sich fassen mit der Kategorie *Interessenspezifizierung*, d.h. die Zeitschrift verweist in der Regel auf eingeschränkte Ziel- und Lesergruppen, die nicht innerhalb sozialer Bezüge an der Zeitschriftenkommunikation beteiligt sind, sondern nur aufgrund spezifischer Interessen.

– Von der Zeitung unterscheidet sich die Zeitschrift auch durch eine deutlich geringere »Aktualität«, was größere Ausführlichkeit und Hintergrundinformationen möglich macht. Früher hat man das »Ganzheitlichkeit« genannt. Als viertes medienspezifisches Charakteristikum soll entsprechend die Kategorie *Kontextualisierung* benannt werden: Die Zeitschrift präsentiert ihre Themen und Objekte stets in fachspezifischen bzw. eingeschränkt politischen, wirtschaftlichen, sozialen oder kulturellen Kontexten und Verweisketten.

– Vom Flugblatt schließlich übernahm die Zeitschrift spätestens im letzten Viertel des 18. Jahrhunderts, als sich der Begriff »Zeitschrift« verbreitete (ab 1788), und verstärkt nach 1800 die Bebilderung – Hinweis auf die spätere Bedeutung des Mediums Fotografie für die Zeitschrift in ihrer Gestalt als Illustrierte. Fünftes Charakteristikum der Zeitschrift ist demnach die *Visualisierung*, die freilich nur noch auf einen bestimmten, wenn auch den im 19. Jahrhundert quantitativ dann bedeutendsten Anteil des neuen Mediums zutrifft.

Diese vier bzw. fünf charakteristischen Merkmale der Zeitschrift (Themenzentrierung, Temporizität, Interessenspezifizierung, Kontextualisierung, partiell Visualisierung) wären noch genauer zu bedenken und möglicherweise zu erweitern durch bestimmte Funktionen und dominante Strukturen, wie sie im Folgenden angedeutet werden sollen. Eine Einzelmedientheorie der Zeitschrift ist damit natürlich nicht geleistet; sie kann auch nicht quasi nebenbei vorgelegt werden. Weiterhin gilt der Befund: »Der Einfluß des neuen Mediums auf den Strukturwandel der Öffentlichkeiten des achtzehnten Jahrhunderts ist (...) im einzelnen noch nicht erforscht.« (Winter 2000, 418).

Gleichwohl lassen sich dazu schon pauschale quantitative Angaben machen. Gemäß dem Überblick von Jürgen Willke stieg die Zahl der Zeitschriften im deutschsprachigen Raum von etwa 70 Titeln (vor 1700) auf rund 300-400 (um 1750), um dann in den 80er Jahren die 1000-Grenze zu überschreiten und bis 1830 auf rund 7000 Titel anzusteigen (Willke 2000, 94ff.; kritisch dazu vgl. Welke 1977, 72ff.).»Die Topographie der Medienlandschaft zeigt für die beiden Hälften des Jahrhunderts ein deutlich unterschiedliches Strukturmuster. Im ersten Zeitabschnitt waren es einige wenige Städte, die als Zentren der Frühaufklärung zu Knotenpunkten der Kommunikationsverdichtung wurden. (...) Dagegen stellt sich die Lage im zweiten Zeitabschnitt weitaus weniger übersichtlich dar (...), es entstanden neue Mittelpunkte, vor allem eine ganze Reihe von Zentren zweiter Ordnung, zugleich aber auch eine Medienszene in der Provinz.« (Fischer u.a. 1999a, 16)

Zeitschriften wurden also überall im deutschsprachigem Raum ediert, bevorzugt in Handels-, Reichs-, Residenz- und Universitätsstädten; sie waren aber sehr viel weniger standortgebunden als etwa Zeitungen. Sie erlebten oft nur eine vergleichsweise kurze Periode. Die Auflagen reichten von 200 bis zu 2000 Exemplaren pro Heft, im Durchschnitt lagen sie bei 500-700 Stück (Willke 2000, 98; vgl. auch Fischer u.a. 1999a, 19). Teils handelte es sich dabei um Individualzeitschriften, d.h. alle Beiträge wurden von einem einzelnen Autor verfasst, zumeist aber waren es Kollektivorgane mit bis zu 200 (und mehr) Beiträgern und Mitarbeitern.

Der gewaltige Aufschwung, den die Zeitschrift im 18. Jahrhundert erlebte, lässt sich nur multifaktoriell erklären:
– aus der Zersplitterung überregionaler bürgerlicher Interessengruppen auf der Suche nach wissenschaftlichem Austausch und kultureller Orientierung;
– aus dem zunehmenden Bedarf und einer entsprechenden Nachfrage nach Kommunikations- und Informationsaustauschforen, an denen möglichst viele Bildungsbürger partizipieren konnten;
– aus der Entwicklung einer neuen Handlungsrolle des kulturellen Systems, speziell des literarischen Markts, nämlich des bürgerlichen Kritikers;
– auch aus dem unternehmerischen Ausbau von Druckkapazitäten, die dann natürlich ausgelastet werden mussten;
– nicht zuletzt aus dem weitgehenden Fehlen einer strengen Zensur, weil Zeitschriften im Vergleich zu Zeitungen in sehr viel niedrigeren Auflagen publiziert wurden, außerdem weniger aktuell und zumeist nicht politisch waren, dagegen in der Regel anonyme Beiträge brachten und gegenüber dem nicht periodischen Medium Buch aus Sicht der Obrigkeiten auch an Bedeutung abzufallen schienen (z.B. Gestrich 1994, 189)

– freilich mit Ausnahmen, wie Christian Friedrich Daniel Schubarts Zeitschrift »Deutsche Chronik« eindrucksvoll zum Ausdruck bringt (vgl. Breuer 1982, 133ff.).

Damit sind wohl längst noch nicht alle relevanten Faktoren aufgeführt. Die Bedeutung der Zeitschrift als Schlüsselmedium der bürgerlichen Gesellschaft lässt sich aber bereits erahnen. Die Zeitschrift übernahm Aufgaben, die von den bis dahin entwickelten Medien nicht angemessen bedient werden konnten.

Im Folgenden sollen einleitend kurz die Vorläufer des neuen Mediums rekapituliert werden (Kap. 11.1), um anschließend ausführlicher auf die neue kulturübergreifende Handlungsrolle des Kritikers und seine Bedeutung für das Medium Zeitschrift und generell den Buchmarkt und die damalige Medienkultur abzuheben (Kap. 11.2). Sodann werden zwei Schwerpunkte gesetzt: zum einen bei den Moralischen Wochenschriften, denen eine zentrale Rolle bei der Dominanz des Mediums Zeitschrift im 18. Jahrhundert und generell beim bürgerlichen Strukturwandel des Öffentlichen zukommt (Kap. 11.3), zum anderen bei der charakteristischen Typenvielfalt der Zeitschrift und ihrer zunehmend sich abzeichnenden Unterhaltungsfunktion (Kap. 11.4). Dass ein »Handbuch der Medien in Deutschland (1700–1800)« (Fischer u.a. 1999) von insgesamt 26 Beiträgen nicht weniger als 18 Beiträge just verschiedenen Typen der Zeitschrift widmet, kann die überragende Bedeutung dieses Mediums im 18. Jahrhundert nur unterstreichen. Dass ältere Geschichten der Zeitschrift (z.B. Kirchner 1942; Haacke 1961) ebenso wie auch neueste Einführungen ins Medium (z.B. Straßner 1997a; Püschel 1999) in der Materialfülle aber gleichsam ertrinken, verweist auf die Notwendigkeit, die Vielfalt nach plausiblen Selektionskriterien zu hierarchisieren.

11.1 Die Entstehung eines neuen Mediums

Die Zeitschrift hat nach heutigem Forschungsstand zwei ganz verschiedenartige Vorläufer, einmal berufs- und einmal freizeitbezogen (vgl. Hagemann 1957). Der berufsbezogene Typus des Gelehrtenjournals (erstens) rekurriert auf das französische Vorbild »Journal des Scavans« (1665) des Pariser Juristen Denys de Sallo (1626–1669), das seinerseits die Tradition der Gelehrtenbriefe der Renaissance fortsetzte (vgl. Faulstich 1998, 43ff.). Dem Problem der für den einzelnen Wissenschaftler der frühen Neuzeit nicht mehr überschaubaren Zunahme wissenschaftlicher Bücher wurde hier begegnet mit Zusammenfassungen und Rezensionen von Büchern und anderen Publikationen, verbunden mit der Zusammenstellung von wichtigen wissenschaftlichen Nachrichten. Andere, vergleichbare Zeitschriften der Zeit hatten »Archiv«, »Museum«, »Bibliothek« oder »Review« im Titel (z.B. Hadorn/Cortesi 1986, 89).

Man muss dabei unterscheiden: Ursprünglich handelte es sich hier um allgemeinwissenschaftliche Gelehrtenzeitschriften. Diese waren zunächst noch übergreifend konzipiert wie die »Acta Eruditorum« von Otto Mencke (1644–1707), die von 1682 bis 1782 in Leipzig erschienen – übrigens in lateinischer Sprache, um eine internationale Verbreitung zu ermöglichen – und bei der u.a. Gottfried Wilhelm Leibniz mitarbeitete. Daraus differenzierten sich Fachzeitschriften gemäß den unterschiedlichen Disziplinen (ausführlicher z.B. Lindemann 1969/1988, 188ff.) – im historisch-politischen Bereich beispielsweise der »Verkleidete Götter-Both Mercurius, welcher durch Europa wandernd, einige wichtige Discoursen, Muthmassungen und Meynungen / so bey denen Teutschen / als Benachbarten dieses Welt-Theils begriffen / und jetzigen Krieg mit interessirenden Höffen und Ständen / unter vornehmen und geringen Standes-Persohnen vernommen / warhafftig der Welt zum Nachricht entdecket und verlässet« (1674/75). Andere Titel wären (in Kurzform) der »Politische Anrichter« (1683) und der »Teutsche Mercurius« (1692). Im medizinisch-naturwissenschaftlichen Bereich waren das etwa die »Fränkischen Sammlungen von Anmerkungen aus der Naturlehre, Arzneygelahrtheit, Ökonomie und den damit verwandten Wissenschaften« (1756–1768) von Heinrich Friedrich Delius, die »Miscellanea Curiosa Medico-physica« (1670) und die »Monatlichen neueröffneten Anmerkungen Über alle Theile der Artzney-Kunst« (1680). Diese Fachpublizistik, treffend definiert als »Publizistik des begrenzten Stoffgebiets« (Dovifat 1968, 275), sollte sich im Verlauf des 18. Jahrhunderts immer stärker spezialisieren und zugleich in zunehmendem Umfang Zeitschriften auf den Plan rufen, die der Verbreitung und Popularisierung von Forschungsergebnissen auch bei einem allgemein interessierten Publikum dienten. Dem neuen Medium oblag also neben dem Wandel der allgemeinwissenschaftlichen Gelehrtenzeitschrift zur singulären Fachzeitschrift auch deren Ergänzung durch die populärwissenschaftliche Zeitschrift und damit die Transformation von Wissenschaft zu einem Bestandteil von Medienöffentlichkeit (Fischer u.a. 1999a, 15).

Der zweite, freizeitbezogene Typus der Moralischen Wochenschrift rekurriert nicht nur auf englische Vorläufer wie »The Tatler« und »The Spectator«. In Hamburg hatte es zuvor bereits »Johann Frischen Erbauliche Ruh-Stunden« (1676) gegeben – ein erster Hinweis auf moralische Belehrung und Unterhaltung im neuen Medium (Lindemann 1969/1988, 187ff.). Strukturell war hier das fiktive Gespräch ausschlaggebend, das ab 1688 bei den »Monats-Gesprächen« von Christian Thomasius (1655–1728) sogar im Titel stand. Diese Zeitschrift nahm auch Belletristik auf und gilt als die erste literarische bzw. literaturkritische Zeitschrift in Deutschland, »die sich nicht an ein rein gelehrtes, sondern an das gebildete Publikum wandte« (Willke 2000, 75). Vergleichbar waren die »Relationes Curiosae« (1682/83) von Eberhard Werner Happel, eine Beilage zum Hamburger »Relations Courier«: »Der Herausgeber befaßte sich darin überwiegend mit natur- und völkerkundlichen Besonderheiten und Beobachtungen, lieferte Städte- und Reisebeschreibungen, ja befriedigte vor allem das Bedürfnis der Leser nach dem Außerordentlichen und Abnormen. Die Mischung großenteils staunenswerter, ja sensationeller Inhalte und ihre leicht faßliche, optisch attraktive Darbietung machten die »Relationes Curiosae« zu einem der populärsten und erfolgreichsten Periodika am Ende des 17. Jahrhunderts« (Willke 2000, 77).

Zur Zielgruppe rechnete hier nicht der Gelehrte, sondern der Weltmann, der Bürger, der im frühen 18. Jahrhundert rasch durch das »Frauenzimmer« ergänzt werden sollte. Der Freizeitcharakter des Mediums umschloss Meinungsbildung und Kritik, Bildung und Didaktik, Amüsement und Unterhaltung: »Sobald das Produkt ›Zeitschrift‹ aus dem engen Kreis der Gelehrten und höhergestellten Schichten ausbricht und sich an eine breite Leserschaft zu wenden beginnt, nimmt es die ersten Charakterzüge der modernen Unterhaltungspresse als Freizeitvergnügen (für ›erbauliche Ruh-Stunden‹) an. Der Adressat war dabei zuerst die ganze Familie.« (Hadorn/Cortesi 1986, 89)

Das neue Medium war mit diesem zweiten Typus wichtigster Träger der Aufklärung und verklammerte die beiden sich neu herausbildenden bürgerlichen Sphären der Handels- und Kommerzöffentlichkeit und der Privat- und Familienöffentlichkeit. »Das Heilige Römische Reich deutscher Nation mit seinen weit mehr als 300 Einzelgebieten bot gerade der Entwicklung einer breiten, differenzierten, ›bürgernahen‹ Medienkultur besondere Möglichkeiten. Eingebunden in territorial oder lokal geprägte Lesekulturen, wurden Defizite der Kleinstaaterei von dieser Medienkultur kompensiert, ja in Tugenden verwandelt.« (Fischer u.a. 1999a, 17f.) Dem neuen Medium oblag dabei auch der allmähliche Wandel von der Familienzeitschrift bis zur Mitte des Jahrhunderts zu einer generellen Unterhaltungszeitschrift.

Die Zeitschrift in ihrer umfassenden Gesamtheit fungierte, wenngleich im Verbund mit den anderen Printmedien, als das entscheidende Forum, auf dem sich das bürgerliche Selbstbewusstsein in bedarfsgerechter Vielfalt, als »Selbstvergewisserungsprozess«, herausbildete und konsolidierte. Im Verlauf des 19. Jahrhunderts sollte das Medium allerdings just aufgrund dieses heterogenen Charakters auseinanderdriften und, nun allerdings in Konkurrenz zu anderen Medien, seine zeitlich begrenzte Integrationsfunktion verlieren. Auch das fünfte charakteristische Merkmal der Zeitschrift, seine zunehmende Visualisierung in großen Teilbereichen, trug dazu bei, die kulturelle Dominanz der Zeitschrift zu beenden, einer neuen, stärker visuellen, massenmedialen Kultur Raum zu bieten und damit zugleich die bürgerliche Gesellschaft im Tiefsten zu modifizieren.

11.2 Der Kritiker als neue Handlungsrolle der bürgerlichen Kultur

Der Kritiker als Handlungsrolle der bürgerlichen Kultur entstand im 18. Jahrhundert im Zuge der Aufklärung (Kap. 10.5.2). Ihn eingeschränkt als bloßen »Literaturverarbeiter« zu interpretieren (Schmidt 1989, 360ff.) würde freilich allzu viel unterschlagen: nicht nur, dass es sich beim Kritiker allenfalls partiell um einen Literaturkritiker handelte, sondern eben auch um einen Musik-, Theater-, Kunst-, Wissenschafts-, Religionskritiker usw., also um einen »Kultur«kritiker im weitesten Sinn. Sondern es würde auch die Einsicht in seine vielfältigen Funktionen blockieren; denn nicht nur bei der »Verarbeitung« kultureller Produkte spielte er eine wesentliche Rolle, sondern auch bei der »Rezeption«, insofern er Vorbildcharakter hatte für andere Rezipientinnen und Rezipienten; bei der »Distribution«, insofern er häufig maßgeblich die Verbreitung beeinflusste, wenn nicht gar steuerte; und schließlich auch bei der »Produktion«, insofern er seine Kritik produktiv umsetzte und selbst kreativ tätig wurde. Gottsched wäre dafür nur das beste Beispiel.

Die neue Handlungsrolle des Kritikers – im »Zeitalter der Kritik«, wie Kant in der Vorrede zur ersten Kritik 1781 schrieb – ist ganz allgemein und grundsätzlich Ausdruck für das Selbstverständnis und Bemühen des Bürgertums, alles Handeln der Bevormundung durch antike und mittelalterliche Autoritäten oder durch höfische Geschmacksnormen zu entziehen und stattdessen den Maßstäben der Vernunft und eigenen Bewertung zu unterwerfen. Der Kritiker wurde in Durchdringung der gesamten Gesellschaft zur professionellen Normierungs- und Geschmacksbildungsinstanz für unterschiedlichste interessierte Publika. In seiner vielfältigen Gestalt bediente er sich zentral jeweils des Mediums Zeitschrift. Nur so konnte er sich institutionell entfalten. Das begann bei den Buchrezensionen bereits im ausgehenden 17. Jahrhundert, reichte etwa über neue Sittenkodices, Verhaltensnormen für »Frauenzimmer« und neue Prinzipien der Kindererziehung und endete bei der Etablierung etwa von Modestandards und hygienischen Vorschriften. Nur die Zeitschrift konnte aufgrund ihrer Differenzierung und Vielfalt jene zahlreichen Foren bereitstellen, auf denen der Kritiker als Experte wirksam wurde, auf denen er sich um die Verbesserung der Teilnahme möglichst vieler interessierter Bürger am kulturellen Leben einsetzte, auf denen er sich nach oben wie nach unten von anderen Normen- und Wertsystemen anderer Teilöffentlichkeiten abgrenzte, und auf denen er sich zugleich auch legitimierte – als Kenner, als Führer, als Spezialist und »Lehrer«.

Von einem kulturübergreifenden Modell des Kritikers im 18. Jahrhundert ist die Forschung noch weit entfernt. Seine neue Handlungsrolle wurde lediglich mit Blick auf die Literaturkritik erforscht und reflektiert. Das soll hier im Ansatz aufgenommen werden, ohne dass dabei in Vergessenheit geraten darf, dass die irrige Annahme einer »literarischen Öffentlichkeit« fälschlicherweise dem »Literaturkritiker« jene öffentlichkeitsgenerierenden Funktionen zusprach, die faktisch vielmehr dem Medium Zeitschrift zugeordnet werden müssen (vgl. Kap. 1.3). Das Exempel wird aber zeigen können, welche zentrale Funktion der Kritiker in der zeitgenössischen Medienkultur letztendlich zu übernehmen hatte (vgl. übergreifend etwa Schneider 1999).

Aus traditionell geistesgeschichtlicher Sicht nimmt sich die »Geschichte der deutschen Literaturkritik« wie eine Abfolge einzelner Kritiker und ihrer theoretischen Schriften aus (z.B. Wellek 1959). Sie beginnt demnach mit Johann Christoph Gottsched und seiner »Critischen Dichtkunst« (1730), gefolgt von Alexander Gottlieb Baumgarten (»Meditationes philosophicae« 1735), Johann Elias Schlegel (»Abhandlung von der Nachahmung« 1742), Johann Jakob Bodmer in Zürich (Critische Abhandlung von dem Wunderbaren« 1740), Johann Jakob Breitinger (»Critische Dichtkunst« 1740), Moses Mendelssohn (»Über die Hauptgrundsätze der schönen Künste« 1757) und Johann Joachim Winckelmann (»Gedanken über die Nachahmung der griechischen Werke« 1755): »Alle (...) genannten Autoren gehen der großen Blütezeit der literarischen Theorie in Deutschland voraus. Der erste große Literaturkritiker war (...) zweifellos Lessing. (...) Es ist jedoch schwierig, die Gründe für seine hervorragende Stellung innerhalb der Geschichte der europäischen Kritik anzugeben.« (Wellek 1959, 159f.) Ersatzweise wird Bezug genommen auf seine Schriften, insbesondere »Laokoon oder über die Grenzen der Malerei und Poesie« (1766) und die »Hamburgische Dramaturgie« (1767–69), eine Sammlung von Besprechungen und Kritiken von Theaterstücken und -aufführungen. Als weitere wichtige deutsche Literaturkritiker des Jahrhunderts werden genannt und in ihren Theoriebeiträgen ausgebreitet: Johann Gottfried Herder, Goethe, Kant, Schiller, dann Friedrich Schlegel, August Wilhelm Schlegel, Novalis, Jean Paul und einige andere. Warum es überhaupt zur Ausbildung der neuen Handlungsrolle kam, welche Medien dabei konstitutiv waren, welche übergreifenden Formen vorherrschten, welche Veränderungen stattfanden und letztlich welche Funktion den Kritiker kennzeichnete, bleibt hier verborgen.

Aus bibliothekswissenschaftlicher Sicht, mit der Perspektive eines dialektisch-historischen Materialismus, wurde genau diese Leerstelle angegangen, wobei Literaturkritik als »kritische Literaturinformation« in einen größeren Zusammenhang eingerückt wurde und dabei distributive Bedeutung erhielt: »Die erste Aufgabe besteht also darin, die Stellung und gesellschaftliche Funktion der Literaturinformation als einer Erscheinung des Überbaus (...) zu klären.« (Seifert 1981, 3) Gemeint ist damit Kritik als das bürgerlich-literarische Räsonnement im Sinne der Aufklärung: der Kritiker weder als Verneiner noch als Schulmeister, sondern »Critik« als »Auslegungskunst« (Carlsson 1969, 7ff., 28).

Als zweite Aufgabe bemüht sich Seifert zentral um die historische Perspektive. Kritische Literaturinformation war kritisches Räsonnement zeitgenössischer Kultur- und Wissenschaftsprodukte, von Aktualität, Kontinuität und zunehmender Wissenschaftlichkeit geprägt (Seifert 1981, 74). Man kann dabei mit Klaus L. Berghahn (1985, 22ff.) Phasen oder Schwerpunkte unterscheiden: zunächst von der rhetorischen Kritik des Barock, die sich an der antiken Poetik orientierte, zur rationalistischen Kritik, die sich auf ein vernünftiges Regelsystem beruft, das normativ und universell gilt wie bei Gottsched 1730; »schön ist nicht mehr, was den Regeln entspricht und bei Hofe sich ziemt, sondern was allgemein gefällt und der öffentlichen Kritik standhält«. Dann von Gottscheds Regeldogmatismus zur Geschmacksdebatte, in der »Geschmack« als subjektives Urteilsvermögen mit dem Anspruch auf Allgemeingültigkeit auftrat; »das subjektive Empfinden wird zum Maßstab des Kunsturteils«, das Logik und sinnliche Erkenntnis verbindet wie bei A.G. Baumgartens »Aesthetica« 1750. Schön ist, was ohne Interesse allgemein gefällt, so später Kant (1790).

Seifert legt um 1770 eine Zäsur, nach der die »kritische Methode« von der »bibliographischen Methode« abgelöst wurde, d.h. das vorherrschende Bemühen um einen kritischen Gesamtüberblick über die wissenschaftliche Literatur der Zeit wandelte sich im letzten Drittel des 18. Jahrhunderts zur Herausbildung fächerspezifischer Organe kritischer Rezension einerseits und allgemeiner, übergreifender bibliographisch-deskriptiver Informationen andererseits. Als wichtigsten »Träger« bestimmt Seifert das Medium Zeitschrift, speziell die »kritischen Journale« (Seifert 1981, 81ff.): »Am Anfang dieser Entwicklung standen die polyhistorisch angelegten »gelehrten« Zeitschriften, in denen die beabsichtigte neue Kommunikationsfunktion (...) in Gestalt der Anzeige und Kritik der neuesten wissenschaftlichen Literatur sowie der kurzen Information über Ereignisse der gelehrten Welt und über die Arbeitsvorhaben wissenschaftlicher Institutionen und einzelner Gelehrter realisiert wurde.« (82) Dabei handelte es sich um Berichte, Extrakte und Wertungen. Die »Allgemeine deutsche Bibliothek« (1765–1792) von Friedrich Nicolai wäre das beste Beispiel hierfür (vgl. auch Schneider 1996). Sie gilt übrigens als der bedeutendste Integrationsfaktor der Spätaufklärung, weil im zersplitterten Deutschland nicht weniger als 433 Gelehrte und Schriftsteller in diesem Zeitraum rund 80.000 Bücher rezensierten und damit übergreifend bekannt machten (vgl. Berghahn 1985, 52). Ute Langer attestierte am Beispiel der »Allgemeinen Deutschen Bibliothek« und darüber hinausgehend generell dem Medium Zeitschrift »die Funktion, den Gelehrten erstmals ein Kommunikationsmedium, ein gemeinsames Diskussionsforum zur Verfügung zu stellen« (1996, 92). Die Durchsetzungsstrategien der Literaturkritik und ihre Institutionalisierung waren also »medienspezifisch« (Schneider 1999, 195ff.).

Die quantitative Zunahme der Veröffentlichungen wie der Zeitschriften selbst und ihre zunehmende Differenzierung führten jedoch zur Polemik gegenüber den »kritischen Journalen«; mit ihnen war die Materialfülle nicht mehr zu bewältigen. »Die Berichterstattung wurde zugunsten des strengen Urteils zurückgedrängt.« (94, 105) Parteilichkeit und Bewertung dominierten hier immer stärker gegenüber inhaltlichen Beschreibungen und Extrakten. Typisches Beispiel dafür wäre die 1785 gegründete Jenaer »Allgemeine Literatur-Zeitung« (vgl. auch Carlsson 1969, 75ff.). Parallel dazu entstanden themenbezogen periodisch referierende Verzeichnisse wie das »Allgemeine Verzeichniß neuer Bücher mit kurzen Anmerkungen« (ab 1784) von Johann Christoph Adelung, die objektive bibliographische Informationen zu Lasten subjektiver Wertungen in den Vordergrund rückten. Diese Trennung von kritischer und bibliographischer Literaturinformation ab 1770 charakterisiert die Entwicklung der Handlungsrolle des Kritikers bis zur Jahrhundertwende und eröffnete die Verselbstständigung beider Richtungen im 19. Jahrhundert hin zu Literaturkritik, Literaturgeschichte, Literaturwissenschaft einerseits und Fach-Enzyklopädien, lexikalischen Nachschlagewerken und Bibliothekswissenschaft andererseits.

Eva-Maria de Voss hat die aufklärerische Funktion der frühen Literaturkritik im bürgerlichen Emanzipationsprozess in zweifacher Hinsicht genauer bestimmt (1975, 5f.): »Einmal wird die Kritik begriffen als Spiegel des bürgerlichen Selbstverständnisses, das sich zu konstituieren beginnt und dessen Niederschlag sich findet in dem allenthalben proklamierten Ideal des Kunstrichters und dessen gesellschaftlicher Funktion. Zum anderen wird die Rolle der Literaturkritik als Instrument im Kampf gegen den Feudalismus dargestellt durch Untersuchung der programmatischen Konzeption von normativer Kritik, Geschmackserziehung der Nation und der Vorstellung von der Autonomie der Kritik.« Der Kritiker war qualifizierter Wissenschaftler, der sich in seinen Urteilen an neuen normativen Kunstidealen orientierte. Wissenschaft galt hier als eine gemeinnützige soziale Aufgabe, auf die Optimierung des Allgemeinwohls ausgerichtet. Der Kritiker als Kunstrichter bezog sich auf eine philosophische Ästhetik als Wissenschaft vom Schönen. Zugleich verstand er sich als Christ, der das Gebot der Nächstenliebe erfüllt, indem er seinem pädagogischen, geschmacksausbildenden Auftrag nachgeht und sich an das erziehungsbedürftige Publikum wendet; er verstand sich als uneigennütziger Patriot (im Sinne von Philanthrop) und als Moralist. Bevormundungen, Warnungen, Appelle gegenüber dem Publikum sollten dessen Geschmacksbildung und sittliche Vervollkommnung befördern, also tugendhaftes Handeln, aus dem wiederum die Glückseligkeit entspringe. Das traditionelle Schema, nach dem sich Kenner vom Pöbel absetzen, wurde damit für den »gesitteten Bürgerstand« durchbrochen. In Abgrenzung vom Pöbel nach unten und zunehmend auch vom Adel nach oben entstand das »Modell der Gelehrtenrepublik, einer freien, unantastbaren Sphäre des Geistes« (123), ein »Reich der Critik«, geprägt von Gleichheit, Freiheit und Autonomie. Das »interesselose Wohlgefallen am Schönen« (Kant) war das für jedermann gültige Geschmacksurteil. In der Weimarer Klassik war Kritik ganz und gar autonom und diente nur noch einer fiktiven »schönen Öffentlichkeit« (Berghahn 1985, 75), um dann in der Romantik vollends in die Esoterik einzutauchen (vgl. Schulte-Sasse 1985).

Was für die Buchkritik und im Besonderen die Literaturkritik gilt, trifft auch auf die Theaterkritik zu. Gottscheds »doppelte Rolle«, als Zeitschriftenherausgeber und als führender Theaterkritiker, wurde bereits erwähnt. Hannelore Heckmann-French macht deutlich, dass es bereits vor 1750 – Lessings erster Theaterzeitschrift »Beyträge zur Historie und Aufnahme des Theaters« – eine eigene Theaterkritik gab, deren Entwicklung »eng mit der Entwicklung des Zeitschriftenwesens zusammenhing« (1985, 1980f.): »Beinahe alle Zeitschriften der Frühaufklärung, die sich mit den schönen Wissenschaften beschäftigten, haben auch theaterkritische Beiträge veröffentlicht. Dabei ging jede Zeitschriftenart anders vor, setzte bestimmte Akzente. Es läßt sich etwa bei den Moralischen Wochenschriften feststellen, dass sie für das Theater als gesellschaftliche Institution plädierten, während die Gelehrten Zeitschriften um eine gewisse Objektivität beim Betrachten der Schaubühne bemüht waren. Die Theaterbeiträge in den belletristischen Zeitschriften, die vor allem dramentheoretische Essays darstellten, lassen deutlich spüren, wie begeistert diese erste Kritikergeneration von der Zeitschrift als öffentlichem Forum Gebrauch machte; die Zeitschriften wurden zur Wiege für den kritischen Essay. Allmählich entstanden dann ab den fünfziger Jahren selbständige Theaterzeitschriften, in denen die Forschung den Beginn der regelmäßigen Theaterkritik im moderneren Sinne sieht.«

Auch hier waren Wandlungsprozesse ausschlaggebend: vom ausländischen Theater hin zum deutschen Theater, vom Dramentext bzw. vom Autor und von der Theorie hin zum Schauspieler, und vom höfischen Theater hin zum bürgerlichen Theater. Maßgeblich ist dabei: »Erst durch die Zeitschriften entstand eine öffentliche Meinung zum Theater, die dann zu einer Diskussion um ein Theater der Deutschen in der zweiten Hälfte des 18. Jahrhunderts führen konnte.« (Fischer-Lichte 1993) Die Handlungsrolle des Kritikers war erneut medienübergreifend – Zeitschrift (Theaterkritik), Theater (Aufführung), Buch (Lesedrama) und sogar das alte Medium Prediger wurden noch einbezogen, wenn etwa Gottsched auf die Parallelität von Bühne und Kanzel verwies, »um die Sittlichkeit einer wohlgestalteten Bühne zu betonen, die in manchen kirchlichen Kreisen heftig bestritten wurde. In der religiösen Theaterfeindlichkeit sah Gottsched ein Haupthindernis in dem Prozeß der gesellschaftlichen Anerkennung der Bühne« (Heckmann-French 1985, 1982).

In seiner kulturübergreifenden neuen Handlungsrolle und ihrer Entwicklung offenbarte speziell der Kritiker ursprünglich die bürgerliche Emanzipation als eine geistig-moralische, die sich über ihre Implikationen für eine politische Öffentlichkeit nicht im Klaren war: »moralische Kritik als politische Ersatzhandlung«, und stellte insofern nur einge-schränkt einen Beitrag »zur Konstituierung einer bürgerlichen Öffentlich-keit« dar (Berghahn 1985, 15f.). Seine wichtigste Funktion gewann der Kritiker immer deutlicher vielmehr in der vom Medium Zeitschrift her vorgegebenen Distribution, d.h. dem Bezug zum Markt. Die ästhetische Erziehung des Bürgers zielte also immer weniger auf die Emanzipation des Einzelnen in beiden bürgerlichen Sphären des Öffentlichen und des Privaten. Stattdessen empfand der »Gebildete« seine Mündigkeit zuneh-mend als selbst definiertes Mitglied einer neuen Elite. Es versteht sich von selbst, dass er sich dabei desto weiter von der Masse der Laien und Nicht-Gebildeten entfernte, je autoritärer und autonomer er sich gerierte. Sobald aber der Kritiker – als »Richter« – den Kontakt zu seinen Publika verloren hatte, ging er auch seiner Rolle in den entsprechenden Teil-öffentlichkeiten verlustig und nahm seinem Medium Zeitschrift jene Steu-erungs-, Orientierungs- und Integrationsfunktionen, die dessen kulturel-le Dominanz begründet hatten. Zwar sollte es letztlich bis zur Einrich-tung von Listen und der Etablierung eines kulturellen Bestsellersystems Anfang des 20. Jahrhunderts dauern, bis die Leitfunktionen des Kritikers (und auch des Bibliothekars) als Informations- und Bewertungsinstanz von den mündigen Rezipientinnen und Rezipienten selbst übernommen wurden (vgl. Faulstich 2000c). Aber bereits in den 70er Jahren des 18. Jahr-hunderts kündigte sich diese Entwicklung in zahlreichen Sektoren und Teilbereichen des sich immer weiter ausdifferenzierenden kulturellen Sys-tems an: Der bürgerliche Anspruch auf Selbstbestimmung kehrte sich gegen die Propheten bürgerlich-elitärer Kultur, instrumentalisierte sie als distributiven Faktor auf dem kapitalistischen Markt und nahm das Medi-um Zeitschrift in den Dienst eigener Wertvorstellungen – im Sinne der neuen Unterhaltungsansprüche.

11.3 Die Moralischen Wochenschriften

Eine Sonder- und Schlüsselrolle beim Strukturwandel des Öffentlichen spielten die Moralischen Wochenschriften, seinerzeit »moralische Blätter«, »wöchentliche Schriften« oder einfach »Sittenschriften« genannt. Nach einigen Vorläufern im 17. Jahrhundert (Kap. 11.1) verbreiteten sie sich gemäß direkten englischen Vorbildern ab 1713 auch in Deutschland. Die wichtigsten Vorbilder waren »The Tatler« (1708–1711), »The Spectator« (1711–1714) und »The Guardian« (1713) von Joseph Addison und Richard Steele (ausführlich z.B. Enkemann 1983; Stürzer 1984). Bei den Morali-schen Wochenschriften handelte es sich weder um eine Zeitung noch um eine klassische (bis dahin: gelehrte oder wissenschaftliche) Zeitschrift. Sie erschienen wöchentlich, sprachen völlig neue Leserschichten an, entwikkelten neue Darbietungsformen und konzentrierten sich auf Themen, die sowohl aktuelle politische Tagesnachrichten als auch wissenschaftliche Forschungserträge ausschlossen. Charakteristisch sind die eigenwilligen Titel, die vielmehr oft einen pädagogischen, ethischen, moralischen, didaktischen Grundzug erkennen ließen.

Zunächst wurden einzelne Artikel aus den englischen Vorbildern ins Deutsche übertragen, adaptiert und hier verbreitet: Johann Mattheson gab in Hamburg den »Vernünftler« heraus (1713–1714): »Das ist: Ein teutscher Auszug / aus den Engeländischen Moral-Schrifften des Tatler und Spectator / vormahls verfertiget / mit etlichen Zugaben versehen / und auf Ort und Zeit gerichtet«. Danach entstand eine lange Reihe genuin deutscher Moralischer Wochenschriften – angefangen von »Die Discourse der Mahlern« (1721–1723), herausgegeben von Johann Jakob Bodmer und Johann Jakob Breitinger, von der Gesellschaft »Sozietät der Maler« (Brandes 1974), und »Der Patriot« (1724–1726) von Barthold Heinrich Brockes und Michael Richey, dem mit zeitweise bis zu 6000 Exemplaren erfolgreichsten Titel. Weitere wichtige Beispiele wären »Die Vernünftigen Tadlerinnen« (1725–1726) von Gottsched mit 2000 Exemplaren, »Die Matrone« (1728–1730) und »Der Freydenker« (1741–1743), meist nur bis zu 200 Exemplaren, bis hin zu Zeitschriften wie »Der Fremde« (1745–1746) von Johann Elias Schlegel, »Der Gesellige« (1748–1750), »Der Mensch« (1751–1756), »Der Freund« (1754–1756) oder »Der Glückselige« (1763–1768), um nur einige wenige zu nennen (ausführlich Martens 1968, Maar 1995 u.v.a.). Ihre Blüte lag um 1740. Spätestens nach 1770 hatten sie durch neue Zeitschriftengründungen an Bedeutung stark verloren (z.B. Rupert 1984, 127).

Für die Instanz des neu entstehenden Schriftstellers (Kap. 10.2) boten die Moralischen Wochenschriften das wichtigste Aktionsfeld; praktisch alle wichtigen Autoren der Zeit waren hier engagiert. Die Beiträge waren gleichwohl meist anonym bzw. von einem fiktiven Verfasser geschrieben (vgl. Martens 1968, 33ff.) – was »eine besonders intensive Beziehung zwischen Herausgeber und Lesepublikum« stiftete, zumal es sich bei einem männlichen Herausgeber bzw. Autor auch um eine Frau handeln könnte (und umgekehrt); hinter den »Vernünftigen Tadlerinnen« beispielsweise stand gerade keine Frau, sondern ein Mann (Nörtemann 1990a, 385). Ein solches Rollenspiel wurde übrigens Ende des 20. Jahrhunderts in den Chat-Rooms der digitalen Netzmedien wieder attraktiv und verbreitete sich.

Die Darstellungsformen waren bunt gemischt: Briefe, Gedichte, Fabeln, Lieder, Epigramme, Dialoge, Diskurse über Sittlichkeit, Moral und guten Geschmack, Satiren, Erzählungen, auch Literatur- und Sprachkritik bis hin zu Preisausschreiben – alles in einfachem, persönlichem, verständlichem Stil gehalten. Die Moralischen Wochenschriften wollten nicht etwa die exklusiven Kreise der Gelehrten erreichen und ihr Erwerb war auch nicht an bestimmte sozialorganisatorische Bedingungen geknüpft. Leserbriefe wurden eingerückt, um die Journal-Leserbindung zu bestärken.

Sogar eigene Beiträge der Leserinnen und Leser wurden eingefordert (ausführlich Martens 1968, 100ff.). In der Regel hatten die Heftausgaben den Umfang eines Bogens und waren mit ca. 6 Pfennig preislich auch erschwinglich. Verlagszentren der Moralischen Wochenschriften waren vor allem Zürich, Hamburg und Leipzig. Viele dieser Zeitschriften-Jahrgänge wurden in späteren Jahren neu aufgelegt und in zweiter Auflage verbreitet. Die meisten wurden außerdem zusammengebunden und auch in Buchform über Sortimentsbuchhandlungen vertrieben.

Was war neu an den Moralischen Wochenschriften, die häufig abfällig als »Moraljournalismus« abgetan wurden? Helga Brandes hat auf knappstem Raum Geisteshaltung, Wertesystem und Feindbilder der Moralischen Wochenschriften zusammengefasst (1999, 225, 228f.; ausführlicher Martens 1968, 168ff.):

– »Sie propagieren ein neues Denken (...) aus der naturrechtsphilosophischen Überzeugung von der grundsätzlichen Gleichheit aller Menschen. Nicht die Nation, die Hautfarbe, die Rasse oder das Geschlecht entscheiden über die soziale, politische, kulturelle Wert- bzw. Geringschätzung des einzelnen. Vernunft, Moral und Tugend sind maßgeblich. (...) Die Journale setzen sich für eine vernunftgeleitete Beurteilung der Welt, des Menschen und der Dinge ein. Ein frauenfreundlicher Ton, emanzipatorische Tendenzen sowie Weltläufigkeit und Kosmopolitismus charakterisieren den Prototyp«.

– »Welches Menschenbild vermitteln die Wochenschriften, wie muß der tugendhafte Mensch beschaffen sein? Er zeichnet sich aus durch Besonnenheit, Gleichmut und Gelassenheit aus. (...) Rechtschaffen und maßvoll, die Extreme meidend, so hebt sich der ›moralische Charakter‹ von all den Lasterhaften ab, die die Moralischen Wochenschriften nicht müde werden zu kritisieren (die Geizigen, Verschwenderischen, Faulen, Rastlosen usw.). (...) Gleichzeitig spiegeln die propagierten Werte, Haltungen und Normen (Askese, Selbstdisziplin) die Voraussetzungen des gesellschaftlich-wirtschaftlichen Aufstiegs des Bürgers. (...) Der sozialpsychologische Zusammenhang von Triebkontrolle und ökonomischem Erfolg (...) prägt das Profil der Journale.«

– »Die Journale gehen allerdings nicht so weit, sich für eine grundsätzlich neue Gesellschaftsordnung einzusetzen. Sie akzeptieren die herrschende ständische Ordnung als gottgewollt und natürlich. Die Notwendigkeit einer sozialen Abgrenzung nach oben und unten aber wird dem bürgerlichen Lesepublikum immer wieder vor Augen geführt. Das höfische, galante Wesen mit seinem Hang zu Oberflächlichkeit und Etikette wird entsprechend verspottet; typische Laster der feudalen Schicht werden aufs Korn genommen (Eitelkeit, Genußsucht, Müßiggang, Verschwendungssucht u.ä.). Abstand müsse man aber auch zu Dienstboten, Bauern, Handwerkern halten: Da gewöhnlich roh und ungebildet, ermangele es ihnen an den Voraussetzungen, die einen engeren Umgang zuließen. Nur mit seinesgleichen (d.h. dem Bildungsbürgertum) könne man mit Gewinn engere Beziehungen pflegen. Dieser Schicht gehört auch vorrangig das Lesepublikum der Moralischen Wochenschriften an: Pfarrer, Gelehrte, Ärzte, gebildete Kaufleute, Professoren, Juristen, Lehrer und – zum erstenmal in der Geschichte des Journalwesens – auch die (bürgerlichen) Frauen. Sie werden direkt als Leserinnen angesprochen.«

Im Kern hatten die Moralischen Wochenschriften nur ein Ziel: »Edutainment« würde man heute sagen – Belehrung und Unterhaltung, Bildung durch Unterhaltung (vgl. Martens 1968 für die erste, Maar 1995 für die zweite Jahrhunderthälfte). Es ging um eine Antwort auf die Frage: Wie konnte man glücklich werden – Glück verstanden als Ausfluss von Tugend, d.h. wie konnte man ein tugendhaftes Leben führen? Die Moralischen Wochenschriften waren dabei mehr als nur »eine Mischung aus literarischer Zeitschrift und Erbauungsliteratur« (Berghahn 1984, 44), sondern vielmehr – in ihrem inhaltlich-thematischen wie leserspezifischen Rekurs auf alle Bildungsbürger, speziell auch die Gruppe der Frauen in der neu entstehenden privaten Lebenssphäre – eine Art »Familienzeitschrift«, man könnte sagen: teilweise sogar eine frühe Form der »Frauenzeitschrift«. Das verdeutlichen Themen, wie sie Brandes exemplarisch für die »Vernünftigen Tadlerinnen« präsentiert (Brandes 1999, 227): gegen Eigennutz, Geiz und Neid; gegen das Ammenwesen; von der rechten Wahl des Ehegatten; gegen Heuchelei und Selbstbetrug; über das Abfassen von Liebesbriefen; über die Verbesserung der weiblichen Erziehung; über weibliche Gelehrsamkeit usw. Beim »Patrioten« etwa standen Themen wie die Sorgfalt des Kaufmanns mit seinem Vermögen, Warnungen vor einem verschwenderischen Lebensstil, das Idealbild des Bürgers oder auch Anregungen für eine vernünftige praktische Arbeitsgestaltung im Vordergrund. Gleichbleibend ging es um Moral und Gemeinnützigkeit, um »gelebte Tugendhaftigkeit, Alltagsvernunft und praktische Anstandsregeln« (Maar 1995, 15; vgl. auch Martens 1968, 231ff.).

Dass mit den Frauen als bevorzugter neuer Zielgruppe analog zu den »Vernünftigen Tadlerinnen« noch zahlreiche weitere explizit an Frauen gerichtete Moralische Wochenschriften erschienen, versteht sich von selbst; der Schwerpunkt lag freilich eher in der zweiten Jahrhunderthälfte. Beispiele wären etwa »Die Patriotin« (1724), »Die Zuschauerin« (1747) – vgl. Abb. 53 –, »Therese und Eleonore« (1767), »Das Mädchen« (1774), »Iris« (1774–1776), das »Magazin für Frauenzimmer« (1777–1778, 1982–1986), das »Damen-Journal zum Besten der Erziehung armer Mädchen« (1784–1785), »Amaliens Erholungsstunden« (1790–1792) usw. (ausführlich Schumann 1987; Brandes 1988).

Wolfgang Martens hat bis ins Detail herausgearbeitet, welche gewaltige Bedeutung den Moralischen Wochenschriften als Instrument frauenemanzipatorischer Bemühungen zugekommen ist, speziell in der ersten Hälfte des Jahrhunderts – von der direkten Ansprache und Förderung

Abb. 53: Titelseite der deutschen Zeitschrift »Die Zuschauerin« (1747), konzipiert in Anlehnung an die englische Vorlage »The Female Spectator«.

lesender »Frauenzimmer« bis hin zu expliziten Buch-Empfehlungen für den Aufbau von »Frauenzimmerbibliotheken« (Martens 1965, 520ff.; Martens 1975; Martens 1981). Allerdings hat sich das dominante Frauenbild in den Moralischen Wochenschriften dann wieder gewandelt. Helga Brandes (1989) unterscheidet drei Phasen: Anfänglich (1720–1740) wurde die Frau als aufgeklärt, gelegentlich gelehrt, in jedem Fall dem Mann ebenbürtig dargestellt; geschlechtsübergreifend dominierte das Bild des vernunftbegabten Menschen. In einem zweiten Abschnitt (1740–1750) vollzog sich ein Umbruch zu einem eher ambivalenten Frauenbild; die Frau erschien teils autonom und »vernünftig«, teils aber auch empfindsam-tugendhaft und »passiv«. Danach (ab 1750) setzte sich immer stärker das Bild der »schönen Weiblichkeit« durch, von der Frau als dem »schwachen Geschlecht«, dem die traditionellen Rollenmuster der Gattin, Mutter und Hausfrau zukam (vgl. auch Kap. 6.2). Die »Verherrlichung des unmündigen Frauenideals« hatte sich bis zur Jahrhundertwende im Bürgertum dann etabliert (Schumann 1987, 166).

Die weit reichende Bedeutung des Mediums Zeitschrift für die entstehende bürgerliche Öffentlichkeit hat Jörg Scheibe am Beispiel des »Patrioten« verdeutlicht. Es wurde von einem elfköpfigen Autorengremium herausgebracht, das in Hamburg in der »Patriotischen Gesellschaft« organisiert war. Es hatte offenbar mit Gesprächen der Mitglieder untereinander – Dichter, Wissenschaftler, Geschäftsleute, Juristen und Philosophen – über Moral, Ökonomie, Vernunft, gesellschaftliche Werte, allgemeine Handlungsmaximen begonnen. Die Gespräche wurden schriftlich fixiert und die Protokolle publiziert – was zu der erstmaligen Erfahrung des Publikums führte, persönlich betroffen zu sein: »Die Leser stellten plötzlich überrascht (...) fest, daß die neuen Blätter (...) ihnen weltanschauliche und gesellschaftliche Ansichten vortrugen, die bis in ihre Familie und ihr eigenes Weltbild hineinreichten und ihnen eine Stellungnahme (...) abforderten« (Scheibe 1973, 24). Man schätzte die Leserschaft des »Patrioten« auf immerhin 30.000. In der Tat gab es nachweisbar zahlreiche Publikumszuschriften und echte Leserbriefe, die ebenfalls abgedruckt wurden, außerdem einen länger andauernden Flugschriftenstreit, in dessen Verlauf sich Gegner des »Patrioten« zu Wort meldeten und ihre Kritik äußerten, was wiederum auch Befürworter zum Abfassen von Flugschriften bewegte. Das war ein »Durchbruch zur zweiseitigen Kommunikation« (Scheibe 1973, 167ff.); die Herausgeber nahmen explizit Bezug auf Wünsche der Leserschaft, rechtfertigten sich gegenüber Zuschriften und setzten sich mit Kritik auseinander, während die Leser nicht müde wurden, ihrerseits Themen vorzuschlagen und sich auch produktiv einzubringen. Jörg Scheibe bilanziert: »Das Publikum selbst beteiligte sich nicht nur an diesem Prozeß, es ging thematisch mit seinen Bedürfnissen, Wünschen und Horizonten in das Werk ein, es bespiegelte und belehrte sich eigentlich selbst.«

Abgesehen von der allmählichen Umwandlung der Moralischen Wochenschriften in Frauenzeitschriften und allgemeine Unterhaltungszeitschriften vollzog sich hier teils parallel, teils in der Nachfolge auch die Entwicklung des Zeitschriftentyps Magazin. Seine »Grundformel lautet ähnlich: Unterhaltung und Belehrung!« (Haacke 1958, 437), aber sein breiter gespannter Themenbereich und die anders geartete ideologische Ausrichtung machen es notwendig, ihn von den Moralischen Wochenschriften abzugrenzen. Nach englischen Vorbildern wie »The Gentleman's Magazine« (1731–1833) und »The London Magazine or Gentleman's Monthly Intelligence« (1731–1833) entstanden in Deutschland u.a. »Neue Auszüge aus den besten ausländischen Wochen- und Monatsschriften« (1765–1769) von Friedrich Christian Schwan, die »Recensionen und Auszüge aus den besten Journalen Europas« (1774) oder auch das »Göttingische Magazin der Wissenschaften und Litteratur« (1780–1785) von Georg Christoph Lichtenberg und Georg Forster. Hier zieht sich der Entwicklungsstrang über das englische »Penny Magazine« (1830) von Charles Knight und die amerikanischen Magazine (z.B. Mott 1957; Tebbel/Zuckerman 1991) bis zum »Readers' Digest« noch heutiger Tage.

11.4 Von der Fachzeitschrift zur Unterhaltungszeitschrift

Die typologische Spezifizierung der Zeitschrift basierte auf verschiedenen Faktoren: der fortschreitenden Spezialisierung der Einzelwissenschaften wie Theologie, Jurisprudenz, Medizin, Philosophie, Pädagogik, Geschichte, Geographie, Ökonomie und Naturwissenschaften; der zunehmenden Ausdifferenzierung des kulturellen Systems in Teilbereiche wie Literatur, Theater, Malerei, Bildende Kunst, Musik; der Entstehung neuer Lesergruppen wie vor allem der Frauen; einer sich verbreitenden und unüberschaubar werdenden Vielfalt von Themen; nicht zuletzt den neuen Kommunikations- und Unterhaltungsbedürfnissen breiter sozialer Schichten und Gruppen. In Anlehnung an die bahnbrechenden Forschungsarbeiten von Joachim Kirchner nimmt sich eine Typologie von Zeitschriften in Deutschland von 1682 bis 1830 – abgesehen von der im Einzelnen nicht unumstrittenen Zuordnung von Zeitschriftentiteln – wie folgt aus:

Es kennzeichnet den Fortgang der Entwicklung im 18. Jahrhundert, dass sich bei der namhaft gemachten Zweiteilung der Vorläufer allmählich eine zweifache Verschiebung ergab: erstens von den gelehrten, fachwissenschaftlichen, berufsbezogenen Einzelzeitschriften in den ersten zwei Dritteln des Jahrhunderts hin zur Dominanz kulturspezifischer, freizeitbezogener Einzelzeitschriften insbesondere seit der Wende zum 19. Jahrhundert; zweitens von den Familienzeitschriften zur immer größer werdenden Gruppe der allgemeinen Unterhaltungszeitschriften. Exemplarisch

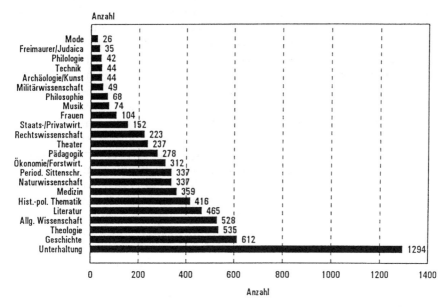

Abb. 54: Typologie von Zeitschriften in Deutschland (1682–1830) gemäß Kirchner (Wilke 2000, 96).

steht dafür etwa die Ergänzung der traditionellen historisch-politischen Zeitschriften, zum Teil trockenen Dokumentensammlungen und Auszügen aus dem diplomatischen Akten- und Schriftverkehr wie etwa die »Europäische Staats-Canzley« (1697–1760), durch einen unterhaltsamen Typus, etwa die »Gespräche in dem Reiche derer Todten« (1718–1744) von David Fassmann oder auch die »Politischen Gespräche im Reiche der Todten« (1786–1810). Hier wurden aktuelle Fragen in Dialogform mit berühmten verstorbenen Persönlichkeiten diskutiert. »Dabei begegneten sich Monarchen, Feldherren, Minister, Gelehrte, geistliche Würdenträger, Künstler und Mätressen in möglichst reizvollen, wenn nicht bekannten Paarungen.« (Wilke 2000, 100ff.; z.B. Schmid 1973) Aber die gelehrten Organe von der Art der »Göttingischen gelehrten Anzeigen« (ab 1739) und die wissenschaftlichen Fachzeitschriften erschienen selbstverständlich auch weiterhin während des gesamten Zeitraums.

Um die charakteristische Vielfalt des neuen Mediums, seinen Revuecharakter (vgl. Haacke 1970, 195ff.), den Funktionenwandel und seine zunehmende Publikumsorientiertheit zu verdeutlichen, seien unvollständig und stichwortartig jeweils einige Beispiele wenigstens benannt (Lindemann 1969 / 1988ff.; Fischer u.a. 1999 u.a.):

– *Literaturzeitschriften* boten ein breites Angebot unterschiedlichster Textsorten: Anekdoten, Aphorismen, Erzählungen, Lebensbeschreibungen, Rätsel, Reisebeschreibungen, Anzeigen, Gedichte, satirische Aufsätze, theoretische Abhandlungen, Kritiken und Rezensionen, Auszüge bereits erschienener literarischer Werke, aber auch Vorabdrucke. Immer wieder genannt werden hier u.a. Gottscheds »Beyträge Zur Critischen Historie der Deutschen Sprache, Poesie und Beredsamkeit« (1732–1744), die »Neuen Beyträge zum Vergnügen des Verstandes und Witzes« (1744–1750), »Die Allgemeine Deutsche Bibliothek« (1765–1805) von Friedrich Nicolai, »Der Teutsche Merkur« (1773–1810) von Christoph Martin Wieland (vgl. Schulze 1973), »Pomonia« (1783–1784) von Sophie von La Roche, »Die Horen« (1795–1797) von Friedrich Schiller, »Athenäum« von Friedrich und August Wilhelm Schlegel u.v.a. Sie trugen, wie bereits dargestellt, entscheidend zur Ausbreitung des literarischen Marktes bei (vgl. Kap. 10, Kap. 11.2.; ausführlich Wilke 1978; Schulz 1960; Gross 1994; McCarthy 1999).

– *Theaterzeitschriften* gab es zwischen 1750 und 1800 nicht weniger als 47, mit Theaterkritiken, dramen- und theatertheoretischen Beiträgen, Ausführungen zur Schauspielkunst, zur Bühnenausstattung oder zur Dramaturgie, Teilabdrucken von Theatertexten, Ensembleverzeichnissen oder Spielplänen (als Überblick z.B. Bender 1999). Zu nennen wären vor allem die »Beyträge zur Historie und Aufnahme des Theaters« von Gotthold Ephraim Lessing und Christlob Mylius und das »Theater-Journal für Deutschland« (1777–1784) von Heinrich August Ottokar Reichard, das sich ausdrücklich auch an die Liebhaber des Theaters wandte, später dann die »Wiener Theater Zeitung« (1806–1860) von Adolph Bäuerle oder »Die Waage« (1818–1821) von Ludwig Börne.

– *Frauenzeitschriften* waren im angeblich »galanten Zeitalter« ausschließlich für »Frauenzimmer« bestimmt. Hiervon gab es von 1720 bis 1800 mindestens 115, in der Regel allerdings von Männern verfasst (kritische Überblicke bei Schumann 1987; vgl. auch Geiger / Weigel 1981; Brokmann-Nooren 1994; vor allem Weckel 1998). Viele erschienen nur in einigen wenigen Heften. Wichtige Beispiele wären »Für Hamburgs Töchter« (1779) von Ernestine Hofmann (mit männlichem Pseudonym), das »Wochenblatt für's Schöne Geschlecht« (1779) von Charlotte Henriette von Hezel, »Iris« (1774–1776 / 1778) von Johann Georg Jacobi, »Die Akademie der Grazien« (1774–1780), »Amaliens Erholungsstunden« (1790–1792) von Marianne Ehrmann, »Flora, Teutschlands Töchtern geweiht von Freunden und Freundinnen des schönen Geschlechts« (1793–1803) von Ludwig Ferdinand Huber und vielleicht noch das »Journal für deutsche Frauen von deutschen Frauen geschrieben« (1805–1808).

– *Kunstzeitschriften* im eigentlichen Sinn wurden nach einigen Vorläufern wie z.B. der angeblich ersten Kunstzeitschrift der Welt, den »Mémoires pour l'histoire des sciences et des beaux-arts«, erst in der zweiten Hälfte des Jahrhunderts ausgebildet, als sich das kulturelle Subsystem ausgebildet hatte und eigene Gesetze und Marktformen entstanden waren (Hollmer/Meier 1999). Es begann mit »Die reisende und correspondirende PALLAS« (1755–1757), umfasste u.a. Nicolais »Bibliothek der schönen Wissenschaften und der freyen Künste« (1757–1765), die »Augsburger Kunstzeitung« (1771) und das »Journal zur Kunstgeschichte und zur allgemeinen Litteratur« (1775–1785) von Christoph Gottlieb von Murr bis zu den »Propyläen« (1798–1800) von Goethe oder zur ersten Fachzeitschrift für Architektur, dem »Allgemeinen Magazin für bürgerliche Baukunst« (1789–1796).

– *Musikzeitschriften* hatten häufiger als in den anderen Kultursegmenten eine relativ kurze Lebensdauer und boten »ein sehr buntes Bild« (Beer 1999, 233+245). Die Grundtendenzen der kritischen Rezension, der Berichterstattung über aktuelle Ereignisse, der Diskussion theoretischer Beiträge oder die Erörterung von Aufführungen, Stücken oder Personen finden sich aber auch hier; auch Musikzeitschriften hatten die Funktion von Foren einer bürgerlichen Geschmacksbildung. Als erste musikalische Fachzeitschrift wird meist die »Critica Musica« (1722–1725) von Johann Mattheson genannt. Spätere Zeitschriften reichten vom »Critischen Musicus« (1738–1740) von Johann Adolph Scheibe und den »Kritischen Briefen über die Tonkunst« (1759–1764) von Friedrich Wilhelm Marpurg und die »Wöchentlichen Nachrichten und Anmerkungen die Musik betreffend« (1766–1770) von Johann Adam Hiller bis zum »Magazin der Musik« (1783–1787) von Carl Friedrich Cramer oder die »Allgemeine musikalische Zeitung« (1798–1848) von Johann Friedrich Rochlitz.

– *Geographische Zeitschriften* und *Reisejournale* umfassten nach Vorläufern wie dem »Reisenden Chinesen« (1720–1733) von David Fassmann und dem »Reisenden Deutschen« (1744–1747) u.a. den fachwissenschaftlichen »Geographischen Büchersaal zum Nutzen und Vergnügen« (1766–1778) und die »Wöchentlichen Nachrichten von neuen Landkarten, geographischen und statistischen Sachen« (1773–1788) von Anton Friedrich Büsching sowie populäre Journale wie die »Auswahl kleiner Reisebeschreibungen und anderer statistischen und geographischen Nachrichten« (1784–1795), die »Bibliothek der neuesten und wichtigsten Reisebeschreibungen« (1800–1814) oder die »Neue Quartalsschrift zum Unterricht und zur Unterhaltung, aus den neuesten und besten Reisebeschreibungen gezogen« (1786–1797) von Johann Christoph Friedrich Schulz (vgl. Griep 1999). Reisebeschreibungen wurden aber auch durch die zahlreichen historischen Zeitschriften der Zeit verbreitet (vgl. Blanke 1999, 80f.).

– *Naturwissenschaftlich-technische Zeitschriften* trugen der Tendenz des 18. Jahrhunderts Rechnung, Ergebnisse der Wissenschaften in technische Neuerungen umzusetzen (Troitzsch 1999, 249). Nach Vorläufern im 17. und der ersten Hälfte des 18. Jahrhunderts differenzierten sie sich in zoologische, botanische, physikalische etc. Journale, so z.B. die »Physikalisch-ökonomische Bibliothek« (1770–1806) von Johann Beckmann, das »Chemische Journal für die Freunde der Naturlehre, Arzneygelahrtheit, Haushaltungskunst und Manufacturen« (1778–1781), das »Magazin für das Neueste aus der Physik und Naturgeschichte« (1781–1799), das »Bergmännische Journal« (1788–1794) von Alexander Wilhelm Köhler oder das »Magazin für Botanik« (1787–1794), um nur einige Beispiele zu nennen.

– *Medizische Zeitschriften* waren im 18. Jahrhundert vor allem wichtigstes Instrument hygienisch-medizinischer Volksaufklärung (übergreifend Dreißigacker 1970). Aus der Fülle der Titel seien exemplarisch nur einige genannt: »Der Patriotische Medicus« (1724–1727), »Der Arzt« (1759–1764) von Johann August Unzer, der »Arzt der Frauenzimmer«, die »Chirurgische Bibliothek« (1771–1797) von August Gottlieb Richter als das wichtigste Fachblatt, ferner das »Magazin vor Ärzte« (1775–1800), »Der unterhaltende Arzt«, »Das medizinische Wochenblatt«, die »Medizinische Literatur für praktische Aerzte« (1781–1795), der »Medizinische Rathgeber für Aerzte, Wundärzte, Apotheker und denkende Leser aus allen Ständen« oder das »Magazin für die Arzneymittellehre« (1794) von Karl Gottlob Kühn.

– *Pädagogische Zeitschriften* fungierten vor allem »als Multiplikationsfaktor schulisch-unterrrichtlicher Innovation« (Petrat 1982) und hatten »Avantgarde-Funktion« für die Herausbildung eines professionellen Standesbewusstseins (Kersting 1999, 280). Wichtige Zeitschriften reichten hier von den gelehrten »Acta scholastica Worinnen nebst einem gründlichen Auszuge derer auserlesensten Programmatum der gegenwärtige Zustand derer Berühmtesten Schulen entdeckt wird« (1741–1751) von Johann Gottlieb Biedermann über die philanthropisch-reformatorischen »Pädagogischen Unterhandlungen« (1777–1784 in unregelmäßigen Abständen) von Johann Heinrich Campe bis zur »Wochenschrift für Menschenbildung« (1807–1811) von Johann Heinrich Pestalozzi.

– *Kinderzeitschriften* waren nur teilweise für die Kinder selbst, häufig auch für die Eltern und Erzieher bzw. für die Schullektüre verfasst, d.h. waren zum Vorlesen bestimmt und hatten enormen Einfluss auf die Gestaltung der Kindheit (übergreifend Thoma 1992; Ewers / Völpel 1999). Immer wieder genannte Titel hier sind das »Wochenblatt zum Besten der Kinder« (1760–1769), die »Monatsschrift für Kinder« (1770) von Christian Gottfried Schubart, das »Leipziger Wochenblatt für Kinder« (1772–1774) von Johann Christoph Adelung (vgl. Göbels 1973), das »Hamburgische Wochenblatt für Kinder« (1775) von Johann Heinrich Rödung, »Der Kinderfreund« (1775–1784) von Christian Felix Weisse (vgl. Fankhauser 1975), »Das deutsche Mädchen« (1781–1782) von Paul Friedrich Achat Nitsch, die »Dessauische Zeitung für die Jugend und ihre Freunde« (1782) von Rudoph Zacharias Becker oder die stärker für Jugendliche konzipierte »Bibliothek für Jünglinge und Mädchen« (1786) und die »Politischen und moralischen Unterhaltungen« (1788).

– *Kameralistisch-ökonomische Zeitschriften* waren auf gemeinnützige Aufklärung in wirtschaftlichen Fragen ausgerichtet, z.B. »Die Oeconomische Fama« (1729–1733) von Justus Christoph Dithmar, die »Leipziger Sammlung von wirtschaftlichen, Polizey-, Cameral- und Finanzsachen« (1742–1767) von Georg Heinrich Zincke, die »Oeconomischen Nachrichten« (1749–1763) von Peter Freiherr von Hohenthal, die »Schwäbischen Nachrichten von Oeconomie- Cameral- Policey- Handlungs- Manufactur- Mechanischen und Bergwercks-Sachen« (1756/57) von Johann Jacob Moser u.v.a. Einen interessanten Fall stellen die Buchhändlerzeitschriften aus dem letzten Viertel des 18. Jahrhunderts dar, die auf dem literarischen Markt bzw. für das Medium Buch eine wichtige Rolle gespielt haben und in dieser Verflechtung bereits umfassend untersucht worden sind (Wittmann 1973). Gegen Ende des Jahrhunderts wurde bei dieser Gruppe noch weiter differenziert in volkswirtschaftliche, handelswirtschaftliche, forstwirtschaftliche, landwirtschaftliche usw. Fachorgane. Häufiger waren solche Zeitschriften auch für eine breitere Leserschaft bestimmt wie etwa das »Journal für Fabrik, Manufaktur, und Handlung« (1791–1810).

– Die *theologische Zeitschriften* der Zeit waren geprägt von Fehden zwischen feindlichen Richtungen in der evangelischen Theologie, den Orthodoxen und den liberalen Rationalisten (vgl. auch Graf 1999). Wichtige Titel wären hier etwa die »Unschuldigen Nachrichten« (1702–1719) von Valentin Ernst Löscher und die »Aufrichtige Nachricht Von der Unrichtigkeit Der sogenannten Unschuldigen Nachrichten« (1707–1714) von Joachim Lange. Später gab es Zeitschriften wie die »Beyträge zur Beförderung des vernünftigen Denkens in der Religion« (1780–1793) von Heinrich Corodi oder »Briefe über die Bibel, im Volkston« (1782–1793) von Karl Friedrich Bahrdt. Die Polemik zwischen beiden Konfessionen trug insbesondere das »Antipapistische Journal oder der unpartheyische Lutheraner« (1770–1774). Kirchen- und religionsgeschichtliche Beiträge wurden u.a. von der »Neuesten Religionsgeschichte« (1771–1773) verbreitet. Für Rezensionen waren vor allem die »Annalen der neuesten theologischen Litteratur und Kirchengeschichte« (ab 1789) von Bedeutung. Explizit volkstümlich war etwa das »Christliche Sonntagsblatt« (1792–1793) von Johann Kaspar Lavater. Erwähnenswert ist nicht zuletzt eine Reihe berufspraktischer Zeitschriften wie beispielsweise das »Journal für Prediger« (1770–1842) von Christoph Christian Sturm oder das »Journal für Veredlung des Prediger- und Schullehrerstandes, des öffentlichen Religionscultus und des Schulwesens« (ab 1802) von Johann Georg Jonas Schuderoff.

– *Mode- und Unterhaltungszeitschriften* (vgl. auch Lindemann 1969/1988, 240ff.; Krempel 1935; den Überblick von Cilleßen 1999) mit einer ersten Blütezeit in den späten 80er und 90er Jahren zeichneten sich durch einen programmatisch großen Bildanteil aus, meist handkolorierte Kupferstiche (z.B. Volkert 1992). Wichtige Titel wären u.a. die »Neue Mode- und Galanteriezeitung« (1758) und das immer wieder genannte »Journal des Luxus und der Moden« (1786–1827) von Friedrich Johann Justin Bertuch

Abb. 55: Titelseite einer deutschen Buchhändlerzeitschrift als Referenzfaktor des literarischen Lebens (1778).

(Abb. 56), das neben Mode auch Schmuck, Möbel, Kosmetika, Hygiene, Erziehungsideale für junge Mädchen oder Reisen behandelte (vgl. Wies 1953; Kröll 1978).

Ebenfalls von Bertuch stammte »London und Paris« (1798–1810), weitergeführt unter dem Titel »Paris, Wien und London« (bis 1815). Ferner genannte Titel wären »Die Allgemeine Mode-Zeitung« (1799–1903), die »Zeitung für die elegante Welt« (1801–1859) von Karl Spazier, das »Leipziger Modemagazin« (1802–1805) oder »Der Freimüthige, oder Berlinische Zeitung für gebildete, unbefangene Leser« (1803–1840) von August von Kotzebue. Mit den Modezeitschriften wurde ein gebildetes bürgerliches, überwiegend weibliches Publikum angesprochen. »Die Zeitschriften helfen zugleich, das Informationsgefälle zwischen Stadt und Land, zwischen Metropole und Provinz zu verringern«, und über Abonnements und Lesegesellschaften wurden durchaus auch untere soziale Schichten damit erreicht (Cilleßen 1999, 211f.). Man wird aber wohl sagen können, dass mit den modernen Mode- und Unterhaltungszeitschriften die ur-

I

Journal

des Luxus

und

der Moden.

Jänner 1788.

Herausgegeben
von
Bertuch und Kraus.

Weimar,
in der Expedition dieses Journals,
und Gotha, in der Ettinger-
schen Buchhandlung.

Abb. 56: Titelseite einer Ausgabe des »Journal des Luxus und der Moden«.

sprünglichen Impulse der Moralischen Wochenschriften mehr oder weniger aufgegeben, wenn nicht gar ins Gegenteil verkehrt worden sind – ganz gemäß der sich ändernden Rolle der Frau (vgl. Kap. 6.1).

11.5 Das bürgerliche Mediensystem im Fokus der Zeitschrift

Das neue Medium Zeitschrift entstand, mit ersten Vorläufern in der zweiten Hälfte des 17. Jahrhunderts, durch die Übernahme von Teilfunktionen anderer Medien und charakterisierte sich als ein eigenständiges Medium durch die Merkmale Themenzentrierung (gegenüber Brief und Zeitung), Temporizität (gegenüber dem Buch), Interessenspezifizierung (gegenüber der Zeitung), und Kontextualisierung (gegenüber Brief, Buch, Zeitung und Blatt), später ergänzt durch das Merkmal der Visualisierung. Im Verlauf des 18. Jahrhunderts erhielt das Medium Zeitschrift eine enorme Bedeutung. Dabei gilt: »Die Zeitschrift war während des gesamten 18. Jahrhunderts kein ›Massenmedium‹.« (Gestrich 1994, 185) Insofern wären rein quantitative Vergleiche mit der Zeitung oder mit anderen Medien auch wenig ergiebig (z.B. Welke 1977, 72ff.). Ausschlaggebend sind vielmehr die Funktionen des neuen Mediums, wie sie von anderen Medien eben nicht oder bis dahin nur unzureichend wahrgenommen wurden. Die Zeitschrift bot erstmals

– ein auf Dauer angelegtes Kommunikationsforum für prinzipiell alle aktuellen zentralen sittlichen, moralischen, wirtschaftlichen, wissenschaftlichen, politischen und kulturellen Themen und Probleme der Zeit;
– einen Partizipationsimpuls für zahlreiche Akteure, Gruppen und Schichten der Gesellschaft, speziell des aufstrebenden Bürgertums, die verstärkt auf Selbstreflexion und Selbstbestimmung ausgerichtet waren;
– nicht zuletzt auch eine weit reichende Multiplikationsinstanz als Organ für Rezensionen, Kritiken und Vorabdrucke anderer Publikationen, insbesondere Bücher, Theaterstücke, Briefe.

Die Zeitschrift wurde damit zum Herzstück der bürgerlichen Medienkultur der Zeit: zu einem Referenzfaktor oder Kristallisationspunkt für alle Akteure der bürgerlichen Kultur und Gesellschaft des 18. Jahrhunderts. Die übergreifende Bedeutung dieses Mediums bestand darin, dass es in den unterschiedlichen Subsystemen gleichermaßen zur Steuerung von Veränderungspozessen und Eingriffen genutzt wurde. Im gesamten Mediensystem des 18. Jahrhunderts erhielt die Zeitschrift Fokuscharakter und eröffnete damit den Zugang zum komplexen Netzwerk einer immer vielschichtiger werdenden Medienkultur. Die Korrelationen so unterschiedlicher Bereiche wie Wissenschaft, Religion, Literatur, Pädagogik, Theater, Kunst oder Musik, wie sie von der Zeitschrift organisiert wurden, und die wechselseitigen Abhängigkeiten so unterschiedlicher Medien wie Buch, Brief, Zeitung, Blatt, Plakat, Kalender, Almanach voneinan-

der und vom Medium Zeitschrift sind bislang kaum erforscht und signalisieren die Notwendigkeit einer übergreifenden, medienkulturwissen-
schaftlichen Perspektive. Dass Zeitschriften bislang in die Gegenstands-
bereiche völlig unterschiedlicher Einzeldisziplinen verteilt wurden und
ihre Wirkung jeweils nur partiell in den Blick kam, hatte zur Folge, dass
man ihre übergreifende Rolle in der bürgerlichen Medienkultur bislang
noch unterschätzte. Paradoxerweise aber ist es gerade diese partielle Prä-
senz in *allen* Einzeldisziplinen, welche die *gesamt*gesellschaftliche Dominanz des Mediums Zeitschrift begründet.

Gleich zweifach hat sie sich in entsprechenden Wandlungsprozessen
niedergeschlagen: Erstens war es der Zeitschrift vorbehalten, aus dem
Typus des allgemeinwissenschaftlichen Gelehrtenjournals die Fachzeitschriften zu generieren, denen ergänzend schon früh populärwissenschaftliche Zeitschriften zur Seite traten, womit enge Fachöffentlichkeiten zu
einer übergreifenden Medienöffentlichkeit transformiert wurden. Und
zweitens wurde der Typus der Moralischen Wochenschrift bzw. »Familienzeitschrift«, wie er in der ersten Hälfte des Jahrhunderts vorherrschte,
weiterentwickelt zu »Frauenzeitschriften« und allgemeinen Unterhaltungszeitschriften, die, zumal unter dem Gesichtspunkt einer zunehmenden Visualisierung, erneut ganz neue Rezipientengruppen erschließen
sollten, d.h. die bis dahin klassische bürgerliche Medienöffentlichkeit erheblich erweitern würden. Damit wurde dem neuen Medium Zeitschrift
auch ein ganz neuer Funktionszusammenhang eröffnet, der mit »Vernunft«, »Kritik«, »Moral« »Tugend« oder »Selbstvergewisserung« nichts
mehr zu tun hatte.

---— * * * ———————

12. Identitätsstiftung und Entsinnlichung

Nach der Darstellung der ersten vier Perioden der Medienkulturgeschichte (Faulstich 1996; Faulstich 1997; Faulstich 1998): der archaischen Periode (vor 2500 v.u.Z.), der multiplen hochkulturellen Periode (2500 v.u.Z. bis 800), der Periode des christlichen Mittelalters (800 bis 1400) und der Periode der frühen Neuzeit (1400 bis 1700), galt die Aufmerksamkeit der fünften Periode – der bürgerlichen Medienkultur (1700 bis 1830).

Nach den beiden ersten Weltveränderungen in der Kulturgeschichte der Menschheit: zunächst dem frühen Wandel vom Matriarchat zum Patriarchat und dann dem Umschwung von der Dominanz der Menschmedien zur Dominanz der Druckmedien, zeigt sich das 18. Jahrhundert als die Blüte und Hochzeit der Druckmedien, verbunden mit der Herausbildung und Herrschaft des Bürgertums. Wieder wirkte sich binnenstrukturell in dieser Periode ein demoskopischer Einschnitt in Form einer zahlenmäßigen Zunahme der Bevölkerung in Europa und in Deutschland ab 1750 als wesentlicher Schub für medienkulturelle Neuerungen aus: eine Zunahme in der Verbreitung der Zeitung; ein weiterer Funktionsverlust der traditionellen Mensch- und Gestaltungsmedien; der Boom des Briefs als Medium privater Kommunikation; der Niedergang des Volksmediums Kalender bzw. der Aufstieg des Almanachs; die sprunghafte Ausdifferenzierung des Buch- und Literaturmarktes; insbesondere die Entstehung des Mediums Zeitschrift und die Generierung ganz neuer Zeitschriftentypen .

Die Hauptergebnisse der vorliegenden Rekonstruktion der Mediengeschichte zwischen 1700 und 1830 lassen sich nach drei Gesichtspunkten gliedern: nach charakteristischen Merkmalen und Erscheinungsweisen der bürgerlichen Medien (12.1), nach der Bedeutung der Medien für den Strukturwandel des Öffentlichen im Zusammenhang mit der Entstehung der bürgerlichen Gesellschaft (12.2) und nach den zentralen Funktionen der neuen Medienkultur (12.3). Erneut und anschaulicher denn je hat sich die enorme Bedeutung der Kommunikationsmedien für das Verständnis gesellschaftlicher Verhältnisse und ihrer Veränderungen aufzeigen lassen – hier insbesondere im Hinblick auf das sich herausbildende kulturelle Teilsystem mit »Liebe« als einem ganz neuen symbolisch generalisierten Handlungsmedium.

12.1 Charakteristische Merkmale der bürgerlichen Medien

Im Unterschied zur Gesamtheit der Medien und ihrer Gruppierung in früheren Perioden charakterisiert sich die bürgerliche Medienkultur zunächst durch drei Besonderheiten. Erstens ist die Zahl der gesellschaftlich relevanten Einzelmedien zurückgegangen. Gab es zur Zeit der frühen Hochkulturen etwa 20 Einzelmedien, und zwar verteilt auf Mensch- (9), Gestaltungs- (6) und Schreibmedien (5), im Mittelalter dann etwa 14, so lag die Zahl in der frühen Neuzeit wieder bei etwa 20, um im 18. Jahrhundert erneut deutlich reduziert zu werden. Das Gesamtbild sieht wie folgt aus:

Menschmedien	Gestaltungsmedien	Schreibmedien	Druckmedien
(Prediger)	(Schloss)	Brief	Zeitung
(Herold)	(Park)	Blatt	Plakat
Theater		Wand	Flugblatt
			Heft/
			Flugschrift
			Kalender
			Almanach
			Buch
			Zeitschrift

Die zweite Besonderheit, eng damit verbunden, liegt in der Gruppierung: Stuft man die gesellschaftliche Relevanz traditioneller Menschmedien wie beispielsweise Prediger und Herold niedrig ein, so bleibt hier nur noch das Theater – zwar als Tanz-, Sprech- und Musiktheater, aber jeweils elitär vereinnahmt von der Kunst: kommunikationsmedial ein Randgruppenphänomen. Die Erzählerin wurde zur Vorleserin, der Ausrufer funktional vom Intelligenzblatt abgelöst, der Prediger von der Zeitschrift, der Lehrer vom Lehrbuch, das Theater vom Drama usw. Bewertet man ähnlich die feudalen Gestaltungsmedien wie Schloss und Park, so waren zwischen 1700 und 1830 neben den Schreibmedien Brief, Blatt und Wand in absoluter Dominanz nur noch die Druckmedien verbreitet (mit acht von insgesamt zwölf Einzelmedien). Bürgerliche Medienkultur war demnach zuallererst Druckmedienkultur. Übrigens hatte sich vergleichbar, ebenfalls nach einer Phase des Übergangs, die mittelalterliche Medienkultur ganz markant als Menschmedienkultur dargestellt. Nur kündigten sich im Unterschied zum Mittelalter, in dem das zukunftsträchtige Buch bereits bedeutsam geworden war, im bürgerlichen Zeitalter mit dem Physionotrace, der Laterna magica und dem Guckkasten die zukunftsträchtigen Entwicklungen erst als Nischenphänomene an. Immerhin ging medienhistorisch die Stabilisierung einer Mediengruppe auch hier wieder mit einer numerischen Reduzierung der Einzelmedien zusammen.

Dass diese Reduktion nur einer Konsolidierung dieser Mediengruppe Gestalt gab, wird durch das dritte Merkmal verdeutlicht: Die Medien der bürgerlichen Gesellschaft zeichnen sich durch einen intensiven Verbund aus; Einzelmedien traten meist in Verbindung mit anderen auf. Verleger brachten nicht nur Bücher heraus, sondern auch Zeitschriften und Zeitungen; Autoren schrieben nicht nur in Büchern und Kalendern, sondern auch in Almanachen, in Zeitschriften und im Medium Brief; Buchhändler vertrieben nicht nur Bücher, sondern auch Zeitschriften und Hefte bzw. Flugschriften; diese wiederum bezogen sich auf Bücher oder Zeitschriften; und Leser bedienten sich mehr oder weniger aller Druckmedien bis hin zu Plakat und Flugblatt. Die supramediale Verflechtung reichte bis zur Vermischung diverser kultureller Handlungsrollen, wenn etwa der Autor zum Kritiker wurde oder seine eigenen Werke selbst verlegte, der Kritiker sich als Herausgeber verstand oder der Leser wiederum selbst als Autor tätig war.

Die erste Teilbilanz lautet demnach: Bürgerliche Medienkultur in der Zeit von 1700 bis 1830 war dominant bestimmt von einer numerisch reduzierten Gruppe von Druckmedien in integrativer Verflechtung miteinander.

12.2 Die Bedeutung der Medien für den Strukturwandel des Öffentlichen

Das bedeutet nicht, dass es unter den Einzelmedien keine Hierarchie gab. Je nach Bezugspunkt oder Perspektive muss man unterscheiden: Kulturell war ohne Frage die Zeitschrift das wichtigste Medium des Bürgertums; mit ihrer enormen Diversifikation ermöglichte sie das »Jahrhundert der Aufklärung«. In engem Zusammenhang damit stand das Medium Buch, wobei sich das »Jahrhundert der Buchkultur« allerdings primär in seinem strukturellen Wandel hin zum Buch- und Literaturmarkt auswirkte, also für die Ideologie gleichsam die ökonomische Basis bereitstellte. In der privaten Sphäre ergänzt wurde die Zeitschrift durch den Privatbrief im »Jahrhundert des Briefs«, in dem die Post systemisch vernetzt, institutionalisiert und verstaatlicht wurde. Die Zeitung dagegen muss als das erste gesamtgesellschaftliche Medium im »bürgerlichen Zeitalter« bezeichnet werden. Alle anderen Medien wie das Plakat, der Almanach, der Kalender oder das Flugblatt waren demgegenüber – gemäß dem derzeitigen Forschungsstand – geographisch, zeitlich oder zielgruppenmäßig in ganz spezifischen politischen, wirtschaftlichen und kulturellen Kontexten funktionalisiert und entsprechend nachgeordnet.

Damit kommen wir auf die einleitende Frage nach dem Movens für den epochetypischen Strukturwandel des Öffentlichen zurück. Beides: die überragende Dominanz von Zeitschrift, Buch und Zeitung, unter Einschluss auch des privaten Briefs, sowie der integrative Verbund der bürgerlichen Druckmedien, verweist auf die Schlüsselbedeutung der Medienkultur. Nicht ›die Öffentlichkeit‹ hat sich gewandelt und dabei neue Medien generiert, sondern umgekehrt hat erst der Medienwandel den Strukturwandel des Öffentlichen ermöglicht, den gesellschaftlichen Wandel zur Herrschaft des Bürgertums getragen. Das reicht von der zunehmenden Verbreitung der Zeitung mit ihrer neuen gesamtgesellschaftlichen Informationsöffentlichkeit über die lokalen Medien Wand und Plakat mit ihrer Funktion politischer Verlautbarung und kommerzieller Werbung bis hin zur Zeitschrift als hoch diversifiziertem Forum für zahlreiche Teilöffentlichkeiten der unterschiedlichsten Art (Einzelwissenschaften, kulturelle Subsysteme, neue Lesergruppen wie die Frauen usw.). Das impliziert die Unterdrückung des traditionellen Volksmediums Kalender ebenso wie die überwiegend politische Instrumentalisierung von Flugblatt und Flugschrift im partikulären Diskurs von Kritik und Propaganda. Und das meint auch die Entfaltung eines neuen Literaturmarkts als totale Ökonomisierung des Mediums Buch. Bürgerliche Kommunikation und Selbstvergewisserungsprozesse, als neue Formen personaler Öffentlichkeit, erhielten auf der Grundlage dieser diversen neuen Medienforen ihre politische Sprengkraft. Erst der mediale Transfer kapitalistischer und aufklärerischer Ideen bewirkte jenen Multiplikations- und Generalisierungseffekt, dessen es bedurfte, um die Integration zahlreicher Teilöffentlichkeiten zu »der« bürgerlichen Gesellschaft zu leisten. Das impliziert konsequenterweise auch die neue private oder Familien- oder Frauenöffentlichkeit – mit Brief, Taschenbuch und Zeitschrift als ihren medialen Fundamenten.

Die Entstehung des kapitalistischen Buchmarktes, die Ökonomisierung des literarischen Marktes und der gesamten Medienkultur bis hin zum ›Privat‹brief darf aber nicht verwechselt werden mit der Entstehung von Öffentlichkeit. Es hat im 18. Jahrhundert niemals eine »literarische Öffentlichkeit« als angebliche Zwischenstufe zwischen einer absolutistisch-repräsentativen und einer bürgerlichen Öffentlichkeit gegeben. Vielmehr verlief der strukturelle Wandel des Öffentlichen, vom absolutistischen »Geheimen« zum bürgerlichen »Privaten«, nach Maßgabe des medienkulturellen Wandels. Der Übergang von der feudalen zur bürgerlichen Öffentlichkeit war Folge einer Ablösung traditioneller Mensch- und Gestaltungsmedien durch die bürgerlichen Druckmedien. Sie generierten ganz neue Teilöffentlichkeiten innerhalb der bürgerlichen Schicht – sei es auf der Basis neuer Medien (Zeitschrift), sei es mit der Ausweitung bestehender Medien (Zeitung), sei es mit der Ausbildung neuer Funktionen alter Medien (Buch, Brief). Die Entfaltung zunächst singulärer Einzelmedien und Handlungsrollen im Neben- und Nacheinander sowie ihre rasche Verflechtung miteinander schufen ein integratives Kommunikationssystem von enormer Durchschlagskraft und Dominanz: eine neue Medienöffentlichkeit.

Entsprechend lautet die zweite Teilbilanz: Der Wandel von einer dominant repräsentativen Öffentlichkeit zu einer dominant bürgerlichen Öffentlichkeit verdankte sich dem Niedergang »alter« feudaler Mensch- und Gestaltungsmedien (Herold, Schloss usw.) und dem Aufschwung »neuer« Druckmedien (Zeitschrift, Zeitung, Buch etc.).

12.3 Zentrale Funktionen der neuen Medienkultur

Daraus ergibt sich die epocheübergreifende Funktionsbestimmung der bürgerlichen Medienkultur. In früheren Perioden kultureller Entwicklung hatten die Medien ganz unterschiedliche Primärfunktionen: in der Zeit von den Anfängen bis zu den frühen Hochkulturen eine kultische Funktion, im antiken Altertum eine kommunikationsinstrumentelle, im Mittelalter eine sozialpublizistische, in der frühen Neuzeit eine agitatorische Funktion. Für das bürgerliche Zeitalter muss der Medienkultur insgesamt eine Doppelfunktion zugesprochen werden: So waren die Medien Instrumente und Ausdruck der Emanzipation des Bürgertums, ihrer Abgrenzung von der herrschenden Adelsklasse nach oben und vom gemeinen Volk nach unten. Sie stifteten soziale Einheit und hatten insofern identifikatorische Funktion. Zum Bürger wurde, wer medienkulturell integriert war, d.h. wer an den Medien Zeitung, Brief, Buch, Zeitschrift usw. in irgendeiner Form produktiv, distributiv oder rezeptiv beteiligt war.

Fragt man nach dem durchdringenden, gleich bleibenden Merkmal dieser bürgerlichen Medienkultur, so gilt die benannte absolute Dominanz der Printmedien und damit eine durchgängige Entsinnlichung der Kommunikation; sie soll hier als abstraktifikatorische Funktion bezeichnet werden. Von ihren dominanten Medien her bestand öffentliche Kommunikation in der bürgerlichen Gesellschaft im Lesen, d.h. sie war nach den Prinzipien des Linearen, Diskursiven, Abstrakten organisiert. Konkret-Anschauliches, Visuelles, Sinnliches wurden aufs Äußerste zurückgenommen.

Die abschließende dritte Teilbilanz lautet deshalb: Identitätsstiftung und Entsinnlichung sind die beiden zentralen Funktionen der Medien im 18. Jahrhundert und beides gehört zusammen. Die Kommunikationsmedien zahlten mit ihrer Abstraktifikation ganz offensichtlich den Preis für ihre erfolgreich identitätsstiftende Funktion.

Ästhetische und wahrnehmungspsychologische Merkmale der bürgerlichen Druckmedienkultur sind im Rahmen einer Mediengeschichte bisher nur eingeschränkt als Literaturgeschichte thematisiert worden (z.B. Faulstich 1982a, 140ff., 241ff.). Ergänzende Ansätze verstanden sich als Technikgeschichte (z.B. Mast 1986), als Kommunikationsgeschichte (z.B.

Duchkowitzsch 1985; Schmolke 1997) oder als Sozialgeschichte (z.b. Koszyk 1989; Lerg 1992) – sofern man es nicht provokativ vorzog, die einschlägigen Forschungsbeiträge der letzten zwanzig Jahre einfach auszusparen und von einem angeblichen »Desiderat« (Voßkamp 2000, 319) zu sprechen. Erich Schön hat den benannten Verlust der Sinnlichkeit aus der Sicht einer Mentalitätsgeschichte ausführlicher beschrieben – zwar nur als »Mentalitätswandel um 1800«, obwohl er die gesamte Epoche betrifft, aber bezogen auf »die Verwandlung des Lesers«, und Lesen war ja in der bürgerlichen Medienkultur die dominante öffentliche Kommunikation schlechthin. Vor allem vier Merkmale hat er herausgestellt:
– Erstens die »Eliminierung des Körpers« als Folge eines »Dominanzgewinns des Kognitiven« wie beim Wandel vom lauten zum stillen Lesen. Das reicht von der »Disziplinierung des Auges« über den Verlust der Stimmlichkeit und der gleichsam vokalisierten Encounter-Öffentlichkeit bis zur Affektkontrolle als Privatisierung (Schön 1987, 113ff.).
– Zweitens »die Aufhebung des Widerspruchs zwischen der physischen Unbeweglichkeit im Stillsitzen und den ›bewegten‹ Szenen und Bildern der Lektüre« wie beim Wandel vom Lesen im geschlossenen Raum zum Lesen im Freien, in der Natur, in der Landschaft (Schön 1987, 125ff., 162ff.). Das betraf besonders die Romanlektüre; das »Hinausgehen aus der Gesellschaft« erleichterte offenbar den Übergang in die fiktionale Welt.
– Drittens die Rückentwicklung des »autoritativen Vorlesens« bzw. einer autoritativen Rezeptionssituation wie beim Vorlesen durch den Hausvater, Schulmeister oder Pfarrer ebenso wie den Niedergang des »geselligen Vorlesens« etwa in den Salons, Lesegesellschaften und kommunikativen Kreisen hin zur Individualisierung des Texterlebnisses und damit zum subjektiven Textverstehen in Gestalt »empathischer Rollenflexibilität« (Schön 1987, 188ff.+214). Das heißt: Die Zeitgenossen des 18. Jahrhunderts entwickelten erstmals die Fähigkeit, sich bei der Romanlektüre für eine begrenzte Lesezeit mit fiktionalen Handlungsfiguren zu identifizieren.
– Viertens die Verlagerung des »einsamen Lesens«, d.h. des einzelnen, singulären Lesens, in die Freizeit und zunehmend in den späten Abend bis in die Nacht hinein als Ausdruck einer »neuen Zeitmentalität«. Erst die Nützlichkeit rechtfertigte das Lesen – und Bildungslesen gehörte ins Reich der Notwendigkeiten –, aber »Ordnung und Disziplin beim Lesen« wurden funktionalisiert: »damit der Endzweck, das Vergnügen, desto besser erreicht wird« (Schön 1987, 250ff.+270).
Das meint eine Partialität, eine Differenz, eine Segmentierung und Trennung von Körperlichkeit und Kognition, von Realität und Phantasie, von Gemeinschaft und Individualität, von Arbeit und Vergnügen. Lesemedien fragmentarisieren und reduzieren Wirklichkeit. Was bei Schön dergestalt mentalitätsbezogen gefasst ist, lässt sich auch gesamtgesellschaftlich so-

wie kulturspezifisch benennen. Zur gesamtgesellschaftlichen Differenzierung im 18. Jahrhundert rechnen so unterschiedliche Phänomene wie die Individualisierung und zunehmende Intimisierung des Subjekts; die Entwicklung von Geschlechterrollen für Mann und Frau, entsprechend einer Trennung in Kommerz- und Warenöffentlichkeit auf der einen und Privat- und Familienöffentlichkeit auf der anderen Seite; die Verdinglichung der Humanbeziehungen auf dem kapitalistischen Markt und die Entsinnlichung und Fragmentarisierung der öffentlichen Kommunikation durch die Druck- und Lesemedien – ohne Zweifel eine medienkulturelle Verarmung. Das neue kulturelle Programm mit seinen Integrationsfunktionen soll das aufwiegen. Analog zum »Geld« im kapitalistischen System und zur »Macht« im politischen System entstand im neu sich herausbildenden kulturellen System als Kompensation oder Gegenpol ein symbolisch generalisiertes Handlungsmedium: die »Liebe«. Mit ihren herausragenden Formen (romantische Liebe, Mutterliebe, pädagogischer Eros oder Kindesliebe, Freundschaft) steht sie in einem reziprok komplementären Verhältnis zur bürgerlichen Druckmedienkultur und zur bürgerlichen Gesellschaft insgesamt – das eine wäre nicht denkbar ohne das andere.

Es wird zu fragen sein, wie sich diese Korrelation modifiziert, wenn in der nächsten mediengeschichtlichen Periode die Sinnlichkeit über einen neuen Visualisierungsschub wieder Eingang in die dominante Medienkultur findet und das klassische Bürgertum von der Massengesellschaft abgelöst wird. Immer stärker rückt die Rolle der Medien für das jeweilige Weltbild der Kommunikationspartner ins Zentrum. Bei der ersten medialen Weltveränderung, dem Wandel vom Medium Frau zum Medium Opferritual und allen daraus abgeleiteten weiteren Medien, waren Diesseits und Jenseits voneinander getrennt worden. Bei der zweiten medialen Weltveränderung, dem Wandel von der Dominanz der Menschmedien zur Dominanz der Druckmedien, hat der technische Kanal die Distanz zum Kommunikationspartner etabliert, die Trennung des Ich vom Du. Nunmehr zeichnet sich eine weitere reduktive Zurichtung von Wirklichkeit ab. Und immer näher rückt eine Antwort auf die Frage, ob wir es hier mit einer kumulativen Erkenntnisblockade zu tun haben, die heute bereits bei der Simulation von Welt und Wirklichkeit angekommen ist, oder ob es sich dabei nur um stets neue Versionen einer immergleichen medialen Zurichtung der Wirklichkeit und Steuerung der Wahrnehmungsperspektive handelt.

Nachweis der Abbildungsquellen

Abb.	1:	Glaser/Werner 1990, S. 33.
Abb.	2:	Schiedlausky 1961, S. 10.
Abb.	3:	Heyden-Rynsch 1995, S. 185.
Abb.	4:	Schmidt-Linsenhoff 1989, S. 515.
Abb.	5:	Wilke 2000, S. 79.
Abb.	6:	Ebd., S. 120.
Abb.	7:	Gallo 1989, S. 8.
Abb.	8:	Beyrer/Dallmeier 1994, S. 131.
Abb.	9:	Freiheit 1989, S. 542.
Abb.	10:	Villani o. J., S. 76; außerdem Paneth 1926, S. 21.
Abb.	11:	Gallo 1989, S. 17.
Abb.	12:	Paneth 1926, S. 81.
Abb.	13:	Ahrlé 1990, S. 7.
Abb.	14:	Zur Westen 1925, S. 120; außerdem Weill 1985, S. 13.
Abb.	15:	Weill 1985, S. 15.
Abb.	16:	Buchli 1962, S. 270; außerdem Rademacher 1989, Abb. 4; Zur Westen 1925, S. 102; Markschiess-van Trix/Nowak 1975, S. 15.
Abb.	17:	Buchli 1962, S. 271.
Abb.	18:	Haug/Warning 1989, S. 542f.
Abb.	19:	Jacobeit 1988, S. 130; außerdem Salmen 1988a, S. 137.
Abb.	20:	Calendoli 1986, S. 165.
Abb.	21:	Heumann o. J. (ca. 1740), ohne S.
Abb.	22:	Propyläen Geschichte der Literatur 1983, S. 15.
Abb.	23:	Salmen 1988b, S. 181.
Abb.	24:	Bottigheimer 1986, S. 67.
Abb.	25:	Ebd., S. 69.
Abb.	26:	Glaser/Werner 1990, S. 161; außerdem Stackelberg 1980, S. 66.
Abb.	27:	Jacobeit 1988, S. 159.
Abb.	28:	Kießkalt 1935, S. 285.
Abb.	29:	Beyrer 1992, S. 63.
Abb.	30:	Lotz 1989, S. 164.
Abb.	31:	Mix 1986a, S. 150.
Abb.	32:	Lanckorónska/Rümann 1985, Bilderteil S. 97.
Abb.	33:	Newhall 1989, S. 10.
Abb.	34:	Segeberg 1996, S. 52.
Abb.	35:	Füsslin 1995, S. 44.
Abb.	36:	Graf 1896, S. 58.
Abb.	37:	Propyläen Geschichte der Literatur 1983, S. 543.
Abb.	38:	Lanckorónska/Rümann 1985, Bilderteil S. 45.
Abb.	39:	Zimmermann 1974, S. 196.
Abb.	40:	Ebd., S. 80.
Abb.	41:	Wäscher 1955, S. 101.
Abb.	42:	Haasis 1988, S. 198, außerdem in: Freiheit 1989, S. 371.
Abb.	43:	Haasis 1988, S. 207.
Abb.	44:	Publizistik 1993, S. 20.

Abb. 45:	Plaul 1983, S. 75.
Abb. 46:	Lanckorónska/Rümann 1985, Bilderteil S. 135.
Abb. 47:	Haering/Hohenstatt 1942, S. 81.
Abb. 48:	Lanckorónska/Rümann 1985, S. 61.
Abb. 49:	Museumspädagogischer Dienst 1989, S. 142; außerdem Schiedlausky 1961, S. 33; Rosenstrauch 1986, S. 14.
Abb. 50:	Lange 1941, S. 215; außerdem Wittmann 1991, S. 223.
Abb. 51:	Propyläen Geschichte der Literatur 1983, S. 192.
Abb. 52:	Plaul 1983, S. 109.
Abb. 53:	Krull 1939, S. 16f.
Abb. 54:	Wilke 2000, S. 96.
Abb. 55:	Wittmann 1973, S. 923.
Abb. 56:	Buchli 1962, S. 256.

---

* * *

Literatur

Abel, Ernest L. and Barbara E. Buckley: The Handwriting on the wall. Towards a sociology and psychology of Graffiti. Westport 1977

Adam, Wolfgang: Theorien des Flugblatts und der Flugschrift. In: Joachim-Felix Leonhard u.a. (Hg.), Medienwissenschaft. Berlin, New York 1999, S. 132-143

Ahrlé, Ferry: Galerie der Straße. Die großen Meister der Plakat-Kunst. Frankfurt/M. 1990

Albrecht, Peter: Kaffee. Zur Sozialgeschichte eines Getränks (Ausstellungskatalog). Braunschweig 1980

Alewyn, Richard: Das große Welttheater. Die Epoche der höfischen Feste. München 1995

Altmann, Eckhard: Die Predigt als Kontaktgeschehen. Stuttgart 1963

Ammermann, Monika: Gelehrten-Briefe des 17. und frühen 18. Jahrhunderts. In: Bernhard Fabian/Paul Raabe (Hg.), Gelehrte Bücher vom Humanismus bis zur Gegenwart. Wiesbaden 1983, S. 81-96

Arend, Helga: Vom »süßen Rausch« zur »stillen Neigung«. Zur Entwicklung der romantischen Liebeskonzeption. Pfaffenweiler 1993

Ariès, Philippe: Geschichte der Kindheit. (Orig. 1960) München 1975

–: Die unauflösliche Ehe. In: Ders./André Béjin/Michel Foucault u.a. (Hg.), Die Masken des Begehrens und die Metamorphosen der Sinnlichkeit. Zur Geschichte der Sexualität im Abendland. (Paris 1982) Frankfurt/M. 1984, S. 176-196

–: Liebe in der Ehe. In: Ders./André Béjin/Michel Foucault u.a. (Hg.), Die Masken des Begehrens und die Metamorphosen der Sinnlichkeit. Zur Geschichte der Sexualität im Abendland. (Paris 1982) Frankfurt/M. 1984a, S. 165-175

–/André Béjin/Michel Foucault u.a. (Hg.): Die Masken des Begehrens und die Metamorphosen der Sinnlichkeit. Zur Geschichte der Sexualität im Abendland. (Paris 1982) Frankfurt/M. 1984b

Arnold, Werner: Fürstenbibliotheken. In: Ders./Wolfgang Dittrich/Bernhard Zeller (Hg.), Die Erforschung der Buch- und Bibliotheksgeschichte in Deutschland. Wiesbaden 1987, S. 398-419

–: Der Fürst als Büchersammler. Die Hofbibliotheken in der Zeit der Aufklärung. In: Ders./Peter Vodosek (Hg.), Bibliotheken und Aufklärung. Wiesbaden 1988, S. 41-59

Assmann, Aleida: Festen und Fasten. Zur Kulturgeschichte und Krise des bürgerlichen Festes. In: Walter Haug/Rainer Warning (Hg.), Das Fest. München 1989, S. 227-246

–/Jan Assmann: Kanon und Zensur. In: Dies. (Hg.), Kanon und Zensur. Beiträge zur Archäologie der literarischen Kommunikation II. München 1987, S. 7-27

Baader, Renate: Die Literatur der Frau oder die Aufklärung der kleinen Schritte. In: Neues Handbuch der Literaturwissenschaft: Europäische Aufklärung III. Wiesbaden 1980, S. 79-106

Badinter, Elisabeth: Die Mutterliebe. Geschichte eines Gefühls vom 17. Jahrhundert bis heute. (Orig. 1980) München 1984

Bäuml, Michael: Staatspolitik, Presse und Post. Die Bedeutung des Postzwangs und Postzeitungsdebits für Staatspolitik und Presse in Deutschland. In: Archiv für Postgeschichte in Bayern 8 (1932), H. 1, S. 1-23

Bake, Rita/Birgit Kiupel (Hg.): Unordentliche Begierden. Liebe, Sexualität und Ehe im 18. Jahrhundert. Hamburg 1996

Bartels, Klaus: Proto-kinematographische Effekte der Laterna magica in Literatur und Theater des achtzehnten Jahrhunderts. In: Harro Segeberg (Hg.), Die Mobilisierung des Sehens. München 1996, S. 113-147

261

Baumert, Dieter Paul: Die Entstehung des deutschen Journalismus. Eine sozialgeschichtliche Studie. München, Leipzig 1928

Baur-Heinhold, Margarete: Bemalte Fassaden. Geschichte, Vorbild, Technik, Erneuerung. München 1975

Bausinger, Hermann: Anmerkungen zum Verhältnis von öffentlicher und privater Festkultur. In: Dieter Dyding / Peter Friedemann / Paul München (Hg.), Öffentliche Festkultur. Politische Feste in Deutschland von der Aufklärung bis zum Ersten Weltkrieg. Reinbek 1988, S. 390-404

Baxmann, Inge: Die Feste der Französischen Revolution. Inszenierung von Gesellschaft als Natur. Weinheim, Basel 1989

Beaujean, Marion: Der Trivialroman in der zweiten Hälfte des 18. Jahrhunderts. Die Ursprünge des modernen Unterhaltungsromans. 2. ergänzte Aufl. Bonn 1969

Becher, Ursula A. J.: Politische Gesellschaft. Studien zur Genese bürgerlicher Öffentlichkeit in Deutschland. Göttingen 1978

–: Lektürepräferenzen und Lesepraktiken von Frauen im 18. Jahrhundert. In: Hans Erich Bödeler (Hg.), Lesekulturen im 18. Jahrhundert. (Aufklärung 6, H. 1) Hamburg 1992, S. 27-42

Beck, Ulrich / Elisabeth Beck-Gernsheim: Das ganz normale Chaos der Liebe. Frankfurt / M. 1990

Becker-Cantarino, Barbara: Der lange Weg zur Mündigkeit. Frauen und Literatur in Deutschland von 1500–1800. München 1989

–: Leben als Text. Briefe als Ausdrucks- und Verständigungsmittel in der Briefkultur und Literatur des 18. Jahrhunderts. In: Hiltrud Gnüg / Renate Möhrmann (Hg.), Frauen Literatur Geschichte. Schreibende Frauen vom Mittelalter bis zur Gegenwart. Frankfurt / M. 1989a, S. 83-103

–: Von der Prinzipalin zur Primadonna: Frauen am Theater. In: Hiltrud Gnüg / Renate Möhrmann (Hg.), Der lange Weg zur Mündigkeit. München 1989b, S. 303-340

–: Geschlechtszensur: Zur Literaturproduktion der deutschen Romantik. In: John A. McCarthy / Werner von der Ohe (Hg.), Zensur und Kultur. Zwischen Weimarer Klassik und Weimarer Republik mit einem Ausblick bis heute. Tübingen 1995, S. 87-98

Beer, Axel. Musikzeitschriften. In: Ernst Fischer u.a. (Hg.), Von Almanach bis Zeitung. Ein Handbuch der Medien in Deutschland 1700–1800. München 1999, S. 233-247

Behringer, Wolfgang: Thurn und Taxis. Die Geschichte der Post und ihrer Unternehmen. München 1990

–: Die Erschließung der Ferne. Postwagenverkehr im Zeitalter des Absolutismus. In: Klaus Beyrer (Hg.), Zeit der Postkutschen. Drei Jahrhunderte Reisen 1600–1900 (Ausstellungskatalog). Karlsruhe 1992, S. 54-66

Bender, Wolfgang F.: Vom ›tollen‹ Handwerk zur Kunstübung. Zur ›Grammatik‹ der Schauspielkunst im 18. Jahrhundert. In: Ders. (Hg.), Schauspielkunst im 18. Jahrhundert. Grundlagen, Praxis, Autoren. Stuttgart 1992, S. 11-50

–: Theaterzeitschriften. In: Ernst Fischer u.a. (Hg.), Von Almanach bis Zeitung. Ein Handbuch der Medien in Deutschland 1700–1800. München 1999, S. 346-355

Berg, Gunter: Die Selbstverlagsidee bei deutschen Autoren im 18. Jahrhundert. In: Archiv für Geschichte des Buchwesens, Bd. VI, Frankfurt / M. 1966, S. 1371-1392

Berg, Jan: Deutsches Theater im 18. Jahrhundert. In: Henning Rischbieter / Jan Berg (Hg.), Welttheater. Braunschweig 1985, S. 124-161

Berghahn, Klaus L.: Das schwierige Geschäft der Aufklärung. Zur Bedeutung der Zeitschriften im literarischen Leben des 18. Jahrhunderts. In: Hans-Friedrich Wessels (Hg.), Aufklärung. Ein literaturwissenschaftliches Studienbuch. Königstein / Ts. 1984, S. 32-65

–: Von der klassizistischen zur klassischen Literaturkritik 1730–1806. In: Peter Uwe Hohendahl (Hg.), Geschichte der deutschen Literaturkritik (1730–1980). Stuttgart 1985, S. 10-75

Bergmann, Martin S.: Eine Geschichte der Liebe. Vom Umgang des Menschen mit einem rätselhaften Gefühl. (New York 1987) Frankfurt / M. 1999

Berns, Jörg Jochen: »Parteylichkeit« und Zeitungswesen. Zur Rekonstruktion einer medienpolitischen Diskussion an der Wende vom 17. zum 18. Jahrhundert. In: Argument, Sonderband 10. Berlin 1976, S. 202-233

Beyrer, Klaus: Des Reisebeschreibers ›Kutsche‹. Aufklärerisches Bewußtsein im Postreiseverkehr des 18. Jahrhunderts. In: Wolfgang Griep/Hans-Wolf Jäger (Hg.), Reisen im 18. Jahrhundert. Neue Untersuchungen. Heidelberg 1986, S. 50-90

– (Hg.): Zeit der Postkutschen. Drei Jahrhunderte Reisen 1600–1900 (Ausstellungskatalog). Karlsruhe 1992

–: Der alte Weg eines Briefes. In: Ders./Hans-Christian Täubrich (Hg.), Der Brief. Eine Kulturgeschichte der schriftlichen Kommunikation. Frankfurt/M. 1996, S. 11-25

–/ Martin Dallmeier (Hg.): Als die Post noch Zeitung machte. Eine Pressegeschichte. Frankfurt/M. 1994

Bialowons, Günter: Geschichte der deutschen Presse von den Anfängen bis 1789. 2. Aufl. Leipzig 1975

Blanke, Horst Walter: Historische Zeitschriften. In: Ernst Fischer u.a. (Hg.), Von Almanach bis Zeitung. Ein Handbuch der Medien in Deutschland 1700–1800. München 1999, S. 71-88

Blessing, Werner K.: Fest und Vergnügen der »kleinen LeuteÇ. In: Richard van Dülmen/ Norbert Schindler (Hg.), Volkskultur. Zur Wiederentdeckung des vergessenen Alltags (16.–20. Jahrhundert). Frankfurt/M. 1984, S. 352-379

Blochmann, Elisabeth: Das »Frauenzimmer« und die »Gelehrsamkeit«. Eine Studie über die Anfänge des Mädchenschulwesens in Deutschland. Heidelberg 1966

Blöbaum, Bernd: Journalismus als soziales System. Geschichte, Ausdifferenzierung und Verselbständigung. Opladen 1994

–: Reisen – Bedeutung und Funktion für die deutsche Aufklärungsgesellschaft. In: Wolfgang Griep/Hans-Wolf Jäger (Hg.), Reisen im 18. Jahrhundert. Heidelberg 1986, S. 91ff.

–: Das Kaffeehaus als Institution aufklärerischer Geselligkeit. In: Etienne Francois (Hg.), Sociabilité et Société bourgeoise en France, en Allemagne et en Swisse, 1750–1850. Paris 1987, S. 65ff.

–: Aufklärung als Kommunikationsprozeß. In: Rudolf Vierhaus (Hg.), Aufklärung als Prozeß. Hamburg 1988, S. 89-111

Böhme, Franz N.: Geschichte des Tanzes in Deutschland, I. Darstellender Teil. (Orig. Leipzig 1886) Hildesheim, Wiesbaden 1980

Böhme, Martin: Die Zeitung. Ihre Entwicklung vom Altertum bis zur Gegenwart. Hamburg 1922.

Böhn, Max von: Der Tanz. Berlin 1925

Böning, Holger: Das Intelligenzblatt als Medium praktischer Aufklärung. Ein Beitrag zur Geschichte der gemeinnützig-ökonomischen Presse in Deutschland von 1768 bis 1780. In: Internationales Archiv für Sozialgeschichte der deutschen Literatur, 12. Band (1987), S. 107-133

– (Hg.): Französische Revolution und deutsche Öffentlichkeit. Wandlungen in Presse und Alltagskultur am Ende des achtzehnten Jahrhunderts. München u.a. 1992

–: Zeitungen für das »Volk«. In: Ders. (Hg.), Französische Revolution und deutsche Öffentlichkeit. Wandlungen in Presse und Alltagskultur am Ende des achtzehnten Jahrhunderts. München u.a. 1992, S. 467-426

–: Aufklärung und Presse im 18. Jahrhundert. In: Hans-Wolf Jäger (Hg.), »Öffentlichkeit« im 18. Jahrhundert. Göttingen 1997, S. 151-163

–: Das Intelligenzblatt. In: Ernst Fischer u.a. (Hg.), Von Almanach bis Zeitung. Ein Handbuch der Medien in Deutschland 1700–1800. München 1999, S. 89-104

Bohren, Rudolf: Predigtlehre. München 1972

Bosse, Heinrich: Autorschaft ist Werkherrschaft. Paderborn 1981

Bottigheimer, Ruth B. (Hg.): Fairy tales and society. Illusion, allusion, and paradigma. Philadelphia 1986

Brandes, Helga: Die »Gesellschaft der Maler« und ihr literarischer Beitrag zur Aufklärung. Eine Untersuchung zur Publizistik des 18. Jahrhunderts. Bremen 1974

–: Das Frauenzimmer-Journal: Zur Herausbildung einer journalistischen Gattung im 18.

Jahrhundert. In: Gisela Brinker-Gabler (Hg.), Deutsche Literatur von Frauen. Erster Band: Vom Mittelalter bis zum Ende des 18. Jahrhunderts. München 1988, S. 452-468

–: Der Wandel des Frauenbildes in den deutschen Moralischen Wochenschriften. Vom aufgeklärten Frauenzimmer zur schönen Weiblichkeit. In: Wolfgang Frühwald u.a. (Hg.), Zwischen Aufklärung und Restauration. Sozialer Wandel in der deutschen Literatur (1700–1848). Festschrift für Wolfgang Martens zum 65. Geburtstag. Tübingen 1989, S. 49-64

–: Die Entstehung eines weiblichen Lesepublikums im 18. Jahrhundert. Von den Frauenzimmerbibliotheken zu den literarischen Damengesellschaften. In: Paul Goetsch (Hg.), Lesen und Schreiben im 17. und 18. Jahrhundert. Studien zu ihrer Bewertung in Deutschland, England, Frankreich. Tübingen 1994, S. 125-133

–: Moralische Wochenschriften. In: Ernst Fischer u.a. (Hg.), Von Almanach bis Zeitung. Ein Handbuch der Medien in Deutschland, 1700–1800. München 1999, S. 225-232

Brandstetter, Gabriele: Figura: Körper und Szene. Zur Theorie der Darstellung im 18. Jahrhundert. In: Erika Fischer-Lichte / Jörg Schönert (Hg.), Theater im Kulturwandel des 18. Jahrhunderts. Göttingen 1999, S. 23-38

Brandt, Peter: Das studentische Wartburgfest vom 18. / 19. Oktober 1817. In: Dieter Düding / Peter Friedemann / Paul München (Hg.), Öffentliche Festkultur. Politische Feste in Deutschland von der Aufklärung bis zum Ersten Weltkrieg. Reinbek 1988, S. 89-112

Braunbehrens, Adrian: Der Rheinländische Hausfreund und seine Nachbarn. In: Badische Landesbibliothek (Hg.), Kalender im Wandel der Zeiten. Eine Ausstellung. Karlsruhe 1982. S. 124-141

–: Musenalmanache und literarische Taschenbücher. In: Badische Landesbibliothek (Hg.), Kalender im Wandel der Zeiten. Eine Ausstellung. Karlsruhe 1982a, 142-156

Brauneck, Manfred: Die Welt als Bühne. Geschichte des europäischen Theaters, Zweiter Band. Stuttgart 1996

Braunfels, Wolfgang: Der Glanz der 28 Tage. Kaiserhochzeiten in Dresden 1719 und München 1722. In: Uwe Schultz (Hg.), Das Fest. Eine Kulturgeschichte von der Antike bis zur Gegenwart. München 1988, S. 210-221

Breit, Herbert: Die Predigt im Blickfeld der Rezipientenforschung. In: Jürgen Roloff (Hg.), Die Predigt als Kommunikation. Stuttgart 1972, S. 28-43

Breuer, Dieter: Geschichte der literarischen Zensur in Deutschland. Heidelberg 1982

Brinker-Gabler, Gisela (Hg.): Deutsche Literatur von Frauen. Erster Band: Vom Mittelalter bis zum Ende des 18. Jahrhunderts. München 1988

Brockmeyer, Rainer: Geschichte des deutschen Briefes von Gottsched bis zum Sturm und Drang. Diss. Münster 1961

Brokmann-Nooren, Christiane: Weibliche Bildung im 18. Jahrhundert: »gelehrtes Frauenzimmer« und »gefällige Gattin«. Oldenburg 1994

Brümmer, Vincent: The model of love. A study in philosophical theology. Cambridge 1993

Bubner, Rüdiger: Ästhetisierung der Lebenswelt. In: Walter Haug / Rainer Warning (Hg.), Das Fest. München 1989, S. 651-662

Buchli, Hanns: 6000 Jahre Werbung. Geschichte der Wirtschaftswerbung und der Propaganda, Bd. II: Die Neuere Zeit. Berlin 1962; Bd. III: Das Zeitalter der Revolutionen. Berlin 1966

Bülow, Michael: Buchmarkt und Autoreneigentum. Die Entstehung des Urhebergedankens im 18. Jahrhundert. Wiesbaden 1990

Büngel, Werner: Der Brief. Ein kulturgeschichtliches Dokument. Berlin 1939

Bürger, Christa / Peter Bürger / Jochen Schulte-Sasse (Hg.): Aufklärung und literarische Öffentlichkeit. Frankfurt / M. 1980

Bunzel, Wolfgang: Almanache und Taschenbücher. In: Ernst Fischer u.a. (Hg.), Von Almanach bis Zeitung. Ein Handbuch der Medien in Deutschland, 1700–1800. München 1999, S. 24-35

Burkart, Günter: Auf dem Weg zu einer Soziologie der Liebe. In: Kornelia Hahn / Günter Burkart (Hg.), Liebe am Ende des 20. Jahrhunderts. Studien zur Soziologie intimer Beziehungen. Opladen 1998, S. 15-49

Burke, Peter: Ludwig XIV. Die Inszenierung des Sonnenkönigs. Frankfurt/M. 1995

Buzas, Ladislaus: Deutsche Bibliotheksgeschichte der Neuzeit (1500–1800). Wiesbaden 1976

Calendoli, Giovanni: Tanz: Kult – Rhythmus – Kunst. Braunschweig 1986

Capp, Bernard: English Almanacs, 1500–1800. Ithaca/NY 1979

Carlsson, Anni: Die deutsche Buchkritik von der Reformation bis zur Gegenwart. Bern, München 1969

Ceram, C.W.: Eine Archäologie des Kinos. Reinbek 1965

Chartier, Roger: Lesewelten. Buch und Lektüre in der frühen Neuzeit. Frankfurt/M. 1990

–: Die kulturellen Ursprünge der Französischen Revolution. Frankfurt/M. 1995

Cilleßen, Wolfgang: Modezeitschriften. In: Ernst Fischer u.a. (Hg.), Von Almanach bis Zeitung. Ein Handbuch der Medien in Deutschland 1700–1800. München 1999, S. 207-224

Clauss, Elke: Liebeskunst. Untersuchungen zum Liebesbrief im 18. Jahrhundert. Stuttgart, Weimar 1993

Dallmeier, Martin (Hg.): 500 Jahre Post – Thurn und Taxis (Ausstellungskatalog). Regensburg 1990.

Dally, Ann: Inventing motherhood. London 1982

Daniel, Ute: Hoftheater. Zur Geschichte des Theaters und der Höfe im 18. und 19. Jahrhundert. Stuttgart 1995

Dann, Otto: Die Lesegesellschaften des 18. Jahrhunderts und der gesellschaftliche Aufbruch des deutschen Bürgertums. In: Herbert G. Göpfert (Hg.), Buch und Leser. Hamburg 1977, S. 160-193

– (Hg.): Lesegesellschaften und bürgerliche Emanzipation. Ein europäischer Vergleich. München 1981

Dannowski, Hans Werner: Kompendium der Predigtlehre. Gütersloh 1985

Dauenhauer, Erich: Kaufmännische Erwachsenenbildung in Deutschland im 18. Jahrhundert. Diss. Erlangen-Nürnberg 1964

Daunicht, Richard: Die Entstehung des bürgerlichen Trauerspiels in Deutschland. Berlin 1963

D´Avino, M.: The Women of Pompeii. Naples 1964

Dawson, Ruth P.: Frauen und Theater: Vom Stegreifspiel zum bürgerlichen Rührstück. In: Gisela Brinker-Gabler (Hg.), Deutsche Literatur von Frauen. Erster Band: Vom Mittelalter bis zum Ende des 18. Jahrhunderts. München 1988, S. 421-434

Deichmann, F.W.: Wandsysteme. In: Byzantinische Zeitschrift 59 (1966), S. 334-358

Denscher, Bernhard: Geschichte des Plakats. In: Joachim-Felix Leonhard u.a. (Hg.), Medienwissenschaft. Berlin, New York 1999, S. 1011-1016

Dietz, Hermann: Das Zeitungswesen. Leipzig 1910

Dirx, Ruth: Das Kind, das unbekannte Wesen. Gelnhausen 1981

Docifat, Emil: Allgemeine Publizistik. In: Handbuch der Publizistik, Bd. I. Berlin 1968

Dreißigacker, Erdmuth: Populärmedizinische Zeitschriften des 18. Jahrhunderts zur hygienischen Volksaufklärung. Diss. Marburg 1970

Dresler, Adolf: Kalenderkunde. Eine kulturhistorische Studie. München 1972

Duchkowitsch, Wolfgang: Mediengeschichte zwischen Historie und Soziologie. In: Ders. (Hg.), Mediengeschichte. Forschung und Praxis. Wien u.a. 1985, S. 37-50

Düding, Dieter: Einleitung: Politische Öffentlichkeit – politisches Fest – politische Kultur. In: Dieter Düding/Peter Friedemann/Paul Münchén (Hg.), Öffentliche Festkultur. Politische Feste in Deutschland von der Aufklärung bis zum Ersten Weltkrieg. Reinbek 1988, S. 10-24

–: Das deutsche Nationalfest von 1814: Matrix der deutschen Nationalfeste im 19. Jahrhundert. In: Dieter Düding, Peter Friedemann/Paul Münchén (Hg.), Öffentliche Festkultur. Politische Feste in Deutschland von der Aufklärung bis zum Ersten Weltkrieg. Reinbek 1988a, S. 67-88

Duerr, Hans Peter: Nacktheit und Scham. Der Mythos vom Zivilisationsprozess, Bd. 1. Frankfurt/M. 1988, 4. Aufl. 1992

Dürr, Walther u.a. (Hg.): Schuberts Lieder nach Gedichten aus seinem literarischen Freundeskreis. Auf der Suche nach dem Ton der Dichtung in der Musik. Kongreßbericht Ettlingen 1997. Frankfurt u.a. 1999

Durzak, Manfred: Das bürgerliche Trauerspiel als Spiegel der bürgerlichen Gesellschaft. In: Propyläen Geschichte der Literatur, Bd. 4: Aufklärung und Romantik, 1700–1830. Berlin 1983, S. 118-139

Ebrecht, Angelika u.a.: Zu dieser Ausgabe. In: Diess. (Hg.), Brieftheorie des 18. Jahrhunderts. Texte, Kommentare, Essays. Stuttgart 1990, S. 1-4

Egner, Erich: Epochen im Wandel des Familienhaushalts. In: F. Oether (Hg.), Familie und Gesellschaft. Tübingen 1966, S. 57ff. Abgedruckt in Rosenbaum, Heidi: (Hg.): Seminar: Familie und Gesellschaftsstruktur. Materialien zu den sozioökonomischen Bedingungen von Familienformen. Frankfurt/M. 1978/1988

Eibl, Karl. Bürgerliches Trauerspiel. In: Hans-Friedrich Wessels (Hg.), Aufklärung. Ein literaturwissenschaftliches Studienbuch. Königstein/Ts. 1984, S. 66-87

Eichberg, Henning: Leistung, Spannung, Geschwindigkeit. Sport und Tanz im gesellschaftlichen Wandel des 18./19. Jahrhunderts. Stuttgart 1978

Eichholz, Armin: »Nur hereinspaziert ...!« Alte Schaustellerplakate. In: Gebrauchsgraphik, 8, München, 1968, S. 46-51

Eidenmüller, Alfred: Grundlagen der Verwaltung und Leitung der Post. 500 Jahre Post und Politik. Frankfurt/M. 1985

Eisel, Stephan: Politik und Musik. Musik zwischen Zensur und politischem Mißbrauch. München 1990

Eisenhardt, Ulrich: Die kaiserliche Aufsicht über Buchdruck, Buchhandel und Presse im Heiligen Römischen Reich Deutscher Nation (1496–1806). Ein Beitrag zur Geschichte der Bücher- und Pressezensur. Karlsruhe 1970

Elias, Norbert: Über den Prozeß der Zivilisation. Soziogenetische und psychogenetische Untersuchungen. Erster Band: Wandlungen des Verhaltens in den weltlichen Oberschichten des Abendlandes. (1936) Frankfurt/M. 14. Aufl. 1989

Engeleit, Hans-Gerd: Das hamburgische Zeitungs- und Zeitschriftenwesen am Ende des 18. Jahrhunderts: Die Anfänge der Wirtschaftspresse. In: Zeitschrift des Vereins für hamburgische Geschichte (1992), S. 103-133

Engelhardt, Ulrich: »Bildungsbürgertum«. Begriffs- und Dogmengeschichte eines Etiketts. Stuttgart 1986

Engelsing, Rolf: Die Perioden der Lesergeschichte in der Neuzeit. Das statistische Ausmaß und die soziokulturelle Bedeutung der Lektüre. In: Archiv für Geschichte des Buchwesens, Bd. X. Frankfurt/M. 1970, S. 946-1002

–: Analphabetentum und Lektüre. Zur Sozialgeschichte des Lesens in Deutschland zwischen feudaler und industrieller Gesellschaft. Stuttgart 1973

–: Dienstbotenlektüre im 18. und 19. Jahrhundert. In: Ders., Zur Sozialgeschichte deutscher Mittel- und Unterschichten. Göttingen 1973a, S. 180-224

–: Der Bürger als Leser. Lesergeschichte in Deutschland 1500–1800. Stuttgart 1974

Enkemann, Jürgen: Journalismus und Literatur. Zum Verhältnis von Zeitungswesen, Literatur und Entwicklung bürgerlicher Öffentlichkeit in England im 17. und 18. Jahrhundert. Tübingen 1983

Erning, Günter: Das Lesen und die Lesewut. Beiträge zu Fragen der Lesergeschichte; dargestellt am Beispiel der schwäbischen Provinz. Bad Heilbrunn 1974

Eversberg, Gerd: »Ombres chinoises«. Zur Geschichte eines Medienspektakels seit dem siebzehnten Jahrhundert. In: Harro Segeberg (Hg.), Die Mobilisierung des Sehens. München 1996, S. 45-67

Ewers, Hans-Heino/Annegret Völpel: Kinder- und Jugendzeitschriften. In: Ernst Fischer u.a. (Hg.), Von Almanach bis Zeitung. Ein Handbuch der Medien in Deutschland 1700–1800. München 1999, S. 137-156

Fabian, Bernhard: Die Göttinger Universitätsbibliothek im achtzehnten Jahrhundert. In: Göttinger Jahrbuch 1980. Göttingen 1980

– (Hg.): Friedrich Nicolai. Essays zum 250. Geburtstag. Berlin 1983

Fankhauser, Gertrud: »Der Kinderfreund« (1775–1784). Die Kinderzeitschrift von Christian
    Felix Weisse als Spiegelbild der Erziehungs- und Gesellschaftsideale des deutschen
    Buergertums am Ende des Aufklaerungszeitalters. Diss. New York University 1975
Faulstich, Werner: Filmästhetik. Tübingen 1982
–: Medienästhetik und Mediengeschichte. Mit einer Fallstudie zu »The War of the Worlds«
    von H.G. Wells. Heidelberg 1982a
–: Spiel, Bildung, Macht und Profit. Über die gesellschaftlichen Interessen an den Medien
    und ihren Wissenschaften. In: Rainer Bohn u.a. (Hg.), Ansichten einer künftigen Medien-
    wissenschaft. Berlin 1988, S. 223-237
–: Medien und Öffentlichkeiten im Mittelalter (800–1400). Die Geschichte der Medien, Bd.
    2. Göttingen 1996
–: Das Medium als Kult. Von den Anfängen bis zur Spätantike (8. Jahrhundert). Die Ge-
    schichte der Medien, Bd. 1. Göttingen 1997
–: Medien zwischen Herrschaft und Revolte. Die Medienkultur der frühen Neuzeit (1400–
    1700). Die Geschichte der Medien, Bd. 3. Göttingen 1998
–: Systemtheorie des Literaturbetriebs. (Orig. 1986) In: Ders., Medienkulturen. München
    2000, S. 13-27
–: Musik und Medium. Eine historiographische Skizze von den Anfängen bis heute. In: Ders.,
    Medienkulturen. München 2000a, S. 189-200
– (Hg.): Grundwissen Medien. 4. Aufl. München 2000b
–: Bestseller – ein Phänomen des 20. Jahrhunderts. Über den Zusammenhang von Werte-
    wandel, Marktmechanismen und Literaturfunktionen aus medienkulturhistorischer Sicht.
    In: Ders., Medienkulturen. München 2000c, S. 213-225
– (Hg.): Liebe 2000 – Konzepte von Liebe in der modernen Massenkultur. Bardowick 2001
–/ Corinna Rückert: Mediengeschichte in tabellarischem Überblick von den Anfängen bis
    heute. Bardowick 1993
Faust, Ingrid: Zoologische Einblattdrucke und Flugschriften vor 1800. Stuttgart 1998
Feilchenfeldt, Konrad: Geselligkeit: Salons und literarische Zirkel im späten 18. und frühen
    19. Jahrhundert. In: Gisela Brinker-Gabler (Hg.), Deutsche Literatur von Frauen. Erster
    Band: Vom Mittelalter bis zum Ende des 18. Jahrhunderts. München 1988, S. 410-420
Ferdinand, C. Y.: Local distribution networks in 18th-century England. In: Robin Myers/
    Michael Harris (Hg.), Spreading the word. The Distribution networks of print, 1550–1850.
    Winchester 1990, S. 131-150
Fischer, Ernst: Probleme der jungen Generation. Ohnmacht oder Verantwortung? Wien 1963
– (Hg.): Der Buchmarkt der Goethezeit. Eine Dokumentation, 2 Bde. Hildesheim 1986
–/ Wilhelm Haefs/York-Gothart Mix (Hg.): Von Almanach bis Zeitung. Ein Handbuch der
    Medien in Deutschland 1700–1800. München 1999
–/ Wilhelm Haefs/York-Gothart Mix: Einleitung: Aufklärung, Öffentlichkeit und Medien-
    kultur in Deutschland im 18. Jahrhundert. In: Dies. (Hg.), Von Almanach bis Zeitung. Ein
    Handbuch der Medien in Deutschland 1700–1800. München 1999a, S. 9-23
Fischer, Gottlob Nathanael: Über das Kalenderwesen. In: Fliegende Blätter, Dessau, Leipzig
    1783, St. 1, S. 125-189
Fischer, Ludwig: Perspektive und Rahmung. Zur Geschichte einer Konstruktion von ›Na-
    tur‹. In: Harro Segeberg (Hg.), Die Mobilisierung des Sehens. München 1996, S. 69-96
Fischer-Lichte, Erika: Geschichte des Dramas, Bd. 1: Von der Antike bis zur deutschen Klas-
    sik. Tübingen 1990
–: Kurze Geschichte des deutschen Theaters. Tübingen 1993
–: Zur Einleitung. In: Erika Fischer-Lichte/Jörg Schönert (Hg.), Theater im Kulturwandel
    des 18. Jahrhunderts. Göttingen 1999, S. 11-20
Flandrin, Jean-Louis: Das Geschlechtsleben der Eheleute in der alten Gesellschaft: Von der
    kirchlichen Lehre zum realen Verhalten. In: Philippe Ariès/André Béjin/Michel Foucault
    u.a., Die Masken des Begehrens und die Metamorphosen der Sinnlichkeit. Zur Geschich-
    te der Sexualität im Abendland. (Paris 1982) Frankfurt/M. 1984, S. 147-164
–: Der gute Geschmack und die soziale Hierarchie. In: Philippe Ariès/Georges Duby (Hg.),

Geschichte des privaten Lebens, Bd. 3: Von der Renaissance zur Aufklärung. Frankfurt/M. 1991, S. 269-311

Foerster, Cornelia: Das Hambacher Fest 1832. Volksfest und Nationalfest einer oppositionellen Massenbewegung. In: Dieter Düding/Peter Friedemann/Paul München (Hg.), Öffentliche Festkultur. Politische Feste in Deutschland von der Aufklärung bis zum Ersten Weltkrieg. Reinbek 1988, S. 113-131

Forstmann, Wilfried: Carl Friedrich Ferdinand (von) Nagler 1770–1846. Nicht nur Generalpostmeister. Ein politisches Essay. In: Wolfgang Lotz (Hg.), Deutsche Postgeschichte. Berlin 1989, S. 149-169

Freiheit, Gleichheit, Brüderlichkeit. 200 Jahre Französische Revolution in Deutschland. Ausstellungskatalog, Germanisches Nationalmuseum Nürnberg. Nürnberg 1989

Frenzel, Herbert A.: Geschichte des Theaters. Daten und Dokumente, 1470–1890. München 1979/1984

Freund, Gisèle: Photographie und Gesellschaft. München 1976

Friedemann, Käte: Das Wesen der Liebe im Weltbilde der Romantik. In: Philosophisches Jahrbuch der Görres-Gesellschaft. Freiburg 1935, S. 342-355

Friedrich, Hans-Edwin: Autonomie der Liebe – Autonomie des Romans. Zur Funktion von Liebe im Roman der 1770er Jahre: Goethes ›Werther‹ und Millers ›Siegwart‹. In: Martin Huber/Gerhard Lauer (Hg.), Nach der Sozialgeschichte. Konzepte für eine Literaturwissenschaft zwischen Historischer Anthropologie, Kulturgeschichte und Medientheorie. Tübingen 2000, S. 209-220

Frischauer, Paul: Vom Paradies bis Pompeji. Weltgeschichte der Erotik, Bd. 1. (München 1968) München 1995

Frühsorge, Gotthardt: Zur Rolle der Universitätsbibliotheken im Zeitalter der Aufklärung. In: Werner Arnold/Peter Vodosek (Hg.), Bibliotheken und Aufklärung. Wiesbaden 1988, S. 61-81

Fuchs, Eduard: Illustrierte Sittengeschichte, Bd. 4: Die galante Zeit, Teil II. Frankfurt/M. 1985

Fuchs, Peter: Liebe, Sex und solche Sachen. Zur Konstruktion moderner Intimsysteme. Konstanz 1999

Füssel, Stephan: Almanache und Kalender aus der Verlagsproduktion von Georg Joachim Göschen (1752–1828). In: Paul Gerhard Klussmann/York-Gothart Mix (Hg.), Literarische Leitmedien. Almanach und Taschenbuch im kulturwissenschaftlichen Kontext. Wiesbaden 1998, S. 65-82

Füsslin, Georg u.a.: Der Guckkasten. Einblick – Durchblick – Ausblick. Stuttgart 1995

Galitz, Robert: Literarische Basisöffentlichkeit als politische Kraft. Lesegesellschaften des 17ten bis 19ten Jahrhunderts unter besonderer Berücksichtigung des 18ten Jahrhunderts. Diss. 1985. Frankfurt u.a. 1986

Gallo, Max: The Poster in history. Secaucus/N. J. 1989

Gauger, Hans-Martin: Die sechs Kulturen in der Geschichte des Lesens. In: Paul Goetsch (Hg.), Lesen und Schreiben im 17. und 18. Jahrhundert. Studien zu ihrer Bewertung in Deutschland, England, Frankreich. Tübingen 1994, S. 27-47

Gaus, Detlef: Geselligkeit und Gesellige. Bildung, Bildungsbürgertum und bildungsbürgerliche Kultur um 1800. Stuttgart 1998

Gay, Peter: Die zarte Leidenschaft. Liebe im bürgerlichen Zeitalter. (New York 1986) München 1987

Gebhardt, Winfried: Fest, Feier und Alltag. Über die gesellschaftliche Wirklichkeit des Menschen und ihre Deutung. Frankfurt/M. u.a. 1987

Geiger, Ruth-Esther/Sigrid Weigel (Hg.): Sind das noch Damen? Vom gelehrten Frauenzimmer-Journal zum feministischen Journalismus. München 1981

Geimer-Stangier, Mia/Eva Maria Mombour: Guckkasten. Ausstellungskatalog Bilder und Bildermaschinen. Siegen 1982

Geist, Hieronymus: Pompejanische Wandinschriften. München 1960

Geitner, Ursula (Hg.): Schauspielerinnen. Der theatralische Eintritt der Frau in die Moderne. München 1988

–: Vom Trieb, eine öffentliche Person zu sein. Weiblichkeit und Öffentlichkeit um 1800. In: Hans-Wolf Jäger (Hg.), »Öffentlichkeit« im 18. Jahrhundert. Göttingen 1997, S. 77-90

Gélis, Jacques: Die Individualisierung der Kindheit. In: Philippe Ariès/Georges Duby (Hg.): Geschichte des privaten Lebens, Bd. 3: Von der Renaissance zur Aufklärung. Frankfurt/ M. 1991, S. 313-331

Gersmann, Gudrun: Im Schatten der Bastille. Die Welt der Schriftsteller, Kolporteure und Buchhändler am Vorabend der Französischen Revolution. Stuttgart 1993

Gerteis, Klaus: Das »Postkutschenzeitalter«. Bedingungen der Kommunikation im 18. Jahrhundert. In: Aufklärung. Interdisziplinäre Halbjahreszeitschrift zur Erforschung des 18. Jahrhunderts, H. 1 (1989), S. 55-78

Gestrich, Andreas: Absolutismus und Öffentlichkeit. Politische Kommunikation in Deutschland zu Beginn des 18. Jahrhunderts. Göttingen 1994

Giddens, Anthony: Wandel der Intimität. Sexualität, Liebe und Erotik in modernen Gesellschaften. (Cambridge 1992) Frankfurt/M. 1993

Gier, Helmut/Johannes Janota (Hg.): Augsburger Buchdruck und Verlagswesen. Von den Anfängen bis zur Gegenwart. Wiesbaden 1997

Giesecke, Hermann: Die pädagogische Beziehung. Pädagogische Professionalität und die Emanzipation des Kindes. Weinheim, München 1997

Glaser, Hermann/Thomas Werner: Die Post in ihrer Zeit. Eine Kulturgeschichte menschlicher Kommunikation. Heidelberg 1990

Gleichen-Russwurm, Alexander von: Freundschaft. Eine psychologische Forschungsreise. Stuttgart 1911

Göbels, Hubert: Das »Leipziger Wochenblatt für Kinder« (1772–1774). Eine Studie über die älteste deutschsprachige Kinderzeitschrift. Ratingen u.a. 1973

Göpfert, Herbert G.: Über Buchhändler und Buchhandel zur Zeit der Aufklärung. In: Ders., Vom Autor zum Leser. Beiträge zur Geschichte des Buchwesens. München 1977, 47-62

Goldfriedrich, Johann: Geschichte des Deutschen Buchhandels, vom Westfälischen Frieden bis zum Beginn der klassischen Literaturperiode (1648–1740) (Orig. Leipzig 1908), und: vom Beginn der klassischen Literaturperiode bis zum Beginn der Fremdherrschaft (1740–1804) (Orig. Leipzig 1909). Aalen 1970

Goschen, Viscount: Das Leben Georg Joachim Göschens, 2 Bde. Leipzig 1905

Goulemont, Jean Marie: Gefährliche Bücher. Erotische Literatur, Pornographie, Leser und Zensur im 18. Jahrhundert. Reinbek 1993

Grab, Walter: Freyheit Oder Mordt Und Todt. Revolutionsaufrufe deutscher Jakobiner. Berlin 1979

Graevenitz, Gerhart von: Mythologie des Festes – Bilder des Todes. Bildformeln der Französischen Revolution und ihre literarische Umsetzung. In: Walter Haug/Rainer Warning (Hg.), Das Fest. München 1989, S. 526-559

Graf, Friedrich Wilhelm: Theologische Zeitschriften. In: Ernst Fischer u.a. (Hg.), Von Almanach bis Zeitung. Ein Handbuch der Medien in Deutschland 1700–1800. München 1999, S. 356-373

Graf, J. H.: Historischer Kalender oder der Hinkende Bot. Seine Entstehung und Geschichte. Ein Beitrag zur bernischen Buchdrucker- und Kalendergeschichte, herausgegeben von der Stämpflischen Buchdruckerei. Bern 1896

Graf, Martina: Buch- und Lesekultur in der Residenzstadt Braunschweig zur Zeit der Spätaufklärung unter Herzog Karl Wilhelm Ferdinand (1770–1806). In: Archiv für Geschichte des Buchwesens, Bd. 42. Frankfurt/M. 1994

Grathoff, Erich: Deutsche Bauern- und Dorfzeitungen des 18. Jahrhunderts. Ein Beitrag zur Geschichte des Bauerntums, der öffentlichen Meinung und des Zeitungswesens. Würzburg 1937

Greiner, Martin: Die Entstehung der modernen Unterhaltungsliteratur. Studien zum Trivialroman des 18. Jahrhunderts. Reinbek 1964

Greis, Jutta: Drama Liebe. Zur Entstehungsgeschichte der modernen Liebe im Drama des 18. Jahrhunderts. Stuttgart 1991

Griep, Wolfgang: Geographische Zeitschriften und Reisejournale. In: Ernst Fischer u.a. (Hg.), Von Almanach bis Zeitung. Ein Handbuch der Medien in Deutschland 1700–1800. München 1999, S. 62-70

–/ Hans-Wolf Jäger (Hg.): Reise und soziale Realität am Ende des 18. Jahrhunderts. Heidelberg 1983

–/ Hans-Wolf Jäger (Hg.): Reisen im 18. Jahrhundert. Neue Untersuchungen. Heidelberg 1986

Grimminger, Rolf: Roman. In: Ders. (Hg.), Deutsche Aufklärung bis zur Französischen Revolution, 1680–1789. München 1980, S. 635-715

Gross, Michael: Ästhetik und Öffentlichkeit. Die Publizistik der Weimarer Klassik. Hildesheim u.a. 1994

Groth, Otto: Die Zeitung. Erster Band. Mannheim u.a. 1928

Guse, Anette: Zu einer Poetologie der Liebe in Textbüchern der Hamburger Oper (1678–1738). Eine Fallstudie zu Heinrich Elmenhorst, Christian Friedrich Hunold, Barthold Feind. Diss. Queens Univ., Kingston, Ontario / Canada 1997

Gurlitt, Cornelius: Der Tanz im XVIII. Jahrhundert. In: Velhagen & Klasings Monatshefte 7 (1892/93), Bd. 1, H. 4, S. 431-449

Haacke, Wilmont: Das Magazin – ein unentdeckter Zeitschriftentypus. In: Archiv für Geschichte des Buchwesens, 1959, S. 429-448

–: Publizistik und Gesellschaft. Stuttgart 1970

Haas, Walther: Leben unter einem Dach. Die Familie damals und heute. Freiburg i. Brsg. 1963

Haasis, Hellmut G.: Gebt der Freiheit Flügel. Die Zeit der deutschen Jakobiner, 1789–1805. Reinbek 1988

–: Deutschsprachige Untergrundliteratur zur Zeit der Französischen Revolution. Zensurfreie Kommunikation einer demokratisch-revolutionären Subkultur: vom Anschlagzettel zur robespierristischen Untergrunddruckerei. In: Der Zensur zum Trotz. Das gefesselte Wort und die Freiheit in Europa. (Ausstellungskatalog) Weinheim 1991, S. 89-98

Habermas, Jürgen: Strukturwandel der Öffentlichkeit. (Orig. 1962) Frankfurt / M. 1990

Hadorn, Werner / Mario Cortesi: Mensch und Medien. Die Geschichte der Massenkommunikation. 2 Bde. Stuttgart 1986

Haefs, Wilhelm / York-Gothart Mix: Der Musenhort in der Provinz. Literarische Almanache in den Kronländern der österreichischen Monarchie im ausgehenden 18. und beginnenden 19. Jahrhundert. In: Archiv für Geschichte des Buchwesens, Bd. 27. Frankfurt / M. 1986, S. 171-193

Häntzschel, Günter: Almanach. In: Reallexikon der deutschen Literaturwissenschaft, Bd. 1. Berlin, New York 1997, S. 53-55

Haering, Hermann / Otto Hohenstatt (Hg.): Schwäbische Lebensbilder. Stuttgart 1942

Haferkorn, Hans J.: Zur Entstehung der bürgerlich-literarischen Intelligenz und des Schriftstellers in Deutschland zwischen 1750 und 1800. (Orig. 1959) In: Literaturwissenschaft und Sozialwissenschaften 3: Deutsches Bürgertum und literarische Intelligenz, 1750–1800. Stuttgart 1974, S. 113-275

Hagelweide, Gert: Literatur zur deutschsprachigen Presse. Eine Bibliographie: Von den Anfängen bis 1970, Bd. 4. München u.a. 1993

Hagemann, Walter: Die deutsche Zeitschrift der Gegenwart. Münster 1957

Hahn, Karl-Heinz: Schiller, Göschen und der »Historische Calender für Damen«. In: York-Gothart Mix (Hg.), Kalender? Ey, wie viel Kalender! Literarische Almanache zwischen Rokoko und Klassizismus. Katalog und Ausstellung. Wolfenbüttel 1986, S. 209-218

Haider-Pregler, Hilde: Des sittlichen Bürgers Abendschule. Bildungsanspruch und Bildungsauftrag des Berufstheaters im 18. Jahrhundert. Wien 1980

Halperin, Natalie: Die deutschen Schriftstellerinnen in der zweiten Hälfte des 18. Jahrhunderts. Versuch einer soziologischen Analyse. (Diss. Frankfurt / M.) Quakenbrück 1935

Hammerstein, Notker (Hg.): Universitäten und Aufklärung. Göttingen 1995

Hansmann, Winfried: Kontor und Kaufmann in alter Zeit. Das Büro des deutschen Kaufmanns vom 12. bis zum 18. Jahrhundert. Düsseldorf 1962

Hardach-Pinke, Irene: Gouvernanten im 18. und frühen 19. Jahrhundert. In: Geschichte und

Gesellschaft, 18 (1992), H. 4, S. 507-525 (Themenheft »Lebenswege von Frauen im Ancien Régime«, hg. v. Gisela Bock)

Harms, Wolfgang: Forschungsgeschichte der Flugblätter und Flugschriften. In: Joachim-Felix Leonhard u.a. (Hg.), Medienwissenschaft. Berlin, New York 1999, S. 790-793

Haubrichs, Wolfgang (Hg.): Konzepte der Liebe im Mittelalter. LiLi (1990), H. 74

Haug, Walter/Warning, Rainer (Hg.): Das Fest. München 1989

Hausen, Karin: Die Polarisierung der »Geschlechtscharaktere«. Eine Spiegelung der Dissoziation von Erwerbs- und Familienleben. In: W. Conze (Hg.), Sozialgeschichte der Familie in der Neuzeit Europas. Neue Forschungen. Stuttgart 1976, S. 367-393. Abgedruckt in Rosenbaum, Heidi: Seminar: Familie und Gesellschaftsstruktur. Materialien zu den sozioökonomischen Bedingungen von Familienformen. Frankfurt/M. 1978/1988

–: Überlegungen zum geschlechtsspezifischen Strukturwandel der Öffentlichkeit. In: Ute Gerhard u.a. (Hg.), Differenz und Gleichheit. Menschenrechte haben (k)ein Geschlecht. Frankfurt/M. 1990, S. 268-282

–: Gesellschaftspolitische Konstruktionen und die Geschichte der Geschlechterbeziehungen. In: Karin Hausen/Heide Wunder (Hg.), Frauengeschichte – Geschlechtergeschichte. Frankfurt, New York 1992, S. 81-88

Hauser, Kornelia: Strukturwandel des Privaten? Das »Geheimnis des Weibes« als Vergesellschaftungsrätsel. Berlin, Hamburg 1987

Heckmann-French, Hannelore: Zur Theaterkritik der Frühaufklärung. In: Weimarer Beiträge 31 (1985), H. 12, S. 1980-1995

Herberts, Kurt: Wände und Wandbild. Die Wandbildtechniken, ihre baulichen Voraussetzungen und geschichtlichen Zusammenhänge. Stuttgart 1953

Herding, Klaus/Rolf Reichardt: Die Bildpublizistik der Französischen Revolution. Frankfurt/M. 1989

Hertel, Karin: Der Politiker Johann Friedrich Cotta. Publizistische verlegerische Unternehmungen 1815–1819. In: Archiv für Geschichte des Buchwesens, Band XIX (1978), S. 366-564

Heumann, Georg D.: Die in Göttingen herum schriende Luthe, oder der Göttingische Ausruff. Nuremberg o. J. (ca. 1740)

Heyden-Rynsch, Verena von der: Europäische Salons. Höhepunkte einer versunkenen weiblichen Kultur. Reinbek 1995

Hingst, Anja zum: Die Geschichte des Großen Brockhaus. Vom Conversationslexikon zur Enzyklopädie. Wiesbaden 1995

Hinrichs, Ernst: Einführung in die Geschichte der Frühen Neuzeit. München 1980

Hobohm, Hans-Christoph: Roman und Zensur zu Beginn der Moderne. Vermessung eines sozio-poetischen Raumes, Paris 1730–1744. Frankfurt, New York 1992

Hodeige, Fritz: Die Stellung von Dichter und Buch in der Gesellschaft. Eine literatur-soziologische Untersuchung. In: Archiv für Geschichte des Buchwesens, Band I (1958), S. 141-168

Hölscher, Lucian: Öffentlichkeit und Geheimnis. Eine begriffsgeschichtliche Untersuchung zur Entstehung der Öffentlichkeit in der frühen Neuzeit. Stuttgart 1979

im Hof, Ulrich: Das gesellige Jahrhundert. München 1982

Hoffmann, Julius: Die »Hausväterliteratur« und die ÈPredigten über den christlichen Hausstand«. Lehre vom Hause und Bildung für das häusliche Leben im 16., 17. und 18. Jhdt. Weinheim, Berlin 1959

Holenstein, André: Huldigung und Herrschaftszeremoniell im Zeitalter des Absolutismus und der Aufklärung. In: Klaus Gerteis (Hg.), Zum Wandel von Zeremoniell und Gesellschaftsritualen in der Zeit der Aufklärung. Hamburg 1992, S. 21-46

Hollmer, Heide/Albert Meier: Kunstzeitschriften. In: Ernst Fischer u.a. (Hg.), Von Almanach bis Zeitung. Ein Handbuch der Medien in Deutschland 1700–1800. München 1999, S. 157-175

Hoppe, Bernhard M.: Predigtkritik im Josephinismus. Die »Wöchentlichen Wahrheiten für und über die Prediger in Wien« (1782–1784). St. Ottilien 1989

Horkheimer, Max/Theodor W. Adorno: Dialektik der Aufklärung. Philosophische Fragmente. (Orig. New York 1944) Frankfurt/M. 1969

Howe, Ellic: The Stationers´ Company Almanachs: A late eighteenth-century printing and publishing operation. In: Giles Barber/Bernhard Fabian (Hg.), Buch und Buchhandel in Europa im achtzehnten Jahrhundert. Hamburg 1981, S. 195-209

Hunt, Morton M.: The Natural history of love. New York 1959

Ilien, Albert: Wesen und Funktion der Liebe bei Thomas von Aquin. Freiburg 1975

Illouz, Eva: Consuming the romantic utopia. Love and the cultural contradictions of capitalism. Berkeley, Los Angeles, London 1997

Jacobeit, Sigrid und Wolfgang: Illustrierte Alltagsgeschichte des deutschen Volkes, 1550–1810. Köln 1988

Jäger, Georg: Freundschaft, Liebe und Literatur von der Empfindsamkeit bis zur Romantik: Produktion, Kommunikation und Vergesellschaftung von Individualität durch »kommunikative Muster ästhetisch vermittelter Identifikation«. In: Spiel 9 (1990), H. 1, S. 69-87

–: Liebe als Medienrealität. Eine semiotische Problemexplikation. In: Siegfried J. Schmidt (Hg.), Literaturwissenschaft und Systemtheorie. Positionen, Kontroversen, Perspektiven. Opladen 1993, S. 44-65

–/ Alberto Martino/Reinhard Wittmann: Zur Geschichte der Leihbibliotheken im 18. und 19. Jahrhundert. In: Dies. (Hg.), Die Leihbibliothek der Goethezeit. Exemplarische Kataloge zwischen 1790 und 1830. Hildesheim 1979, S. 477-515

–/ Jörg Schönert: Die Leihbibliothek als literarische Institution im 18. und 19. Jahrhundert – ein Problemaufriß. In: Ders./Jörg Schönert (Hg.), Die Leihbibliothek als Institution des literarischen Lebens im 18. und 19. Jahrhundert. Organisationsformen, Bestände und Publikum. Hamburg 1980, S. 7-60

Jäger, Hans-Wolf: Enthusiasmus und Schabernack. Über Wirkungen der Französischen Revolution im deutschen Alltag. In: Holger Böning (Hg.), Französische Revolution und deutsche Öffentlichkeit. Wandlungen in Presse und Alltagskultur am Ende des achtzehnten Jahrhunderts. München u.a. 1992, S. 399-417

– (Hg.): »Öffentlichkeit« im 18. Jahrhundert. Göttingen 1997

Janzin, Marion/Joachim Güntner: Das Buch vom Buch. 5000 Jahre Buchgeschichte. Hannover 1995

Jarren, Otfried: Gesellschaftliche Integration durch Medien? Zur Begründung normativer Anforderungen an Medien. In: Medien und Kommunikationswissenschaft, 48 (2000), H. 1, S. 22-41

Jaumann, Herbert: Emanzipation als Positionsverlust. Ein sozialgeschichtlicher Versuch über die Situation des Autors im 18. Jahrhundert. In: LiLi 11 (1981), H. 41, S. 46-72

Jentsch, Irene: Zur Geschichte des Zeitungslesens in Deutschland am Ende des 18. Jahrhunderts. Mit besonderer Berücksichtigung der gesellschaftlichen Formen des Zeitungslesens. Leipzig 1937

Jochum, Uwe: Kleine Bibliotheksgeschichte. Stuttgart 1993

Kalmus, Ludwig: Weltgeschichte der Post. Mit besonderer Berücksichtigung des deutschen Sprachgebietes. Wien 1937

Kamps, Johannes: Herstellung und Verteilung des Plakats in seiner geschichtlichen Entwicklung. In: Joachim-Felix Leonhard u.a. (Hg.), Medienwissenschaft, 1. Teilband. Berlin, New York 1999, S. 974-978

Kaschuba, Wolfgang: Revolution als Spiegel. Reflexe der Französischen Revolution in deutscher Öffentlichkeit und Alltagskultur um 1800. In: Holger Böning (Hg.), Französische Revolution und deutsche Öffentlichkeit. Wandlungen in Presse und Alltagskultur am Ende des achtzehnten Jahrhunderts. München u.a. 1992, S. 381-398

Kersting, Christa: Die Genese der Pädagogik im 18. Jahrhundert. Campes »Allgemeine Revision« im Kontext der neuzeitlichen Wissenschaft. Weinheim 1992

–: Pädagogische Zeitschriften. In: Ernst Fischer u.a. (Hg.), Von Almanach bis Zeitung. Ein Handbuch der Medien in Deutschland 1700–1800. München 1999, S. 266-284

Kiesel, Helmuth/Paul Münch: Gesellschaft und Literatur im 18. Jahrhundert. Voraussetzungen und Entstehung des literarischen Markts in Deutschland. München 1977

Kieslich, Günter: Zur Definition der Zeitschrift. In: Publizistik 10 (1965), H. 3, S. 314-319

272

Kießkalt, Ernst: Die Entstehung der deutschen Post und ihre Entwicklung bis zum Jahre 1932. Erlangen 1935

Kimpel, Dieter: Der Roman der Aufklärung (1670–1774). 2. Aufl. Stuttgart 1977

Kindermann, Heinz: Theatergeschichte Europas, Bd. V: Von der Aufklärung zur Romantik, 2 Teile. Salzburg 1962

Kirchner, Joachim: Das deutsche Zeitschriftenwesen, seine Geschichte und seine Probleme. Teil I: Von den Anfängen des Zeitschriftenwesens bis zum Ausbruch der Französischen Revolution. Leipzig 1942; 2 Teile Wiesbaden 1958/1962

Klaus, Bernhard: Homiletische Orientierung: Die Predigt als Kommunikationsmedium. In: Ders. (Hg.), Kommunikation in der Kirche. Predigt – Religionsunterricht, Seelsorge – Publizistik. Gütersloh 1979, S. 111-144

Klein, Gabriele: FrauenKörperTanz. Eine Zivilisationsgeschichte des Tanzes. Weinheim, Berlin 1992

Klinger, Uwe R.: Wilhelm Heises problematische Erotik. In: Lessing Jahrbuch 9 (1977), S. 118-133

Kluckhohn, Paul: Die Auffassung der Liebe in der Literatur des 18. Jahrhunderts und in der deutschen Romantik. (Münster 1921) 3. Aufl. Tübingen 1966

Knopf, Jan: Geschichten zur Geschichte. Kritische Tradition des »Volkstümlichen« in den Kalendergeschichten Hebels und Brechts. Stuttgart 1973

–: Alltages-Ordnung. Ein Querschnitt durch den alten Volkskalender. Tübingen 1982

–: Die deutsche Kalendergeschichte. Ein Arbeitsbuch. Frankfurt/M. 1983

–: Kalender. In: Ernst Fischer u.a. (Hg.), Von Almanach bis Zeitung. Ein Handbuch der Medien in Deutschland, 1700–1800. München 1999, S. 121-136

König, Dominik von: Lesesucht und Lesewut. In: Herbert G. Göpfert (Hg.), Buch und Leser. Hamburg 1977, S. 89-112

Kohlbecker, Hellmut: Allgemeine Entwicklungsgeschichte des badischen Kalenders in der Zeit von 1700–1840. Diss. Baden-Baden 1928

Koller, Hans-Christoph: Die Liebe zum Kind und das Begehren des Erziehers. Beziehungskonzeption und Schreibweise pädagogischer Texte von Pestalozzi und Jean Paul. Weinheim 1990

Kon, Igor S.: Freundschaft. Geschichte und Sozialpsychologie der Freundschaft als soziale Institution und individuelle Beziehung. Reinbek 1979

Kopitzsch, Franklin (Hg.): Aufklärung, Absolutismus und Bürgertum in Deutschland. München 1976

Koppetsch, Cornelia: Liebe und Partnerschaft: Gerechtigkeit in modernen Paarbeziehungen. In: Kornelia Hahn/Günter Burkart (Hg.): Liebe am Ende des 20. Jahrhunderts. Studien zur Soziologie intimer Beziehungen. Opladen 1998, S. 111-129

Korzendorfer, A.: Von Postreutern und Postillionen. Leipzig 1936

Koschorke, Albrecht: Das Panorama. Die Anfänge der modernen Sensomotorik im 18. Jahrhundert. In: Harro Segeberg (Hg.), Die Mobilisierung des Sehens. München 1996, S. 149-169

Koselleck, Reinhart: Kritik und Krise. Eine Studie zur Pathogenese der bürgerlichen Welt. (Orig. Freiburg, München 1959) 3. Aufl. Frankfurt 1979

Koszyk, Kurt: Kommunikationsgeschichte als Sozialgeschichte. In: Max Kaase/Winfried Schulz (Hg.), Massenkommunikation. Opladen 1989, S. 46-56

–: Allgemeine Geschichte der Zeitung. In: Joachim-Felix Leonhard u.a. (Hg.), Medienwissenschaft. Ein Handbuch zur Entwicklung der Medien und Kommunikationsformen, Bd. 1. Berlin 1999, S. 896-913

Krämer, Jörg: Auge und Ohr. Rezeptionsweisen im deutschen Musiktheater des späten 18. Jahrhunderts. In: Erika Fischer-Lichte/Jörg Schönert (Hg.), Theater im Kulturwandel des 18. Jahrhunderts. Göttingen 1999, S. 109-132

Kramer, Lawrence: Franz Schubert: Sexuality, subjectivity, song. Cambridge 1998

Krause, Reinhard: Die Predigt der späten deutschen Aufklärung (1770–1805). Stuttgart 1965

Krempel, Lore: Die deutsche Modezeitschrift. Ihre Geschichte und Entwicklung nebst einer

Bibliographie der deutschen, englischen und französischen Modezeitschriften. München 1935

Kreuzer, Helmut: Gefährliche Lesesucht? Bemerkungen zu politischer Lektürekritik im ausgehenden 18. Jahrhundert. In: Leser und Lesen im 18. Jahrhundert. Heidelberg 1977, S. 62-75

Krieg, Walter: Materialien zu einer Entwicklungsgeschichte der Bücherpreise und des Autoren-Honorars vom 15. bis zum 20. Jahrhundert. Wien 1953

Kröll, Christina: Heimliche Verführung. Ein Modejournal 1786–1827 (Ausstellungskatalog des Goethe-Museums Düsseldorf). Düsseldorf 1978, S. 4-23

Krull, Edith: Das Wirken der Frau im frühen deutschen Zeitschriftenwesen. Berlin 1939

Kuhn, Helmut:»Liebe«. Geschichte eines Begriffs. München 1975

–: Linksrheinische deutsche Jakobiner. Aufrufe, Reden, Protokolle, Briefe und Schriften 1794–1801. Stuttgart 1978

Laermann, Klaus: Die riskante Person in der moralischen Anstalt. Zur Darstellung der Schauspielerin in deutschen Theaterzeitschriften des späten 18. Jahrhunderts. In: Renate Möhrmann (Hg.), Die Schauspielerin. Zur Kulturgeschichte der weiblichen Bühnenkunst. Frankfurt/M. 1989, S. 127-153

Lange, Wilhelm H.: Das Buch im Wandel der Zeiten. Berlin 1941

Langenbucher, Wolfgang R.: Die Demokratisierung des Lesens in der zweiten Leserevolution. Dokumentation und Analyse. In: Herbert G. Göpfert u.a. (Hg.), Lesen und Leben. Frankfurt/M. 1975, S. 12-35

Lankheit, Klaus: Das Freundschaftsbild der Romantik. Heidelberger Kunstgeschichtliche Abhandlungen, Bd. 1. Heidelberg 1952

Lanckorónska, Maria Gräfin/ Arthur Rümann: Geschichte der deutschen Taschenbücher und Almanache aus der klassisch-romantischen Zeit. Osnabrück 1954, Neuausgabe München 1985.

Lauer, Heike: Sächsische Postmeilensäulen. In: Klaus Beyrer (Hg.), Zeit der Postkutschen. Drei Jahrhunderte Reisen 1600–1900 (Ausstellungskatalog). Karlsruhe 1992, S. 90f.

Leclerc, Herbert: Kleine Zeittafel zur Geschichte des Briefkastens. In: Archiv für deutsche Postgeschichte, H. 2 (1974), S. 58f.

–: Post- und Personenbeförderung in Preußen zur Zeit des Deutschen Bundes. In: Wolfgang Lotz (Hg.), Deutsche Postgeschichte. Berlin 1989, S. 171-188

Leemann-van Elck, Paul: Druck, Verlag, Buchhandel im Kanton Zürich. Von den Anfängen bis um 1850. Zürich 1950

Lehmstedt, Mark: Philipp Erasmus Reich (1717–1787). Verleger der Aufklärung und Reformer des deutschen Buchhandels. (Ausstellungskatalog) Leipzig 1989

–: Der»Fall Sailer«. Zur Komplexität der katholischen Zensur im späten 18. Jahrhundert. In: John A. McCarthy/ Werner von der Ohe (Hg.), Zensur und Kultur. Zwischen Weimarer Klassik und Weimarer Republik mit einem Ausblick bis heute. Tübingen 1995, S. 37-62

Leibbrand, Annemarie und Werner: Formen des Eros. Kultur- und Geistesgeschichte der Liebe. Band 1: Vom antiken Mythos bis zum Hexenglauben. Band 2: Von der Reformation bis zur»sexuellen Revolution«. Freiburg, München 1972

Lenz, Karl: Soziologie der Zweierbeziehung. Eine Einführung. Opladen 1998

Lerg, Winfried B.: Theorie der Kommunikationsgeschichte. In: Roland Burkart/ Walter Hömberg (Hg.), Kommunikationstheorien. Ein Textbuch zur Einführung. Wien 1992, S. 204-229

Leupold, Andrea: Liebe und Partnerschaft: Formen der Codierung von Ehen. In: Zeitschrift für Soziologie 12 (1983), H. 4, S. 297-327

Levine, David: Family formation in an age of nascent capitalism. New York 1977

Lichtenstein, Ernst: Die Entwicklung des Bildungsbegriffs im 18. Jahrhundert. In: Ulrich Herrmann (Hg.),»Die Bildung des Bürgers«. Die Formierung der bürgerlichen Gesellschaft und die Gebildeten im 18. Jahrhundert. Weinheim, Basel 1982, S. 165-177

Liechtenhan, Rudolf: Vom Tanz zum Ballett. Eine illustrierte Geschichte des Tanzens von den Anfängen bis zur Gegenwart. Braunschweig 1983

274

Ligocki, Reinhard: Anfänge der Leihbibliothek in der Zeit der Aufklärung. In: Werner Arnold/Peter Vodosek (Hg.), Bibliotheken und Aufklärung. Wiesbaden 1988, S. 177-183

Lindemann, Margot: Deutsche Presse bis 1815. Geschichte der deutschen Presse, Teil I. Berlin 1969/1988

Lindsay, J.: The Writing on the wall: An account of Pompeii in its last days. London 1960.

Lohrer, Liselotte: Cotta. Geschichte eines Verlags 1659–1959. Stuttgart 1959

Lotz, Wolfgang (Hg.): Deutsche Postgeschichte. Essays und Bilder. Berlin 1989

Lüttichau, Mario-Andreas von: Die deutsche Ornamentkritik. Diss. Hildesheim 1983

Lug, Hans Robert: Nichtschriftliche Musik. In: Aleida Assmann/Jan Assmann/Christof Hardmeier (Hg.), Schrift und Gedächtnis. Beiträge zur Archäologie der literarischen Kommunikation. München 1983, S. 245-263

Luhmann, Niklas: Öffentliche Meinung. In: Wolfgang R. Langenbucher (Hg.), Politik und Kommunikation. Über die öffentliche Meinungsbildung. München, Zürich 1979, S. 29-61

–: Soziale Systeme. Grundriß einer allgemeinen Theorie. Frankfurt/M. 1984, 1988

–: Liebe als Passion. Zur Codierung von Intimität. Frankfurt/M. 1982, 1994

Lukács, Georg: Die Theorie des Romans. Ein geschichtsphilosophischer Versuch über die Formen der großen Epik. Neuwied, Berlin 1916

Maar, Elke: Bildung durch Unterhaltung: Die Entdeckung des Infotainment in der Aufklärung. Hallenser und Wiener Moralische Wochenschriften in der Blütezeit des Moraljournalismus, 1748–1782. Pfaffenweiler 1995

Mälzer, Gottfried: Bücherzensur und Verlagswesen im 18. Jahrhundert, beschrieben aus der Sicht des Autors J. A. Bengel. In: Archiv für Geschichte des Buchwesens (1973), S. 290-316

Mahlmann, Regina: Psychologisierung des »Alltagsbewußtseins«. Die Verwissenschaftlichung des Diskurses über Ehe. Opladen 1991

Markschiess-van Trix, J./Bernhard Nowak: Artisten- und Zirkus-Plakate. Ein internationaler historischer Überblick. Leipzig 1975

Martens, Wolfgang: Die Botschaft der Tugend. Die Aufklärung im Spiegel der deutschen Moralischen Wochenschriften. Stuttgart 1965

–: Die Flugschriften gegen den »Patrioten« (1724). Zur Reaktion auf die Publizistik der frühen Aufklärung. In: Wolfdietrich Rasch u.a. (Hg.), Rezeption und Produktion zwischen 1570 und 1730. Festschrift für Günther Weydt zum 65. Geburtstag. Bern, München 1972, S. 515-536

–: Leserezepte für Frauenzimmer. Die Frauenzimmerbibliotheken der deutschen Moralischen Wochenschriften. In: Archiv für Geschichte des Buchwesens, Bd. XV (1975), S. 1143-1199

–: Formen bürgerlichen Lesens im Spiegel der deutschen Moralischen Wochenschriften. In: Otto Dann (Hg.), Lesegesellschaften und bürgerliche Emanzipation. Ein europäischer Vergleich. München 1981, S. 55-70

Martino, Alberto: Die deutsche Leihbibliothek. Geschichte einer literarischen Institution (1756–1914). Wiesbaden 1990

Masel, Katharina: Kalender und Volksaufklärung in Bayern. Zur Entwicklung des Kalenderwesens, 1750–1830. St. Ottilien 1991

Mast, Claudia: Was leisten die Medien? Funktionaler Strukturwandel in den Kommunikationssystemen. Osnabrück 1986

Matthäus, Klaus: Zur Geschichte des Nürnberger Kalenderwesens. Die Entwicklung der in Nürnberg gedruckten Jahreskalender in Buchform. In: Archiv für Geschichte des Buchwesens, Band IX. Frankfurt/M. 1969, Sp. 995-1395

Maurer-Schmoock, Sybille: Deutsches Theater im 18. Jahrhundert. Tübingen 1982

McCarthy, John A.: Die gesellige Klassik: »Das Taschenbuch auf das Jahr 1804«. In: York-Gothart Mix (Hg.), Kalender? Ey, wie viel Kalender! Literarische Almanache zwischen Rokoko und Klassizismus. Katalog und Ausstellung. Wolfenbüttel 1986, S. 171-178

–: Rewriting the role of the writer: On the 18th century as the age of the author. In: Leipziger Jahrbuch zur Buchgeschichte 5 (1995), S. 13-38

–: Einleitung. Zensur und Kultur: »Autoren nicht Autoritäten!« In: Ders./Werner von der Ohe (Hg.), Zensur und Kultur. Zwischen Weimarer Klassik und Weimarer Republik mit einem Ausblick bis heute. Tübingen 1995a, S. 1-13

–: Literarisch-kulturelle Zeitschriften. In: Ernst Fischer u.a. (Hg.), Von Almanach bis Zeitung. Ein Handbuch der Medien in Deutschland 1700–1800. München 1999, S. 176-190

Medick, Hans: Zur strukturellen Funktion von Haushalt und Familie im Übergang von der traditionellen Agrargesellschaft zum industriellen Kapitalismus: die proto-industrielle Familienwirtschaft. In: Werner Conze (Hg.), Sozialgeschichte der Familie in der Neuzeit Europas. Neue Forschungen. Stuttgart 1976, S. 254-282

–: Ein Volk »mit« Büchern. Buchbesitz und Buchkultur auf dem Lande am Ende der Frühen Neuzeit: Laichingen 1748–1820. In: Hans Erich Bödeler (Hg.), Lesekulturen im 18. Jahrhundert. (Aufklärung 6, H. 1) Hamburg 1992, S. 59-94

Meidenbauer, Jörg: Aufklärung und Öffentlichkeit. Studien zu den Anfängen der Vereins- und Meinungsbildung in Hessen-Kassel 1770–1806. Darmstadt, Marburg 1991

Meier-Oberist, Edmund: Kulturgeschichte des Wohnens im abendländischen Raum. Hamburg 1956

Mellen, Sydney L.W.: The Evolution of Love. Oxford, San Francisco 1981

Meyer, Reinhart: Von der Wanderbühne zum Hof- und Nationaltheater. In: Rolf Grimminger (Hg.), Deutsche Aufklärung bis zur Französischen Revolution, 1680–1789. München 1980, S. 186-216

Miles, Christopher/John Julius Norwich: Liebe in der Antike. (London 1997) Köln 1997

Mitterauer, Michael/Reinhard Sieder: Vom Patriarchat zur Partnerschaft. Zum Strukturwandel der Familie. München 1977/1991

Mittner, Ladislao: Freundschaft und Liebe in der deutschen Dichtung des 18. Jahrhunderts. In: Stoffe, Formen, Strukturen. Studien zur deutschen Literatur. Hans Heinrich Borcherdt zum 75. Geburtstag. München 1962, S. 97-138

Mix, York-Gothart (Hg.): Kalender? Ey, wie viel Kalender! Literarische Almanache zwischen Rokoko und Klassizismus. Katalog und Ausstellung. Wolfenbüttel 1986

–: Die deutschen Musenalmanache des 18. Jahrhunderts. München 1987

–: Lektüre für Gebildete und Ungebildete. Einleitende Bemerkungen zu H. C. Boies »Musenalmanach«, J. P. Hebels »Rheinländischem Hausfreund« und anderen literarischen Begleitern durch das Jahr. In: Ders. (Hg.), Almanach- und Taschenbuchlektüre des 18. und 19. Jahrhunderts. Wiesbaden 1996, S. 7-19

–: Vom Leitmedium zum Lesefutter. In: Jahrbuch des Freien Deutschen Hochstifts. Frankfurt/M. 1997, S. 93-113

Möhler, G.: Das Münchener Oktoberfest. Brauchformen des Volksfestes zwischen Aufklärung und Gegenwart. München 1980

Möller, Helmut: Die kleinbürgerliche Familie im 18. Jahrhundert. Verhalten und Gruppenkultur. Berlin 1969

Möllney, Ulrike: Norddeutsche Öffentlichkeit und Französische Revolution. Zur Bedeutung der periodischen Presse in der Auseinandersetzung von Umwälzung und Beharrung am Ende des 18. Jahrhunderts. In: Holger Böning (Hg.), Französische Revolution und deutsche Öffentlichkeit. Wandlungen in Presse und Alltagskultur am Ende des achtzehnten Jahrhunderts. München u.a. 1992, S. 149-163

Mott, Frank Luther: A History of American Magazines, 1741–1850. Cambridge/Mass. 1957

Müchler, Günter: »Wie ein treuer Spiegel«. Die Geschichte der Cotta'schen Allgemeinen Zeitung. Darmstadt 1998

Müller, Gerhard (Hg.): Theologische Realenzyklopädie, Bd. 21. Berlin, New York 1991 (Stichwort »Liebe«)

Müller, Robert: Geschichte des Werbeplakats. In: Joachim-Felix Leonhard u.a. (Hg.), Medienwissenschaft. Berlin, New York 1999, S. 1016-1025

Müller-Brockmann, Josef und Shizuko. Geschichte des Plakats. Zürich 1971

Münch, Paul: Fetes pour le peuple, rien par le peuple. »Öffentliche« Feste im Programm der Aufklärung. In: Dieter Düding, Peter Friedemann/Paul München (Hg.), Öffentliche Festkultur. Politische Feste in Deutschland von der Aufklärung bis zum Ersten Weltkrieg. Reinbek 1988, S. 25-45

Museumspädagogischer Dienst der Kulturbehörde Hamburg: 1784 speichern & spenden. Nachrichten aus dem Hamburger Alltag. Katalog einer Ausstellung. Hamburg 1989

Nagl, Manfred: Wandlungen des Lesens in der Aufklärung. Plädoyer für einige Differenzierungen. In: Werner Arnold / Peter Vodosek (Hg.), Bibliotheken und Aufklärung. Wiesbaden 1988, S. 21-40

Nahrstedt, Wolfgang: Die Entstehung der Freizeit. Dargestellt am Beispiel Hamburgs. Ein Beitrag zur Strukturgeschichte und zur strukturgeschichtlichen Grundlegung der Freizeitpädagogik. Göttingen 1972, Reprint Bielefeld 1988

Neugebauer-Wölk, Monika: Revolution und Constitution. Die Brüder Cotta. Eine biographische Studie zum Zeitalter der Französischen Revolution und des Vormärz. Berlin 1989

Newhall, Beaumont: Geschichte der Photographie. München 1989

Nickisch, Reinhard M.G.: Die Frau als Briefschreiberin im Zeitalter der deutschen Aufklärung. In: Wolfenbütteler Studien zur Aufklärung, Bd. III. 1976, S. 29-65

–: Briefkultur: Entwicklung und sozialgeschichtliche Bedeutung des Frauenbriefs im 18. Jahrhundert. In: Gisela Brinker-Gabler (Hg.), Deutsche Literatur von Frauen. Erster Band: Vom Mittelalter bis zum Ende des 18. Jahrhunderts. München 1988, S. 389-409

–: Brief. Stuttgart 1991

Nörtemann, Regina: Brieftheoretische Konzepte im 18. Jahrhundert und ihre Genese. In: Ebrecht, Angelika u.a. (Hg.), Brieftheorie des 18. Jahrhunderts. Texte, Kommentare, Essays. Stuttgart 1990, S. 211-224

–: Schwache Werkzeuge als öffentliche Richterinnen. Zur fiktiven weiblichen Herausgeber- und Verfasserschaft in Moralischen Wochenschriften des 18. Jahrhunderts. In: Archiv für Kulturgeschichte, 1990a, S. 381-403

Nötzoldt-Linden, Ursula: Freundschaft. Zur Thematisierung einer vernachlässigten soziologischen Kategorie. Opladen 1994

North, Gottfried: Die Post. Ihre Geschichte in Wort und Bild. Heidelberg 1988

O'Connell, Sheila: The Popular print in England, 1550–1850. London 1999

Oelker, Hans Adolf: Der Hörer der Predigt. In: Monatsschrift für Pastoraltheologie, 53 (1964), S. 465-474. Abgedruckt in: Gert Hummel (Hg.), Aufgabe der Predigt. Darmstadt 1961, S. 407-420

Oellers, Norbert: Der Brief als Mittel privater und öffentlicher Kommunikation in Deutschland im 18. Jahrhundert. In: Alexandru Dutu u.a. (Hg.), Brief und Briefwechsel in Mittel- und Osteuropa im 18. und 19. Jahrhundert. Essen 1989, S. 9-36

Orlinsky, David E.: Structural features of the romantic love relationship. In: Mark Cok / Glenn Wilson (Hg.), Love and attraction. An international conference. Oxford 1979, S. 209-211

Otterbach, Friedemann: Einführung in die Geschichte des europäischen Tanzes. Ein Überblick. Wilhelmshaven 1992

Pahlen, Kurt: Die großen Epochen der abendländischen Musik. Vom Gregorianischen Choral bis zur Moderne. München 1991

Paneth, Erwin: Entwicklung der Reklame vom Altertum bis zur Gegenwart. München, Berlin 1926

Pape, Helmut: Klopstocks Autorenhonorare und Selbstverlagsgewinne. In: Archiv für Geschichte des Buchwesens, Bd. X, Lieferung 1-2 (1969), S. 6-272

Parsons, Talcott: Zur Theorie sozialer Systeme. Hg. von Stefan Jensen. Opladen 1976

–: Zur Theorie der sozialen Interaktionsmedien. Hg. von Stefan Jensen. Opladen 1980

–/ Edward Shils / Kaspar D. Naegele / Jesse R. Pitts (Hg.): Theories of society. Foundations of modern sociological theory. New York, London 1961, 1965

Pedersen, Siegfred: Die Paulinische Literatur und Theologie. Arhus 1980

Peter, Emanuel: Gesellikeiten. Literatur, Gruppenbildung und kultureller Wandel im 18. Jahrhundert. Tübingen 1999

Petrat, Gerhardt: Das Medium »Pädagogische Presse« als Multiplikationsfaktor schulischunterrichtlicher Innovation im 18. und 19. Jahrhundert. In: Informationen zur erziehungs- und bildungshistorischen Forschung, Nr. 19 (1982), S. 15-62

–: Einem besseren Dasein zu Diensten. Die Spur der Aufklärung im Medium Kalender zwischen 1700 und 1919. München u.a. 1991

–: Geschichte des Intelligenzblattes. In: Joachim-Felix Leonhard u.a. (Hg.), Medienwissenschaft. Ein Handbuch zur Entwicklung der Medien und Kommunikationsformen, Bd. 1. Berlin 1999, S. 923-931

Petzoldt, Leander: Bänkelsang. Vom historischen Bänkelsang zum literarischen Chanson. Stuttgart 1974

Pfaehler, Dietrich: Orientierung vor und auf der Reise. Gedruckte kartographische Hilfsmittel zur Reiseplanung vom 16. bis zum 18. Jahrhundert. In: Wolfgang Lotz (Hg.), Deutsche Postgeschichte. Berlin 1989, S. 105-122

Philippot, Paul: Die Wandmalerei. Entwicklung, Technik, Eigenart. Wien, München 1972

Picard, Hans Rudolf: Die Illusion der Wirklichkeit im Briefroman des achtzehnten Jahrhunderts. Heidelberg 1971

Piendl, Max: Thurn und Taxis 1517–1867. Zur Geschichte des fürstlichen Hauses und der Thurn und Taxisschen Post. In: Archiv für deutsche Postgeschichte, H. 2 (1967), S. 1-112.

Pieper, Joseph: Zustimmung zur Welt. Eine Theorie des Festes. München 1963

–: Über die Liebe. München, 7. Aufl. 1992

Plachta, Bodo: Damnatur, Toleratur, Admittitur. Studien und Dokumente zur literarischen Zensur im 18. Jahrhundert. Tübingen 1994

Plaul, Hainer: Illustrierte Geschichte der Trivialliteratur. Hildesheim 1983

Pohl, Hans (Hg.): Die Bedeutung der Kommunikation für Wirtschaft und Gesellschaft. Stuttgart 1989

Popp, Hermann: Das Werden der deutschen Familie. Weimar o. J. (1921)

Post, Stephen G.: A theory of agape. On the meaning of Christian love. Lewisburg 1990

Postler, Frank: Die historische Entwicklung des Post- und Fernmeldewesens in Deutschland vor dem Hintergrund spezifischer Interessenkonstellationen bis 1945. Eine sozialwissenschaftliche Analyse der gesellschaftlichen Funktionen der Post. Frankfurt/M. u.a. 1991

Propyläen Geschichte der Literatur, Bd. 4. Berlin 1983

Prüsener, Marlies: Lesegesellschaften im 18. Jahrhundert. Ein Beitrag zur Lesergeschichte. In: Archiv für Geschichte des Buchwesens, Bd. XIII. Frankfurt/M. 1973, S. 369-594

Prutz, Robert: Deutsche Musenalmanache. In: Deutsches Museum 2 (1852), S. 427-448

Publizistik der deutschen Jakobiner und ihrer Gegner. Revolutionäre und gegenrevolutionäre Proklamationen und Flugschriften aus der Zeit der M.zer Republik (1792/93), Die. Ausstellungskatalog. Mainz 1993

Püschel, Ulrich: Präsentationsformen, Texttypen und kommunikative Leistung der Sprache in Zeitungen und Zeitschriften. In: Joachim-Felix Leonhard u.a. (Hg.), Medienwissenschaft. Ein Handbuch zur Entwicklung der Medien und Kommunikationsformen, Bd. 1. Berlin 1999, S. 864-880

Raabe, Paul: Der Buchhändler im achtzehnten Jahrhundert in Deutschland. In: Giles Barber/ Bernhard Fabian (Hg.), Buch und Buchhandel in Europa im achtzehnten Jahrhundert. Hamburg 1981, S. 271-291

–: Buchproduktion und Lesepublikum 1770–1780. In: Ders., Bücherlust und Lesefreuden. Beiträge zur Geschichte des Buchwesens im 18. und frühen 19. Jahrhundert. Stuttgart 1984, S. 51-65

–: Die Zeitschrift als Medium der Aufklärung. In: Ders., Bücherlust und Lesefreuden. Beiträge zur Geschichte des Buchwesens im 18. und frühen 19. Jahrhundert. Stuttgart 1984a, S. 106-116

–: Gelehrtenbibliotheken im Zeitalter der Aufklärung. In: Werner Arnold/Peter Vodosek (Hg.), Bibliotheken und Aufklärung. Wiesbaden 1988, S. 103-122

–: Pseudonyme und anonyme Schriften im 17. und 18. Jahrhundert. In: Der Zensur zum Trotz. Das gefesselte Wort und die Freiheit in Europa. (Ausstellungskatalog) Weinheim 1991, S. 53-58

Rademacher, Hellmut: Das deutsche Plakat. Von den Anfängen bis zur Gegenwart. Dresden 1965

–: Theaterplakate – ein internationaler historischer Überblick. Braunschweig 1989

Rang, Brita: Zur Geschichte des dualistischen Denkens über Mann und Frau. Kritische Anmerkungen zu den Thesen von Karin Hausen zur Herausbildung der Geschlechtscharaktere im 18. und 19. Jahrhundert. In: Jutta Dahlhoff/Uschi Frey/Ingrid Schöll (Hg.), Frauenmacht in der Geschichte. Düsseldorf 1986, S. 194-204

Ranum, Orest: Refugien der Intimität. In: Philippe Ariès/Georges Duby (Hg.), Geschichte des privaten Lebens, Bd. 3: Von der Renaissance zur Aufklärung. Frankfurt/M. 1991, S. 213-267

Rarisch, Ilsedore: Industrialisierung und Literatur. Buchproduktion, Verlagswesen und Buchhandel in Deutschland im 19. Jahrhundert in ihrem statistischen Zusammenhang. Berlin 1976

Rasch, Wolfdietrich: Freundschaftskult und Freundschaftsdichtung im deutschen Schrifttum des 18. Jahrhunderts. Vom Ausgang des Barock bis zu Klopstock. Halle/Saale 1936

Redlich, Fritz: Reklame. Begriff – Geschichte – Theorie. Stuttgart 1935

Reemtsma, Jan Philipp: Weste und Hose – wo bleibt der Rock? In: Birgit Dankert/Lothar Zechlin (Hg.), Literatur vor dem Richter. Beiträge zur Literaturfreiheit und Zensur. Baden-Baden 1988, S. 321-330

Reinbold, Wolfgang: Mythenbildung und Nationalismus.»Deutsche Jakobiner« zwischen Revolution und Reaktion (1789–1800). Bern u.a. 1999

Reinhardt, Dirk: Von der Reklame zum Marketing. Geschichte der Wirtschaftswerbung in Deutschland. Berlin 1993

Rickards, Maurice: The Public notice. An Illustrated history. Newton Abbot 1973

Riehl, W.H.: Volkskalender im achtzehnten Jahrhundert. In: Ders., Culturstudien aus drei Jahrhunderten. Stuttgart 1958, S. 38-56

Ristow, Jürgen: Vom Geisterbild zum Breitwandfilm. Aus der Geschichte der Filmtechnik. Leipzig 1986

Ritter, Joachim/Karlfried Gründer (Hg.): Historisches Wörterbuch der Philosophie, Bd. 5. Basel, Stuttgart 1980 (Stichwort»Liebe«)

Robel, Gert: Reisen und Kulturbeziehungen im Zeitalter der Aufklärung. In: B. I. Krasnobaev u.a. (Hg.), Reisen und Reisebeschreibungen im 18. und 19. Jahrhundert als Quellen der Kulturbeziehungsforschung. Berlin 1980, S. 9-37

Röhl, Klaus Rainer: Die verteufelte Lust. Die Geschichte der Prüderie und die Unterdrückung der Frau. Hamburg 1983

Roessler, Wilhelm: Die Entstehung des modernen Erziehungswesens in Deutschland. Stuttgart 1961

Rohner, Ludwig: Kalendergeschichte und Kalender. Wiesbaden 1978

Roloff, Jürgen (Hg.): Die Predigt als Kommunikation. Stuttgart 1972

Rommel, Heinz: Das Schulbuch im 18. Jahrhundert. Wiesbaden-Dotzheim 1968

Rosenbaum, Heidi: Familie und Sozialstruktur. Gesellschaftliche Bestimmungsgründe gegenwärtiger Familienverhältnisse. Hannover 1977

– (Hg.): Seminar: Familie und Gesellschaftsstruktur. Materialien zu den sozioökonomischen Bedingungen von Familienformen. Frankfurt/M. 1978/1988

Roseno, Agnes: Die Entwicklung der Brieftheorie von 1655–1709. Würzburg 1933

Rosenstrauch, Hazel: Buchhandelsmanufaktur und Aufklärung. Die Reformen des Buchhändlers und Verlegers Ph. E. Reich (1717–1787). Sozialgeschichtliche Studie zur Entwicklung des literarischen Marktes. In: Archiv für Geschichte des Buchwesens, Band 26 (1986), S. 1-129

Rougemont, Denis de: Die Liebe und das Abendland. (Paris 1939) Zürich 1987

Rüpke, Jörg: Kalender und Öffentlichkeit. Die Geschichte der Repräsentation und religiösen Qualifikation von Zeit in Rom. Berlin, New York 1995

Ruppert, Rainer: Labor der Seele und der Emotionen. Funktionen des Theaters im 18. und frühen 19. Jahrhundert. Berlin 1995

Ruppert, Wolfgang: Volksaufklärung im späten 18. Jahrhundert. In: Rolf Grimminger, Rolf (Hg.), Deutsche Aufklärung bis zur Französischen Revolution, 1680–1789. München 1980, S. 341-361

–: Bürgerlicher Wandel. Die Geburt der modernen deutschen Gesellschaft im 18. Jahrhundert. (Diss. München 1977) Frankfurt/M. 1980

Sachs, Curt: Eine Weltgeschichte des Tanzes. (Orig. Berlin 1933) Hildesheim, New York 1976

Sallfeld, Diedrich: Materialien zur Beurteilung der Buchpreise und Leihgebühren im Rahmen der allgemeinen Preisentwicklung und der Lebenshaltungskosten des 19. Jahrhunderts. In: G. Jäger/J. Schönert (Hg.), Die Leihbibliothek als Institution des literarischen Lebens im 18. und 19. Jahrhundert. Organisationsformen, Bestände und Publikum. Hamburg 1980, S. 63-88

Salmen, Walter: Tanz im 17. und 18. Jahrhundert. Leipzig 1988a

–: Das Konzert. Eine Kulturgeschichte. München 1988b

Salomon, Albert: Der Freundschaftskult des 18. Jahrhunderts in Deutschland: Versuch zur Soziologie einer Lebensform. (Diss. 1921), aus dem Nachlaß hg. v. Richard Grathoff, In: Zeitschrift für Soziologie 8 (1979), H. 3, S. 279-308

Salomon, Ludwig: Geschichte des deutschen Zeitungswesens, von den ersten Anfängen bis zur Wiederaufrichtung des Deutschen Reichs. Bd. 1: Das 16., 17. und 18. Jahrhundert. Aalen 1900/1973

Saße, Günter: Die Ordnung der Gefühle. Das Drama der Liebesheirat im 18. Jahrhundert. Darmstadt 1996

Sauder, Gerhard: Gefahren empfindsamer Vollkommenheit für Leserinnen und die Furcht vor Romanen in einer Damenbibliothek. In: Leser und Lesen im 18. Jahrhundert. Heidelberg 1977, S. 83-91

–: Almanach-Kultur und Empfindsamkeit. In: Paul Gerhard Klussmann/York-Gothart Mix (Hg.), Literarische Leitmedien. Almanach und Taschenbuch im kulturwissenschaftlichen Kontext. Wiesbaden 1998, S. 16-30

Sauer, Eberhard: Die französische Revolution von 1789 in zeitgenössischen deutschen Flugschriften und Dichtungen. Weimar 1913, Nachdruck Hildesheim 1978

Sautter, Karl: Die Post im Leben der Völker im Wandel der Zeit. In: Archiv für das Post- und Fernmeldewesen 2 (1950), Nr. 3, S. 101-213

Schabert, Ina/Barbara Schaff (Hg.): Autorschaft. Genus und Genie in der Zeit um 1800. Berlin 1994

Scheel, Heinrich (Hg.): Jakobinische Flugschriften aus dem deutschen Süden Ende des 18. Jahrhunderts. Vaduz/Liechtenstein 1980

Scheibe, Jörg: Der »Patriot« (1724–1726) und sein Publikum. Untersuchungen über die Verfassergesellschaft und die Leserschaft einer Zeitschrift der frühen Aufklärung. Göppingen 1973

Scheit, Gerhard: Dramaturgie der Geschlechter. Über die gemeinsame Geschichte von Drama und Theater. Frankfurt/M. 1995

Schenda, Rudolf: Volk ohne Buch. Studien zur Sozialgeschichte der populären Lesestoffe 1770–1910. (Orig. Frankfurt 1970) München 1977

–: Buchkultur, Lesekultur und Erzählkultur. In: Peter Rusterholz/Rupert Moser (Hg.), Die Bedeutung des Buches gestern – heute – morgen. Bern u.a. 1996, S. 31-52

Scheurer, Hans J.: Zur Kultur- und Mediengeschichte der Fotografie. Die Industrialisierung des Blicks. Köln 1987

Schiedlausky, Günther: Tee, Kaffee, Schokolade. Ihr Eintritt in die Europäische Gesellschaft. München 1961

Schieth, Lydia: »Huldigung den Frauen« – Frauentaschenbücher in der ersten Hälfte des 19. Jahrhunderts. In: Paul Gerhard Klussmann/York-Gothart Mix (Hg.), Literarische Leitmedien. Almanach und Taschenbuch im kulturwissenschaftlichen Kontext. Wiesbaden 1998, S. 83-100

Schikowski, John: Geschichte des Tanzes. Berlin 1926

Schiller, Herbert: Johann Friedrich Cotta. Verleger, Politiker, Staatsmann und Unternehmer,

1764–1832. In: Hermann Haering / Otto Hohenstatt (Hg.), Schwäbische Lebensbilder. Stuttgart 1942, S. 72-124

Schindler, Herbert: Monografie des Plakats. Entwicklung, Stil, Design. München 1972

Schmid, Ulrich:»Gespräche in dem Reiche derer Todten« (1718–1739). In: Heinz-Dietrich Fischer (Hg.), Deutsche Zeitschriften des 17. bis 20. Jahrhunderts. Pullach 1973, S. 49-59

Schmidt, Peter: Flugblatt. In: Helmut Reinalter (Hg.), Lexikon zu Demokratie und Liberalismus, 1750–1848/49. Frankfurt/M. 1993, S. 96-100

Schmidt, Siegfried J.: Die Selbstorganisation des Sozialsystems Literatur im 18. Jahrhundert. Frankfurt/M. 1989

Schmidt-Linsenhoff, Viktoria (Hg.): Sklavin oder Bürgerin? Französische Revolution und neue Weiblichkeit 1760–1830. Frankfurt/M. 1989

Schmölders, Claudia (Hg.): Briefe von Liselotte von der Pfalz bis Rosa Luxemburg. Frankfurt/M. 1988

Schmolke, Michael: Kommunikationsgeschichte. In: Rudi Renger/Gabriele Siegert (Hg.), Kommunikationswelten. Wissenschaftliche Perspektiven zur Medien- und Informationsgesellschaft. Innsbruck, Wien 1997, S. 19-44

Schneider, Falko: Öffentlichkeit und Diskurs. Studien zu Entstehung, Struktur und Form der Öffentlichkeit im 18. Jahrhundert. Bielefeld 1992

Schneider, Ute:»Wer in aller Welt liest denn noch die Anzeigen so viel unnützer Dinge?« – Ernst Theodor Langer und das Ende der ÈAllgemeinen Deutschen Bibliothek«. In: Helwig Schmidt-Glintzer (Hg.), Fördern und Bewahren. Studien zur europäischen Kulturgeschichte der frühen Neuzeit. Festschrift anläßlich des zehnjährigen Bestehens der Dr. Günther Findel-Stiftung zur Förderung der Wissenschaften. Wiesbaden 1996, S. 91-105

–: Literaturkritische Zeitschriften. In: Ernst Fischer u.a. (Hg.), Von Almanach bis Zeitung. Ein Handbuch der Medien in Deutschland 1700–1800. München 1999, S. 191-206

Schön, Erich: Der Verlust der Sinnlichkeit oder Die Verwandlungen des Lesers. Mentalitätswandel um 1800. Stuttgart 1987

–: Publikum und Roman im 18. Jahrhundert. In: Hans-Wolf Jäger (Hg.),»Öffentlichkeit« im 18. Jahrhundert. Göttingen 1997, S. 295-326

–: Geschichte des Lesens. In: Bodo Franzmann u.a. (Hg.), Handbuch Lesen. München 1999, S. 1-85

Schömig, Ulrike: Politik und Öffentlichkeit in Preußen. Entwicklung der Zensur- und Pressepolitik zwischen 1740 und 1819. Diss. Würzburg 1988

Schott, Christian-Erdmann: Akkomodation – Das Homiletische Programm der Aufklärung. In: Heimo Reinitzer (Hg.), Beiträge zur Geschichte der Predigt. Hamburg 1981, S. 49-69

–: Predigtgeschichte als Zugang zur Predigt. Stuttgart 1986

Schottenloher, Karl: Bücher bewegten die Welt. Eine Kulturgeschichte des Buches, Bd. II: Vom Barock bis zur Gegenwart. Stuttgart 1968

Schröder-Angermund, Christiane: Von der Zensur zur Pressefreiheit. Das absolutistische Zensursystem in der 2. Hälfte des 18. Jahrhunderts. Eine Innensicht. Pfaffenweiler 1993

Schütte, Ulrich: Gemälde an der Fassade. Die deutschen Architekturtraktate und die Fassadenmalerei zwischen 1500 und 1800. In: Münchner Jahrbuch der bildenden Kunst, 3. Folge, Bd. XLIII (1992), S. 113-132

Schütz, Hans J.: Verbotene Bücher. Eine Geschichte der Zensur von Homer bis Henry Miller. München 1990

Schütz, Werner: Geschichte der christlichen Predigt. Berlin, New York 1972

Schütze, Yvonne: Die gute Mutter. Zur Geschichte des normativen Musters»Mutterliebe«. 2. Aufl. Bielefeld 1991

Schulte-Sasse, Jochen: Der Begriff der Literaturkritik in der Romantik. In: Peter Uwe Hohendahl (Hg.), Geschichte der deutschen Literaturkritik (1730–1980). Stuttgart 1985, S. 76-128

Schulz, Günter: Schillers »Horen«: Politik und Erziehung. Analyse einer deutschen Zeitschrift. Heidelberg 1960

Schulze, Volker:»Der Teutsche Merkur« (1773–1810). In: Heinz-Dietrich Fischer (Hg.), Deutsche Zeitschriften des 17. bis 20. Jahrhunderts. Pullach 1973, S. 87-102

Schumann, Sabine: Das »lesende Frauenzimmer«: Frauenzeitschriften im 18. Jahrhundert. In: Barbara Becker-Cantarino (Hg.), Die Frau von der Reformation zur Romantik. Bonn 1987, S. 138-169

Schwab, Heinrich W.: Musikbeilagen in Almanachen und Taschenbüchern. In: York-Gothart Mix (Hg.), Almanach- und Taschenbuchlektüre des 18. und 19. Jahrhunderts. Wiesbaden 1996, S. 167-201

Schwarz, Konrad: Die Entwicklung der deutschen Post (Ein Überblick). Berlin 1931

–: Die Briefpostsendungen in der deutschen Postgeschichte. Berlin 1935

Schwarzkopf, Joachim von: Ueber Zeitungen. München 1795/1993

Schwitalla, Johannes: Präsentationsformen, Texttypen und kommunikative Leistungen der Sprache in Flugblättern und Flugschriften. In: Joachim-Felix Leonhard u.a. (Hg.), Medienwissenschaft. Berlin, New York 1999, S. 802-816

Segeberg, Harro (Hg.): Die Mobilisierung des Sehens. Zur Vor- und Frühgeschichte des Films in Literatur und Kunst. München 1996

Seibert, Peter: Der literarische Salon. Literatur und Geselligkeit zwischen Aufklärung und Vormärz. Stuttgart 1993

Seifert, Siegfried: Die Entwicklung der kritischen Literaturinformation im 18. Jahrhundert in Deutschland. Diss. Humbold-Universität Berlin. Berlin 1981

Shorter, Edward: Der Wandel der Mutter-Kind-Beziehungen zu Beginn der Moderne. In: Geschichte und Gesellschaft 1(1975), S. 256-287

–: Die Geburt der modernen Familie. Reinbek 1977. Auszugsweise abgedruckt als: Bäuerliches Heiratsverhalten und Ehebeziehungen in der vorindustriellen Gesellschaft, in: Rosenbaum, Heidi (Hg.): Seminar: Familie und Gesellschaftsstruktur. Materialien zu den sozioökonomischen Bedingungen von Familienformen. Frankfurt/M. 1978/1988

Sieder, Reinhard: Sozialgeschichte der Familie. Frankfurt/M. 1987

Siegert, Reinhart: Aufklärung als Volkslektüre. Exemplarisch dargestellt an Rudolph Zacharias Becker und seinem »Noth- und Hülfsbüchlein«. In: Archiv für Geschichte des Buchwesens, Bd. XIX, Frankfurt/M. 1978

–: Zum Stellenwert der Alphabetisierung in der deutschen Volksaufklärung. In: Paul Goetsch (Hg.), Lesen und Schreiben im 17. und 18. Jahrhundert. Studien zu ihrer Bewertung in Deutschland, England und Frankreich. Tübingen 1994, S. 109-124. Leicht verändert abgedruckt unter »Medien der Volksaufklärung« in: Ernst Fischer u.a. (Hg.), Von Almanach bis Zeitung. Ein Handbuch der Medien in Deutschland 1700–1800. München 1999, S. 374-387

–: Die Lesegewohnheiten des »gemeinen Mannes« um 1800 und die Anfänge von Volksbibliotheken. In: Literatur, Politik und soziale Prozesse. Studien zur deutschen Literatur von der Aufklärung bis zur Weimarer Republik. 8. Sonderheft, Internationales Archiv für Sozialgeschichte der deutschen Literatur. Tübingen 1997, S. 40-61

Sieveking, Georg-Heinrich: Die Entstehung und Entwicklung des nordischen Postwesens 1600–1800. Hamburg 1933

Simm, Hans-Joachim (Hg.): Das Fest. Eine Lesebuch vom Feiern. München 1981

Sirges, Thomas: Die Bedeutung der Leihbibliothek für die Lesekultur in Hessen-Kassel 1753–1866. Tübingen 1994

Söding, Thomas: Das Liebesgebot bei Paulus. Die Mahnung zur Agape im Rahmen der paulinischen Ethik. Münster 1995

Sorell, Walter: Der Tanz als Spiegel der Zeit. Eine Kulturgeschichte des Tanzes. Wilhelmshaven 1985

Stackelberg, Jürgen von (Hg.): Europäische Aufklärung III. Wiesbaden 1980

Stadler, Marinus Martin: Die Presse als Instrument der Revolution. Diss. München 1951

Stahl, Johannes: Graffiti: zwischen Alltag und Ästhetik. München 1988

Stein-Karnbach, Annegret: G. W. Leibniz und der Buchhandel. In: Archiv für Geschichte des Buchwesens, Band 23, Lieferung 6 und 7 (1983), S. 1189-1418

Steiner, Harald: Das Autorenhonorar – seine Entwicklungsgeschichte vom 17. bis 19. Jahrhundert. Wiesbaden 1998

Steinhausen, Georg: Geschichte des deutschen Briefes. Zur Kulturgeschichte des deutschen Volkes, 2 Teile. (Orig. 1989) Nachdruck Dublin, Zürich 1968

Steinmetz, Horst: Das deutsche Drama von Gottsched bis Lessing. Ein historischer Überblick. Stuttgart 1987

Stemmle, R. A.: Herzeleid auf Leinewand. Sieben Moritaten. München 1962

Stephan, G.: Die häusliche Erziehung in Deutschland während des achtzehnten Jahrhunderts. Wiesbaden 1891

Stephan, Heinrich von: Geschichte der preußischen Post von ihrem Ursprunge bis auf die Gegenwart. Nach amtlichen Quellen. Berlin 1859/1987

–: Geschichte der Preußischen Post. Neubearbeitet und fortgeführt von Karl Sautter. Berlin 1928

Stierle, Karlheinz: Die Friedensfeier. Sprache und Fest im revolutionären und nachrevolutionären Frankreich und bei Hölderlin. In: Walter Haug/Rainer Warning (Hg.), Das Fest. München 1989, S. 481-525

Stone, Lawrence: The Family, sex and marriage in England 1500–1800. (Orig. 1977) Harmondsworth 1984

Sträter, Karin: Frauenbriefe als Medium bürgerlicher Öffentlichkeit. Eine Untersuchung anhand von Quellen aus dem Hamburger Raum in der zweiten Hälfte des 18. Jahrhunderts. Bern u.a. 1991

Straßner, Erich: Zeitung. Tübingen 1997

–: Zeitschrift. Tübingen 1997a

–: Kommunikative Aufgaben und Leistungen der Zeitung. In: Joachim-Felix Leonhard u.a. (Hg.), Medienwissenschaft. Ein Handbuch zur Entwicklung der Medien und Kommunikationsformen, Bd. 1. Berlin 1999, S. 837-851

–: Kommunikative Aufgaben und Leistungen des Flugblatts und der Flugschrift. In: Joachim-Felix Leonhard u.a. (Hg.), Medienwissenschaft. Berlin, New York 1999a, S. 794-802

Stürzer, Volker: Journalismus und Literatur im frühen 18. Jahrhundert. Die literarischen Beiträge in »Tatler«, »Spectator« und den anderen Blättern der Zeit. Frankfurt/M. u.a. 1984

Stützel-Prüsener, Marlies: Die deutschen Lesegesellschaften im Zeitalter der Aufklärung. In: Otto Dann (Hg.), Lesegesellschaften und bürgerliche Emanzipation. Ein europäischer Vergleich. München 1981, S. 71-86

Sutter, Otto Ernst: Aus badischen Kalendern. Konstanz 1920

Symons, Donald: The Evolution of human sexuality. New York, Oxford 1979

Sztabo, Wojciech: Die Welt im Guckkasten. Fernsehen im achtzehnten Jahrhundert. In: Harro Segeberg (Hg.), Die Mobilisierung des Sehens. München 1996, S. 97-112

Tafferner, Andrea: Gottes- und Nächstenliebe in der deutschsprachigen Theologie des 20. Jahrhunderts. Innsbruck, Wien 1992

Tanzer, Gerhard: Spectacle müssen seyn. Die Freizeit der Wiener im 18. Jahrhundert. Wien 1992

Tanzer, H. Helen: The Common people of Pompeii. Baltimore 1939

Tebbel, John/Mary Ellen Zuckerman: The Magazine in America, 1741–1990. New York 1991

Tebben, Karin: Beruf: Schriftstellerin. Schreibende Frauen im 18. und 19. Jahrhundert. Göttingen 1998

Tenbruck, Friedrich H.: Freundschaft. Ein Beitrag zu einer Soziologie der persönlichen Beziehungen. In: Kölner Zeitschrift für Soziologie und Sozialpsychologie, 16 (1964), S. 431-456

Teuteberg, Hans-Jürgen: Reise- und Hausväterliteratur der frühen Neuzeit. In: Hans Pohl (Hg.), Die Bedeutung der Kommunikation für Wirtschaft und Gesellschaft. Stuttgart 1989, S. 216-254

Thoma, Christoph: Das »wohltemperierte Kind«. Wie Kinderzeitschriften Kindheit form(t)en. Frankfurt/M. u.a. 1992

Tolkemitt, Brigitte: Der Hamburgische Correspondent. Zur öffentlichen Verbreitung der Aufklärung in Deutschland. Tübingen 1995

–: Knotenpunkte im Beziehungsnetz der Gebildeten: Die gemischte Geselligkeit in den offenen Häusern der Hamburger Familien Reimarus und Sieveking. In: Ulrike Weckel u.a.

(Hg.), Ordnung, Politik und Geselligkeit der Geschlechter im 18. Jahrhundert. Göttingen 1998, S. 167-202

Touaillon, Christine: Der deutsche Frauenroman des 18. Jahrhunderts. Wien, Leipzig 1919

Trappe, Tobias: Allmacht und Selbstbeschränkung Gottes. Die Theologie der Liebe im Spannungsfeld von Philosophie und protestantischer Theologie im 19. Jahrhundert. Zürich 1997

Troitzsch, Ulrich: Naturwissenschaft und Technik in Journalen. In: Ernst Fischer u.a. (Hg.), Von Almanach bis Zeitung. Ein Handbuch der Medien in Deutschland 1700–1800. München 1999, S. 248-265

Turner, E.S.: The Shocking history of advertising!, New York 1953

Tyrell, Hartmann: Romantische Liebe – Überlegungen zu ihrer »quantitativen Bestimmtheit«. In: Dirk Baecker u.a. (Hg.), Theorie als Passion. Niklas Luhmann zum 60. Geburtstag. Frankfurt/M. 1987, S. 570-599

Uhle-Wettler, Sigrid: Kunsttheorie und Fassadenmalerei (1450–1750). Diss. Bonn 1994

Ulrich, Paul S.: Deutschsprachige Theateralmanache im 18. und 19. Jahrhundert. In: York-Gothart Mix (Hg.), Almanach- und Taschenbuchlektüre des 18. und 19. Jahrhunderts. Wiesbaden 1996, S. 129-142

Ungern-Sternberg, Wolfgang von: Schriftsteller und literarischer Markt. In: Rolf Grimminger (Hg.), Deutsche Aufklärung bis zur Französischen Revolution 1680–1789. Hansers Sozialgeschichte der deutschen Literatur, Bd. 3. München 1980. S. 133-185

van Dülmen, Andrea (Hg.): Frauenleben im 18. Jahrhundert. München, Leipzig, Weimar 1992

van Dülmen, Richard: Kultur und Alltag in der Frühen Neuzeit, 16.–18. Jahrhundert. Erster Band: Das Haus und seine Menschen. München 1990; Zweiter Band: Dorf und Stadt. München 1992; Dritter Band: Religion, Magie, Aufklärung. München 1994

Vierhaus, Rudolf (Hg.): Aufklärung als Prozeß. Hamburg 1988

–: Aufklärung als Emanzipationsprozeß. In: Ders. (Hg.), Aufklärung als Prozeß. Hamburg 1988a, S. 9-18

Villani, Dino: Storia del manifesto publicitario. Milano o. J.

Vodosek, Peter (Hg.): Vorformen der öffentlichen Bibliothek. Wiesbaden 1978

–: Volksbibliotheken in der Spätaufklärung. In: Werner Arnold/Peter Vodosek (Hg.), Bibliotheken und Aufklärung. Wiesbaden 1988, S. 135-175

Vogel, Martin: Deutsche Urheber- und Verlagsrechtsgeschichte zwischen 1450 und 1850. Sozial- und methodengeschichtliche Entwicklungsstufen der Rechte von Schriftsteller und Verleger. In: Archiv für Geschichte des Buchwesens Nr. 19. Frankfurt/M. 1978, S. 2-190

Voit, Friedrich: Vom »Landkalender« zum »Rheinländischen Hausfreund« Johann Peter Hebels. Das südwestdeutsche Kalenderwesen im 18. und beginnenden 19. Jahrhundert. Frankfurt/M. u.a. 1994

Volkert, Dominica: Frauenzeitschriften und das Zeichensystem Mode im ausgehenden 18. Jahrhundert. In: Ernst W.B. Hess-Lüttich (Hg.), Medienkultur – Kulturkonflikt. Massenmedien in der interkulturellen und internationalen Kommunikation. Opladen 1992, S. 413-429

Voss, Eva-Maria de: Die frühe Literaturkritik der Aufklärung. Untersuchungen zu ihrem Selbstverständnis und zu ihrer Funktion im bürgerlichen Emanzipationsprozess. Diss. Bonn 1975

Vosskamp, Wilhelm: Medien – Kultur – Kommunikation. Zur Geschichte emblematischer Verhältnisse. In: Martin Huber/Gerhard Lauer (Hg.), Nach der Sozialgeschichte. Konzepte für eine Literaturwissenschaft zwischen Historischer Anthropologie, Kulturgeschichte und Medientheorie. Tübingen 2000, S. 317-334

Wäscher, Hermann: Das deutsche illustrierte Flugblatt, Bd. 1. Dresden 1955

Waibl, Gunther: Die Wand als Massenmedium. Kulturhistorischer Abriß einer unmittelbaren und unzensurierbaren Kommunikationsform. In: Maske und Kothurn, H. 1-2 (1979), S. 181-201

Warnach, V.: Agape. Die Liebe als Grundmotiv der neutestamentlichen Theologie. Düsseldorf 1951

Wartburg-Ambühl, Marie-Louise von: Alphabetisierung und Lektüre. Untersuchung am Beispiel einer ländlichen Region im 17. und 18. Jahrhundert. Bern u.a. 1981

Watt, Ian: The Rise of the novel: Studies in Defoe, Richardson and Fielding. Berkeley 1957

Weber, Johannes: Deutsche Presse im Zeitalter des Barock. Zur Vorgeschichte öffentlichen politischen Räsonnements. In: Hans-Wolf Jäger (Hg.), »Öffentlichkeit« im 18. Jahrhundert. Göttingen 1997, S. 137-149

Weber-Kellermann, Ingeborg: Die deutsche Familie. Versuch einer Sozialgeschichte. Frankfurt/M. 1974

Weckel, Ulrike: Zwischen Häuslichkeit und Öffentlichkeit. Die ersten deutschen Frauenzeitschriften im späten 18. Jahrhundert und ihr Publikum. Tübingen 1998

Wegmann, Nikolaus: Diskurse der Empfindsamkeit. Zur Geschichte eines Gefühls in der Literatur des 18. Jahrhunderts. Stuttgart 1988

Wehler, Hans-Ulrich: Deutsche Gesellschaftsgeschichte. Erster Band: Vom Feudalismus des Alten Reiches bis zur defensiven Modernisierung der Reformära, 1700–1815. 2. Aufl. München 1989

Wehrle, Paul: Orientierung am Hörer. Die Predigtlehre unter dem Einfluss des Aufklärungsprozesses. Zürich 1975

Weil, Hans: Die Entstehung des deutschen Bildungsprinzips. 2. Aufl. Bonn 1967

Weill, Alain: Plakatkunst International. Berlin 1985

Weis, Eberhard: Gesellschaftsstrukturen und Gesellschaftsentwicklung in der frühen Neuzeit. In: Karl Bosl/Eberhard Weis: Die Gesellschaft in Deutschland I: Von der fränkischen Zeit bis 1848. München 1976, S. 131-287

Welke, Martin: Zeitung und Öffentlichkeit im 18. Jahrhundert. In: Presse und Geschichte. Beiträge zur historischen Kommunikationsforschung. München 1977, S. 71-99

–: Gemeinsame Lektüre und frühe Formen von Gruppenbildung im 17. und 18. Jahrhundert: Zeitungslesen in Deutschland. In: Otto Dann (Hg.), Lesegesellschaften und bürgerliche Emanzipation. Ein europäischer Vergleich. München 1981, S. 29-53

– (Leitung): Deutschland und die Französische Revolution 1789/1989. Eine Ausstellung des Goethe-Instituts zum Jubiläum des welthistorischen Ereignisses. Stuttgart 1989

Wellek, René: Geschichte der Literaturkritik, 1750–1830. (Orig. New Haven 1955) Darmstadt 1959

Welte, Bernhard: Dialektik der Liebe. Gedanken zur Phänomenologie der Liebe und zur christlichen Nächstenliebe im technologischen Zeitalter. Frankfurt/M. 1973

Westheim, Paul: Historische Artistenplakate. In: Bühne und Sport 7, Berlin, 1906

Wiedemann, Inga: »Der Hinkende Bote« und seine Vettern. Familien-, Haus- und Volkskalender von 1757 bis 1929. Katalog der Kalendersammlung des Museums für Deutsche Volkskunde. Berlin 1984

Wiegelmann, Günter: Der Wandel von Speisen- und Tischkultur im 18. Jahrhundert. In: Ernst Hinrichs/Günter Wiegelmann (Hg.), Sozialer und kultureller Wandel in der ländlichen Welt des 18. Jahrhunderts. Wolfenbüttel 1982, S. 149-161

Wies, Ruth: Das Journal des Luxus und der Moden (1786–1827), ein Spiegel kultureller Strömungen der Goethezeit. Diss. München 1953

Wilke, Jürgen (Hg.): Literarische Zeitschriften des 18. Jahrhunderts. 2 Bde. Stuttgart 1978

–: Spion des Publikums, Sittenrichter und Advokat der Menschheit. Wilhelm Ludwig Wekhrlin (1739–1792) und die Entwicklung des Journalismus in Deutschland. In: Publizistik 38 (1993), H. 3, S. 322-334

–: Die Zeitung. In: Ernst Fischer u.a. (Hg.), Von Almanach bis Zeitung. Ein Handbuch der Medien in Deutschland 1700–1800. München 1999, S. 388-402

–: Grundzüge der Medien- und Kommunikationsgeschichte. Von den Anfängen bis ins 20. Jahrhundert. Köln 2000

Willms, Johannes: Politische Walpurgisnacht. Das Hambacher Fest von 1832. In: Uwe Schultz (Hg.), Das Fest. Eine Kulturgeschichte von der Antike bis zur Gegenwart. München 1988, S. 284-294

Winckler, Lutz: Entstehung und Funktion des literarischen Marktes. In: Ders., Kulturwarenproduktion. Aufsätze zur Literatur- und Sprachsoziologie. Frankfurt/M. 1973, S. 12-75

–: Autor – Markt – Publikum. Zur Geschichte der Literaturproduktion in Deutschland. Berlin 1986

Winter, Carsten: Zeitschrift. In: Werner Faulstich (Hg.), Grundwissen Medien. 4. Aufl. München 2000, S. 413-432

Wintzler, Friedrich: Claus Harms. Predigt und Theologie. Flensburg 1965

Witte, Bernd (Hg.): Christian Fürchtegott Gellert – Roman, Briefsteller. Gesammelte Schriften Bd. IV. Berlin, New York 1989

Wittmann, Reinhard: Die frühen Buchhändlerzeitschriften als Spiegel des literarischen Lebens. In: Archiv für Geschichte des Buchwesens, Bd. XIII, Lieferungen 3 und 4 (1973), S. 614-931

–: Soziale und ökonomische Voraussetzungen des Buch- und Verlagswesens in der zweiten Hälfte des 18. Jahrhunderts. In: Herbert G. Göpfert u.a. (Hg.), Buch- und Verlagswesen im 18. und 19. Jahrhundert. Berlin 1977, S. 5-27

–: Der gerechtfertigte Nachdrucker? Nachdruck und literarisches Leben im achtzehnten Jahrhundert. In: Giles Barber/Bernhard Fabian (Hg.), Buch und Buchhandel in Europa im achtzehnten Jahrhundert. Hamburg 1981, S. 293-320

–: Ein Verlag und seine Geschichte. 300 Jahre J. B. Metzler. Stuttgart 1982

–: Der lesende Landmann. Zur Rezeption aufklärerischer Bemühungen durch die bäuerliche Bevölkerung im 18. Jahrhundert. In: Ders., Buchmarkt und Lektüre im 18. und 19. Jahrhundert. Beiträge zum literarischen Leben 1750–1880. Tübingen 1982a, S. 1-45

–: Geschichte des deutschen Buchhandels. Ein Überblick. München 1991

–: Gibt es eine Leserevolution am Ende des 18. Jahrhunderts? In: Roger Chartier/Guglielmo Cavallo (Hg.), Die Welt des Lesens. Von der Schriftrolle zum Bildschirm. Frankfurt, New York, Paris 1999, S. 419-454

Wölber, Hans-Otto: Die Predigt als Kommunikation. In: Kerygma und Dogma 4 (1958), S. 112-128. Abgedruckt in: Gert Hummel (Hg.), Aufgabe der Predigt. Darmstadt 1961, S. 359-381

Würgler, Andreas: Unruhen und Öffentlichkeit. Städtische und ländliche Protestbewegungen im 18. Jahrhundert. Tübingen 1995

Wuthenow, Ralph-Rainer: Die Kaiserkrönung von 1763 zu Frankfurt/M.. Goethes Jugenderinnerung und der Abschied vom Alten Reich. In: Uwe Schultz (Hg.), Das Fest. Eine Kulturgeschichte von der Antike bis zur Gegenwart. München 1988, S. 232-243

Zglinicki, Friedrich von: Der Weg des Films. Bildband. Hildesheim 1979

–: Die Wiege der Traumfabrik. Von Guckkästen, Zauberscheiben und Bewegten Bildern bis zur UFA in Berlin. Berlin 1986

Ziebura, Gilbert: Frankreich 1790 und 1794. Das Fest als revolutionärer Akt. In: Uwe Schultz (Hg.), Das Fest. Eine Kulturgeschichte von der Antike bis zur Gegenwart. München 1988, S. 258-269

Ziegler, Edda: Julius Campe. Der Verleger Heinrich Heines. Hamburg 1976

Zimmermann, Bernhard: Lesepublikum, Markt und soziale Stellung des Schriftstellers in der Entstehungsphase der bürgerlichen Gesellschaft. In: Propyläen Geschichte der Literatur, Bd. 4: Aufklärung und Romantik (1700–1830). Berlin 1983, S. 524-569

Zimmermann, Heinz: Arzneimittelwerbung in Deutschland von Beginn des 16. bis Ende des 18. Jahrhunderts. Würzburg 1974

Zuber, Margarete: Die deutschen Musenalmanache und schöngeistigen Taschenbücher des Biedermeier, 1815–1848. In: Archiv für Geschichte des Buchwesens, Band I. Frankfurt/M. 1958, S. 398-482

Zur Westen, Walter von: Reklamekunst aus zwei Jahrtausenden. Berlin 1925